北方民族大学文史学院文库（第一辑）

民族卷

BEIFANG MINZU DAXUE
WENSHI XUEYUAN WENKU（DIYIJI）
MINZUJUAN

北方民族大学文史学院 编

黄河出版传媒集团
宁夏人民出版社

图书在版编目(CIP)数据

北方民族大学文史学院文库. 第一辑. 民族卷/北方民族大学文史学院编. — 银川：宁夏人民出版社，2016.8

ISBN 978-7-227-06417-6

I . ①北… II . ①北… III . ①少数民族—民族历史—中国—文集 ②回族—民族历史—中国—文集 ③羌(古族名)民族历史—中国—文集 IV. ①K28-53

中国版本图书馆CIP数据核字（2016）第210454号

北方民族大学文史学院文库(第一辑)·民族卷 北方民族大学文史学院 编

责任编辑 管世献
封面设计 张 宁
责任印制 肖 艳

黄河出版传媒集团
宁夏人民出版社 出版发行

出 版 人 王杨宝
地 址 宁夏银川市北京东路139号出版大厦（750001）
网 址 http://www.nxpph.com http://www.yrpubm.com
网上书店 http://shop126547358.taobao.com http://www.hh-book.com
电子信箱 nxrmcbs@126.com renminshe@yrpubm.com
邮购电话 0951-5019391 5052104
经 销 全国新华书店
印刷装订 宁夏精捷彩色印务有限公司
印刷委托书号 （宁）0002754

开 本 787 mm×1092 mm 1/16
印 张 25.5 **字数** 360千字
版 次 2016年12月第1版
印 次 2016年12月第1次印刷
书 号 ISBN 978-7-227-06417-6
定 价 56.00元

CONTENTS

目录

回族史研究

西夏史研究

回族史研究

HUIZUSHI YANJIU

从文化认同到国家认同

——论中华传统文化在回族形成与发展中的重要作用

◎李　伟　丁明俊

回族是在我国形成的一个历史悠久、人口众多、分布广泛的少数民族。在回族形成发展中伊斯兰文化起了重要作用，这是许多学者的共识。同时回族又是在中华大地形成的一个民族，回族在形成与发展初期就对中华文化高度认同，并有条件吸收和承载大量中国传统文化特别是儒家文化因子，因此回族经历了从文化认同到民族认同再到国家认同的过程。文化认同对于维护国家安全统一具有特殊的功能，尤其近现代以来，回族在捍卫国家主权、反对分裂方面做出了重要贡献，这与历史上回族对中国传统文化的高度认同与国家认同具有重要关系。

一、元代回族民族共同体的构建及对中国传统文化的认同

回族是中华民族大家庭的重要成员，回族的形成和发展与唐宋以来中西交通的开放畅通和中外关系的发展分不开。如果说唐宋时期侨居我国东南沿海及内地的回族先民被称为“蕃客”“胡商”，到了蒙元时期，蒙古军发动震撼世界的三次西征，大规模中亚和西亚穆斯林士兵、工匠、商人、传教士伴随蒙古军进入我国，使我国穆斯林人口剧增，官方和民间对

这些穆斯林以回回相称。元朝建立，战事结束后，大批回回士兵入社为民，加入中国国籍，娶汉族女子为妻，成家立业，繁衍后代，并参与到元代社会的各个层面，或经商，或务农，或从政，在许多领域有所建树。元代是回回民族共同体形成的主要时期，也是构建和不断强化中华民族认同感的主要时期。

文化无优劣之分，但有强弱之别。元朝政权虽然为蒙古人所建，但元代社会的主体民族仍然是汉族，汉文化博大精深，底蕴十分丰厚，影响力和穿透力极强，辐射面颇广。因此汉文化要远远胜出同时期的蒙古文化和其他少数民族文化。元朝政权建立后，蒙古统治者在构建民族认同、国家认同时遇到的最大阻力是文化上的认同，即统治民族对被统治民族文化的高度认同。蒙古人率先学习汉文化中的治国方略、政治措施、礼仪制度、汉语言文字等国家治理所必需的文化。与蒙古人关系最为密切的回回人也开始学习中国传统文化。实际上早在唐宋时期来到中国的阿拉伯、波斯穆斯林已经开始学习中国传统文化，出现过许多诗词作家和书画家。元代东来的回回人落居中原后，为了在这块儒家文化非常发达的异乡生存下去，他们在维护自身伊斯兰教信仰、文化习俗的基础上，不断汲取汉文化成分，在文字、语言、姓氏方面华化最为明显。

过去学术界在探讨回族形成时，大多认为伊斯兰教对回族形成起了重要作用或决定性作用，往往忽略了儒家文化在回族形成中的重要作用。两千多年的封建社会孕育了高度发达的儒家文化，汉族是儒家文化的创造者和传播者，正如陈垣先生所言：“儒学为中国特有产物。”元代回回人学习儒家文化主要通过以下几种途径：一是向汉族邻居学习。回族是我国分布最广，与汉族交往接触最多、关系最为密切的民族，回族从元代开始其居住格局已基本定型，呈现“大分散，小集中”，分布全国各地的基本格局，主要与汉族杂居，为他们学习儒家文化提供了便利条件。二是通过回汉通婚采借大量汉文化。元代东来的回回士兵、工匠、商人以男性青壮年为主，他们大多为蒙古军攻略中亚、西亚城池的战俘，携家属东来的为数极少，他们入中国国籍后娶汉族女子为妻，成家立业。杨志玖先生在《元代回汉通婚举例》一文中列举大量回汉通婚的事实，认为“回汉通婚所产生之结果，当甚重要。元代所谓回回，盖泛指今新疆以西之信奉伊斯兰教诸族而言。其中突厥人、波斯人、阿拉伯人，种族语言各不相同，而汉人概以回回人称之。回汉通婚后，回回人血统中又有若干汉族血统成分在内，汉语之逐渐为回回人共同语言亦当与此有关”[①]。回汉通婚加速了回回人的本土化，许多回回人读儒书、习礼训、改汉姓。而值得注意的是元代的回汉通婚几乎绝大多数为回男娶汉女，这在以男性为中心的古代家庭关系中为伊斯兰文化的延续提供了保障，即在采借大量儒家文化的同时又有效保存了伊斯兰教信仰。三是通过读书入仕，融入主流社会。回回人通过科举入仕在元代已有之，明清时期表现最为突出，陈垣先生指出“色目人之读书，大抵在入中国一二世以后。其初皆军人，宇内即平，武力无所用，而炫于中国之文物，视为乐土，不肯思归，则惟有读书入仕之一途而已”[②]。有学者研究，明清时期全国各地通过科举考试取得进士的回回近400人[③]。元代回回人对中国传统文化的认同具体表现在以下几方面。

一是语言认同。语言是文化交流的主要工具，也是文化认同的主要标识。唐宋元以来的回族穆斯林先民逐渐摈弃了原来所使用的阿拉伯语、波斯语、突厥语及其他语言，采用汉语为本民族交际语言和树立以伊斯兰文化和儒家文化为核心的主导地位不但加速了回族的形成，而且对进一步强化回族对中华文化认同感起了重要促进作用。

二是对中国传统社会价值规范的认同。元代广阔的政治舞台为回回政治家提供了施展治国和理财的才能和机会，许多回回人参与到国家管理层面，在中央或地方担任宰相、平章政事、达鲁花赤等重要职务，对地方文化建设和文化教育做出了重要贡献。如中亚布哈拉人赛典赤·赡思丁在元

①杨志玖:《元史三论》,人民出版社,1985,第160页。
②陈垣:《元西域人华化考》,上海古籍出版社,2000年,第17页。
③杨大业:《明清回族进士考》,《回族研究》2005年第1期。

太祖西征时迎降蒙古军，后回到内地，曾任云南行省平章政事。当时云南也是少数民族聚居地区，他上任之初，理顺行政机构、建立郡县、大兴水利、开展屯田，将汉地先进的农业生产经验带入云南，极大地推进了云南少数民族地区经济社会文化发展，更值得注意的是，他兴办学校、改革民俗，在云南推广儒家文化。据《元史·赛典赤赡思丁传》记载："云南俗无礼仪，男女往往自相配偶。亲死则火之，不为丧祭。无粳稻桑麻，子弟不知读书。赛典赤教之跪拜之节，婚姻行媒，死者为之棺椁祭奠，教民播种，为陂池以备水旱。创建孔子庙、明伦堂，购经史，授学田，由是文风稍兴。"陈垣先生曾感叹说："吾甚不解赡思丁以摩诃末嫡裔，而尊孔子若是，史有溢词，抑果实录也?"然云南孔子庙确为赡思丁所建，赡思丁卒后，庙田曾为当地僧徒所夺，其子忽辛力争之，事见《元史·忽辛传》："忽辛，大德九年（1305 年）改云南行省右丞。先是，赡思丁为云南平章时，建孔子庙为学校，拨田五顷以供祭祀教养。赡思丁卒，田为大德寺所有，忽辛按庙学旧籍夺归之，乃复下诸郡邑，遍立庙学，选文学之士为之教官，文风大兴。"[①]赡思丁父子不遗余力大力推行儒学。赡思丁作为圣裔，又是当时云南省最高行政长官，他没有聘请阿訇推行伊斯兰教，而大力推行儒家文化。文化认同一旦形成，就可能长期延续，明代曾任南京主事及浙江参事的陆容（1436—1494 年）在《菽园杂记》中记载江南"回回教门，异于中国者，不供佛，不祭神，不拜尸，所尊敬者惟一天字，天之外，最敬孔圣人。故其言之'僧言佛子在西空，道说蓬莱住海东，惟有孔门真实事，眼前无日不春风'。见中国人修斋设醮，笑之"[②]。说明元明时期回回人在民族构建和国家认同过程中对儒家社会价值规范的高度认同。

三是对中国传统文化艺术的认同。中国传统文化孕育了高度发达的文化艺术，中国的诗文词曲、书法、美术、绘画、建筑及礼俗文化得到元代

①陈垣:《元西域人华化考》,上海古籍出版社,2000 年,第 25 页。
②陆容:《菽园杂记》,中华书局,1985 年,第 17 页。

东来回回人的高度认同，如陈垣先生在《元西域人华化考》一文列举元代回回儒学世家有赡思丁、忽辛、瞻思、勖实戴，诗词作家有回回人丁鹤年、萨都剌、鲁至道、买闾，文学家察罕，曲作家马九皋，画家丁野夫、高克恭，他们的作品丰富了中国文化，许多作品流传至今，在建筑方面有元大都设计者之一回回人也黑迭儿，元代回回人在礼俗、丧葬、祭祀、居处等方面也大量借鉴吸纳儒家文化因素，并加以改造，为我所用。

四是在清真寺建筑方面大量吸收传统文化因素。清真寺是回族精神家园的寄托，传统上回族人从出生到死亡都离不开清真寺及教职人员，如回族婴儿出生要请阿訇取经名，死亡后家人要将“埋体”送到清真寺请阿訇赞“者那子”（殡礼），平时到清真寺参加每日五次礼拜、主麻日聚礼等活动，回族关于伊斯兰教知识的获得也都是通过清真寺实现的。在价值层面上，清真寺蕴含与负载着回族人自身存在意义的理性觉知、文化认同、心灵归属与情感寄托。同时清真寺也是回族文化的载体和集中体现，许多清真寺在设计、建筑过程中聘请汉族能工巧匠，所以许多汉文化建筑元素被移植到清真寺建筑、装饰中。

二、明代民族同化政策及回族的国家认同

明代对少数民族的同化政策，加速了回族汉化，也给回族生存带来巨大压力。明朝建立后对少数民族及其文化呈现的差异性难以接受，一些汉族士大夫认为“非我族类，其心必异”，一些文人也感叹“惟回回守其国俗，终不肯变”。对少数民族在语言、生活习俗、服饰等文化方面表现出的多样性也难以认同，朱元璋一取得政权，就开始推行民族同化政策：一是禁止少数民族内部通婚。如史料载:“凡蒙古、色目人，听与中国为婚姻，不许本类自相嫁娶。其中国人不愿与回回、钦察为婚姻者，听从本类，自相嫁娶，不在禁限。”（《明律集解》卷六）这条禁令主要针对蒙古人和回回人，对回族而言“不许本类自相嫁娶”的禁令又将回汉通婚的范围扩大化，如果说元代回汉通婚是在回男多回女少，男女比例严重失衡的情况下不得已而为之，而明代回回人历经一二百年数代繁衍，男女比例失衡问题基本解决，这一禁令又促使更大范围的回汉或回族与其他少数民族通婚，客观上为回回人口的快速繁衍起了推动作用。元代回汉通婚以回男娶汉女居多，而明代回汉通婚中又出现大量回女嫁汉男的现象，更进一步促进了明代回族对汉文化的认同及民族融合。二是禁胡语、胡服、胡姓。明朝建立，颁诏复衣冠如唐制："士民皆束发于顶。官则乌纱帽，圆领袍、束带、黑靴。士庶则服四带巾，杂色，盘领，衣不得用黄炫……其乐妓则戴明角冠、皂褙子，不许与庶民妻同，不得服两截胡衣，其辫发、椎髻，胡服、胡语、胡姓，一切禁止。"（《明太祖实录》卷三十）对明朝的同化政策，不少学者提出批评，但从另一方面看它促进了民族融合，模糊了民族边界，加速了回族对汉文化的认同，但同时也对回族生存带来巨大挑战。明政府在政权稳固的前提下采用"用夏变夷"的策略，企图消除外来民族及国内少数民族与汉族间的差异，其目的是使各少数民族服从国家至上和大一统原则，少数民族的身份被有意淡化。曾追随朱元璋，为明朝开国立下赫赫战功的许多回族将领如胡大海、常遇春、蓝玉、沐英等功臣，甚至海瑞、李贽等明代政治文化名人在《明史》传记中很难找到其回族或穆斯林身份的记载，为学者治明代回族史带来许多困难。在明代回族航海家郑和身上表现出伊斯兰教、佛教、道教文化并存的现象，令许多学者费解。但如果我们联想到明朝禁止回回人内部通婚及大量回汉通婚的事实就不难理解了。以李贽家族为例，据考证李贽始祖林闾和泉州的穆斯林关系很好，但林闾的妻子却是一个虔诚的佛教徒，二世祖林驽"行年卅，遵从其教，受戒清净寺教门，号顺天之民"，成了地道的穆斯林，而他的胞弟林端却"敦诗习礼，卓有儒风"。李贽家族与穆林特殊关系反映明代回汉通婚普遍性及儒家文化对回族的影响①。

明朝推行的民族同化政策，主要针对的是蒙古族和色目人（回回人），但在两个民族中产生了不同效果，数百年后散居在中原地区的大部分蒙古族

①张建业:《李贽评传》,福建人民出版社,1992年,第25页。

被汉化。明代回族在讲汉语、穿汉服，接受中国儒家文化以后，仍顽强坚守伊斯兰教信仰，同时切实解决了伊斯兰教信仰中二元忠诚问题，即顺主忠君问题。君主在特定历史条件下具有某种象征意义，封建社会统治者将君主视为国家的象征，把忠君视为爱国的标志。明朝历代君主对伊斯兰教保持尊重，并由朝廷出资在全国各地敕建了许多清真寺。朱元璋关于赞扬伊斯兰教的《至圣百字赞》给予明代全国各地回族以心理安慰，也说明了统治者对伊斯兰文化的认同，被雕刻在全国各地清真寺的显要位置，至今一些古老清真寺还保存着。明清时期全国各地清真寺专门开辟一块地方放置“万岁牌”，上书“皇帝万岁万岁万万岁”，他们在做完每日五次礼拜的同时，不忘祈祷国家太平，为当朝皇帝祝寿延年，可以视为忠君及国家认同的具体表现。同时这种做法也是为了让当政者和汉族对回族及伊斯兰教认同和保护清真寺不受侵扰。相对于文化认同和民族认同，国家认同相对容易一些，特别是当国家政权为回回民众提供安身立命之地、进身之途及庇护之所时，国家认同就会自然形成。

明代“汉回”一词出现也耐人寻味，如史料载“汉回在中国甚多，士农工商，通与汉人相同”。到清初又出现“民回”“熟回”等称谓，与此相对应的是“生回”“夷回”等。这是因为元以前来华的穆斯林，历经数百年的发展，已经完全适应了中国的生存环境，但同时明代还有阿拉伯、中亚、西亚穆斯林通过朝贡、经商等途径不断地进入中国，许多穆斯林长期滞留不归，或加入中国国籍，被称为“生回”。明代也有大量伊斯兰教传教士不断进入中国，被各地穆斯林聘为开学阿訇。据白寿彝先生考证，“一直到十四世纪，中国境内主要礼拜寺仍为外来阿林所主持。而他们在礼拜寺内所建立的制度，对后来中国礼拜寺有很大影响”①。也就是说明朝以前全国各地清真寺开学阿訇大多为外籍传教士担任，他们担负着向国内回回人传播伊斯兰教的重任。但到明朝后期，由于实行闭关政策，中断

①白寿彝：《中国元明（1280—1661）时几个阿林》，《中国穆斯林》1958年第6期。

了与中亚、西亚的联系，伊斯兰教在中国作为一种失去了外来资源的非本土宗教，其本身不可避免地走向衰落，于是一批回回知识精英试图用以儒诠经和经堂教育来复兴伊斯兰教，发起一场文化自救运动。以王岱舆、刘智为代表的一批兼通儒、释、道的回族知识分子尝试用汉文化来阐释表达伊斯兰教义，力求使之与中国主流文化相适应、相协调。他们娴熟地用儒家思想观念对伊斯兰教加以中国式的阐释改造，使伊斯兰文化得以延续发展。而经堂教育是明末清初陕西经学大师胡登洲等人为解决因宗教职业人士出现断层问题而创立的一种清真寺教育制度，即由原来主要依靠外籍传教士主持国内回回人宗教活动而转向致力于培养回回人内部土生土长的自己的宗教接班人。

回族在形成过程中主动学习汉文化，但更多的是从汉文化的肌体中寻找到符合自己民族需要的文化成分，为我所用，这才是最重要的。以儒诠经就是明末清初回族知识分子借用儒家语言、哲学概念来阐释伊斯兰教关于世界观、认主学、人性论、伦理道德等观念，实现了伊斯兰教与中国传统文化的很好对接，加速了伊斯兰教本土化的进程，同时改变了部分回族穆斯林对汉文化的某些偏见，进而加深了对中国传统文化的理解和认同。

我国各民族之间之所以在长期的历史发展中能和睦相处，这与不同民族之间的文化交流、共荣共生有很大关系。然而现实中不论回族对传统文化的认同还是历代统治者或汉族主体民族对回族伊斯兰文化的认同过程都不是一蹴而就的，需要长时间的历史磨合。在与汉文化的长期接触中，回回人在生活及行为方式方面发生了许多重要的变化，但这种变化并不能消解他们与汉族共同体之间的基本区别及其对这种区别的自觉认知。

三、清代统治者对回族文化误读而引发的一系列问题

文化认同并非单纯地指一个民族对本己或主体文化的认同，也包括当权者对他文化或异己文化的认同。中华民族是由 56 个民族组成，每一个民族都是在特定历史条件下发展和延续形成的，只有多元文化观念的树立，才能昭示文化间走向和谐。我国传统文化观中就有“和而不同”的思想，其主张就是在尊重差异的前提下追求和谐统一。我们树立多元文化观，就是要倡导人们在理解自己民族文化和享有应有的文化尊重、认同本族文化的基础上，包容、理解、尊重和珍惜他民族文化。文化认同是多元文化间和谐的基础。历代统治者只要求少数民族对中国传统文化的认同，而少数民族文化很难得到统治者的理解和尊重，总认为少数民族是“蛮”“夷”，文化落后，文化误读就有可能发生。

文化误读是指一种文化在解析另一种文化时出现的错误理解和评估。不同的意识形态、相异的文化背景或知识储备不够都是造成文化误读的原因。回族在接受吸纳中国传统文化的同时，也在力争保存伊斯兰文化。明朝在推行民族同化政策的同时，对回族信仰的伊斯兰教给予高度尊重，在文化整合过程中一般回族民众也能坦然接受中国传统文化。但到清代初期中国伊斯兰教内部发生重大变革：一是国外苏非主义传入在西北产生一系列教派门宦，引起西北回族等穆斯林内部教派之争而产生一系列矛盾；二是经堂教育在全国各地的倡兴；三是汉文译著的出现；四是在乾隆年间爆发两次哲赫忍耶门宦穆斯林起义。对这些变化，统治者始料不及，也缺乏对处理伊斯兰教问题的知识储备。特别是西北伊斯兰教内部出现教派门宦之争时，官府往往采取打击新教、保护老教的简单做法。对新出现的教派门宦，统统定性为“邪教”，进行打击压制，这种做法留下许多隐患。一些地方官员甚至认为伊斯兰教是“不敬天地，不祭神祇，另立宗主，自为岁年，党羽甚众”的“左道”，指证回族斋月期间夜间上礼拜寺活动是“夜聚明散，有谋图造反之举”，山东巡抚陈世琯向朝廷上奏，要强制回民“概令出教，毁其礼拜寺”，安徽按察使鲁国华也奏“请令回民遵奉正朔、服制。一应礼拜寺等，尽行革除，尚怙而不悛，将私记年月者照左道惑众律治罪。戴白帽者以违制律治罪。如地方官容隐督抚徇庇，亦一并照律议处”①。为什么在清代高层内部涌动一股禁绝伊斯兰教的暗流，就连当时

①杨怀中:《回族史论稿》,宁夏人民出版社,1991 年,第 314 页。

的一些回族知识分子也不能理解，金天柱在《清真释疑·自序》中提出：“遂有谓不尊正朔，私造宪书，以三百六十日为一年而群相庆贺者；有谓异言异服，拣择饮食；甚者谓斋乃如荤，白日何故不饮食；又谓礼拜不知拜何神，而夜聚明散，男女杂遝；更谓齐髭以毁父母之遗体而庞貌为之异样者；种种疑案，皆莫能释。”①

清乾隆四十六年（1781 年）和四十九年（1784 年）连续两次爆发哲赫忍耶门宦穆斯林起义，这两次起义被清军镇压之后，清政府加强了对西北回族的防范，颁布一系列限制回族宗教活动的法令。在这一背景下全国各地回民生活更加艰难，回民正常活动受到限制、盘查。如乾隆四十七年（1782 年）的海富润案件就是文化误读的一个典型案例。海富润系广东崖州三亚村回民，在各地清真寺游学九年，乾隆四十七年在广西境内被当地官员从其行李箱中查出抄录阿拉伯文经典 21 本，又查出清代回族学者刘智用汉文著《天方至圣实录》1 部 10 本，《天方字母解义》1 本，《天方三字经》1 本，金天柱《清真释疑》1 本，这些书籍全为袁国祚于乾隆四十三年（1778 年）启承堂印刷刊行。广西巡抚朱椿称各书通系揄扬西域回教国王穆罕默德之语，其书名“至圣实录”已属僭妄，“狂悖荒唐之处不一而足”，对海富润“从重案拟治罪”。两江总督萨载接到通报后又责令所属江宁府、镇江府、松江府将刻板印刷经书的袁国祚、袁国裕二兄弟，收藏版片的镇江谭在文，松江府华亭县为《至圣实录》作序的改绍贤及作者刘智曾孙刘梦义一并缉拿归案，并拟重案治罪。甚至海富润游学期间历经的广西、湖南、湖北、陕西等省为其传经送饭之人也要追究责任。乾隆帝接到奏报后对广西巡抚朱椿、两江总督萨载“不行查明，率行申报”，以致造成全国各地回民恐慌，朱椿被革职留任，并御批：“回民持诵经典，自唐宋以来早已流传中国，现在相沿旧本在回民中俱家喻户晓，并无毁谤悖逆之语。则是回民之各奉其教，即与此时僧、道、喇嘛无异，焉能尽其

①金天柱:《清真释疑》,海正忠译注,宁夏人民出版社,2002 年,第 17 页。

人而火其书乎？此案前据朱椿奏到，节经降旨通饬各省督抚毋庸查办。乃萨载接准朱椿咨会，并不权衡事理之轻重，遽行飞饬各属将改绍贤等搜查解押究审，如此矜张办事，殊非大臣实心任事之道，实属可鄙可笑。萨载久任封疆，在督抚中尚属老成历练、明白晓事之人，乃亦与朱椿之初任巡抚遇事茫无主见相同，能不知所愧乎？……若回教民人，各省多有，无论西北省份，居住者居多，即江南一带零星散处，其饮食作息俱与贫民相等，不过不食狗豕肉耳。如以传习经典与邪教悖逆书一例查办，则安分守法之回民转致无所措其手足。”这道圣旨传到各省后，羁押之人全部释放，书籍、刻板物归原主，江南各省回民“跪谢鸿恩”，袁国祚书文叩谢，并将《天方至圣实录》“恭呈御览”，海富润案件始告平息。

乾隆四十六年（1781年）发生另一事件也属文化误读。该年西安回民马中吉、马广文在前往山西归化县途径华岳庙时，地方巡吏雅德从二人马辱夹层中查出书信三封，书信中有掌教等名目。此信实为西安市马八家村回民延聘在山西归化县从事经堂教育的马照普来该村教幼童学经的聘书。因马中吉哥哥马中俊在归化县城开马店，马八家村回民将书信写好托前往归化县的马中吉带去。因书信内有掌教、伊玛目、阿訇等称谓，当地官员搞不清这些词汇来历及所指，于是将马中吉押赴西安审讯，西安、山西等地写信及收信之人一并押审，致使各地回民惊恐不安，西安礼拜寺掌教安乾出面解释说，西安回民每寺各有掌教、有阿訇，掌教系主持一寺之事，其专司教经之人则称阿浑，亦犹汉人乡塾中称讲学之人为师父、先生等类，其或书阿洪、阿衡，则系同音字异，随便通用，并非另有意义，且相沿已久，亦非马明心倡立新教之后始有此名目。至乡村小寺无力延师，有掌教充阿訇者。最后乾隆降旨称：“若本系传习经教，安分自居，即属良民，不应加以扰累。今雅德盘获致马中吉等，其书内并无不法之处，辄行查拿审究办理，实属过当。”[①]之所以连续出现文化误读、误解事件，就连

①此处两个案例资料均引自刘智《天方至圣实录》附录二所摘《清实录》资料，中国伊斯兰教协会印，1984年。

当朝者也认为是地方官员愚昧无知、贤愚不等造成的。同时也与此期间发生的苏四十三、田五起义后清政府对全国回民防范过当有关。

文化误读一般呈现两种形式：一种是下意识的误读，主要是因双方文化上的差异造成的，常常是误读一方以自己的文化为中心、以自己的价值观去衡量他方的行为；另一种是有意识的误读，往往与政治、意识形态相联系。各民族之间文化差异是历史上形成的，连续的文化误读是可悲的，因为文化误读可能造成民族关系紧张，进而加深双方文化间的鸿沟，更有可能由文化误读发展到民族歧视再到民族压迫。文化误读需要文化对话来解决，但封建时代一般民众缺乏话语权，也无对话平台，只能将希望寄托在开明君主或地方官员身上，希望他们能主持公道，但不是所有皇帝都能明察秋毫、妥善解决，至咸丰、同治时期，清朝的民族歧视和民族压迫已达极点，回汉关系已非常紧张，甚至以激烈的民族战争的形式爆发出来。

四、近现代回族的国家意识的形成及在维护国家统一中的作用

尽管回族在不同朝代、不同历史时期其政治地位不尽相同，清代后期在统治者民族歧视和民族压迫下出现过大规模回民起义的史实，但从古至今回族始终将自己视为中华民族大家庭中的一员，从来没有出现过损害国家利益的行为和分裂国家的图谋。这与历史上回族对中国传统文化认同与国家认同有重要关系。文化认同对于增强中华民族凝聚力、维护国家安全统一具有重要作用。特别是近现代以来，回族在捍卫国家主权、反对分裂方面做出了重要贡献，这与历史上回族对中国传统文化的高度认同与国家意识的普遍形成有重要关系。

在近现代史上，回族的国家认同经受了长期的和多种形式的考验。鸦片战争以后许多回族仁人志士以个体身份投入到反侵略斗争中。他们在反侵略的同时，始终能在极其复杂的国内国际环境中维护国家的利益，不惜忍辱负重，有时甚至付出巨大的牺牲。

辛亥革命前夕，在新思潮的影响下回族突破了狭隘、保守、排外的思想，把爱国、救国放在了首位，提出了“保国即是保教，爱国即是爱身”

的口号。一批留学日本的青年 1908 年在东京创办我国回族历史上第一份刊物《醒回篇》，意在唤起回族大众的觉醒，也开创了回族创办报刊、开辟舆论阵地的先河，该刊号召回族青年行动起来，“上而报效国家，下而拯救苍生”。据不完全统计，至新中国成立，全国各地回民创办的报纸杂志有 70 余种。这些报纸杂志对宣传抗战、促进回族关于国家意识的普遍形成起了重要作用。如 1929 年在北平创刊的《月华》杂志，其办刊宗旨之一是“发达中国回民之国家观念”，该杂志一直坚持到 1949 年，新中国成立后更名为《回教大众》，抗战期间发表大量号召全国各地回民抗日的宣传文章及各地抗战动态，如《中国回族抗战歌》《抗战中回民应有的工作》《回民抗战一贯精神与今后努力》等文章。1931 年创刊的《穆民》提出“阐扬教理，振兴教育，提倡实业，促进建设，指导穆民爱国爱教”。也是 1931 年创刊的《伊斯兰青年》，办刊宗旨是“寻求真理和宗教，期待复兴中国，推进整个民族的团结奋斗”。1934 年由内地回民在南京创办的《天山月刊》，其刊发文章以“侧重新疆问题，以民族平等辅助边民，解除帝国主义羁绊”。1939 年创刊的《中国回教救国协会会刊》以“提高教胞国家与民族意识，宣传、鼓动抗战”①为宗旨。在全民抗战的宣传感召下，地处抗战后方的西北地区回族也积极行动起来，支援抗战，1938 年在宁夏一清真寺开学的虎嵩山阿訇起草《致全国回教同胞抗战胜利祈祷词》中讲道：“亲爱的回教同胞们，在这长期抗战、国家生死存亡的关头，我们处在后方的教胞应作一种精神之战——就是给国家和前线将士作一种胜利的祈祷。”这篇祈祷词用阿拉伯文和汉文两种文字，内容如下:“真主啊！求你援助我们的政府，使我们的国家永存，使我们的抗战胜利，消灭我们的敌人。求你在敌人侵略城市、杀害人民种种残暴行为上护佑我们。求你降暴风，使他们的飞机跌落郊野，使他们的兵舰沉于海洋，使他们的士卒厌战，使他们的经济崩溃。求你降天灾罪罚他们！真主啊，求你赏准我们

①雷晓静:《回族近现代报刊目录提要》，宁夏人民出版社，2006 年。

的祈祷！阿敏！”[①]抗战期间日本侵略者也充分利用各种宣传媒介，竭力挑拨中国内部的民族关系，破坏中华民族抗日统一战线。日本人故意夸大回汉之间的矛盾，挑拨回汉关系，倡言“抗战是为了汉人，日本人与回回没有矛盾”。但真正受到愚弄和欺骗的只是极少数人。以马鸿宾、马鸿逵为代表的西北军将领出兵绥西，有效抗击日军西进战略，粉碎了日本在西北建立“回回国”的阴谋。

20世纪30年代，我国处在内忧外患时期，国内军阀混战，政令不统一，边疆地区战乱频仍，英国等外国势力不择手段插手新疆事务，煽动南疆分裂叛乱。一小撮民族分裂势力打着“泛伊斯兰主义”和“泛突厥主义”的旗帜，1933年11月13日分裂分子以南疆喀什为中心建立所谓“东突厥斯坦伊斯兰共和国”，以沙比提大毛拉为首，出面组织伪政权。在所谓共和国成立大会上宣布了伪政权成员名单、宪法和国歌。并宣称“东突厥斯坦为永久民主共和国，请求南京或国际联盟给予便利，而达永久独立”。伪总统之下设有国务院，内设总理、副总理，同时设有外交、军政、财政、教育、司法、宗教、教产管理、农商、卫生等9个部。这个伪政权成立后，沙比提大毛拉派出代表，周游列国，四方乞讨，妄图得到国际承认和舆论支持。时任国民军新编36师师长的马仲英（河州回族）正在北疆与盛世才为争夺地盘而混战，马仲英及时将南疆宣布“独立”的事实电告南京。此时南疆行政长官马绍武（回族）被分裂势力包围，并解除职务。早在1932年秋，马世明受马仲英派遣进入南疆，在与盛世才交战失利后退驻南疆焉耆，焉耆回族头领马占仓也加入马世明队伍。面对南疆的危机局势，马仲英授权马世明解救马绍武，反被分裂武装包围。1934年1月，马仲英与盛世才交战失利败退南疆后，解救被分裂势力围困在疏勒的马绍武、马占仓，并派部将马世明、马福元、海鲜福等从阿克苏向分裂势力进攻，在马仲英率领回族将士的强大攻势下，这个伪政权即刻垮台，其

---

①虎嵩山:《致全国回教同胞抗战胜利祈祷词》,《宁夏穆斯林》2009年第3期。

首脑成员或被捕，或落荒而逃，至 1934 年 3 月底“东突厥斯坦伊斯兰共和国”已名存实亡[①]。在关键时刻马仲英率领回族部将击溃了这个外国势力支持下的极少数泛突厥主义的分裂阴谋，维护了祖国统一，捍卫了国家领土完整，对马仲英及回族人民的这一历史功绩应给予高度评价。

我国是一个多民族的大国，各少数民族对中华文化的认同是维护国家安全统一最深厚的战略资源，是政治、经济、军事等力量无法替代的“软实力”。同时文化具有超时空稳定性和极强的凝聚力，一个民族的文化模式一旦形成，必然会持久地支配着每个社会成员的思想行为。回族正是在长期与汉文化的接触、学习中逐步走向对中华文化的认同。“崇尚统一”是中华文化价值体系中最显著的特征之一，并沉淀于回族社会价值体系的最深部，主导着回族主流价值观念。正是回族经历了以文化认同作为中华民族认同、国家认同为基础的价值取向，才能在国家遇到危难时挺身而出，将捍卫国家主权、维护国家领土完整统一视为己任，并做出了应有贡献。

李伟（1955—2015），甘肃张家川人，回族，历史学教授。2005—2010 年任北方民族大学党委书记，为中国少数民族史硕士点导师。主要从事回族历史与文化的研究工作。出版有《抗日战争中的回族》（甘肃人民出版社，2001 年）一书，发表多篇学术论文。

本文发表于《北方民族大学学报（哲学社会科学版）》2010 年第 2 期。

①陈慧生，陈超：《民国新疆史》，新疆人民出版社，1999 年，第 282 页。

元初伊斯兰教
在中国北方和西北的传播

◎邱树森

伊斯兰教创于7世纪初并很快传入中国。唐宋以来，一方面来自阿拉伯、波斯的穆斯林（当时称为“蕃客”“胡商”）不断来华，一方面来华的穆斯林有许多人“住唐”后不愿返回自己的故国，在华购置田宅，与华人杂处，并联姻为亲，繁衍后代，故有“土生蕃客”“五世蕃客”等称。到蒙古兴起时，中原的“土生蕃客”大多“华化”，虽仍保留其宗教信仰及生活习俗，但其服饰、语言常与华人无异，不易辨察[①]。

蒙古崛起漠北并长驱西征后，势力扩张至西亚、中亚和欧洲地区，从此封闭割据的欧亚各国，东西交通畅通了，整个亚欧大陆出现了民族大迁徙，“适千里者如在户庭，之万里者如出邻家”[②]。来自中亚、西亚的穆斯林纷纷进入中国，其人数以十万计。作为军士的中亚、西亚穆斯林，随蒙古军队东征西讨，灭金灭宋，常无定居。作为商人、工匠、农民、牧民

---

①参见〔日〕桑原骘藏:《隋唐时代西域人华化考》,中华书局,1939年。

②王礼:《麟原前集》卷六《义冢记》。

的穆斯林是如何利用畅通的交通由西向东推进的？东西方旅行家为我们提供了弥足珍贵的史料。

一、伊斯兰教传入漠北蒙古地区

中亚、西亚的伊斯兰国家和民族，居于亚欧大陆的中部，穆斯林商人、旅行家以自己广阔的活动范围，对西方和东方有相当深刻的认识，他们的地理学知识是十分丰富的。早在982年时，中亚萨曼王朝的波斯人，就完成了《世界境域志》这部地理著作，全面叙述了世界的区域划分和海洋、山脉、河流、沙漠等地貌知识，东方的中国，中亚突厥各族，波斯、阿拉伯、南亚各国，欧洲各国的地理和历史。以后又有许多旅行家、商人深入欧亚各地。中亚穆斯林对世界的了解，远胜于尚未跨出漠北的蒙古人。早在1206年成吉思汗统一蒙古各部之前，一些穆斯林商人就进入漠北经商。昔格纳黑（今哈萨克斯坦契伊利东南）人阿三（《世界征服者史》作哈散哈只），是一位朝觐过圣地麦加的穆斯林，他于1203年春，从汪古部带羯羊一千、白驼一峰，顺额尔古纳河（今黑龙江上游），易换貂鼠、青鼠，行至班朱尼河（今克鲁伦河上游）饮羊，适遇铁木真败至，在患难中归附，铁木真以为侍从，成为同饮班朱尼河的开国功臣之一。[①]

12世纪末，蒙古高原上数以百计、大小不一、语言种族各异的部落，通过长期互相仇杀和征战之后，逐步形成了塔塔儿、克烈、蔑儿乞、札剌亦儿、乃蛮、汪古和蒙古等强大部落集团。蒙古部首领铁木真克服重重困难，在严峻的环境中逐步壮大，在击败了札剌亦儿、塔塔儿、泰赤乌等部后，1203年春遭到克烈部王罕的袭击，双方激战于合兰真沙陀之地（今内蒙古东乌珠穆沁旗北境），铁木真仓促应战，部队溃散，从行者仅19人。行至班朱尼河，粮食俱尽，煮野马、饮河水以解饥渴。铁木真举手仰天而誓曰："使我克定大业，当与诸人同甘苦，苟渝此言，有如河水。"[②]同饮班朱尼河水者当为开国功臣。现可知同饮班朱尼河水之19人中，有回回

---

①《元朝秘史》第182节。
②《元史》卷一二〇《札八儿火者传》。

人3名，除了阿三之外，还有札八儿火者和玉速阿剌。札八儿火者，赛夷氏。赛夷，即赛义德（Saiyid），穆罕默德后裔的专称。当为阿拉伯人，其原居地或许在中亚，如赛典赤·赡思丁虽亦为圣裔，而世居不花剌（今乌兹别克斯坦布哈拉）。火者，波斯语 Khwajah 的音译，西域回回人以此表示自己显贵的地位。札八儿火者显然是阿拉伯贵族的后裔。约在13世纪初，铁木真兴起之时，他远道来投奔，从铁木真征战。合兰真沙陀之战中，一直紧随铁木真，败退至班朱尼河。

玉速阿剌，回回曲家玉元鼎之先祖。“从太祖皇帝出征，同饮黑河之水，为勋旧世臣家，名载国史。”①“黑水”即班朱尼河。

同饮班朱尼河水功臣19人中回回人居三，由此可见，当时在漠北的回回人数量不在少数，他们或经商，或以武士身份效力各部首领。铁木真麾下当不止这3人。除铁木真部有回回人外，其他各部亦有之，如元朝大臣、康里人不忽木之祖海蓝伯就曾效力于克烈部首领王罕。

随着大蒙古国的建立和对外扩张，漠北逐步成为蒙古国的政治中心和经济中心，各国使臣往来频繁，活跃于漠北的回回商人日益增多。成吉思汗发动西征前已臣服畏吾儿、哈剌鲁，并曾多次出征西夏、金国，进行大肆掳掠，蒙古诸王、贵族已拥有大量财富，他们需要中亚伊斯兰国家生产的锦缎、钱币、珍奇玉物、粮食、酒类馔料等物，“所以成吉思汗在大道上设置守卫（他们称之为哈剌赤）并颁布一条札撒：凡进入他们国土的商人，应一律发给凭照，而值得汗受纳的货物，应连同物主一起遣送给汗”②。但实际上成吉思汗对待商人总是以上好的价钱，给予优厚的待遇。拉施特在《史集》中说：

> 由于蒙古部落是游牧民，远离城市，他们十分珍视各种织物和垫子，关于同他们通商可以赚钱的消息便远播开去了。为此，有三个不

①吴澄：《临川吴文正公集》卷六《玉元鼎字说》。
②志费尼：《世界征服者史》上册（中译本），内蒙古人民出版社，1980年，第90页。

> 花剌商人带着各种货物，包括咱儿巴甫场（织金）、曾答纳赤（彩色印花棉布）、客儿巴思（素白棉布）等织物及蒙古人需用的其他物品来到了那里。……商人和他们（带来）的那些合用的织物、布匹被带到了成吉思汗处去了。那三个商人也被带到了成吉思汗处。[①]

这段记载不仅说明了成吉思汗对回回商人的优惠，而且也说明了当时蒙古国的库房里盛满了各种贵重织物，从而也说明了回回商人到漠北进行贸易的人数之多和数量之大。

上述三名回回商人是花剌子模人马合木·牙剌瓦赤、不花剌人阿里·火者、讹答剌人玉速甫·坚客。他们这次到漠北贸易后，成吉思汗对他们十分信任，让他们成为蒙古国的使者向花剌子模沙摩诃末转达口信。不久，成吉思汗命他的儿子、那颜、将官们，各从自己部属中抽调两三人，带上金、银巴里失做本钱，随花剌子模商队去做生意，收购奇物异宝。“他们遵命各从自己麾下派出两三个人，这样共集中450名穆斯林。”[②]这个商队的商人在讹答剌被花剌子模的海儿汗杀死，全部财物被劫夺，终于引发了成吉思汗西征。

1221年长春真人丘处机应召去西征前线觐见成吉思汗，在漠北也亲见回回商人的贸易情况：

> 六月二十八日，泊窝里朵之东。……黍米斗白金十两，满五十两可易面八十斤。盖面出阴山之后二千余里，西域贾胡以橐驼负至也。[③]

“西域贾胡”当即回回商人。“黍米斗白金十两”，价格比中原不知高出许多，但远从“阴山之后二千余里”运来，也是极不容易的。

---

①拉施特:《史集》第一卷第一分册(中译本),商务印书馆,1983年,第258页。
②志费尼:《世界征服者史》上册(中译本),内蒙古人民出版社,1980年,第91页。
③李志常:《长春真人西游记》卷上。

元太宗窝阔台汗即位后，回回人在漠北依然十分活跃。1235—1236年南宋徐霆随奉使到蒙古，他看到回回商人替蒙古贵族发放“撒花”钱（高利贷）和进行贸易：

霆见鞑人只是撒花，无一人理会得贾贩。自鞑以下，只以银与回回，令其自去贾贩以纳息。回回或自转贷与人，或自多方贾贩，或诈称被劫而责偿于州县民户。大率鞑人止欲纻丝、铁鼎、色木，动使不过衣食之需。汉儿及回回等人贩入草地，鞑人以羊马博易之。[①]

窝阔台汗在漠北建立了大蒙古的都城和林（今蒙古乌兰巴托西南哈尔和林）。和林不仅是政治中心，也是繁荣的商业城市。麦什特（今属伊朗）人法迪玛被西征的蒙古军队俘虏到漠北后，一直从事商业活动。后来和林城建立后，“在那里她是市场中的一个拉皮条的女人”[②]，显然是一个掮客。正是因为她经商，拥有大量财物，因而受到乃马贞氏的青睐，逐步渗入到权力中心去。她还引荐了不少同族到朝廷施政，其中包括权臣奥都剌合蛮。穆斯林如此受重用，和林城内形成穆斯林区也就不奇怪了。

1254年春，法国圣方济各会士鲁不鲁乞到达和林，他亲眼见到和林城内有萨拉森人（西方传教士对穆斯林的称呼）区，还有两座伊斯兰教寺院：

城里有两个地区：一个是萨拉森人区，市场就在这个区里。许多商人聚集在这里，这是由于宫廷总是在它附近，也是由于从各地来的使者很多。另一个契丹人区，这些契丹人都是工匠。除这些地区外，还有宫廷书记们的若干座巨大宫殿，十二座属于各种不同民族的异教徒的庙宇，两座伊斯兰寺院（在寺院里公布着摩诃末的教规），一座基

①彭大雅，徐霆：《黑鞑事略》。
②志费尼：《世界征服者史》上册（中译本），内蒙古人民出版社，1980年，第258页。

督教徒的教堂（坐落在城市的最末端）。[1]

由此可见，穆斯林在和林城内已形成了类似唐宋“蕃坊”的聚居区，他们主要从事商业活动，所以鲁不鲁乞在他的游记中描述了和林城内有许多来自伊斯兰国家的丝、金钱、绸料、珍宝和其他产品，甚至还有来自中亚的葡萄酒和各种饮料，这些物产大部分依靠穆斯林商人远道贩运而来。由于大批穆斯林居住在和林城内，和林城内营建伊斯兰寺院就十分必要，宗教活动也能得以正常开展。

二、伊斯兰教在西北地区的传播

1221年，长春真人丘处机应召赴西征前线觐见成吉思汗，途经回纥昌八剌城（今新疆昌吉）时称：此城“西去无僧，回纥但礼西方耳”[2]。即是葱岭以西以北的突厥人如哈剌鲁、阿儿浑早已伊斯兰化，葱岭以东地区直到回纥昌八剌城在13世纪20年代时也伊斯兰化了。到了50年代，鲁不鲁乞来蒙古传教时，途经畏吾儿地区，所见畏吾儿人居住区的宗教状况，与丘处机所见已大不一样：

在所有畏吾儿人的城市中，都有聂思脱里派和萨拉森人，前者并散布在朝向波斯方向的萨拉森人的城市中。……

这个月的第一天，也是萨拉森人的复活节。这一天我迁移了住处，以便靠近另一座庙。……我进入这座庙时，看见了异教的教士们，因为在这个月的第一天，他们就把庙门打开，教士们穿上法衣、烧香、点灯并献上面包、水果等祭品。[3]

即这时的畏吾儿人“所有城市中”都有了基督教徒和穆斯林，但大部

---

①道森：《出使蒙古记》（中译本），中国社会科学出版社，1983年，第203页。
②李志常：《长春真人西游记》卷上。
③道森：《出使蒙古记》（中译本），中国社会科学出版社，1983年，第155页。

分畏吾儿人还是偶像教徒即佛教徒。显然，比鲁不鲁乞早 30 年到畏吾儿地区的丘处机所见伊斯兰教与佛教以昌八剌为界的状况已经消失了，也就是说伊斯兰教已越过昌八剌向东传播了。

然而，当鲁不鲁乞经过唐兀人（即西夏的党项人）区时却未有穆斯林的记载，也就是说没有明显的迹象说明伊斯兰教已传入西夏。

意大利旅行家马可·波罗与其父尼古拉·波罗、叔马菲奥·波罗于 1271 年夏，沿着古代丝绸之路，经宁夏、山西、河北等地，于 1275 年到达上都。后来在华侨居 17 年，曾游历华北、京兆（今陕西西安）、成都、昆明及东南沿海诸城镇。他在《马可·波罗游记》中对各地居民信仰记载甚详，内容虽多侧重于基督教，但对伊斯兰教亦有记载。所记有关中国穆斯林的内容虽与后来摩洛哥穆斯林伊本·白图泰游记专记穆斯林相比要简略得多，但马可·波罗来华时期，正是蒙古西征结束，元朝灭亡南宋、实现全国统一之时，上距鲁不鲁乞来华二十余年，下距伊本·白图泰访华约六十余年，其间西方旅行家虽有来华，但几乎未留下有关中国穆斯林的记载，而《马可·波罗游记》中关于中国穆斯林的记载，正好起了承上启下的作用。因此，《马可·波罗游记》是一部治元代回回人史不可不读的重要史书。

马可·波罗一行在 1274—1275 年越过巴达哈伤高原和帕米尔高原，进入今天中国的新疆地区，从可失哈儿（今喀什），沿丝绸之路南道，经鸭儿看（今莎车）、忽炭（今和田）、培因州（今于田）、车尔成（今且末南），过罗布泊，北上哈密（今属新疆），入河西走廊的沙州（今敦煌）、肃州（今酒泉）、甘州（今张掖），北上亦集乃（今内蒙古额济纳旗），再至凉州（今武威）、额里哈牙国（今宁夏银川），经天德州（今内蒙古乌拉特前旗东北乌梁素海南）、申达（疑为兴和路，治今河北张北）、察罕脑儿行宫（今内蒙古沽源北），直达上都（今内蒙古正蓝旗东）。《马可·波罗游记》中与穆斯林有关记载摘引如下：

> 可失合儿，……，居民信奉摩诃末。
>
> 鸭儿看……，居民进守摩诃末教法，然亦有聂思脱里派同雅各派

之基督教徒。

忽炭……，居民崇拜摩诃末。

培因州……，居民崇拜摩诃末。

车尔成……，居民崇拜摩诃末。

罗不……，居民崇拜摩诃末。

沙州……，居民多是偶像教徒，然亦稍有聂思脱里派之基督教徒若干，并有回教徒。

哈密州……，居民皆是偶像教徒。

欣斤塔剌思州，……居民有三种，曰偶像教徒，曰回教徒，曰若干聂思脱里派之基督教徒。

肃州，……居民是基督教徒或偶像教徒。

甘州，……居民是偶像教徒、回教徒及基督教徒。

亦集乃城，……居民是偶像教徒。

额里湫（凉州），……居民是聂思脱里派之基督教徒，或偶像教徒，或崇拜摩诃末之教徒。

申州，……居民是偶像教徒同回教徒，然亦有基督教徒。

额里哈牙，……居民是偶像教徒，然有聂思脱里派之基督教堂三所。①

马可·波罗的上述记载展示了13世纪70年代伊斯兰教和基督教由西向东传播的全景图幅，并与同时代中外史料记载吻合。值得注意的有以下两点：

第一，伊斯兰教东播和穆斯林居民东移有一个渐进过程。

从马可·波罗的记载来看，昌八剌以西以南地区可失合儿、鸭儿看、忽炭、培因州、车尔成、罗卜城等居民“信奉”或“崇拜”摩诃末（即伊斯兰教创始人穆罕默德），昌八剌以东地区或偶像教徒、基督教徒、穆斯林杂居，或无穆斯林。其中额里哈牙为原西夏之都城，今之宁夏首府银

①以上引文均见《马可波罗行记》，冯承钧译，上海书店出版社，2000年。

川，马可·波罗说该城“居民是偶像教徒”，还说有基督教堂三所，却没有说有穆斯林在城中居住。西夏王朝统治者大力发展佛教，境内塔寺林立，僧人众多，并大力翻译和刻印佛经，其中西夏文《大藏经》多达3600余卷。西夏灭亡后，西夏佛教明显衰落，而藏传佛教很快传入。世祖忽必烈即位之初，发生了浑都海之乱，叛乱平定后，忽必烈于至元九年（1272年）封其第三子忙哥剌为安西王，出镇长安（今陕西西安），忙哥剌对伊斯兰教持扶持态度，宁夏正在其封地之内，因而伊斯兰教才有可能得到传播。但伊斯兰教在宁夏传播得以开展，应在忙哥剌之子阿难答于至元十七年（1280年）继承王位之后，因为阿难答自小寄养于突厥穆斯林家中，是一位虔诚的穆斯林。因而，大约在马可·波罗离开宁夏30年后的14世纪初，伊利汗国的拉施特在他主编的《史集》中关于宁夏的情况与马可·波罗的记载就不一样了：

> 唐兀惕乃一幅员广阔的大国，……在该国中有24座大城，该处居民大多数为木速蛮（即穆斯林——引者），但他们的地主和农民乃为偶像教徒。[①]

显然，穆斯林大批移居宁夏是马可·波罗离开以后，特别是阿难答继承安西王之后的事。又如亦集乃城，马可·波罗在《马可·波罗游记》中也没有提到该城有穆斯林居住。亦集乃城位于纳怜道驿路上，是甘州至岭北行省之间的交通枢纽，回回商人沿草原丝绸之路经商，渐有回回商人定居亦集乃城。李逸友编著之《黑城出土文书》整理出一些涉及回回人的文书共5份，有年代可查最早者为至治二年（1322年），最迟的至正二十二年（1362年），可见回回人移居亦集乃城亦当在马可·波罗去过之后。

第二，哈剌火州（今新疆吐鲁番西北）、哈密在元代仍为佛教中心。《马可·波罗游记》冯承钧译本中有哈密“居民皆是偶像教徒”之记

①拉施特:《史集》第二卷(中译本),商务印书馆,1985年,第379页。

载，但没有关于哈剌火州之记载，穆勒、伯希和之英译本中有关于哈剌火州之记载：

> 畏吾儿为一大州，巨属大汗，首府称哈剌火州，治下村镇众多，居民为偶像教徒。①

自唐末至元初数百年中，佛教在高昌回鹘中一直长兴不衰。丘处机经畏吾儿境见佛教寺庙及回纥僧人甚多。元代人居内地任高官的畏吾儿人多为佛教徒，如安藏、阿鲁浑萨理等；还有一些回纥僧人在元廷中服务。有元一代，畏吾儿地区虽有伊斯兰教传入，但始终没有伊斯兰化，其东部地区的哈剌火州、哈密等地依然是佛教的中心。由此可见，马可·波罗所记决非道听途说的胡言乱语。

三、伊斯兰教传入华北地区

马可·波罗离开额里哈牙（今宁夏银川）后，即进入华北地区，《马可·波罗游记》中有关记载如下：

> 天德州，……治此州者是基督教徒，然亦有偶像教徒及回教徒不少。……由此州东，向骑行七日，则抵契丹之地。此七日中，见有城堡不少，居民崇拜摩诃末，然亦有偶像教徒及聂思脱里派之基督教徒。以商工为业，制造金锦，其名曰纳石失、毛里新、纳克，并织其他种种绸绢，盖如我国之有种种丝织毛织等物，此辈亦有金锦同种种绸绢也。
>
> 申达州，……从此州首途，远行三日。三日后，至一城，名曰察罕脑儿。中有大宫一所，属于大汗。周围有湖川甚多。……从上述之城首途，向北方及东北方向骑行三日，终抵一城，名曰上都，现在在位之大汗所建也。②

---

①穆勒、伯希和英译本《马可·波罗游记》(*Marco Polo*, *The Desription of the world*)，伦敦，1938年，第155~156页。

②《马可波罗行记》，冯承钧译，上海书店出版社，2000年，第164~172页。

《马可·波罗游记》中说，从天德经七天骑程到达契丹之地。“此七日中见有城堡不少，居民崇拜摩诃末，……以商工为业，制造金锦，其名曰纳石失、毛里新、纳克，并织其他种种绸绢……”此段记载与汉文、波斯文记载正合。

所谓“纳石失”是中亚地区生产的绣金锦缎。一种是在织造时把一些切成长条的金箔夹在丝线中，织成的锦缎金光闪熠；另一种是用金箔捻成的金线和丝线交织而成，锦缎坚固耐用。纳石失是蒙古皇帝、后妃、王公贵族服饰中不可缺少的纺织品，皇帝举行“诈马宴”时，御赐给参加宴会的王公贵族的服装就是纳石失制成的。所以，早在蒙古国初期就把穆斯林工匠集中在官设工场中从事纳石失生产。其中在今河北境内的有二：

一是在弘州（今河北阳原）设弘州人匠提举司，《元史·镇海传》云：

> 先是，收天下童男女及工匠，置局弘州。既而得西域织金绮纹工三百余户，及汴京织毛褐工三百户，皆分隶弘州，命镇海世掌之。

可见，在弘州置局设工场，用北方工匠织锦缎和毛制品，早在蒙古占领中原时就开始了，西征后又虏来西域工匠三百余户，因这里用回回工匠织造纳石失，所以穆斯林比较集中。

另一个是兴和路荨麻林人匠提举司。荨麻林是设在大都（今北京）通往漠北驿道上的一个小站，在今张家口西，当时属兴和路（治今河北张北，疑即《马可·波罗游记》中的申达州）。《元史·哈散纳传》云：

> 哈散纳，怯烈亦氏，……管领阿儿浑军，从太祖征西域，下薛迷则干、不花剌城。一至太宗时，仍命领阿儿浑军，并回回人匠三千户驻于荨麻林。

《元史·哈散纳传》中所谓阿儿浑军，即由穆斯林阿儿浑人（突厥人种之一）组成的军队，此地集中了主要来自薛迷则干（即撒马尔罕）、不花剌（今布哈拉）的三千户回回工匠，规模比弘州纳失失局还要大，所以《史集》中专记了荨麻林的状况：此城大多数居民为撒麻耳干人，他们按撒麻耳干的习俗，建起了很多花园[①]。

弘州和荨麻林均在天德至申达州的道中，马可·波罗见有多个居民信奉伊斯兰教的城堡，并制造纳石失，想必两地为马可·波罗所经之地。

马可·波罗到达上都觐见了元世祖忽必烈，后来到达大都（今北京），在大都他作为宫廷侍从兼斡脱商人，常常奉忽必烈之命出使各地，但在大都居留的时间较长，因而在《马克·波罗游记》中对大都发生的事情多为亲身经历，尤其对回回人阿合马擅权及至元十九年（1282 年）王著、高和尚等密谋杀阿合马事件记载甚详。当时大都的回回人户很多，据元人王恽记载，中统四年（1263 年）中都（当时还未称大都）有回回户 2953 户，“于内多系富商大贾，势要兼并之家，兴贩营运百色，侵夺民利，并无分毫差役”[②]。以平均每户 4 人计，当时中都就有回回民户 1 万多人，到马可·波罗在大都时已过了十多年，回回民户之数当在 2 万人以上。再加上回回炮手军匠万户府、回回水军万户府、哈剌鲁万户府等中的回回军户，大都城内的回回人总数达数万人。

“元时回回遍天下”，我们从东西方旅行家亲身经历所留下的记载中，不难看出元初回回人东渐的过程，伊斯兰教随着回回人的东渐也传播到漠北蒙古高原、西北地区和华北各地。

邱树森（1937— ），江苏苏州人，历史学教授，博士生导师，知名历史学者，主要从事蒙元史、中国民族史和回族史等领域研究。原南京大学

---

①拉施特:《史集》第二卷(中译本),商务印书馆,1985 年,第 324 页。
②王恽:《秋涧先生大全集》卷八八《为在都回回户不纳差税事状》。

历史系主任，1988—1993年在西北第二民族学院工作，任历史系主任，期间组织力量编纂《中国回族大词典》（江苏古籍出版社，1993年），出版《中国回族研究》两期，创办《西北第二民族学院学报（哲学社会科学版）》（季刊），为学校中国民族史与回族史学科建设打下了基础。后调任暨南大学历史系。

本文发表于《回族研究》2001年第1期。

伊本·白图泰眼里的中国穆斯林

◎邱树森

伊本·白图泰（Ibn Battutah，1304—1377 年）是摩洛哥丹吉尔人，全名穆罕默德·伊本·阿布杜拉·伊本·穆罕默德·伊本·易卜拉欣·赖瓦蒂·团哲，以伊本·白图泰之名著称于世。他是中世纪四大旅行家之一。

他一生中曾三次外出旅行。1325 年，当他 22 岁时为了进行朝觐，开始了第一次旅行。从摩洛哥出发，经阿尔及利亚、突尼斯、西的黎波里、埃及、巴基斯坦、黎巴嫩、叙利亚，到希贾兹，然后做初次朝觐。接着从麦加出发，抵伊拉克、波斯、小亚细亚，又回到麦加做第二次朝觐。此后留居麦加达 2 年之久。后又离开麦加赴也门，渡海至东非，返抵阿拉伯半岛南部至波斯湾，游历阿曼、巴林、哈萨，再至麦加做第三次朝觐。旋又离麦加去印度，经花剌子模、霍腊散、土耳其斯坦、阿富汗、信都，在德里时，曾被素丹穆罕默德·沙委任为德里的马利克教派法官，受索丹的派遣，经马尔代夫、锡兰、孟加拉、东印度群岛、苏门答腊、爪哇，到达中国。归途时则由印度西海岸，经波斯湾，到达阿拉伯各地，再至麦加做第四次朝觐。直到 1349 年他回到摩洛哥非斯，结束其第一次旅行。不久，他经丹吉尔、直布罗陀，抵格拉纳达，返回非斯，是为第二次旅行。他的第三次旅行，起自赛哲罗马赛，继至台阿杂、曼里、杂额雷、卡斯胡、合卜克图、台堪达、汗卡尔，对中非地区进行了广泛的游历。

伊本·白图泰到达中国的时间是元顺帝至正六年（1346 年）。由泉州（剌桐）上岸，继去广州（南尼克兰）、建昌或江山（干江）、鄱阳（拜旺·古图鲁）、杭州（汗沙）、大都都（汗八里），然后返回。他在去中国的途中，目睹了中国海船的盛况及中国商人在南海各地的贸易状况，到中国后，为中国辽阔的地域、丰富的物产、中国工匠的精湛技艺所倾倒，他拜访了所到各地的穆斯林教长和法官，见到了穆斯林的宗教活动、民俗和文化生活。

伊本·白图泰回到非斯并在此定居。他成为买勒族素丹阿布·安纳尼的幕僚。1356 年，素丹命其秘书伊本·朱赞将伊本·白图泰口述的一切记录成书，定名《异域奇游胜览》，俗称《伊本·白图泰游记》（以下简称《游记》）。《游记》记载的范围相当广泛，他的记载为人们提供了那个时代阿拉伯各地、中亚、印度、中国及非洲的有益资料。其中有关中国的记载是相当丰富的，本文所研究的只是有关中国穆斯林的问题。

一、《游记》中所载的几位在华穆斯林

依本·白图泰进入中国后，每至一地即有当地穆斯林接待，同时拜访或会见当地穆斯林教长、法官或商人。《游记》中提到的人物有：

塔准丁·艾尔代威里。泉州穆斯林法官。“他是一位好义的高尚人士”①。

舍赖奋丁·梯卜雷则。泉州巨商。今伊朗大不里士人。即元吴鉴《重立清净寺碑》中之没塔完里舍刺甫丁·哈梯卜。

鲍尔汗丁·卡泽龙尼。泉州穆斯林谢赫。今伊朗卡泽龙人。在泉州清净寺中任最高教长（摄思廉）。即元吴鉴《重立清净寺碑》中之不鲁罕丁。“不鲁罕丁者，年一百二十岁，博学有才德，精健如中年人，命为摄思廉。”②

敖哈顿丁·希札雷。广州穆斯林总教长，伊本·白泰图到广州后即寄住

①《伊本·白图泰游记》，马金鹏译，宁夏人民出版社，1985 年，第 551 页。
② 碑载《泉州伊斯兰教石刻》，宁夏人民出版社、福建人民出版社，1984 年，第 9 页。

于他家，称他为“一位家资富有的善良人士”[①]。

佐习伦丁·古尔俩伲。干江府（今江西建昌或浙江江山）谢赫。伊本·白图泰曾在其家中寄宿。原籍古兰尼（今属伊朗）。

格瓦门丁·休达。干江府毛拉、法学家。原籍摩洛哥休达（今塞卜泰）。初随其舅父阿布·喀辛·木尔西到印度德里，聪明好学，能背诵穆罕默德言行集《穆万塔经》（六大“圣训”之一），印度素丹赏赐他3000第纳尔，要他常住印度，但他志在中国，予以拒绝。到中国后谋得巨大资产，拥有男女仆婢各50名赫伦丁，杭州穆斯林法官。

鲍尔汗丁·刷额尔智。大都（今北京）谢赫。原籍波斯设拉子（今属伊朗）。孟加剌著名贤人哲俩伦丁。设拉子之弟。

鲍尔汗丁来中国前，印度国王曾赠送4万第纳尔给他，并邀他去印度，他收款还债后拒不去印度，而来到中国。元朝皇帝任命他为全国穆斯林首领。赐以刷德尔·知汗之号。

伊本·白图泰在杭州还见到埃及巨商欧斯曼·伊本·安法尼的子孙。有学者认为欧斯曼·伊本·安法尼似即重修文锦坊真教寺（凤凰寺）的阿老丁。“他的子孙在此地继承了他的声望，他们一仍其父辈的怜贫济困之风。”[②]

从《游记》中提到的在华穆斯林人物看，当时中国东南沿海地区的穆斯林宗教上层人物，大多来自阿拉伯、波斯地区，有摩洛哥、埃及的阿拉伯人，有伊朗设拉子、大不里士、吉兰尼人等。这与现存泉州宋元时期伊斯兰教徒墓碑石刻记载的穆斯林来源是相符的，泉州石刻的墓主来自也门，哈姆丹，土耳其斯坦的玛利卡，亚美尼亚的哈拉提，波斯的施拉夫、设拉子、贾杰鲁姆、布哈拉、花剌子模、霍拉桑、伊斯法罕、大不里士、吉兰尼等地。由此可见，元代回回人在中土的聚合，除了由西域通过河西走廊入华的陆上丝绸之路外，由广州、泉州入华的海上丝绸之路，自唐宋

①《伊本·白图泰游记》，马金鹏译，宁夏人民出版社，1985年，第553页。
②《伊本·白图泰游记》，马金鹏译，宁夏人民出版社，1985年，第557页。

至元依然兴盛不衰。元朝人说："自于世祖皇帝，四海为家，声教渐被，无此疆彼界，朔南名利之相往来，适千里者如在户庭，之万里者如出邻家。于是西域之仕如中朝，学于南夏。乐江湖而忘乡国者众矣！"[①]这说法从伊本·白图泰亲见中得到证实：《游记》中提到的干江府毛拉格瓦门丁·休达，因"他志在中国"，拒绝了印度素丹的要求。"他在中国情况很好，谋得巨大资财。"[②]杭州欧斯曼·伊本·安法尼"是当地一大巨商，他十分欣赏此地，因而定居于此，该城也因此而出名。他的子孙在此地继承了他的声望"[③]。

二、中国穆斯林的社团组织

阿拉伯、波斯和中亚各族的穆斯林进入异国他乡后居住地虽很分散，但在每一城镇村落却又多聚居于一处。在中国的穆斯林也不例外。

自唐初穆斯林进入中国境内后，逐渐在中国沿海城市定居。当时来华贸易的大食、波斯"蕃商"，因靠季风航行，往返费时长达一年，因而需在沿海港口居住，逐渐形成聚居区。唐太和九年（835 年）广州始见有"蕃坊"之称。唐代蕃坊中的居民绝大多数为穆斯林，坊内置坊长一人，由蕃民公推并经唐朝地方长官岭南节度使委任。坊长又称蕃长、都蕃长、都蕃首，负责掌管坊内公务，为唐政府"纳舶脚"（收税）、禁珍奇（查缉违禁品）、招邀蕃商等；同时负责掌管坊内伊斯兰教务，裁决穆斯林之间诉讼。蕃长的办事机构称蕃长司。蕃坊逐渐成为政教合一、拥有一定司法自治权的侨民社团组织。宋代情况大体没有变化，如《宋史·大食传》载："熙宁中，其使辛押拖罗乞统察蕃长司公事，诏广州裁度。"可见依然有蕃长司这一组织，受地方政府管辖。

元代大批域内外穆斯林以军士、工匠、学者、教士等身份进入中国中原及沿海各地，其人数远较唐宋时期"蕃客"为多。管理中国境内的穆斯

---

①王礼:《麟原前集》卷六《义塚记》。
②《伊本·白图泰游记》,马金鹏译,宁夏人民出版社,1985 年,第 556 页。
③《伊本·白图泰游记》,马金鹏译,宁夏人民出版社,1985 年,第 557 页。

林（回回人）成为亟待解决的问题。于是，元政府采取唐宋时期“蕃长司”的基本方式，正式成立“回回哈的司”这一政府机构掌管穆斯林的宗教事务及刑名、词讼诸事，使自治其徒。但随着元廷内部斗争的变化，回回哈的司也时有变动。如至大四年（1311年）元仁宗即位后，即下令罢回回哈的司属：“哈的大师每只教他每掌教念经者。回回人应有的刑名、户婚、钱粮、词讼、大小公事，哈的每休问者，教有司官依体例问者。外头设立的衙门并委付来的人每，革罢了者。”[①]实行政教分离，削弱哈的大师的权力。到致和元年（1328年）八月燕铁木儿发动政变、文宗图帖睦尔进京，两都之战爆发前夕，因左丞相、回回人倒剌沙在上都（今内蒙古正蓝旗东）拥立泰定帝子，文宗下令罢回回掌教哈的所，显然对穆斯林是一种打击。然而，这场争夺皇位的斗争结束之后，穆斯林的社团和正常宗教活动又逐渐恢复。伊本·白图泰在《游记》中为我们提供了第一手资料。

《游记》中说：“（广州）城的一个地区是穆斯林居住区，内有清真大寺和道堂，并设有法官和谢赫。中国每一城市都设有谢赫·伊斯兰，总管穆斯林的事务。另有法官一人，处理他们之间的诉讼案件。”[②]这段记载离文宗下令罢回回掌教哈的所相隔大约18年，换句话说，至迟到元顺帝至正前期，不仅穆斯林总教长（谢赫·伊斯兰）恢复了管辖宗教活动的权力，法官（哈的，阿拉伯语Gadi的音译）也恢复了处理穆斯林内部纠纷、诉讼的权力，回回哈的司实际上也恢复了。《游记》中曾记载了塔准丁·艾尔代威里、敖哈顿丁·兴札雷、格瓦门丁·休达等几位法官，他们精通法律和教理。

三、中国穆斯林的宗教活动

元朝政府对各种宗教活动采取兼容并蓄政策，伊斯兰教与佛教、道教、基督教一样，可以自由传教和进行宗教活动。这一点在《游记》总得到证实。

---

①《通制条格》卷二九《僧道·词讼》。

②《伊本·白图泰游记》，马金鹏译，宁夏人民出版社，1985年，第552页。

伊本·白图泰在《游记》中说："中国各城市都有专供穆斯林居住的地区，区内有供举行聚礼等用的清真大寺。"[①]又说："中国每一城市都设有谢赫·伊斯兰，总管穆斯林教务。"[②]他描写杭州城内穆斯林的宗教活动是比较详尽的：到杭州后"第三日进第三城，穆斯林们住此城内，城市美丽，市街布局如伊斯兰地区一样。内有清真寺和宣礼员。进城是正当为晌礼宣礼时，声闻远近。在此城我们寄宿于埃及人士欧斯曼·伊本·安法尼之子孙家中。……他们有一道堂，亦以欧斯曼尼亚著名，建筑美丽，慈善基金很多，内有一批苏非修道者。欧斯曼还在该城修建一座清真大寺，捐赠该寺和道堂大量慈善基金，该城穆斯林很多"[③]。杭州的总长官郭尔塔对他的到来隆重而热情地加以接待。

从伊本·白图泰的记载中，我们不难得到以下几点认识：

第一，伊本·白图泰说中国各城市都有穆斯林居住区，区内有供举行聚礼等用的清真大寺，是真实的，早在元初寓居杭州的周密就说过："今回回皆以中原为家，江南尤多。"[④]与伊本·白图泰访华几乎同时的中山府（今河北定县）《重建礼拜寺记》中也说"回回人遍天下"[⑤]。至于礼拜寺（即清真寺）之普遍设立也有中国史料可印证。中山府《重建礼拜寺记》中即记有"今近而进京城，远而诸路，其寺万余，俱西向以行拜天之礼"。

第二，《游记》关于中国伊斯兰教组织和教职名称记载具有重要史料价值与真实性。元代伊斯兰教是否与佛、道一样有全国性的组织，中国史籍未见记载。而《游记》，鲍尔汗丁·刷额尔智是"全国穆斯林的首领，并以刷·知汗称呼他"。这一记载虽未有他书可证，但亦颇合情理。因为佛教有国师、帝师之分，又有江南释教总统，皆为僧官；道教全真教、正一

①《伊本·白图泰游记》，马金鹏译，宁夏人民出版社，1985年，第546页。
②《伊本·白图泰游记》，马金鹏译，宁夏人民出版社，1985年，第552页。
③《伊本·白图泰游记》，马金鹏译，宁夏人民出版社，1985年，第557页。
④周密：《癸辛杂识续集》卷上《回回沙碛》。
⑤碑文载《文物》1961年第8期。

教、真大教、太一教皆授宗师，各掌其教。所以，元朝皇帝封全国伊斯兰教领袖是可能的。至于伊斯兰教职记载则与中国史料相符。如伊本·白图泰说中国每一城市都设有谢赫·伊斯兰，有至正十年（1350 年）吴鉴《重立清净寺碑》[①]可证，碑文说，当时泉州济净寺的“摄思廉”为不鲁罕丁，“摄思廉”即“谢赫·伊斯兰”。均为阿拉伯文 Shaikh al-Islam 的汉文音译。其中“摄”或“谢赫”，意为长老，受人尊敬的长者；“思廉”即“伊斯兰”。“摄思廉”或“谢赫·伊斯兰”意为“伊斯兰之长”，也就是主教或总教长。《游记》中所载鲍尔汗丁即碑文中之不鲁罕丁。“谢赫·伊斯兰”之下有谢赫，即筛海，为对教内有名望或者有地位者的尊称，《游记》中提到谢赫多名。《清净寺记》中关于泉州清净寺内的教职人员除摄思廉外，还有亦绵（为阿拉伯文 imam，今译伊玛目）、设塔完里（为阿拉伯文 mntawalli，都寺之意）、谟阿津（为阿拉伯文 mu'azzin，今译穆安津，即宣礼员），《游记》中有泉州巨商舍赖奋丁·梯卜雷则，即碑记中之设塔完里舍剌甫丁·哈梯卜；漠阿津之名《游记》中译为“宣礼员”。总之，《游记》中提到的教职名，均有中文典籍可证。

第三，元代中国的穆斯林享有宗教信仰自由，官方对穆斯林相当友好。如前所述，元廷对各种宗教采取兼收并蓄政策，在《游记》中没有任何关于中国穆斯林受到压制的记载。元朝政府对包括回回人在内的色目人，在“四等人制”中属于第二等，在政治上、法律上享有与第一等蒙古人差不多的地位，有的回回人官至丞相、平章，权倾天下；在经济上，回回商人在国内外贸易中以其特权而成为巨富；在宗教文化上也给予特殊照顾，答失蛮（伊斯兰教士）不仅宗教活动自由，而且可以享受免除赋役的特权。元代的官方，即使是大汗和所谓“异教徒”执政的长官，对穆斯林也是极其友好的。伊本·白图泰在泉州接到可汗的命令，“热情欢迎”他去京师大都。杭州的“中国的总长官”（当是江浙行中书省的长官）郭尔

①碑文载陈达生等:《泉州伊斯兰教石刻》,宁夏人民出版社,1984 年,第 9 页。

塔，对伊本·白图泰来到给予高规格的接待，伊本·白图泰说：“承蒙他于其府内治备宴席招待。全城要人出席作陪。为此请来了穆斯林厨师，按伊斯兰教法宰牲治席。这位长官尽管地位极高，却亲手给我们布菜，亲手切肉待客，我受他款待一连三天。他还派他的儿子陪我们去港湾，搭乘游艇一艘，……他们用中国文，用阿拉伯文，也用波斯文演唱。……歌手们演唱一首波斯诗，公子命他们重复多遍，使我于倾听之后，竟熟记无误了。”①中国可汗和地方长官对伊本·白图泰的热情欢迎和隆重接待，反映了穆斯林和伊斯兰教在元代中国所处的特殊地位。

三、穆斯林商人的情况

元代穆斯林商人利用其政治地位的优势，充分展示了他们经营商业的特长。元人许有壬说：“我元始征西北诸国，而西域最先内附。故其国人柄用尤多，大贾擅水陆利，天下名域区邑，必居其津要，专其膏腴。”②这种优势从回回商人进入中土之后就很快显示出来。早在成吉思汗时代，回回商人即深入漠北经商，并开始替蒙古贵族发放“斡脱钱”（又称“羊羔息”，其年息高达百分之百）。到太宗窝阔台时愈益发展，甚至设立专门机构，替政府放债收息。普通回回商人也相当活跃，深入到大小城镇。1254年春，法国圣方济各会士卢布鲁克（Guillaume deRubruquis）到达哈剌和林（今蒙古乌兰巴托西南）时就见到城里有穆斯林区，市场就在这个区里。许多穆斯林商人聚集在这里③，中统四年（1263年），中都（今北京）有回回户2953户，“于内多系富商大贾，势要兼并之家，兴贩营运百色；侵夺民利，并无分毫差役”④。由此可见，元代的穆斯林商人是何等活跃，富商大贾是何等之多。

伊本·白图泰所见中国穆斯林商人多为巨商。例如泉州巨商舍赖奋丁·梯卜雷则（舍剌甫丁·哈梯卜）至正九年（1349年）奉摄思廉鲍尔汗丁

①《伊本·白图泰游记》，马金鹏译，宁夏人民出版社，1985年，第558~559页。
②许有壬：《至正集》卷五三《西域使者哈只哈心碑》。
③道森：《出使蒙古记》，吕浦译，中国社会科学出版社，1983年，第203页。
④王恽：《秋涧集》卷八八《为在都回回户不纳差税事状》。

（不鲁罕丁）之命，领众要求当地官府同意重修清净寺，并由当地巨商金阿里“以己资一新其寺”[①]；干江巨商格瓦门丁·休达，“他在中国情况很好，谋得巨大资财。……他现有男女仆婢各五十名”[②]。最值得我们研究的是杭州穆斯林巨商埃及人欧斯曼·伊本·安法尼，他是当地一大巨商，他修建了一座清真大寺，捐赠该寺和道堂大量慈善基金。杭州自宋以来就是穆斯林聚居地之一，元代不少穆斯林亦聚居于此，如《辍耕录》所记，“杭州荐桥侧首，有高楼八间，俗称八间楼，皆富实回回所居”[③]。至于这个欧斯曼·伊本·安法尼及其所建清真大寺，极有可能就是阿老丁及其延祐年间（1314—1320年）所建之真教寺。阿老丁家传见于清阮元所辑《两浙金石志》卷一六之《舍剌甫丁墓碣》。阿老丁之祖父舍剌甫丁官至广州路治中，后隐居杭州丰乐桥，及至阿老丁因经营致富，遂出资于西文锦坊营建真教寺，此寺今存，又名凤凰寺、回回堂、礼拜寺等，元代杭州还有其他清真大寺否，未见记载，故推断欧斯曼·伊本·安法尼所建大寺当即真教寺，如是，则欧斯曼·伊本·安法尼即阿老丁无疑。《伊本·白图泰游记》可贵之处不仅在于它记载了这几位商人的情况，更可贵之处在于它记载了穆斯林商人在中国致富的社会条件，这是中国史籍中找不到的重要史料。兹抄录如下：

穆斯林商人来到中国任何城市，可自愿地寄宿在定居的某一穆斯林商人家里或旅馆里。如愿意宿在商人家里，那商人先统计一下他的财物，代为保管，对来客的生活花费妥为安排。来客走时，商人如数送还其财物，如有遗失，由商人赔偿。如愿意住旅馆，将财物交店主保管，旅店代客人购买所需货物以后算账。如来客想任意挥霍，那是无路可走的。

对商旅说来，中国地区是最安全最美好的地区。一个单身旅客，虽携带大量财物，行程九个月也尽可放心。[④]

---

①吴鉴：《重立清净寺碑》，载陈达生等：《泉州伊斯兰教石刻》，宁夏人民出版社，1984年，第9页。

②《伊本·白图泰游记》，马金鹏译，宁夏人民出版社，1985年，第555~556页。

③陶宗仪：《南村辍耕录》卷二八《嘲回回》。

④《伊本·白图泰游记》，马金鹏译，宁夏人民出版社，1985年，第550页。

五、中国穆斯林的心态、习俗和文化娱乐活动

伊本·白图泰在《游记》中所记有关在中国的旅行见闻，也点滴地反映了中国穆斯林的心态。在这种心态的支配下，中国穆斯林在信仰、习俗、文化生活等方面依然严格地遵循着《古兰经》和“圣训”中的规定，保持着自己民族的特点。元代是回回民族形成过程中的重要阶段——聚合阶段。13 世纪初，成吉思汗崛起于蒙古高原后，随着蒙古对西亚中亚各国的征服，大批来自阿拉伯、波斯、中亚各族的穆斯林陆续进入中原，散居于全国各地。他们种族各异，但信仰则专一。通过伊斯兰文化（包括宗教）的维系，他们正在凝聚为一个民族共同体。元代把信仰伊斯兰教的来自中亚、西亚和各种种族统称为回回人。回回人虽然在政抬、经济上享有特权，但在数以千万计的汉族汪洋大海中，他们只是少数。为了避免融合和同化，回回人同类相聚、同类保护的共同心理逐渐增长，在信仰、习俗、文化生活上竭力维持自己固有的特点。元人许有壬说，回回人进入中土后，虽其国人“柄用尤多”，其商人“专其膏腴”，“然而，求其善变者，则无几也。居中土也，服食中土也，而惟其国俗是泥也”[①]。吴鉴也说：穆斯林“虽适殊域，传子孙，累世犹不敢易焉”[②]。回回人为什么不放弃其信仰、习俗？阿儿浑人（回回之一种）凯霖说：“予非敢变予俗，而取摈于同类也!”[③]这大概就是中国穆斯林的宗教观、习俗观和民族共同心理。

伊本·白图泰目睹了中国穆斯林同类相护的情况，他在泉州了解到这里的穆斯林商人“因久居异教徒地区，如有穆斯林来，都欢喜若狂地说：‘他是从伊斯兰地区来的呀!’便把应交纳的天课交给他，他立即成了像他们一样的富翁”[④]。伊本·白图泰在中国期间，每到一地大都被当地富俗的穆斯林接去居住，例如他在广州就住在“家资富有的善良人士”谢赫敖哈

---

①③许有壬:《至正集》卷五三《西域使者哈只哈心碑》。

②吴鉴:《重立清净寺碑》,载陈达生等:《泉州伊斯兰教石刻》,宁夏人民出版社,1984年,第 9 页。

④《伊本·白图泰游记》,马金鹏译,宁夏人民出版社,1985 年,第 551 页。

顿丁·兴札雷的家中，共14天，“法官和其他穆斯林在此期间络绎不绝地送来了珍奇礼品，每天举行宴会，请来歌手助兴”[①]。自己深深感受到“如在中国见一穆斯林，便像遇上亲骨肉一般”[②]。伊本·白图泰的这种心态不也就是中国穆斯林的心态吗?

《游记》中关于中国穆斯林习俗方面的记载虽然不多，但也可以作为元代中国回回人的习俗严格遵守穆斯林特殊规定的佐证。例如在饮食方面，穆斯林有严格的饮食禁忌，伊本·白图泰在杭州时，当地长官郭尔塔宴请他，“请来了穆斯林厨师，按伊斯兰教法宰牲治席。”这就证明了当时中国有专门的穆斯林厨师，并按伊斯兰教法宰牲。关于后者，元世祖忽必烈曾下诏书“禁回回抹杀羊做速纳”，所谓“速纳”即是按伊斯兰法规行事。这份诏书下令回回人不得以断喉法宰，必须按蒙古人的剖开羊胸膛来宰羊，企图强行改变回回人的饮食习俗，结果由于回回人的抵制没有成功，7年后，忽必烈被迫取消这一禁令。到元末伊本·白图泰访华时，中国的穆斯林们当然就按伊斯兰教法宰牲。随着大批阿拉伯、波斯和中亚各族的穆斯林进入中国，穆斯林宗教文化和世俗文化也同时传入。宗教文化是与伊斯兰教密切相关的；世俗文化则包括宗教以外的文化、科学各个领域。《游记》中所反映内容至少有语言文字学、文学、建筑学等几个方面。兹分别简述之。

语言文字学。伊本·白图泰在杭州时，长官的公子携带歌手、乐师，他们能用阿拉伯文和波斯文演唱。由此可见，阿拉伯文和波斯文在元代中国的穆斯林中仍是主要语言。元代专置回回国子学和回回国子监作为培养回回译史、回回令史、回回掾史等衙门中亟须的专门人才，其课程内容主要是波斯文，也教习“亦思替非文字”（阿拉伯文）。这正与《游记》中所载相合。

文学。伊本·白图泰说，杭州长官的公子携带的歌手们演唱一首波斯

①陶宗仪:《南村辍耕录》卷二八《乐曲》。

②拉施特:《史集》第二卷,中译本,商务印书馆,1985年,第324页。

诗，而且重复多遍。由此可见，波斯的文学作品在元代中国民间是流传的。据《元秘书监志》，至少在官方图书馆秘书监内还藏有一部《虵艾立诗》，“虵艾立”为阿拉伯文 Shi'r 的音译，意为诗歌。两者相合，知阿拉伯、波斯的文学作品均传入中国，有的在穆斯林中广为流传。

音乐。伊本·白图泰到达干江、杭州时，当地穆斯林携带彩旗、鼓号，率领歌手来迎接；在杭州，长官的公子嗜爱波斯音乐，歌曲极其委婉动听。但这些记载都比较简单，乐器、乐曲不详。然而与中国史料记载是相符合的。就乐器而言，据《元史·礼乐志·宴乐之器》，知元代时，回回乐器兴隆笙、火不思、胡琴等已传入；宫廷中有回回乐队三队；民间流行的回回曲有伉里、马黑某当当、清泉当当等。

建筑学。元代域内外穆斯林进入中原后，穆斯林建筑艺术也随之传入。如荨麻林（今河北万全西），元太宗窝阔台时在此召集 3000 户撒麻耳干（今乌兹别克斯坦撒马尔罕）等地工匠，设局织造纳失失缎匹（波斯语 Nasich 音译，织金锦缎），其后工部、徽政院均在此设局织造，因而“此城大多数居民为撒麻耳干人，他们按撒麻耳干的习俗,建起了很多花园”。《游记》说杭州第三城（穆斯林区），“穆斯林们住此城内，城市美，市街布局如伊斯兰地区一样”①。两者记载相符。清真寺和道堂的建筑，伊本·白图泰说“建筑美丽”，今存元代清真寺建筑可予证实。例如杭州真教寺，前已推断似为欧斯曼·伊本·安法尼（中国史料中之阿老丁）所建，该寺所存大殿为元代遗物，兼融中阿两种建筑风格；泉州涂门街清净寺，至大二年（1309 年）耶路撒冷人艾哈玛德·本·穆罕默德重修，仿大马士革礼拜堂建筑形式；艾苏哈丁寺至大二年波斯设拉子人鲁克伯·哈只·艾哈玛德·本·穆罕默德·贾德斯重建。高悬之穹顶、门校等颇有中世阿拉伯风格。惜鲍尔汗丁主持的清净寺已毁。

---

①《伊本·白图泰游记》，马金鹏译，宁夏人民出版社，1985 年，第 557 页。

六、中国的苏非派和黑人穆斯林

在即将结束本文的时候，我们觉得《游记》还有两则重要记载必须提出来，以引起研究中国穆斯林的学者们的注意。

第一，关于中国的苏非派修道者。

苏非派是9—10世纪伊斯兰教中出现的一种神秘主义和禁欲主义的派别。他们日益厌倦眼前的一切事物，感到颓唐和茫然，认为世界是虚幻的。该教派主张穿用粗制的毛织衣服，以示简朴，故取“苏非”（阿拉伯语suf，羊毛呢）为名。苏非派何时传入中国，《游记》中明言，杭州欧斯曼·伊本·安法尼所建道堂，“慈善基金很多，内有一批苏非修道者”。这些修道者，在元代文书中据波斯语darwish（意为贫穷者）译为迭里威失，其专门的教职人员称迭里威失户①，待遇与答失蛮户相同。

第二，中国的黑人穆斯林。

中非、西非和东非很早就接受伊斯兰教的影响，他们与阿拉伯人有较多的交往。北宋太平兴国二年（977年），黑衣大食遣使蒲思那、副使摩诃末、判官蒲啰等贡方物，“其从者目深体黑，谓之昆仑奴”②。可知宋时已有黑人穆斯林来华。元时中国沿海地区也有“黑回回”，如至大四年（1311年）广州番禺曾发生回回蕃客劫夺财物案。抓获人犯中有“黑回回四人”③。可见元时也有黑人穆斯林。《游记》为我们提供了更丰富的资料：大都可汗 的宫殿有门座，其第七门“共有拱篷三座，其一是阿比西尼亚人拱篷，其二为印度人拱篷，其三为中国人拱 篷。每队都有一名中国人任队长”④。阿比西尼亚即今之埃塞俄比亚，14世纪时，多数居民信奉伊斯兰教， 亦为黑人穆斯林。他们也许是蒙古西征时从阿拉伯地区掳掠来的军士奴隶，入华后充宿卫。此外，中国海舶上也使用黑人作卫队，伊本·

---

①《通制条格》卷二《户令·户例》。
②《宋史》卷四九〇《大食传》。
③《元典章》卷五五《刑部》一七《放贼》。
④《伊本·白图泰游记》，马金鹏译，宁夏人民出版社，1985年，第562页。

白图泰在赴中国途中曾亲眼所见中国海舶上黑人卫士。“船总管活像一大长官，登岸时射手黑奴手执万枪前导，并有鼓号演奏”①。

《游记》关于中国的记载虽然篇幅不多，但涉及内容却相当广泛，其中关于中国穆斯林的记载有重要的史料价值，有些人物（如鲍尔汗丁、欧斯曼·伊本·安法尼等）、事状与中国史料相符，有不少记载为中国史料所无，所以，《游记》不失为研究元代中国穆斯林的重要著作。

本文发表于《西北第二民族学院学报（哲学社会科学版）》1993 年第 1 期。

①《伊本·白图泰游记》，马金鹏译，宁夏人民出版社，1985 年，第 491 页。

元“回回哈的司”研究

◎邱树森

早在上古时期，中国与周边国家就有过交往。《山海经》中的《大荒西经》《穆天子传》对葱岭（今帕米尔）以东的山川风物描绘比较详细，而且记录了大戎和大月氏的一些情况。降至秦汉，以张骞出使西域作为里程碑，中西交通规模不断扩大，陆上和海上两路交往日益频繁。但是大批外国人到中国来定居，并形成聚居的区域则是在唐朝才开始的。唐宋政府为此专门制定了法规，如禁止蕃客置立田宅，与华人婚嫁为亲，与华人杂居；立蕃坊，以蕃客中之有声望者为蕃坊长，负责教务和民事纠纷；蕃客之同类自相犯者，各依本俗法，异类相犯者，以唐宋法律论处；等等。13世纪初，蒙古崛起后，中西交通大大畅通，入华的域外人激增，其中信仰伊斯兰教的穆斯林占大多数，他们统称“回回人”。元朝政府对回回人的管理自有一套办法，“回回哈的司”就是管理办法之一。早在20年前编修《中国大百科全书》中国古代史卷时，南京大学陈得芝教授就注意到把“回回哈的司”的内容列入“木速蛮”词条中，笔者在撰写《中国回族史》（宁夏人民出版社，1996年）时，做了较多阐述。近年来已有学者注意到这一课题的研究，并发表了专文①。但笔者认为“回回哈的司”的研究还有深入的必要，对它的建置、职能、行废等进行更全面的讨论。

一、 蒙元时期来华的域外人

《元史·太祖本纪》说成吉思汗“灭国四十”。被成吉思汗所灭的国家和政权中，有中国境内的西夏、畏吾儿、哈剌鲁、西辽等政权，但绝大多数是境外的国家和民族。成吉思汗西征之后，又有绰儿马罕西征、拔都西征和旭烈兀西征，加之元朝时东侵高丽，南征安南、占城、缅国、爪哇，蒙古军队兵锋所及，几为亚洲和东欧的大部。蒙古远征结束后，这些被征服的国家、地区或民族中的军士、商人、工匠、教士等，大批随之来华。他们之中，除信奉东正教的斡罗思（俄罗斯）人、阿速人以及另啰哩（吉卜赛）人、术忽（犹太）人外，绝大多数是信奉伊斯兰教的穆斯林（当时称回回人）。这些穆斯林中有阿拉伯各国人和波斯人，有伊斯兰化的突厥人（如哈剌鲁、阿儿浑、康里、钦察）和信奉伊斯兰教的其他各族人（如占城人，南亚次大陆的马八儿、俱兰人，非洲黑回回等）。这些穆斯林主要有以下几类人：

军士。成吉思汗西征时，所至凡遇抵抗，多实行屠城。但对放下武器归顺蒙古的城镇，又常取其军士、工匠以充实自己的军队。如“蒙古人把忽毡（今塔吉克斯坦列宁纳巴德）的青壮年强编入军，赶往那里，同时还从讹答剌、不花剌、撒麻耳干及别的城市、村落，取得援兵，这样，该地共集中了五万签军和两万蒙古军”②。在不花剌，蒙古军队来攻时，不花剌人“打开他们的城门”③投降了，该城中“适于服役的青壮年和成年人被强征入军”④，著名的回回政治家赛典赤·赡思丁就在这时随其父苦马鲁丁一起从军的；在撒麻耳干，“从青壮年中挑出同样的（三万）人，编为

①王东平：《元代的回回、回回法和回回哈的司》，载《民族史研究》第1辑，民族出版社，1999年。

②志费尼：《世界征服者史》上册，内蒙古人民出版社，1980年，第108页。

③志费尼：《世界征服者史》上册，内蒙古人民出版社，1980年，第120页。

④志费尼：《世界征服者史》上册，内蒙古人民出版社，1980年，第123页。

一支签军”[①]。所以元代有许多来自阿拉伯、花剌子模的军人成为大大小小的军官。

工匠。除上引蒙古军在忽毡等地掳掠工匠外，在撒麻耳干、不花剌等地也大批掳掠工匠。仅撒麻耳干一地就掳掠了三万工匠，窝阔台时拨三千户到荨麻林（今河北万全西洗马林），置荨麻林人匠提举司，专事织造纳失失缎匹，荨麻林成了撒麻耳干人居住最集中的城镇，“此城大多数居民为撒麻耳干人。他们按撒麻耳干的习俗，建起了很多花园”[②]。中政院使买述丁的曾祖马合谋是不花剌的工匠和天文学家，他和许多“细巧工匠”的不花剌人一起被俘到和林（今蒙古乌兰巴托西南），他们之中有的又迁于弘州(今河北阳原)、荨麻林，马合谋后任洪城屯卫百户。[③]著名建筑师也黑迭儿、造炮师阿老瓦丁、亦思马因等阿拉伯人，在元代成为工艺世家。

商人。大蒙古国建立前就有回回商人阿三（哈只哈散）与成吉思汗同饮班朱尼水，成为建国元勋；太宗时回回商人法迪玛受宠于脱列哥那皇后，引荐奥都剌合蛮以220万两扑买中原课税。之后，回回商人足迹几乎遍及全国，中统四年（1263年）时中都（今北京）的回回人户达2953户，“于内多系富商大贾、势要兼并之家，兴贩营运百色，侵夺民利”[④]；泉南有巨贾回回佛莲，为蒲氏之婿，拥有海舶80艘，死后留下珍珠130石。[⑤]元朝时从海陆两道来华的阿拉伯、波斯商人甚多，杭州之埃及巨商欧斯曼·伊本·安法尼，“是当地一大巨商，他十分欣赏此地，因而定居于此，该地因此而出名。他的子孙在此地继承了他的声望。”[⑥]元时来华的摩洛哥旅行家伊本·白图泰每到一地几乎都会遇到穆斯林商人。

---

①志费尼:《世界征服者史》上册，内蒙古人民出版社，1980年，第140页。

②拉施特:《史集》第2卷，商务印书馆，1985年，第324页。

③朱德润:《存复斋文集》卷一《资善大夫中政院使买公世德之碑铭》，四部丛刊续编本。

④王恽:《秋涧先生大全集》卷八八《为在都回回户不纳差税事状》，元人文集珍本丛刊本。

⑤周密:《癸辛杂识续集》卷下《佛莲家赀》，中华书局点校本。

⑥《伊本·白图泰游记》，马金鹏译，宁夏人民出版社，1985年，第557页。

教士。在元朝文书中有答失蛮（波斯语 Danishimand 的音译，伊斯兰教士）、迭里威失（波斯语 darwish 的音译，苏非派修道士）、哈的大师（阿拉伯语 Qadi，伊斯兰教法官）等神职人员称号；吴鉴《清净寺记》[①]中有主教（阿拉伯语 Shaikh-al-lslam，译为摄思廉）、亦绵（阿拉伯语 iman，译为伊玛目）、都寺（阿拉伯语 Mutawalli，译为没塔完里）、喝拜者（阿拉伯语 Mu'azzin，译为谟阿津）等神职人员称号。伊斯兰教中的各种神职人员称号，元代大体上已经出现，可见伊斯兰教在中国的传播是合法的、规范的、全方位的，故中山府《重建礼拜寺记》中说："今近而京城，远而诸路，其寺万余，俱西向以行拜天之礼。"[②]

此外，还有许多从事科技、教学、医疗、文学、艺术等人才，也有许多被掳来的妇女儿童。例如应邀来华的天文学家扎马鲁丁、造炮师亦思马因、阿老瓦丁等，还有一大批在宫廷和民间从事音乐、舞蹈的艺人，在官方医疗机构广惠司和民间从事医疗事业的回回医生，在政府机构中的吏员回回译史、回回掾史、回回令史等，在回回国子监、回回国子学和民间回民学校中的教师和学生……总之，各行各业都有回回人。

二、穆斯林聚居各城市状况

大批来自中亚、西亚的穆斯林以军士、工匠、学者、教士等身份进入中国中原及沿海地区，甚至漠北、西北等地也处处有回回人，故称元时"回回之人遍天下"。兹将全国各城市中穆斯林居住状况分述如下。

和林（今蒙古乌兰巴托西南）。太宗窝阔台时建为大蒙古国首都。成吉思汗西征后大批穆斯林工匠、军士被俘到漠北。1254 年，法国圣方济各会士卢布鲁克到达和林，他目睹的情景足以证实那里确实存在着萨拉森人（伊斯兰教徒）区和伊斯兰寺院。他说："城里有两个地区：一个是萨拉森人区，市场就在这个区里。许多商人聚集在这里，这是由于宫廷总是在

①见陈达生等:《泉州伊斯兰教石刻》，宁夏人民出版社，1984 年，第 3 页。
②碑文见《文物》1961 年第 8 期。

它附近，也是由于从各地来的使者很多。另一个是契丹人区。”还说城里有“两座伊斯兰寺院（在寺院里公布着摩诃末的教规）”[①]。

大都。早在辽代时，辽南京（今北京）城内已有穆斯林定居。今牛街礼拜寺即建于辽统和十四年（996年）。以后牛街就成穆斯林聚居地。牛街礼拜寺内现存至元十七年（1280年）、二十年两通阿拉伯文墓碑，证明该寺在元代仍为穆斯林的礼拜场所。如前文所述，早在中统四年（1263年）时，中都城内有回回人户2953户，多系富商大贾、势要兼并之家。后来中都改称大都，成为全国的政治中心，大批回回达官贵族住在京城，加上侍卫亲军如西域亲军都指挥使司、哈剌鲁万户府（掌守禁门等处应直宿卫）等，制造回回炮的回回炮手军匠上万户府，其人数十分可观。至正七年（1347年），伊本·白图泰到达大都，曾会见了全国穆斯林首领鲍尔汗丁·刷额尔智，元朝皇帝赐号为“刷德尔·知汗”。他还亲眼见到大都城内有黑人穆斯林。[②]

泉州。泉州港从宋代开始就崛起为对外贸易大港。在回回人蒲寿庚、蒲师文父子数十年经营下，泉州在元代海外贸易中居于特殊地位。据现存泉州伊斯兰教石刻，元时在泉州活动的穆斯林，来自也门、哈姆丹，土耳其斯坦的玛利卡，波斯的施拉夫、设拉子、贾杰鲁姆、布哈拉、花剌子模、霍拉桑、伊斯法罕、大不里士、吉兰尼等地。[③]这些在泉州定居并葬于斯地的穆斯林，许多是从事外贸的商人及其眷属。1954年厦门大学庄为玑教授访得晋江陈埭丁氏所存元代地契8份，反映了元朝前期阿拉伯商人侨居泉州后置买家产的情况。商人沙律忽丁就曾购得晋江县三十七都东塘头花园、山地、房屋等，子孙在此定居；到至元二年（1336年），沙律忽丁之子麻合抹又将家产卖给另一回回商人阿老丁。[④]这些地契和伊斯兰教石刻一样，是各国商人“乐江湖而忘乡国”的真实写照。各国商人久居泉

①道森：《出使蒙古记》，吕浦译，中国社会科学出版社，1983年，第203页。
②《伊本·白图泰游记》，马金鹏译，宁夏人民出版社，1985年，第562页。
③见陈达生等：《泉州伊斯兰教石刻》，宁夏人民出版社，1984年，第3页。
④见施一揆《元代地契》，《历史研究》1957年第9期。

州，以泉州为家，并参与泉州的建设。元代泉州城内，回回人有比较集中的居住区。伊本·白图泰说，“(泉州) 穆斯林单住一城”，有谢赫·伊斯兰(总教长) 和穆斯林法官。①

广州。元代另一个贸易大港广州，虽因宋元战争破坏，海外贸易一度遭受损失。但随着战争的结束，凭借其悠久的外贸传统，居住在广州“蕃坊”内数以万计的蕃客与海外的联系，广州的外贸很快得到恢复。据《大德南海志》载，与广州有贸易关系的国家和地区达 140 余个。广州市舶的收入极其可观，元人吴莱说：“岁时蕃舶金、珠、犀象、香药、杂产之富，充遍耳目，抽赋帑藏，盖不下巨万计。”②广州的富庶是与外贸的发展和包括回回商人在内的“贾客”商业流动分不开的。元代广州的回回人依然聚居在唐宋蕃坊的所在地城南怀圣寺和光塔周围。伊本·白图泰说：“城的一个地区是穆斯林居住区，内有清真大寺和道堂，并设有法官和谢赫。”③

杭州。唐宋时即有阿拉伯、波斯人居住。著名清真寺凤凰寺始建于唐，元延祐年间（1314—1320 年）阿老丁重建。元代杭州回回人聚居于荐桥一带，陶宗仪《南村辍耕录》称：“杭州荐桥侧首，有高楼八间，俗谓八间楼，皆富实回回所居。”④伊本·白图泰说：“(杭州) 第三城，穆斯林们住此城内，城市美丽，市街布局和伊斯兰地区的一样。内有清真寺和宣礼员。”⑤

镇江。据《至顺镇江志》，至顺年间（1330—1332 年）侨寓人户中，有回回户 59，口 374，躯（单身）310。以户计，回回户占侨寓户 3845 户的 1.45%；以口（含躯）计，占侨寓口（含躯）13503 中的 5%以上。⑥

---

①《伊本·白图泰游记》，马金鹏译，宁夏人民出版社，1985 年，第 551 页。
②吴莱：《南海山水人物古迹记》，《渊颖集》卷一，四部丛刊本。
③《伊本·白图泰游记》，马金鹏译，宁夏人民出版社，1985 年，第 552 页。
④《南村辍耕录》卷二七《嘲回回》，中华书局排印本。
⑤《伊本·白图泰游记》，马金鹏译，宁夏人民出版社，1985 年，第 546~547 页。
⑥《至顺镇江志》卷三《户口·侨寓》，江苏古籍出版社点校本。

四明（今浙江宁波）。据至正《四明续志》，有回回户 21 户。[①]

扬州。唐宋以来，扬州一直是阿拉伯、波斯商人的聚居地，以著名的仙鹤寺和普哈丁墓为证。元时在扬州居住、经商的回回人更多。扬州南门挡军楼城基曾拆出多通阿拉伯人石刻墓碑，有四通碑文是用中文、波斯文和阿拉伯文刻成的。这里是元代扬州穆斯林的墓地。[②]

元代回回人除居于上述城镇外，比较集中于云南和西北地区。

云南。宪宗三年（1253 年），蒙哥汗令忽必烈率军攻占大理。次年，大将兀良合台进入押赤城（今昆明）。进入云南的蒙古军队中有许多回回人。至元十一年（1274 年），赛典赤·赡思丁奉命出任云南行省平章政事。十六年病卒。其子孙有多人在云南行省任职，并在云南落户，明代著名航海家郑和就是赛典赤的后裔。由于大批回回人聚居云南，从赛典赤开始，云南各地开始兴建清真寺。昆明的“清真寺凡二：一在南门内，一在城南鱼市街，俱元平章赛典赤建”[③]。

西北地区。西北陕甘宁地区是中亚、西亚穆斯林进入中国的主要通道。13 世纪 50 年代，卢布鲁克经过畏吾儿境内的所有城镇时，发现各地均有伊斯兰教徒。[④]13 世纪 70 年代，马可·波罗从葱岭进入丝绸之路南道，沿河西走廊，经今宁夏、内蒙古、河北到上都，均见到当地居住着不少穆斯林。故《明史·西域传》说：“元时回回居天下，以甘肃为多。”当时，这些居于丝绸之路广大城乡中的穆斯林，绝不可能是立有战功的回回将领，也不可能是腰缠万贯的回回巨商。他们主要从事农牧业。

三、回回哈的司的建立及其职能

成吉思汗和他的继承者是依靠武力征服其他国家和民族的，在他们的心目中，并无此疆彼界的约束，“天下地面尽阔，教您各守封国”[⑤]，只

---

①《至正四明续志》卷六《赋役》，宋元四明六志本。
②朱江:《伊斯兰教在扬州》，南京大学出版社，1991 年。
③《康熙云南府志》卷一七《方外志》二《寺观》。
④《鲁不鲁乞游记》，载《出使蒙古记》。
⑤《元朝秘史》第 255 节，四部丛刊三编本。

要有力气，尽可去占领。因而，蒙古大汗向来以“统治世界的皇帝”[①]自居，视其统治范围之内的胡人、汉人、中亚人、西亚人，不论什么种族，统统都是他的臣民。太宗窝阔台于乙未年（1235年）实施了“乙未括户”，圣旨说：

> 不论达达（即蒙古）、回回、女真、汉儿人等，如是军前掳到人口，在家住坐，做驱口；因而在外住坐，于随处附籍，便系是皇帝民户，应当随处差发，主人见，更不得识认。[②]

后来宪宗蒙哥二年（1252年）的“壬子籍户”和世祖至元八年（1271年）颁布的《户口条画》中得到进一步完善，并明确规定：在元朝统辖范围内，不论是什么种族，“见住处与民一体当差”。从此，回回人和其他境外入华的种族，正式编入元朝的户籍，成为元朝的臣民，唐宋时期“胡商”“蕃客”的称号从此再也不见了。回回人成为元朝“诸色人户”之一，不再是侨居中国的外国人。

蒙古人是以少数民族入主中原的。周边的少数民族和境外的各国各族人，唐宋时被称为“化外人”，意为未接受“王化”之人。所以《唐律疏议》作了这样的解释：

> 化外人，谓蕃夷之国别立君长者，各有风俗，制法不同。

现在蒙古人成了统治民族，所以在元朝的法律中绝对不会把蒙古人自己称为“化外人”。因此，元律中在处理外国人和周边少数民族风俗、婚姻、刑律、宗教等事务时，原则上虽与《唐律》一致，但再也不会用“化外人”这一词了。

由于元代回回人已经入籍，不再称为“胡商”“蕃客”，因而穆斯林

---

①志费尼就是这样称呼窝阔台汗的，见《世界征服者史》上册，第218页。
②《通制条格》卷二《户令》，浙江古籍出版社点校本。

聚居之地也不再称为“蕃坊”，管理穆斯林的机构也不再称“蕃长司”。元朝政府采取唐宋时期蕃长司的基本方式，正式成立“回回哈的司”这一政府机构来掌管穆斯林的宗教事务及刑名、词讼诸事，使自治其徒。哈的系阿拉伯语 Qadi 的音译，伊斯兰教法官称号。此职早在穆罕默德时代即已产生，以后在信仰伊斯兰教的国家和民族中的穆斯林群体中普遍设置。随着大批穆斯林进入中国，哈的大师也自然来到中国或在穆斯林群体中产生。再说唐宋蕃坊中本来就有类似哈的的蕃坊长。但回回哈的司作为政府机构，当与管理佛、道、基督教和畏吾儿人的机构一样，应在世祖忽必烈时期才设置，具体时间无考。

“回回哈的司”是一种带有宗教和民族管理双重性质的政教合一机构。“元有天下，嘉惠黎庶，怀柔百神，凡前代所以为民事神者，有举无废。”[①]蒙古统治者对各种宗教兼收并蓄，采取扶持和保护政策，因而佛教、道教、伊斯兰教、也里可温、犹太教十分盛行，佛教尤盛，故《元史·释老传》云：“元兴，崇尚释氏，而帝师之盛，尤不可与古昔同语。”佛、道、也里可温、犹太教均有全国性的管理机构。佛教管理机构最多，级别最高，中统初即设全国性的释教总统所，地方有诸路释教总统所；以后又有总制院，至元二十五年（1288 年）改称宣政院，“掌释教僧徒及吐蕃之境而隶治之”，宣政院使由帝师和中书省长官担任，地方有行宣政院；又沿唐制，在全国置功德使司；又沿用金制，在全国各路设僧录司、州设僧正司、府设僧纲司。《佛祖历代通载》卷二二载：“谕天下设立宣政院、僧录、僧正、都纲司，赐以印信，行移各路，主掌教门，护持佛法。”可见元代僧官机构最多，而且重叠。道教亦有中央及地方管理机构，大蒙古国时期由丘处机，后由其徒祁志诚等“世奉玺书袭掌其教”[②]；全国统一后，由集贤院分管全国道教，龙虎山历代张天师主领江南道教，而中央则由“玄宗大宗师”张留孙、吴全节等相继任同知集贤院道教事，掌道教

①刘岳申:《寿圣观记》，载《永乐大典》卷六六九七《九江府》九。
②《元史》卷二〇二《释老传》。

事。也里可温、犹太教归崇福司，地方有也里可温掌教司，延祐二年（1315年）“省并天下也里可温掌教司七十二所，悉以其事归之”①。但《元史·百官志》中唯独不见伊斯兰教的管理机构，这显然是《元史》修撰者的一大疏忽。

伊斯兰教是元代第三大宗教，其教徒和寺院之多远在基督教之上。但《元史》首见“回回哈的司”之名在《仁宗本纪》中，即至大四年（1311年）四月，仁宗即位后下令“罢回回合的司属”，可见该机构早在仁宗即位之前就已设置，但由于史料阙如，究竟是中央的机构还是地方的机构，不得而知。现据《伊本·白图泰游记》，知汗八里（大都）的谢赫鲍尔汗丁·刷额尔智“可汗任他作全国穆斯林的首领，并以刷德尔·知汗称呼他”②，可知在大都有“全国穆斯林的首领”，那么中央设有全国性的回回哈的司当属无疑。至于地方上的回回人聚居区普遍设立哈的司则可从下文《元典章》卷三三《释道》一节中得到证明。

“回回哈的司”还具有民族管理上的“自治其徒”的性质。元律中虽然不再使用“化外人”这一概念，但政府在民族管理上依然遵循唐宋律法的原则，即“诸化外人，同类自相犯者，各依本俗法；异类相犯者，以法律论”来处理。蕃长司由蕃长主持，“管勾蕃坊公事”，用本俗法（伊斯兰法）处置蕃人纠纷，“徒以上罪，则广州决断”。至大四年（1311年）十月初四日，仁宗爱育黎拔力八达即位后不久，下了一道圣旨：

> 哈的大师每只教他每掌教念经者。回回人应有的刑名、户籍、钱粮、词讼、大小公事，哈的每休问者，教有司官依体例问者。外头设立来的衙门并委付来的人每，革罢了者。③

①《元史》卷八九《百官志》五。
②《伊本·白图泰游记》，马金鹏译，宁夏人民出版社，1985年，第561页。
③《通制条格》卷二九《僧道·词讼》，浙江古籍出版社点校本。

这道圣旨从反面告诉我们：至大四年以前，回回哈的司不仅掌管了回回人应有的刑名、户籍、钱粮、词讼、大小公事，而且哈的司和哈的是“外头设立来的衙门并委付来的人每”，显然不少哈的来自国外，元朝政府已感到侵犯了它的主权，因而予以“革罢”。由此可见，至少在世祖朝期间，回回哈的司的职能与唐宋蕃坊几乎毫无二致，不过名称不同罢了。

我们也可以用管理畏吾儿人的“都护府”的职能来分析回回哈的司。都护府，“掌领旧州城及畏吾儿之居汉地者，有词讼则听之”[①]。元朝政府先于至元十一年（1274年）置畏吾儿断事官，依其本俗法断畏吾儿词讼。管理回回人的办法大体与管理畏吾儿人相同。只是因为畏吾儿人并不像回回人那样卷入元朝政治斗争那么深，所以都护府的职能一直没有变化。

回回人的情况则不一样。回回人的自治权是与回回政治势力消长相适应的。世祖忽必烈统治时期，阿合马擅权近二十年，回回哈的司的权力大大超出了掌教的范围，刑名、户婚、钱粮、词讼亦在其管辖之内。后来阿合马及其子侄、党羽虽被诛杀，回回人在朝廷中的势力一度受到遏制，但世祖末期和成宗铁穆耳时期，赛典赤·赡思丁之孙伯颜受到重用，与汉人梁德理财，史称“赛梁秉政”，回回人势力有所抬头。后来伯颜参与拥戴安西王阿难答夺位，事败被杀，武宗海山对回回人就有所抑制。但至少到武宗时期，回回哈的司的职能仍与世祖时期相仿。

但仁宗即位后，用“布衣宰相”李孟治国。李孟“力以国事为己任，节赐与，重名爵，核太官之滥费，汰宿卫之冗员”[②]。有志于大力整顿朝纲，加强法制。李孟有感于“释、老二教，设官统治，权抗有司，挠乱政事，僧道尤苦其扰”，上奏曰：“僧、道士既为出世法，何用官府绳治!”仁宗遂下令：

---

①《元史》卷八九《百官志》五。

②《元史》卷一七五《李孟传》。

（至大四年四月）罢僧、道、也里可温、答失蛮、头陀、白云宗诸司。罢回回合的司属。[①]

除这里管和尚的宣政院、功德使司两个衙门外，管和尚、先生、也里可温、答失蛮、白云宗、头陀教等各处路、府、州、县里有的他每的衙门，教都革罢了，拘收了印信者。[②]

此后，除了佛教徒事务仍归宣政院（行宣政院时有废置）、功德使司（文宗时废）外，道士、答失蛮、也里可温的刑名、户婚、钱粮、词讼、大小公事一律归当地衙门管辖，各教首领只管教务，“哈的大师每只教他每掌教念经者”。

仁宗革罢回回哈的司就是取消了回回哈的司作为政府机构的存在，只容许哈的作为宗教职业者从事掌教活动，并在元律中做了明确规定：“诸哈的大师，止令掌教念经，回回人应有刑名、户婚、钱粮、词讼并从有司问之。”[③]

仁宗的这一措施，对回回人无疑是重大打击。英宗即位后继续遏制回回势力，甚至下令“毁上都回回寺，以其地营帝师殿”[④]。

至治三年（1323 年）八月，爆发“南坡之变”。英宗硕德八剌和丞相拜住被弑，晋王也孙铁木儿即位，是为泰定帝。泰定帝重用回回人倒剌沙为中书左丞相，回回哈的司重新恢复。一时回回人势力大增，全国许多地方广建礼拜寺。致和元年（1328 年）七月，泰定帝病死；八月，燕铁木儿在大都发动政变，倒剌沙在上都拥立泰定帝子阿剌吉八为帝，爆发两都之战的前夕，燕铁木儿拥立图帖睦尔为文宗，文宗一进京就下令“罢回回掌教哈的所”[⑤]，显然是为了打击回回人。但两都之战结束后，回回掌教哈

①《元史》卷二四《仁宗纪》一。
②《元典章》卷三三《礼部》六《释道》，中国广播电视出版社影印元刻本。
③《元史》卷一〇二《刑法志》一。
④《元史》卷二七《英宗纪》一。
⑤《元史》卷三二《文宗纪》一。

的所或许很快就恢复了。到至正六年（1346年）伊本·白图泰来华时已是另一番情景：

> 中国每一城市都设有谢赫·伊斯兰，总管穆斯林的事务。另有法官一人，处理他们之间的诉讼案件。①

显然，回回掌教哈的所早已恢复了工作。伊本·白图泰见到的总教长（谢赫·伊斯兰）有鲍尔汗丁·卡泽龙尼（泉州）、敖哈顿丁·希札雷（广州）、佐习伦丁·古尔俩尼（干江）、鲍尔汗尔·刷额尔智（大都）；法官有塔准丁·艾尔代威里（泉州）、格瓦门丁·休达（干江）、赫伦丁（杭州）。

综上所述，元“回回哈的司”归纳起来有以下几点：

第一，13世纪初，蒙古崛起于漠北，依靠军事征服，建立了横跨欧亚的大蒙古国。成吉思汗和他的继承者以“统治世界的皇帝”自居，视其统治下的各族人民为大汗的臣民，均系“皇帝民户”。因而入居中土的各国人民，一律成为元朝的“诸色户计”，不再有唐宋时期的“胡商”“蕃客”之名，也不再有“蕃坊”“蕃坊司”“蕃坊长”之称。

第二，蒙古以北方游牧民族入主中原，成为统治民族，因而废弃了唐宋律法中的“化外人”的字眼，代之以“诸色人”称之。

第三，元代来自域外的诸色人中，以回回人为主，他们不仅人数以十万计，而且对元代政治、经济、文化、宗教均有巨大影响。因而，元朝政府专门设置对回回人管理的机构———回回哈的司。回回哈的司从中央到地方均有建置，大都的回回哈的司，与掌佛教和吐蕃地方的宣政院、功德使司，掌道教的集院，掌也里可温的崇福司一样，都是政教合一的组织，只是秩品不等而已。

第四，回回哈的司基本职能沿袭唐宋蕃坊的制度。每一有回回人居住

---

①《伊本·白图泰游记》，马金鹏译，宁夏人民出版社，1985年，第552页。

的城市设哈的司，由谢赫·伊斯兰（总教长）总管穆斯林宗教事务，另有法官（哈的）一人，处理他们的刑名、户婚、钱粮、词讼、大小公事，或者总教长与法官由一人兼任。地方上的哈的司，只要有回回人聚居区均普遍设置甚至连边远的亦集乃路（治今内蒙古额济纳旗）也有。地方上的哈的司多设于礼拜寺内。①

第五，回回哈的司的置废与元代政治息息相关。当回回人政治地位上升，哈的司的权力则增大，反之则被废置或受限制。至大四年（1311 年）四月，仁宗下令罢回回哈的司属，回回人应有刑名、户婚、钱粮、词讼、大小公事，统归有司问之。但并不限制回回人的宗教活动，“诸哈的大师，止令掌教念经”。泰定帝上台，哈的司恢复建置，礼拜寺也到处兴建。文宗即位后，哈的司又被废置，文宗卒后很快又恢复。

本文发表于《中国史研究》2001 年第 1 期。

---

①《黑城出土文书》F116：W58 卷中，有“本府礼拜寺即奥丁哈的所管”，可知地方上的哈的司多设于礼拜寺中（李逸友：《黑城出土文书》，科学出版社，1991 年，第 164 页）。

西安化觉巷清真寺《创建清真寺碑记》笺证

◎吴建伟

中国清真寺的创建和扩展是一个相对漫长的历史过程，也是一个庞大的系统工程。其间，任何清真寺文化的出现和成长都有其经济基础、体制嬗变和其他人文历史的深刻根源。著名的西安化觉巷清真寺《创建清真寺碑记》，之所以为研究者所特别关注，无非是想知道在这块古老碑刻中到底蕴含着多少中国清真寺文化的历史积淀。在以往的研究当中，总是先从为这块古碑“正名”开始的，而且，把“名”往往摆在颇高的位置，这种所谓“名不正，则言不顺”并且先正其名、求其本，后验其事的方法，在哲学上称为规范思维分析法。这种方法应用于选题和论证就是黑白分明，千篇一律，公式化、简单化。而清真寺文化中存在的那种以生存利益为目的的功利型文化要素，如实践性、层次性、独创性就无法进入或适合这种传统的框架。这或许就是西安《创建清真寺碑记》被轻率目之以“伪碑”而受到冷遇的原因。所以，面对中国清真寺文化诸现象，在研究方法上，还得有所变更，比如实证分析法，就可以或多或少地弥补规范分析法的不足。这是两种有很大区别的方法，因为规范分析法回答的是“是什么？”而实证分析法回答的是“怎么办？”我的这篇笺证就是企图回答“怎么办？”的一种尝试。

创建清真寺碑（碑额）

碑额也称碑首，唐碑中的碑额，文字大多为篆书，称作“篆额”，如《唐西平王李晟碑》是“柳公权奉敕书并篆额”。如果碑额的文字是用正楷书写的，则称作“题额”。如《唐上元县福兴寺碑》就是“大理评事张从申书并题额”。再如《道因法师碑》是“欧阳通正书并题额”。唐《大秦景教流行中国碑》是“吕秀正书并题额”（俱见毕沅《关中金石记》）。《创建清真寺碑记》是碑题，也就是写于碑身第一行的碑文题目，这个碑题的字数是七个字，这与碑额的字数是不一样的，碑额只有六个字，少了一个“记”字。这种碑额与碑题不一致的现象，在唐碑中是允许的。如碑额是《大秦景教流行中国碑》的碑题却是“景教流行中国碑颂”。再如俗称《不空和尚碑》的额与题也不一致，碑额为“正广智三藏国师之碑”，碑题却是“正广智三藏法师碑铭”。《创建清真寺碑记》碑额有一个重大的疑点，这就是碑文第二行中的“撰篆书”[①]中的“篆”字与碑额的正楷是一个矛盾。“篆书”就是篆额并书。这里的“篆书”或者是篆额并书四字的简缩写法，或者是原来的古碑“额”“并”二字已历久残泐，后世重刻时无法辨认而省写的。碑额为正楷题写，而碑文中在应该注明由谁书写碑额及用什么字体书写的位置上却是一个篆额的“篆”字。这种显而易见的矛盾就已充分显示了这块古碑不同寻常的神秘色彩。有论者曾说“篆书”是用篆体字书写碑身正文，这显然是一种误会。一种文化现象的特质和底蕴，是需要长时间积累和演进才能完成的。回族古代文化正是在经历了民族创伤与自我的探寻历程才形成的。这种文化的形成是一种基于生存发展方式的逻辑在起作用，是一种顽强积累的历史逻辑在起作用。这个逻辑始终是在

①篆书：“书”字位在右下角裂缝左右两侧，往往为一些抄读者所遗漏，今据马希明著《西安清真大寺》一书照片补足。

超个人的、超民族的国家权利及超稳定的传统文化的干预、调节下变化和发展的过程。所以说这块碑中楷书额与碑文中标注的“篆”的矛盾，就已告诉了我们它在漫长的历史演进中所经历的风雨沧桑，绝不是一个“伪”字能说完道尽的。

创建清真寺碑记（碑题）

“创”字唐碑中也有用例，唐大中十四年立《苏州法云禅院碑》的碑题为：“唐苏州华亭县顾亭林市新创法云禅院记”，“吴兴沈述并书”。唐咸通十一年（870 年）乡贡进士贾防撰写的碑，题为：“新修曲阜县文宣王庙记”（俱见叶奕苞《金石补录》）。新修与创建在修辞、行文上同属一类。

从前，许多论者以为《创建清真寺碑记》与山西大同九楼巷寺的《敕建清真寺碑》大同小异，并指出是大同碑抄袭了西安碑的碑文，面对这种现象，先前的某些论者认为，这正是西安碑作伪的证据。我以为一块碑被抄袭、被重刻、被移植是原碑古老而珍贵的原因。

根据朱枫《雍州金石记》所载，西安府学文庙（今碑林）内有《唐孔子庙堂碑》，虞世南撰并书，睿宗李旦篆额。原碑是武则天时镌刻，篆有“大周”二字，玄宗大中五年（851 年）被琢去。后原碑亡佚，至宋初，由永兴军节度使王彦超重刻，现存碑林的正是重刻碑。王士《居易录》载：“山东城武亦有此碑，碑阴宋人镌《兴教颂》，篆书。”再如《大唐三藏圣教序并记》，太宗亲撰碑序，高宗亲撰碑记，褚遂良楷书。该碑在当时就有三种。一为永徽五年（654 年）刻立，序记分刻成两块，树立于慈恩寺塔（大雁塔）下；另一块为龙朔三年（663 年）刻立，在同州府，序记并刻一碑；还有一块在西安府儒学，是咸亨三年（672 年）僧怀仁摹集王羲之的字刻立的（朱枫《雍州金石记》）。到了明代，秦藩（西安王府）用怀仁集碑的拓本又重刻了《大唐三藏圣教序并记》。至此，该碑至少已有了四种。《创建清真寺碑记》根据资料及最近介绍[1]，至少也应有四种。其

---

①李兴华:《关于汉文伊斯兰教碑文搜集整理出版问题》,《回族研究》1994 年第 2 期。

中两块，一大一小，在西安化觉巷寺（马以愚《中国回教名礼拜寺记》）；另一块在西安大学习巷寺（白寿彝《记〈创建清真寺碑〉》）；第四块在开封某清真寺内（牟润孙译日本人《创建清真寺碑》）；化觉巷寺内小的那一块碑、大学习巷寺内的碑都已佚失。据传在开封的那一块碑被砌在寺内墙体当中，暂时还无法见到；只剩化觉巷寺内大的那块仍“屹立殿前”。这第四块碑究竟在开封的哪座清真寺，牟润孙语焉不详。我分析，墙中砌有《创建清真寺碑记》的可能就是开封东大寺。一是东大寺在开封为最早最大。二是东大寺有一块康熙二十八年（1689年）赐进士出身的王撰文的《重建清真寺碑记》，说：“大梁清真寺在城之东南隅，乃教人礼拜祝国之所也。起于唐贞观二年（628年）其众始入中国时，后代修葺不圮。”王说的“起于唐贞观二年”的根据，大约就是从该寺的旧碑《创（敕）建清真寺碑记》上获得的。三是东大寺是道光二十一年（1841年）黄河决口，开封被淹后重建的，在严重水灾后，将跌倒甚或断裂的古碑用作砌墙的石基是完全可能的。

从唐代《大唐三藏圣教序并记》及《创建清真寺碑记》都曾出现大量复制品这一历史记载出发，我们有理由认为，大同九楼巷寺的《敕建清真寺碑记》就是第五块《创建清真寺碑记》。许多论者已就两碑的相同之处作了充分的比较和分析批判，结论就是大同碑是对西安碑的抄袭。由此再跨出小半步，结论就是：这两块碑身处两地，根在一处。大同碑的末端附记已透露了这个消息：“是碑有（于）唐贞观二年冬十二月工成建立，至今千有余年，石破字毁，不树立，取其石文，另刊于石，以不忘云尔。”这是一块根据古碑拓本（石文）重刻的碑，西安的碑也很有可能是根据古碑重刻的，两碑虽然同根，但将碑额上的“创”误刻为“敕”，或将“敕”误刻为“创”，当是情理中的事。汉摩崖《析里桥阁颂》的撰人《集古录》拓本作李会，重刻的摩崖碑作李翕。朱枫《雍州金石记》曰：“当是原碑磨灭之误。”唐代著名的《孔子庙堂碑》《九成宫澧泉铭》，到了明清，在每行字的下部都有许多字漫漶不清，“为俗子开镌一二字，秽陋不堪，仍需剔去为佳”。关心清真寺碑刻的不少人，大约就在“俗子”之列，他们在重刻古碑时，对增损个别已经残泐的字，是不会过多考虑因“秽陋”而被后世“剔去为佳”的后果的。说大同碑和西安碑在根源上属同一块碑，还有一个证明：乾隆七年（1742 年）在重修该寺时，同时刻了两块碑。一块是《清真寺重修碑》，树立在大殿左檐下，有文曰：“我云中之寺。”这块碑当然就是大同清真寺自己的碑了。另一块就是根据拓本（石文）重刻的《敕建清真寺碑记》，树立在大殿右檐下，必须注意到的是这块碑并未提到与云中（大同）相关的事情。与西安碑一样，碑文中能够关联到某具体寺的重点句子是：“遂命督工官侍中王（工部督工官罗天爵）董理匠役创建其寺。”这几句话当中的“其”字用得太宽泛、太含混了。其字多用作第三人称，用在这里为指代矛盾，直接翻译就是“创建了他们的寺”。这与后文的噶辛（摆都而的）“立碑为记”的口气是不一致的。要是把其字换一下，变成“此寺”“该寺”“吾寺”，于文理就毫无滞碍了，为什么不这样换写呢？“其”字是否原来是一个某地具体的寺名呢？移在别处翻刻，为了具有广泛性、适用性，便将具体的寺名改换成了一个“其”字。由此，我甚至怀疑《创建清真寺碑记》的初版权是否属于西安的某寺？它或许是属于广州、泉州、洛阳某寺的？也有可能就是大同某寺的。

还有“清真”二字，若是某个具体寺的专称，那当然就用不着在碑文中特别说明了。但这个被称为“清真寺”的具体建筑又在何地呢？还应该联系到康熙三十七年（1698 年）在广州刻成的《重建怀圣塔寺之记》碑。碑文有云：“问之，曰怀圣寺之浮图也。既而稽其年代，盖建于唐之贞观，有古碑焉，然不可读矣。”这就是说广州、开封、大同的古碑都有一个共同点，即清真寺创建于贞观年间，比较之下，西安的古碑说清真寺创建于天宝元年（742 年）就显得有点孤单。

赐进士及第、户部员外郎兼侍御史王鉷撰、篆、书

王鉷《旧唐书》《新唐书》俱有传，《全唐文》中还有王鉷写的《上玄宗舍宅为观表》一文。他是开元、天宝间天子的宠臣，历官户县尉、京兆尹、户部员外郎、御史中臣（侍御史）、京城和市和籴使、京畿采访使、都知总监等，权势最盛的天宝十载（751年）左右，“提领二十余使，中外畏其权。于第左建大院，文书丛委，吏争入求署一字，累数日不得者”（《新唐书·王鉷传》）。这个王鉷在开元、天宝初所任官职，恰好也就是《创建清真寺碑记》上的官职。《旧唐书·王鉷传》：“开元二十九年（741年），累除户部员外郎、常兼御史。”第二年就是天宝元年，任职的时间与碑上注明的时间是一致的。另外王鉷的另一职务，就是京城和市和籴使，使他与在京的胡商可能有较为频繁的交往，这些都能成为王鉷与该碑发生关系的理由。两唐书都没有王鉷进士及第的记载，“赐进士及第”也大约在开元、天宝时还没有推行，“赐”字或“进士及第”四字可能有错，原文或许是“擢进士第”“登进士第”或“赐紫金鱼袋”什么的。古碑文字剥蚀，仿佛之间，后世重刻时致有此误。还必须注意到，赐进士及第的事情，从唐玄宗开始就已酝酿了，到晚唐时就普遍推行开了。唐封演《封氏闻见记》载：“李林甫婿王如，以伎术供奉，玄宗欲与改官，林甫奏：‘如现应进士举，乞圣恩与一及第。’上许之，付礼部与及第。侍郎李漳曰：‘明经、进士，国家取才之地，圣恩优异，差可与官，不宜与第。’如方宾朋宴集，忽中书下牒礼部：‘王如可依例考试。’乃皆愕然失措。”李林甫开元中期就已贵盛，此或开元时事，到了天宝年间是否已有特赐进士之例，也就很难说了。赵翼《陔余丛考》卷二十八载：“唐末始有追赐及第之例。《通鉴纪事》：‘宰相张文蔚奏，名儒不遇者方干等五人，请赐及第，以尉其魂。’”

唐代建碑一般都分别标注撰文、书写（书丹）、篆额或题额人的官职姓名。西安的碑说王鉷撰、篆、书，大同的碑说李乾撰，未说明书写者及篆额或题额者是谁。再从西安碑“撰篆书”三字显然有缺残来分析，可以假定为《创建清真寺碑记》的原始古碑是擢进士及第、殿中侍御史李乾撰并书，一百年后重刻该碑，户部员外郎兼侍御史王鉷篆额并书。李乾传附在其子李昭德传之前（《旧唐书》卷八十七、《新唐书》卷一百一十七），贞观初为殿中侍御史，长安人，曾任长安令、治书侍御史。凡此种种，使我们犹如置身于迷雾重重的神奇迷宫，实在无法破译谜底究竟是什么？形成谜底的原因就是古碑残泐后，重刻的人误认误写的结果，绝不是某人有意作伪的结果。欧阳修对古碑的残泐，曾感慨很深地说道：“右《孔子庙堂碑》，虞世南撰并书。余为儿童时尝得此碑（指拓本）以学书，当时刻画完好，后二十余年，复得斯本（指新拓本），则残缺如此。因感夫物之终弊，虽金石之坚，不能自久，于是欲集前世之遗文而藏之”（《六一题跋》卷五）。他又说：“右《华岳题名》（碑），自唐开元二十三年讫后唐清泰二年，实二百一十年，题名者五百人，再题者又三十一人，往往当时知名士也。……二百年间，或治或乱，或盛或衰，而往者来者、先者后者，虽穷达寿夭，参差不齐，而斯五百人者卒归于共尽也。其姓名、岁月，风霜剥裂，亦或有或亡，其存者独五千仞之山石尔。”（《六一题跋》卷六）没有人精确统计过汉唐古碑，没有严重残缺的现在究竟还有多少，但就常见的金石著作的记载而言，至清中期，没有残泐的汉唐古碑，恐怕已是屈指可数了。就是宋人所见的比较完好的唐碑，从最初开镌，其内容也并非是无可指摘的。如唐《凉国公契明碑》，娄师德撰文，殷元祚书写。相关死人活人，俱为名公巨卿，应该是没有错误的了。但顾炎武《金石文字记》云：“明父何力，史作何，而此碑作河；又其中特勤字再见，皆特勒之讹。按《唐书·突厥传》：‘可汗者，犹古单于，其弟子谓之特勒。’”

窃闻俟百世而不惑者，道也；旷百世而相感者，心也

《易·系辞上》：“一阴一阳之谓道。”魏韩康伯注：“道者何无之称也。无不通，无不由也。”

《书·大禹谟》：“人心唯危，道心唯微。”

《后汉书·儒林传》：“物来有应，事至不惑，清白异行，敦悦道训。”魏傅玄著《傅子·正心》：“心者，神明之主，万理之统，动而不失正，天地可感，而况于人乎？”佛经《断防禅师传心要法》：“自如来付法迦叶以来，以心印心，心心不异。”晋陆云诗《失题》：“道同契合，体异心并。”

“道”和“心”这样两种中国古代哲学上的命题，说不惑也好，说相感也好，诸如此类的界定与推衍，可以说是源远流长，是从战国以来中国哲学史上的老生常谈。仅仅从个别词语或行文语气，很难准确地判定这些话是唐代人写的，还是元明时代的人写的。

西域圣人谟罕默德

伊斯兰教圣人的名字唐杜环《经行记》译为暮门，唐贾耽《古今郡国县道四吏述》译为摩诃末，《新唐书·大食传》译为摩诃末。宋周去非《岭外代答》、宋《诸蕃志》俱译为麻霞勿，《宋史》大食朝贡使译作摩诃末。《元史》译为马合麻，《元史》中另有许多大臣与穆圣同名，被译为马黑木、马合谋、麻哈谋等。《明史》将与穆圣同名的朝贡使及朝臣译为马黑木、马黑蛮、马合麻等，明马欢《瀛涯胜览》译为马哈麻，明何乔远《闽书》译为吗喊叭德。

《创建清真寺碑记》译为谟罕默德，元《定州重建礼拜寺记》碑译为谟罕蓦德，元泉州《重立清净寺记》译为谟罕蓦德，明王岱舆《清真大学》译为穆罕默德，清广州先贤墓《土耳其哈吉碑》译为墨克目德，清马注《清真指南》译为穆罕默德。

西北阿訇读“清真言”的音为目罕儿曼都，读“榜开”（唤礼词）的音为目罕儿曼旦，读“虎图拜”（宣教词）的音为目罕儿曼底。在清真寺，这个读音自古以来就是按照阿拉伯语的经典读出的，有严格的拼音规则，是不会受汉文典籍中书写形式的制约的。而且，在以前绝大多数阿訇是不识汉字的。另外，西北教区穆民中众多的人与穆圣同名，读音大都为穆罕儿曼。

前后贯通，比照分析，不难看出穆圣的名字在清以前译为汉文时有两个系统。其一为官府史料及儒学文人著述系统，以马合麻为代表；其二为经典拼读、经名及清真寺碑铭系统，以谟罕蓦德为代表。我不同意，在没有注意到有两个系统的情况下，就遽下结论：“谟罕默德”是元明以后才可能出现的汉译名字。

译语矛盾而道合符节者，何也？其心一，故其道同也。昔人有言：千圣一心，万古一理，信矣。

宋陆九渊《学案·本传》：“东海有圣人出焉，此心同，此理同也；西海有圣人出焉，此心同，此理同也；南海北海有圣人出焉，此心同，此理同也。千百世之上有圣人出焉，此心同，此理同也。”他在《与曾宅之书》中又说：“心，一也，理，一也。至当归一，精义无二，此心此理，实不容有二。”

化觉巷寺另有一块明万历三十四年（1606年）冯从吾撰文的《拓建敕赐清修寺碑》，它引了《创建清真寺碑记》上的两句话：“所谓千圣一心，万古一道，信非虚矣。”古碑的“理”字，冯碑改成了“道”字，这或许是为了突出伊斯兰教的色彩吧。

化觉巷寺还有一块明嘉靖五年（1526年）李时荣撰文的《敕赐清修寺重修碑》，这块碑中有这样几句话：“是道也，西域圣人之道也，其详载于旧碑，予不复赘。但考其寺之颠末，其初创立于唐之天宝元年三月，工部遣督工官罗天爵监造，名为清真寺。”这可以证明嘉靖五年（1526年），李时荣还能见到最早的《创建清真寺碑记》，李碑还特别强调了寺名、创建时间及创修人姓名，这基本上是对“旧碑”的定性。李时荣是最早仔细阅读了古碑的人。如果认真比较古碑和李碑，就会发现从内容到形式，李碑都是参照古碑写成的。我怀疑就在大寺重修竣工后，在镌刻李时荣重修碑时，也重刻了《创建清真寺碑记》。说不定就是李时荣执笔对古碑的残泐部分进行了修补。

知天地化生之理，通幽明死生之说。如沐浴以洁身，如寡欲以养心，如去恶迁善而为修己之要，至诚不欺为感物之本。

《礼记·中庸》：“唯天下至诚能为尽其性，能尽其性，则能尽人之性，能尽人之性，则能尽物之性，能尽物之性，则可以赞天地之化育。”《孟子·离娄下》：“斋戒沐浴，则可以祀上帝。”《孟子·尽心上》：“民迁善而不知为之者。”《孟子·尽心下》：“养心莫善于寡欲。”《北齐书·王昕传》：“性闲淡寡欲，虽王事鞅掌，而雅操不移。”《易·系辞下》：“小人以小善无益而弗为也，以小恶为无伤而弗去也。”唐吕温《广陵陈先生墓表》：“吾里尝有陈融，孝慈仁信，不仕于学，乡人见之，皆欲迁善远罪，亦不知其所以然。”

节目虽繁，约之以会其全，大率以化生万物之天为主。

节目，条例、事项的意思。韩愈《上张仆射书》：“在使院中，有小吏持院中故事节目十余事，来示愈。”刘禹锡《谢恩赐粟麦表》：“臣谨宣赦文节目，彰示兆人，鼓舞欢谣，自中徂外。”约，可当简略、大概讲。会，可当领会、会悟讲。全，可当完整、全旨讲。三句的大意是：具体的规定虽然繁多，但概括起来，领悟它的完整旨义，就是只有化生万物的“天”才是唯一的主宰。老实说，“约之以会其全”这句话，不好理解。“全”字疑有误，可能是由“仝”字讹误而成，“仝”是“同”的异体字。“会同”就是常用语，与前句的“繁”字，后句的“大率……为主”相结合。语气就显得一致了。那么，这三句的大意就可以解释为：具体的规定虽然繁多，但概括起来它们的旨义是相同的，就是只有化生万物的“天”才是唯一的主宰。

殆与尧之“钦若昊天”，汤之“圣敬日跻”，文之“昭事上帝”，孔子之“获罪于天，无所祷”，此其相同之大略也。

《尚书·尧典》：“乃命羲和，钦若昊天，历象日月星辰，敬授人时。”蔡忱注曰：“钦，恭敬也。若，顺也。昊，广大之意。”《诗经·商颂·长发》：“汤降不迟，圣敬日跻。”圣敬，明通礼敬。跻，升、上进。两句大意是：商汤的降生适逢其时，他并能在明通礼敬上日新又新。《诗经·大雅·大明》：“维此文王，小心翼翼，昭事上帝。”三句的大意是：周文王能够小心诚实地敬重上帝。《论语·八佾》：“子曰：‘不然，获罪于天，无所祷也。’”祷，祭神求福。全句的意思是：人如果违背了天理，求神是没有用处的。

碑中的这种行文格式，即引用古代圣贤的话来补充加强自己论点的论说方法，在唐以前就已普遍使用。如《礼记·大学》：“大学之道，在明明德，在止于至善……。《康诰》曰‘克明峻德’。”有时引用的是五经里的句子，尤以引用《诗经》里的诗句为最常见。如《礼记·中庸》：“是故居上不骄，为下不倍。国有道，其言足以兴，国无道，其默足以容。诗曰：‘既明且哲，以保其身’。其此之谓与?”

所谓百世相感而不惑者，足征矣。

《礼记·中庸》：“质诸鬼神而无疑，知天也；百世以俟圣人而不惑，知人也。”唐孔颖达疏曰：“以圣人之道虽相去百世，其归一揆，……圣人之道百世不殊，故圣人则之，百世同道也。”《论语·八佾》：“夏礼吾能言之，杞不足征也。”

至于我朝天宝陛下。

柳宗元《寿州安丰县孝门铭》：“庐中澧泉涌出，奇形异状，应验图记。此皆陛下孝理神化，阴中其心，而克致其事。”唐周至县楼观《梦真容碑》，也有“陛下”二字（朱枫《雍州金石记》卷六）。

但是，还应承认“至于我朝天宝陛下”八字，不是碑铭的通行格式。元潘昂霄《金石例》在论及名号称呼之例时曰：“凡出仕于前代，则称国号。当代，称某皇帝及皇上、今上、今天子。”有论者说《创建清真寺碑记》上的“天宝陛下”四字，与唐时碑例不协，证明碑为后世假托。是哪一朝代的人假托的呢？我们不应忘记，这四个字的行文格式，在哪个朝代都是没有用例的，都是不协的。我以为这四个字的问题仍然是碑久字泐，后世翻刻时误认误改造成的。说到这里，还有一点是不容忽视的，这就是伊斯兰教徒尊主独一、敬重穆圣的信仰，在这里与“开元圣文神武皇帝”的名号，发生了明显的矛盾。元，本源、初原也。“开元”就是开天。《汉书·律历志》：“三统（天、地、人）合于一元。”《晋书·束皙传》：“元一既启，两仪肇立。”启者，开也。所以，“天宝陛下”四字，可能是原碑作者变通处理的结果。这种变通显示了立碑人的高度机智。从词义的表面讲“陛下”是皇帝的专称，具有权威性；从词义的本义讲“陛下”就是台阶下的仆从。

因西域圣人之道，有同于中国圣人之道，而立教于正。

柳宗元《送元十八山人南游序》曰："太史公尝言：'世之学孔氏者，则黜老子，学老子者，则黜孔氏。道不同不相为谋。'余观老子亦孔氏之异流也，不得以相抗。其后有释氏，……要之与孔氏同道"。柳宗元在《送僧浩初序》中又曰："浮屠诚有不可斥者，往往与《易》《论语》合。诚乐之，其于性情，爽然不与孔子异道。……吾之所取者，与《易》《论语》合，虽圣人复生，不可得而斥也。"

奉崇圣教。

"圣教"一词为唐时常用语，多指儒家学说，如《新唐书·柳浑传》："（浑）早孤，方十余岁，有巫告曰：'儿相夭且贱，为浮屠道，可缓死。'浑曰：'去圣教，为异术，不若速死。'"唐时，佛教与道教也各称其为圣教。《大唐西域记》："削除谬法，宣明圣教。"唐太宗、唐高宗合撰了《大唐三藏圣教序并记》。道教自称圣教的如卢士衡诗《寄天台道友》："且住人间行圣教，莫思天路便登龙。"

而祝延圣寿之有地矣。

《汉书·孝元帝傅昭仪传》："（昭仪）为人有材略，善事人，下至宫人左右，饮酒酹地，皆祝延之。""圣寿"也是唐人常用语。李白诗《上云乐》："拜龙颜，献圣寿，北斗戾，南斗摧，天子九九八十一万岁，长倾万寿杯。"唐崔令钦《教坊记》："开元十一年，初制《圣寿乐》，令诸衣、女五方色衣，以歌舞之。"

的等恐其世远遗忘，无所考证，遂立碑为记，以载其事焉。

汉唐时期标明立碑人姓名、身份的例子很多，《金石例补》卷二中，举了许多碑例，现择一二如下：

汉《郏令景君阙铭》："诸生服义百有余人，乃刻此石。"汉《议郎元宾碑》："于是族旧门人，莫不伤瘁，立铭以咏君德。"唐柳宗元撰《殿中侍御史柳公墓表》："故友诸生、宗人外姻，号恸会葬，……于是汝南周公巢等，相与琢石书德，用图不朽。”

天宝元年岁次壬午仲秋日立。

用孟仲季表示具体月份的例子，唐碑中也不鲜见。如《唐曹娥碑》：“开元壬子季冬镌勒。”《唐玄宗西岳碑铭》：“十有二载孟冬之月，步自京邑，幸于洛师。”“立”字在唐碑中多写作“建”字，但写成立的碑也是随处可见的，唐华州《孔庙残碑》写作大历二年（767 年）立。《大秦景教流行中国碑》写作大唐建中二年（781 年）建立。既有建字又有立字。

总之，在研究中国古代清真寺文化时，对一种文化现象的发展进程与表现方式，要认识到其渐进性与多样性，而不是简单地归纳为一蹴而就。沿波以讨源，合十而推一，我以为现存西安化觉巷清真寺的《创建清真寺碑记》是唐代古碑的重刻，这块碑重刻的时间大约在明中期，由于古碑的文字漫漶不清，重刻时出现了误读误增及遗漏的错误。最初有篆书碑额，重刻时早已佚失，误补了一块楷书的碑额。

吴建伟（1941—2009），甘肃临潭人，回族，文学教授。1993 年调入西北第二民族学院，任学报编辑部主任、副主编、主编，人类学民族学研究所所长，2003 年始兼任文化旅游管理系（历史系）主任。吴先生学术上的主要贡献在整理回族文献古籍方面，先后出版《回回古文观止》《回回旧事类记》《回回词曲三百首》等；收录回族古籍 539 种，3000 余卷的《回族典藏全书》（甘肃人民出版社和宁夏人民出版社联合出版，2008 年）是其文献整理的结晶（其女吴海鹰任主编）。

本文发表于《回族研究》1998 年第 4 期。

《回族人物志·清代》举正

◎吴建伟

一、由于不详典章制度致误的

卷四十四《沙琛传》："历署怀宁（今潜山）。"（见宁夏人民出版社1992年第1版第169页。为节省篇幅，以下只括注页码）括号内注文不确。元明清怀宁、潜山各自为县。该两县汉晋时曾为一县，汉时称皖县，晋称怀宁。南宋庆元元年（1195年）设安庆府，治所即在怀宁，实为今之潜山县，景定初年徙今安庆市，直至1949年。所以，括注应为：今安庆市。

又同页："建德（今东至县北）"。此处括注亦误。当为《辞海》建德条注文："（今县东北）"之误抄。

附卷之七《培养元气疏》："书曰：'制治于未乱，保邦于未危。已乱已危，则无及也。'"（第206页）此处标点不妥。当为："《书》曰：'制治于未乱，保邦于未危。'已乱已危，则无及也。"语出伪古文尚书《周官》。原文为："王曰：'若昔大猷，制治于未乱，保邦于未危。'"已乱以下非《周官》原文，自不应混用。

附卷之七《"克里默"解启蒙浅说》："张中注"（第210页）。注字不确。当作"著"或"解"。原抄本无此3字，在1983年第2期《中国穆斯林》杂志发表时，为编者所加，《回族人物志》沿用并误。

又同篇："是咸丰十年（1860年）根据……"（第211页）《回族人物志》所附《中国穆斯林》"写在前边的话"断定庚申年为咸丰十年亦不确。庚申或当为民国9年（1920年）。前言清嘉庆十九年，则知重录之人必非清代人，不然何必注明"清"呢？之后纪年所用"庚申"，倘为咸丰十年，又何不标明清代年号，而使纪年之法自相乖戾呢？

附卷之七《天房至圣实录》叙："孟子曰：'舜，东夷之人也，文王西夷之人也，行中国若合符节。'"（第226页）标点不妥。《孟子·离娄下》原文为："孟子曰：'舜生于诸冯，迁于负夏，卒于鸣条，东夷之人也；文王生于岐周，卒于毕郢，西夷之人也。地之相去也，千有余里，世之相后也，千有余岁，得志行乎中国，若合符节。'"《〈天方至圣实录〉叙》概述大意，并非原文，不当用引号。

又同页："陆氏曰：'东海有圣人出，此心同此理同；西海有圣人出，此心同此理同，即南北海有圣人出，此心此理虽上下千古，亦无不同。'"标点不妥。陆氏的话并非原文，不当用引号。陆象山《象山先生全集·年谱》原文为："东海有圣人出焉，此心同也，此理同也；西海有圣人出焉，此心同也，此理同也；南海、北海有圣人出焉，此心同也，此理同也。千百世之上，至千百世之下，有圣人出焉，此心此理，莫不同也。"

附卷之七重刻《正教真诠》序："予贸易于南楚，星沙有殿臣马公，于回教之理，素所遵行者，因邂逅。之遇见，其辩论井井有条，遂访回教之原来。"（第229页）标点不妥。当为："予贸易于南楚星沙，有殿臣马公，于回教之理，素所遵行者。因邂逅之遇，见其辩论井井有条，遂访回教之原来。""星沙"，为长沙之别称。"南楚星沙"犹今语之湖南长沙。《广阳杂记》："小叶丽含草，性同肉桂，有引血归经之功，星沙在处有之。"

附卷之七《天房至圣实录》后跋："《书》云：'太上贵立德，其次立功，其次立言。'"（第227页）标点不妥。书并非指《尚书》，而是古书的泛称。该书实为《左传》。“襄公二十四年”：“太上有立德，其次有立功，其次有立言，虽久不废，此之谓不朽。”而《尚书》中并无此语。据此，书名号和引号都是多余的。

附卷之八《四篇要道译解》序：“此经解明认识‘以麻呢’，及教门礼济、斋游、天命、当然、圣行、礼法等等，修成‘四篇’，使初学之士，读之足矣。”（第317页）标点不妥。“天命”之前指五种天命，即念礼斋课朝。此处的“济”就是课，“游”就是朝，认识以麻呢就是念，即念作证词，早期学者一般称“证”或“作证”。张中的另一著作《“克里默”解启蒙浅说》下卷：“所以吾教课立种种功课，如证、礼、斋、济、游之属，都是归宗复派的道理。”

附卷之八重刊《清真指南》叙：“锡東发受《四子书》，实未尝诵习乎吾教之经。”（第345页）标点不妥。“四子书”不应标书名号，因为它就是“四书”的别称，即《大学》《中庸》《论语》《孟子》。通行的标点是引号。

附卷之八《天房性理》序：“争衡量，校铢两介廉不知；攻词华，邀青紫，介廉不习。”（第372页）标点不妥。铢两之后当逗。校，计较。

铢两，指极轻微的重量。《淮南子·说林》：“逐鹿者不顾兔，决千金之货者，不争铢两之价。”

附卷之八《詹彬》：“授贵州镇远县知县，摄篆印江印故苗民杂处。”（第490页）标点不妥。江后当为句号。篆，官印的代称。摄篆就是代理掌印。詹彬当时兼印江县知县，故有是称。

二、由于不明文字训诂致误的

卷十七《黑鸣凤传》：“鸣凤扈驾至西湖，即除浙江提标右营游击，任象山协副将。”（第66页）叙述不清。“除”就是任命做官，既任浙江提标右营游击，又说任象山协副将，于理不通。《临清县志》：“即除浙省提标右营游击，历象山协副将。”“历”，此处意为后曾升任。《清史稿·职官志四》：副将从二品，下有参将，正三品，其次为游击，从三品。

游击只负一地防务之责，数处游击，设一总兵管辖，以副将为副贰。

又同页：“僧人一念聚众大岚山作乱。总督委宁台道处理，被困。”叙事和原文不太一致。“作乱”“处理”二词解释不妥。《临清县志》原文为：“一念和尚聚党大岚山，总督委宁台道迹之。”“聚党”并非作乱，应该说还只是前奏和迹象。“迹之”不当“处理”讲，应为跟踪和追寻。《明史·郑和传》：“成祖疑惠帝之海外，欲踪迹之，且欲耀兵异域。”

卷四十《苏尔相传》：“击以炮二百余发，碉一角圮，垣凿孔发炮，密如鳞比。”（第123页）标点不妥。当为：“击以炮二百余发，碉一角圮，垣凿孔，发炮密如鳞比。”“垣”，指石碉之墙。

卷四十二《丁澎传》：“山林往往就被雨雪复盖，河水封冻，丁澎每因此而无水汲，无柴烧。”（第140页）叙述不清。“雨雪复盖”当为大雪覆盖。林璐《丁药园外传》原文为：“塞上风刺入骨，秋即雨雪，山川林木尽白，河冰合，尝不得汲，樵苏不至。”雨雪之“雨”为动词降落之意。“风刺入骨”之“入”字，《回族人物志》附卷之八原文作“人”，亦非（第497页）。

卷四十二《马世俊传》：“国士殉萧何。”“是说韩信因萧何推重为国士而为汉家卖力。”（第144页）对诗句的解释不妥。殉不当作卖力讲，而当杀死讲。诗句的意思是：像韩信这样的国士最后竟死于萧何之手。《礼记·檀弓下》：“不殆于用殉乎哉!”注：“杀人以卫死者曰殉。”《战国策·秦策》：“必以魏子为殉。”注：“殉，杀人以葬。”

卷四十三《丁炜传》：“父母之丧，居哀骨立。”（第149页）经传似无“居哀”一词。当作居丧或居忧。《礼记·曲礼》：“居丧之礼，毁瘠不形，视听不衰。”《世说新语·德行》：“王戎、和峤同时遭大丧……王戎虽不备礼，哀毁骨立。”《南史·顾野王传》：“野王体素清羸，才长六尺，又居丧过毁，殆不胜衣。”

附卷之七《送魏龙山之官大理提标序》：“兵家有事于滇者，必先争大理，昔诸葛忠武侯，稔此渡泸，抵越西地，遂驻师白崖。”（第252页）

标点不妥。当为“必先争大理，昔诸葛忠武侯稔此，渡泸，……”稔此，熟知这个道理。另外，“越西”之“西”字不当用繁体，且《回族人物志》此处繁体“西”字，笔画有误。

附卷之八《四篇要道译解》序：“暗鸣而山岳震。”（第316页）“暗鸣”两字连误，当为“喑呜”，意为悲愤失声。

又同页：“绿沉枪”。“枪”当为“枪”字之误。”枪”，对立的“绿沉枪”，柄漆为绿色的枪。宋杨巨源诗：“吟诗白羽扇，校猎绿沉枪。”此处借指毛笔。王羲之《笔经》：“有人以绿沉漆竹管及镂管见遗，藏之多年，实可爱玩。”

附卷之八《黑鸣凤》：“尝下海靖盗擒贼数百，内有被劫商民，鸣凤廉得尽释之。”（第390页）标点不妥。应于“盗”字和“得”字后加逗号。“廉得”，查访清楚。廉，查访也。《后汉书·鲁恭传》：“河南尹袁安闻之，疑其不实，使仁恕椽肥亲往廉之。”《汉书·何武传》：“（戴圣）行治多不法，……武使从事廉得其罪。”

附卷之八《马彪》：“高台县毛木县丞邱天宠私伐巴彦济鲁萨树木。”（第463页）标点不妥。“毛木”之后当有逗号。“毛木”，无有树木。毛当无字讲。《后汉书·冯衍传》：“饥者毛食，寒者裸跣。”李贤注：“毛字作无，今俗语犹然者。”《陔余丛考》有“毛作无字”条，曰：“东坡明日邀其人吃毳饭，其人意必兽之有毛者。及至，则竟日不设饭，诘之，坡答云：‘酒也毛，菜也毛，饭也毛。’借用河朔间土音，以无为毛也，相与大笑。”

附卷之八《浙江督粮道一斋金公家传》：“君子同道为朋，师师赞赞以其成国是宁，必告讦成风，然后为贤哉！”（第484页）标点不妥。“宁”字后逗号不要，“是”字后加逗号。“师师”，师法也。“赞赞”，赞助也。语皆出《尚书·皋陶谟》。“宁”字为常用副词，在反问句中表示诘问。《史记·魏其武安侯列传》：“且帝宁能为石人邪？”

又同篇：“公取尘积之案卷，自手料理，得其肯綮以言于大府，大府许诺事旦夕行矣。适司藩者代去，藩吏复乘间议驳。”（第487页）标点不妥。当为：“得其肯綮，以言于大府，大府许诺。事旦夕行矣，适司藩者代去，……”“大府”，巡抚。“司藩者”，布政使，也称藩台，清代为巡抚僚属，掌管一省民政、财赋。“肯綮”，事理的要害和关键之处。

附卷之八《点苍山人诗抄》自序：“庄子曰：‘有生黬也移是不移是，鸣蜩学鸠不同而同。’”（第522页）标点不妥。当为：“有生黬也，移是，不移是；鸣蜩学鸠，不同而同。”“黬”，皮肤上的黑痣。“移”，剔除。“蜩”就是蝉，“鸠”就是斑鸠。语出《庄子·庚桑初》，全句大意为：同一事物，用不同的标准去衡量，就会得出不同的是非观。

三、由疏于语法分析致误的

附卷之八《四篇要道译解》序：“因共求老师详言之，拙不能记得一语，疾书之，此《译解》所由出也。”（第317页）标点有误。当为：“拙不能记，得一语疾书之，此《译解》所由出也。”

附卷之八译《归真要道》自叙：“昔贤云：‘人者，宝鉴天地者，鉴袋即此谓也。’”（第325页）标点不妥。当为：“人者宝鉴，天地者鉴袋。”“鉴”，镜也。又：“遂于康熙壬子孟春依原集之义译，以汉文未尝修饰润色，自行其意也。”（第326页）标点不妥。当为：“遂于康熙壬子孟春依原集之义，译以汉文，未尝修饰润色，自行其意也。”

附卷之八《归真要道译义》跋：“第见祖父恒清公，须眉皓白，手持素珠，口喃喃，身接真士，笑盈盈莫明其故。”（第326页）标点不妥。当为：“第见祖父恒清公，须眉皓白，手持素珠口喃喃，身接真士笑盈盈，莫明其故。”莫明其故者，为祖父之小孙子，非祖父本人。如从《回族人物志》标点，则指代误矣。

又同页：“丧祸叠乘，喉疫肆虐。侄钧与平子桄与榕，不二月相继殁。”标点不妥。当为：“丧祸叠乘，喉疫肆虐，侄钧与平，子桄与榕，不二月相继殁。”钧、平、桄、榕当为4人。

附卷之八《授书说》：“或习学而无明师，或明师不能至之处。少通儒业，或业儒之所，老者不可不看，幼者不可不读。”（第338页）标点不妥。当为：“或习学而无明师，或明师不能至之，处少通儒业或业儒之所，老者不可不看，幼者不可不读。”全句意为：倘无阿文经师，或阿文经师根本无法到来，但居住在通晓或学习儒学的环境之中，那么，就应看读汉字经书了。“处”，居住的意思。《易·系辞》：“上古穴居而野处，后世圣人易之以宫室。”“所”，住所的意思。《国语·晋语》：“令鼓人各复其所。”

附卷之八《天房典礼》序：“见我朝之礼皇皇，彬雅明备有余慕焉，而不能通其文。”（第363页）标点不妥。当为：“见我朝之礼皇皇，彬雅明备有余，慕焉而不能通其文。”

又同页：“使远至者知彬雅明备如此皇皇既乐为之。”标点不妥。当为：“使远至者，知彬雅明备，如此其皇皇，既乐为之。”“其”字此处用作助词，表示修饰与被修饰者之间的关系，就如现代汉语中的“地”字。

附卷之八《天房性理》跋：“然常也异也何定之。有布帛、菽粟习见故常，火浣、胡麻罕觏故异究之。火浣、胡麻之地，固亦布帛、菽粟视之也。”（第373页）标点不妥。当为：“然常也，异也，何定之有。布帛、菽粟习见，故常；火浣、胡麻罕觏，故异。究之火浣、胡麻之地，固亦布帛、菽粟视之也。”

附卷之八《郑国卿》：“续因攻得之纳咱小碉三座贼番，于昏夜爬山潜来偷夺，将备等率兵迎剿。”（第459页）标点不妥。“番”字后逗号当取掉，“座”字后当加逗号。

附卷之八《清真释疑补辑》初叙：“天生民使司牧之位，缘人而有也；以庶邦惟正之供财，因人而生也。”（第482页）标点不妥。当为：“天生民使司牧之，位缘人而有也；以庶邦惟正之供，财因人而生也。”现引《易·系辞传下》原文加以比较，《回族人物志》的标点，不妥之处就不难看出。原文为：“天地之大德曰生，圣人之大宝曰位。何以守位，曰‘仁’，何以聚人，曰‘财’，理财正辞，禁民为非，曰‘义’。”

又同页："而克艰之怀，无荒之戒，其难之吁诚无时不当凛凛矣。"标点不妥。当于"吁"字后加逗号。"吁"，惊叹之词。伪古文尚书《大禹谟》："益曰：'吁！戒哉。儆戒无虞，罔失法度，罔游于逸，罔淫于乐。'"

附卷之八《浙江督粮道一斋金公家传》："知其为是则行之，惟其不力不当，忧其力之过也；知其为非则去之，去之惟其不果不当，忧其果之甚也；知其为贤则用之，惟恐其信任之不专，汲引之不广不当，忧其为党也；知其为不肖则退之，惟恐其屏斥之不速，蟠结之不尽不当，忧其有偏也。"（第483页）标点不妥。当为："知其为是则行之，（行之）惟恐其不力，不当忧其力之过也；知其为非则去之，去之惟恐其不果，不当忧其果之甚也；知其为贤则用之，惟恐其信任之不专，汲引之不广，不当忧其为党也；知其为不肖则退之，惟恐其屏斥之不速，蟠结之不尽，不当忧其有偏也。"

又同篇："不具录其拟，议而未入告者，亦不著也。"（第485页）标点不妥。当为："不具录。其拟议而未入告者，亦不著也。"意为：其他论奏就不一一引录了，还有那些拟议中的论奏，尚未呈上去，当然也就不详细著录了。

四、由疏于校勘或其他原因致误的

卷三十九《哈攀龙传》："九溪等处归土司安插各省者，恐有私逃回籍的，饬各弁时加查察；四，凡军流重犯往回递解时，遵例一犯二解，兵械防护于单内注明某兵，押交前汛……六，州县监狱有拨兵防范之例，应定派拨五名，如额名无多处派四名，遇要犯另酌增派。"以上一段文字，基本上是照抄《国朝耆献类征》中《哈攀龙传》原文。原文收入《回族人物志》附卷之八后（第417页）又加了标点。但就是这段文字的标点，前后竟有五处不同。另外，原文的"归土司"的"归"字，此处误为"旧"字。详按前后两处的标点，各有是非，正可相互补正。

卷四十四《马汝为传》："呼童缘南亩，酒熟葛布丽。"（第164页）

“丽”字当为错讹字。或为“漉”字形似而误。全诗通押屋韵，“漉”亦属屋部。漉是渗出、滤过的意思。《宋书·陶潜传》：“郡将候潜，值其酒熟，取头上葛中漉酒，毕，还复著之。”“漉”字或初为“醽”字，“醽”也是滤酒的意思，但较“漉”字为常用，故易相混。后或因字体简化，遂辗转而误为“丽”字。

卷四十四《赛屿传》：“细雨寒蝉夜，微雨树秋碧。”（第168页）后一句有错讹和倒误。当为：“微风碧树秋。”“秋”字与此诗“留”“舟”“愁”相押韵。另外，“细雨”与“微风”对仗，“寒蝉”与“碧树”对仗。

卷四十五《李若虚传》：“咸丰十一年（1861年）李绍祖子李璲又重镌《诗存》。”（第176页）叙事不妥。当为，李若虚的侄子李璲重镌《诗存》。李璲父李春庭为李若虚、李绍祖胞弟，故在介绍李若虚时，就该直接说明他们的关系，不然反而迂曲难解。此外，李璲为李绍祖之侄，此处误为儿子。《回族人物志》卷四十一《李廷秀传》云：“绍祖的侄子李璲，字洁泉。”这是对的。细按李璲所写的《重镌〈实夫诗存〉序》及江映奎诗“七古”按语，李氏行辈关系是可以看得很清楚的。

附卷之八《郁速馥传》：“闻先生之教而受于亲慈于众者，皆弃于先生者也。”（第333页）句子显有夺讹之字，致使文义不通。查同治九年（1870年）广州濠畔街清真寺刊本为：“闻先生之教而不爱于亲慈于众者，皆弃于先生者也。”两相比较，广州本较《回族人物志》所据之成都宝真堂本为善。

附卷之八重刊《清真指南》叙：“适我乡宝真堂诸同人剧金倡刻吾教经书，次第告成。”（第346页）“剧”当为“醵”之误。“醵金”就是凑钱的意思。宋陶谷《清异录》：“庐山白鹿洞，游士辐辏，每冬寒，醵金市乌薪，为御冬备，号黑金社。”

附卷之八《刘介廉先生墓碑》：“上会稽，寻峋嵝碑。”（第361页）“峋”字为“岣”字之形误。岣嵝碑，也就是禹碑，传为大禹治水时所刻，共77字，字体形似缪篆。西安碑林等处藏有后人摹刻的石碑。

附卷之八《天房典礼》序：“与经曲相为持循，同归彬雅，庶不负刘子纂辑之初心也已。”（第364页）“经曲”当为“经典”之误。“与经典相为持循”。意为：应使《天房典礼》与儒家的经传典章相互发明，一齐遵循。“持循”意为遵循。《汉书·贾谊传》：“此业一定，世世常安，而后有所持循矣。”颜师古注：“执持而顺行之。”此处“典”字若作“曲”字，则全句意不可解。

附卷之八《郑国卿》：“令国卿分派驻守。续又札令会用藩司李本将甲鲁一带可通贼卡要隘加意巡逻。”（第460页）“用”当为“同”字，形近而误。此处标点亦不妥。当为：“令国卿分派驻守。续又札令，会同藩司李本，将甲鲁一带可通贼卡要隘，加意巡逻。”“札令”，用公文传令。

附卷之八《丁炜》：“至则造处士魏礼之庐，延致使院，辟甓园莳，花卉日集，四方游客觞咏其中。”（第507页）标点不妥。但该文之后，接着又收录了《泉州府志》卷75《拾遗下》有关丁炜的记载，其中有云：“丁观察雁水，持节双江，于使园旁隙地，构甓园，杂植名卉。”标点并无不妥。倘若前后校读，失误自然就少。所引前段文字的标点当为：“延致使院。辟甓园，莳花卉，日集四方游客，觞咏其中。”

《回族人物志》在多处有异体字混用、繁简字并用的现象，这也给阅读造成了一定的困难。另外，属于印刷方面的错误也比较多，这里就不一一罗列了。

本文发表于《宁夏大学学报（人文社会科学版）》1996年第3期。

回族古籍整理中训诂问题偶见述

◎吴建伟

古籍整理，就一般而言，指的是对古籍进行校勘、标点、注释和翻译四个方面。清代的乾嘉学派，有鉴于宋明理学家的空疏和浮泛，特别注重以训诂为主的朴学，也就是考据学。这就使以儒家经典为核心的古籍整理走上了科学的道路。顾炎武说："读九经自考文始，考文自知音始。"段玉裁说："治经莫重于得义，得义莫重于得音。"王念孙说："（字）有古形，有今形，有古音，有今音，有古义，有今义……古今者，不定之名也。"回族古籍整理，也必须注重训诂，这样才能比较准确地理解古人的原意，使我们的阅读和研究建立在真实材料的基础之上，尽量避免望文生义，主观臆说。下面是一些近年来涉及回族古籍整理中训诂不当的例子，我以为有必要提出来，以引起回族古籍整理和回族古代文化研究人员的注意。

一、济南清真南大寺碑《来复铭》有句曰："皇降衷彝，锡命吾人。"1947年《月华》奚利福文《来复铭》，将衷字误为衰字（见李兴华、冯今源编《中国伊斯兰教史参考资料》上册）。自此以后，凡述及该碑时都误衷为衰，以讹传讹，已五十余年。如《阿拉伯世界》1988年第三期石景春文《山东济南清真南大寺来复铭碑考》，是一篇考据性的文章，也仍是将衷字误为衰字，而未及加以考辨。再如2000年第一期《中国穆斯林》金基厚文《鉴赏〈来复铭〉》，不知衷彝已误为衰彝，所以引出了错误的解释："衰（cui 催），以一定标准递归，层次。彝：常理、真理。衰彝：社会的等级阶层及法理。""皇降衷彝"典出《尚书·汤诰》："惟皇上帝，降衷于下民。"孔安国注曰："衷，善也。"蔡忱注曰："衷，中，无所偏倚。"彝是法度、常道的意思。衷彝就是完善、优良的法度和常道。马文升《乞恩终制事》："天经地义，莫尊乎亲，降衷秉彝，莫大于孝。"（《四库全书·马端肃奏议》）成都八清真寺有联曰："身备万物，敢懈基命之功；□取五时，只完降衷之素（彝）。"（《回族研究》1991年第四期）。以上两例用的就是《尚书·汤诰》"惟皇上帝，降衷于下民"的典故，可作《来复铭》碑应为"皇降衷彝"而不是"衰彝"的佐证。顺便说一下，上引对联的"降衷之素"当为"降衷之彝"，形近致误。

二、西安化觉巷清真大寺南厅有联曰："难解网蛛，兵（𠀋）销呼鸽；信传战马，约复放麞。"该联是隶书体，兵字作𠀋。马希明著《西安清真大寺》一书，将兵字误为其字。丁一波著《回族风俗》一书，有"清真寺楹联"一章，也误作："难解总珠，共销呼鸽。"这里除将兵误为共外，还将网误为总了。还有比这更严重的，我在七八年前参观甘肃临夏、西安一些清真寺时，发现至少有两座寺，将这副对联改写成楷体，用青砖雕刻在大影壁或垂柱雕花门上，以讹传讹，不知有误。

𠀋属魏碑体，上部为丘字，而丘字从小篆、汉印、隶体正作形𡍮，如《孔宙碑阴》等。清陈鸿寿的隶书《许大夫墓志》，兵字正好作𠀋形。刘智《天方至圣实录》卷九："（圣人）匿牛洞三日夜，乳鸽守洞，蜘蛛网门，第四日晨行。"此条下详解曰："圣与补白克方行至牛洞，追兵逼至，仅离数丈。圣潜入洞，逆猝至，忽二鸽飞起，遗数卵，蜘蛛网于门。众曰：'此处无人也。'""兵销呼鸽"，意思是追杀圣人的士兵，看到洞口孵卵的鸽子后，没有进洞就离开了。这正与刘智的详解是一致的。

三、明李明荣《敕赐清修寺重修碑》有云："是工将成时，惟以稳猷为难，因府官孙世昌、孙世观，特请于□敕赐飞鱼袋秦府承奉正凤岗张公沂，公慨然允之，有乐善与人之志，盛德至厚也。”（马希明《西安清真大寺》）清修寺就是现在的西安化觉巷清真大寺，该重修碑现仍存寺内。上述引文中的“稳歖”指什么事物，不好解释。查刘智《天方至圣实录》卷二十抄录的《敕赐清修寺重修碑记》，发现将这一段文字做了不少删略，删后“稳歖”二字消失了，这固然清除了阅读的障碍，但同时也隐没了有关的信息。说不定这个信息，对于了解明代清真寺状况是非常有用的。以我的初步考研，“稳歖”二字是“影壁”二字的笔讳，“稳”字形似“隐”字，以音暗指“影”字，“歖”是生造出来的字，为各类字典所绝无，但形似“鄙”字，以音暗指“壁”字。为什么不直书“影壁”二字呢？恐怕是和明代早期在宫室建造方面严格的等级制度，以及广泛出现的文字书写当中的笔讳有关。《明会典·明律·擅造作》有一条规定：“凡军民官司，应申上而不申上，应待报而不待报，而擅起差人工者，各计所役人雇工钱，坐赃论。若非法营造，非及时起差人工营造者，罪亦如之。”《明会典·工部·事例》：“正统八年敕：凡岳镇海渎祀庙，屋宇墙垣或有损坏，及府州县社稷、山川、文庙、城隍，一应祀典神祇，壇庙颓废者，即令各该官司修理，合用物料，酌量所在官钱支给。”“成化十五年令：天下祀典神祇祠庙，应修理者，务要申达，合于上司勘实，斟酌定夺。”以上律令可以推知，影壁的建造、修补，当有申请报批、等级资格、规模大小等诸多方面的规定。将影壁二字讳书为“稳歖”，也许是为了避开非法擅造罪名的聪明办法。明代笔讳的普遍性，可以从历朝皇子皇孙名字的用字上看出来，众多的帝王子孙的名字，或用极生僻的字，或用生造出来的字，基本上没有什么例外。还有一条证据，也有助于说明我的猜测。《战国策·齐策》：“且赵之于燕齐，隐蔽也。”高诱注：“隐蔽，蕃蔽。”蕃蔽就是后世说的屏障。在宫室建造中，也就是影壁。

四、《海瑞集》下册（陈义钟编校，中华书局 1981 年出版）《赠周柳塘入京序》：“征予一言为公赠。予嗟吏治不贪则俗，古君子不可复见于世也，于柳塘见之。”此处标点有误，俗字后不当逗，应移至古之后。也就是：“……吏治不贪则俗古，君子……”俗古，意思是社会风气变得很古朴淳厚。

五、云南民族出版社《天方典礼译注》卷一《原教篇》“汤之圣敬日跻”一句注曰：“日跻：太阳东升。”这个注释是不对的。这里是用《诗经·商颂·长发》的典故。原诗句是：“汤降不迟，圣敬日跻。”唐孔颖达疏曰：“汤之下士尊贤，甚疾而不迟也，其圣明恭敬之德日升而不退也。”这里的日是指每日、每天，不是指太阳，升高的是礼贤下士的品德和行为，不是太阳。

六、西安市伊斯兰文化研究会《工作通讯》1998年第六期载文《西安大学习巷清真寺碑匾简介》云：“大学习巷清真寺大门前一石牌坊，正面雕刻着苍劲有力的四个大字：‘敕建陆次’……含意是：这座雄伟壮观、宫殿式的清真寺曾根据历代封建皇帝颁布的命令修建过陆次。”这里将陆字解释为数字六的大写，这是不正确的。陆次是个古词语，原意是军队驻扎在河岸陆地上，后引申为在陆地上修建的宫室。《三国志·魏志·齐王芳传》：“冬十二月，讲《礼记》通，使太常以太牢祀孔子于辟雍，以颜渊配。”裴松之注引晋习凿齿《汉晋春秋》：“孙权自数十年以来，大畋江北，缮治甲兵，精其守禦，数出盗窃，敢远其水，陆次平土，此中国之所愿闻也。”要理解陆次的确切含义，重点在次字。次，是住所，旅舍的意思。《易·旅》卦：“旅即次，怀其资，得童仆，贞。”王弼注曰：“次者，可以安行旅之地也。”《礼记·檀弓上》：“曾子与客立于门侧，其徒趋而出。曾子曰：‘尔将何之？’曰：‘吾父死，将出哭于巷。’曰：‘反哭于尔次。’”郑玄注：“次，舍也。”次另有一个意义，是指用于祭祀、会同诸侯、办丧事等的庐幕。《续资治通鉴·宋真宗景德元年》：“壬辰，帝乘马至孝义，镇使訾村（人名）复设次，与亲王望陵祭奠，近臣于幄殿东望拜。”值得注意的是引文内将次又称作幄殿。由此，再加上上引各条，我们不难看出，大学习巷清真寺门前石牌坊上的陆次，就是海外侨民的礼拜殿。

七、《回族研究》1991年第四期载文《回族清真寺汉文匾额楹联选辑》有一联云："灵光归然，戒生定，定生慧，慧显依麻尼，与天地三而参者；明德达矣，精化气，气化神，神归讨核德，合儒道一以贯之。"（灵明堂新疆哈密拱北）此联"灵光归然"，当为"灵光岿然"之误。岿然为古书常见语词。《集韵》："岿，独貌。"《庄子·天下》："岿然而有余。"郭象注："岿然，独立自足之谓。"以上岿、岿然的独貌、独立自足，正好符合伊斯兰教筛赫的功修和风范。而归然，不但义不可考，就连这个词也是不存在的。

八、《宁夏清真寺概况》（1992年宁夏少数民族古籍整理出版办公室出版）正文前附有《清真寺匾额楹联辑录》，将"天监在兹"误为"兹在监天"。该额原为西安化觉巷清真大寺西牌坊中楣镌额，马希明著《西安清真大寺》一书引录无误。这四个字，典出《诗经》，分别在《大雅·大明》和《周颂·敬之》二诗中。《大明》作："天鉴在下，有命既集。"《敬之》作："陟降厥士，日监在兹。"兹，此，此地。题额的人将两诗中的相关内容，化成一句，意思是上天正在监视着我们在此地此时的行为。这个题额既切题又庄严，内涵很深，又具有来历和出处，非功力深厚者不能为此。又，丁一波著《回族风俗·清真寺楹联选》也误作"兹在监天"。

九、西安化觉巷清真大寺大殿明间，上悬一匾，题曰："临下有赫。"这四个字是《诗经·大雅·皇矣》开头一章的句子，连同上下各句，原为："皇矣上帝，临下有赫。监视四方，求民之莫。"这四句的大意是：伟大哟天帝，观察下面很是分明，临视着四面八方，以求得人民的安宁。临是视的意思，赫原意是"赤色显明貌"。此处指威严而明察秋毫。朱熹《诗经集传》曰："赫，威明也。"马希明著《西安清真大寺》一书解释这四个字说："意即进入此殿，顿有惊赫之感，不由使人严肃、虔诚，尊而敬之。"看得出来，他并不知赫的主要意思是显明、清楚，而将其解释为惊吓了。

十、纳国昌《〈五更月〉评注》（1984年西北五省伊斯兰教学术讨论会资料翻印本）在宁夏流行较为广泛，许多学者在他们的论述中，多有所及。但和甘肃丁谦《〈五更月〉浅识》（《中国穆斯林》1991年第五期）一文末尾所附《清真五更月》在版本上差别很大。全诗长短句共145句，两种版本存在差别的字句共有62处，占全部诗句的三分之一以上。其中“五更中”一节的差别最为悬殊，11句中竟然有8句不一样，如果在这种情况下，以差错较多的版本为论述的根据，其结果当然会出现把自己的臆测强加给该诗原作者的不良后果。下面是这一节诗两种不同版本的原文：

纳国昌本：“五更中，月正淹，清心显性道大全。升降合，循环完，一归本然浑人天。更超名象真谛显，三忘尽时本然灿。形体化，两弧园，尽终反始归自然。”

丁谦本：“五更中，月正残，清心显性道成全。升降合，循环完，更超名相真谛显。天人合一要浑化，三忘尽时本然湛。玄中妙，妙中玄，难语难言默自然。”

《甘肃穆斯林》1994年第一期封二刊登了古稀老人马子时书法横幅《五更月》，除极个别字句外，和丁谦的版本是相同的。如“五更中”一节，只有一处不同，丁谦本“难语难言默自然”，马子时书法横幅作“难言难语默自然”。其他各节的八九处差别，情况大致也是如此，只是个别字词的微殊，不是迥别。据说甘肃多数回回家庭的书法屏幅，也是丁谦本。这就是说《五更月》有宁夏常见本和甘肃常见本两种版本。比较之下，我以为甘肃常见本较宁夏常见本为优。比如说宁夏常见本两次出现“劝童稚”，两次出现好“登程”、忙“登程”，三次出现“一障一消”“一尘一粟”“一呼一吸”这种结构完全相同的句式，是不太符合古代诗歌的章法的。而这些词语正对应出现在甘肃常见本用词典雅、意义抽象或运用典故的词语位置上。这就给人一种宁夏常见本为求通俗而有所改动的印象。再比如甘肃常见本的“劝同志”一句，宁夏常见本却作“劝童稚”，我认为也可能是宁夏常见本改动的结果。同志一词是典雅的古词语，古书中多见。如《国语·晋语》：“同德则同心，同心则同志。”汉代王充《论衡·自纪》：“好友同志，仕不择地，浊操伤行。”有些人在此改“劝同志，细推敲”为“劝童稚，莫逍遥”，或许是认为同志是近百年的革命者称谓，便当作错讹处理了。我以为《五更月》好像不是写给儿童读的，起码从全诗看，并不存在读者的年龄范围。

宁夏常见本也并非处处不如甘肃常见本，比如“百年三万六千日，瞥眼一时无常到”，就比甘肃常见本的“百年三万六千日，急忙下手无常到”要更可靠一些。瞥眼的意思是转眼、一瞬间，也是很雅训的古词语，非粗通汉文的教民能根据主观推测可以添加进去的。而“急忙下手”，给人的感觉太俚俗不文了。《五更月》最早的版本可能是《伊斯兰汉籍考》（莱斯利著，杨大业译，1994年北京印行）中提到的清末刻本。它和《祝天大赞真经》，又和《清真醒迷歌》编成两种书，共计16页，被艾萨克·玫逊收录在《中国回教书目》（1925年），编号是310号和70号。我囿于鄙陋，力不及见，博雅君子，或不难获致，自可用来参校，优劣高下，当毕现目前。

十一、“舍希德”一词最早见于刘智《天方至圣实录》卷七：“赛米叶顺教，厄卜折害刺杀之，为圣教中舍希德第一。”这个希字用今天普通话的音读起来与阿拉伯语的音差别很大，与西北寺坊的发音“舍海梯”也完全不同。阿语的英语对音是shehid，比较接近西北寺坊的发音。但是希字在古代江南人读起来，就与阿语的发音很接近了。希古音属晓母字，这一类字的声母古代多读为今音的h（喝），如海、虎、货等字。刘智翻译的舍希德、以卜剌希默这些词中的希字是有根据的，也是对的，反映了词语读音的古今差别和方音差别。但是“云南沙甸舍西德纪念碑”将希字改作西字，这就不对了。因为西字与阿语发音是毫不相干的。

则克尔、斋克尔、寂克尔都是一个词的不同音译，阿语的英语对音是dnikr，现在大多数人译为齐克尔，这也是可以的，但必须明了，齐字是斋字的假借字，所以最好将借字恢复成本字斋，才基本符合该词的阿语发音，也和不懂汉文的阿訇在发音上相接近。还比如伊赫瓦尼这个词，赫字多数方言区读音很接近黑字，这也比较接近阿语，普通话读成 he（喝），也是时势所致，无可奈何。但有些人将这个词翻译成了伊合瓦尼，这就没有必要了。因为赫字反映了一种方言与阿语的对应关系，出现的不谐和是历史形成的，将赫字改为合字，反而会掩盖中阿对音的演进轨迹。

本文发表于《回族研究》2000 年第 4 期。

元代回回乌马儿史事札记

◎何兆吉

乌马儿系咸阳王赛典赤·赡思丁之孙，延安王纳速剌丁之子，高官显宦，但《元史》无传，仅在赛典赤传后附识“乌马儿，江浙行省平章政事”，是见其简陋之至。

元人文集却有这方面的碑传资料。翁独健先生当年为陆峻岭编《元人文集篇目分类索引》作《前言》时就曾指出：“《元史》卷一二五《赛典赤赡思丁传》对他的孙子乌马儿，只提了官江浙行省平章政事，而任士林《松乡先生文集》中的《平章政事赛典赤荣禄公世美之碑》（卷一）和《江浙行省春运海粮记》（卷二），对乌马儿的事迹有比较详细的记述，这可以补充《元史》的漏略。”[①]现《碑》与《记》已收邱树森、何兆吉辑《元色目人碑传集》，白寿彝先生主编的《元代回族人物志》亦有著录。

乌马儿系元朝重臣，穆斯林世家，其生平事迹已引起学术界的关注。20世纪80年代初，史学家杨志玖先生曾依据碑记撰写了《关于乌马儿任江浙平章的年代问题》，文章收其论文集《元史三论》。嗣后，纳为信先生撰《咸阳王赛典赤·赡思丁世家》一书，亦利用了该碑文资料。唯碑文记事底蕴丰

①陆峻岭:《元人文集篇目分类索引》,中华书局,1979年。

富，且年代久远，有些颇不易训读。本文仅就其中两个问题，即祭祀海神及春运海粮，做一点读碑札记。

一

乌马儿事迹之一是祭祀海神。碑文《江浙行省春运海粮记》称：

> 先，起碇之日，公诣海神天妃宫，躬具牲牢，陈俎豆，与神誓言曰："海漕之运，我国家万世之利也。春运之役，其舫自今。凡人事者，予即克尽之矣。大海洋洋，则尔明神之责也，毋狂而风，毋冥而雾，毋剽而暗屿浮礁，毋滞而浊水露碛，俾遂善达，以克国储，神亦与有赖焉。"

纳为信先生对这段碑文殊为欣赏，以为"乌马儿事迹已见《世美之碑》，唯与海神誓言，十分精彩"[①]。的确，行文是干练的，说明了祭祀海神的用心，即凡是应该由人做的事，我乌马儿已经完全做到。船队出了洋洋大海，就是你聪明的海神的责任了，希望你运用神明之力，保佑海运成功。但行文以外的文化底蕴也异常丰富。首先，这海神是谁，何以称天妃？其次，乌马儿为回回人，祭祀海神表明了什么？

按，天妃是人造的神，有本事可考。

据《圣墩祖庙重建顺济庙记》，天妃即妈祖，姓林名默，又称林默娘，北宋福建莆田县循洲屿人。"初以巫祝为事，能预知人祸福。既残，众为立庙于本屿"[②]。生而行善，死而为庙，这原是中国民间传统民俗，本没有什么考究。但一次偶然的机会，却使这位民女得到了朝廷的钦封。北宋宣和四年（1122年），给事中路允迪奉旨出使高丽，航行途中遇风暴，"使船八艘，沉溺其七"。独其所乘之舟，"有女神登墙竿，为旋无状，俄获安济"[③]。

---

①纳为信：《元咸阳王赛典赤·赡思丁世家》，今日中国出版社，1964年，第120页。

②③廖鹤飞：《圣墩祖庙重建顺济庙记》，转引自《福建民间信仰》，福建人民出版社，1993年，第146、150页。

恰好使臣中有位莆田人名李振，“素奉圣墩之神”，因而“具道其详，还奏诸朝”，朝廷“诏以‘顺济’为庙额”。一位普通民女受朝廷钦封，自然不同凡响，其结果自然是朝野崇敬立庙祠祀而唯恐不及。但宋代虽褒封十余次，却没有晋升天妃，又因为当时的褒封并没有明确的目的，社会意义不大。

民女晋升“天妃”是在元代。元代航海业空前兴盛，因而确切地说，是人们需要一种精神力量去与风险拼搏，或者借助神力去战胜惊涛骇浪。民女显圣在民间愈传愈神。“惟圣妃神灵炬赫，凡航海之人，赖以为司命。”[①]在这种情况下，至元十八年（1281 年），元世祖忽必烈正式下诏，册封其为“天妃”。诏曰：“朕恭承天庥，而有四海。粤若稽古，咸秩无文。惟尔有神，保护海道，舟师漕运，特神为命，威灵赫濯，应验昭彰……今，……册尔为护国明著天妃”[②]。海神天妃就这样形成了，而且任务十分明确：“保护海道，舟师漕运”。

天妃当然是造神运动的结果。人们创造了神，反过来辄受神制约。元代“凡海运之前，必有祭祀”。东南沿海各地诸如江浙、广东、福建以及金门、妈祖、台湾诸岛，凡有港口处，大都立有天妃祠庙，以至成为民间祭祀习俗，“神之祠，不独盛于莆，闽、广、江浙、淮甸皆祠也”[③]。“国朝漕运，为事最重，故南海诸神，有功于漕者皆得祀。唯天妃功大号尊，在祀最贵”[④]。而祠祭之日的那种盛况，何中的诗写得好：“天妃庙前社日时，女郎歌断彩鸳飞。林花满地瓜船散，城里官人排马归。”[⑤]

乌马儿祠祀的天妃庙在刘家港，即今江苏太仓县浏河镇。当时是江浙行省最大的海港，“可容万斛之舟”。元人谢应芳有《太仓诗》，颇能描写出当时这一海港的景象：“杨柳溪边系客槎，桃花雨后柳吹花。东风地角环沧

①真德秀：《西山先生真文忠公文集》卷五〇。转引自林国平，彭文宇：《福建民间信仰》，福建人民出版社，1993 年，第 154 页。

②丁午：《天纪显圣录》，载《城北天后宫志》。

③丁伯桂：咸淳《临安志》卷三三《顺济圣纪庙记》。

④王敬方：乾隆《海宁州府志》卷一四《褒封水仙记》。

⑤何中：《萧阳歌五绝》，载《知非堂稿》，四库全书本。

海，日夜潮声走白沙。市舶物多横道路，江瑶价重压鱼虾。天妃庙下沈玄璧，潜运开洋鼓乱挝。”①

乌马儿既为行省平章，负海运重任，循俗例“躬具牲牢，陈俎豆”，祈求海神“保护海运”本没有什么非议。但作为穆斯林，意义却非同小可。说它关系到伊斯兰教中国化，因课题太大，本文难以涉及。但此举表明，穆斯林信徒本土化却是实在的。乌马儿至少是先行者之一。何为此说？

乌马儿是穆斯林世家，圣裔之后。如果在西域，按伊斯兰教义，自应无条件地归顺宇宙万物的创造者、独一无二的安拉。《古兰经》几乎各章，尤其是第一章第一节都明确规定：“安拉是独一的主”。因此，伊斯兰反对崇拜一切神灵偶像，提倡“认主独一”。乌马儿既为穆斯林，显然是不能“躬具牲牢”祭礼海神的。但其已生活在中国，又身为行省平章，无论从社会政治，还是地理环境等，都要求他“入乡随俗”。此情正如另一位定居于中原的西域穆斯林暗都剌所说：“予非敢变予俗，而取摈于同类也。其戾于道者变焉。居是土也，服食是土也；是土之人与居也。予非乐于异吾俗而求食于是也，居是而有见也，亦惟择其是者而从焉。”②正是基于这种“惟择其是者而从也”的准则，在坚守信仰原则的基础上，有条件地顺应华俗，吸收中国传统文化，以顺应时代潮流，从这一点说，乌马儿无疑是穆斯林中国化的先行者之一。换一个角度说，穆斯林如果要在中国生存与发展，也当与中国传统文化相结合，适应中国传统道德与习俗，为广大人民所认同，如不具有中国文化和民族色彩，要生存与发展显然是困难的。乌马儿此举，在中国穆斯林古代文化史上，意义也不当低估。

二

乌马儿事迹之二就是春运海粮。碑文《荣禄公世美之碑》称：

---

①谢应芳:《龟巢藁》卷二,四部丛刊三编本。

②许有壬:《至正集》卷五三《西域使者哈只哈心碑》,台湾新文丰出版公司。

> 江浙等处行中书省平章政事、领江淮等处财赋都总管府事赛典赤荣禄公，即莅政之岁，冬十有一月，朝廷以近畿艰食，使驰驿咨行省，以岁运海道粮石二百三十万有奇，俾春运五十八万，以四月到京，及时而振发之。

这就是说，朝廷以近畿粮食不够，下令江浙行省在承运的二百三十多万石粮食数内，提前于春天发运五十八万石，限四月到京。这是一个艰巨的任务。因为当时海运受季风影响，由南往北，须在五月夏至前后刮东南风后始能起航，现在要四月就运部分粮食到京，当然是件冒险的事。因此，令到之日，“一府愕眙”。但乌马儿却勇负重担，募工雇船，于三月二十一日从刘家港起锚，到四月三日仅十余日海粮就运到了京都粮仓。四月二十一日，他们得知消息，于是“一府欢然”。为乌马儿庆功，任士林便应邀写了这篇碑文。

现在的问题是：1. 刘家港距京师何止万里？如何仅十余日便安全运达？2.“凡海运，岁必以夏至为期，风力高竞，其乃有济。今风东北行，大海洋洋，鼓帆溯流，能有济乎？”乌马儿又如何春运成功的？

按，刘家港距京师的确有万里之遥。但乌马儿选择的是最便捷的海路。考《元史》卷九三《食货一》，海路有三条。最初的航线，是由刘家港经崇明西入海，然后沿苏北海岸北行，直至界河口的直沽[①]。行程水路“凡一万三千三百五十里”。因航线距岸不远，“路多浅沙”，所以至元十九年（1282 年）的初次海运，不得不先造“平底海船”。结果，当年八月下旨创行，冬季北航，而冬季正是东北风盛行的季节，逆水又逆风，“风汛失时”，直到第二年三月才到达直沽。所以当时人著《海道经》就说：“沿沙行驶，潮长行船，潮落抛泊，……两个月余，才抵直沽，委实水路艰难，深为繁重。”

①元时界河口即今之海河口。因为海河当年上通巨马河，宋、辽以此为界，故又称界河。元时直沽在今天津市区内。

第二条航线，自刘家港开洋，过黄连沙头[①]，转西行驶至胶西，投东北取成山[②]，再西转“一日夜至刘岛[③]，又一日夜至芝罘岛，再一日夜至沙门岛[④]，守得东南便风，可放莱州大洋，三日三夜方到界河口”。这条航线从黄连沙头到成山一段取远海航行，“其道差为直径”，如一帆风顺，半月可达目的地。“如风水不便，迂回盘折，或一月四十日之上方能到彼”[⑤]。

第三条航线在至元三十年（1293年）开辟。当时的千户殷明略以为从刘家港出发，过黄连沙头、万里长滩等浅海再东北取道成山，“亦为不便”，于是干脆从刘家港经崇明后便直接放洋至成山，取远海航行，“当舟行风信，有时自浙西至京师不过旬日而已，视前二道为最便云”[⑥]。乌马儿的“春运海粮”，无疑是从这条航线出发的。所以碑文称：“三月二十一日，起碇于吴之嘉定刘家港”，“以四月三日讫赴都仓”。行程大约十一二天。

但此行关键是春运海粮。先前海运都是在夏至前后起碇，即农历五月间，借助夏季西南、东南风助航。而这次“京畿艰食”，要他们三月起运，四月到京，而此间我国东部海面，自渤海至长江口，均受由北向南的寒流影响，多东北风，所以接到命令之时，“一府愕眙”，“今风东北行，大海洋洋，鼓帆溯流，能有济乎?”但乌马儿却取得了成功。为什么?

显然，这历史性的成功，除了乌马儿的信心勇气即“承命以行，其必有济”，以及与海道万户恩公“旧听指点，乃度乃筹”等调查研究外，更主要的是对海洋气流的认识，而得天时地利之便。据章巽先生考证，原来这春运海粮利用了我国黄海海面的海流。海洋现代研究表明在太平洋的西部，全年都有著名的黑潮暖流在活动着，冬半年中，黑潮暖流的主流比较偏东，我国

①黄连头又称黄连沙嘴，元时为海门县以东黄海浅沙滩，现已成大陆。
②其地今属山东胶东荣成市，或云今名成山角，待考。
③今名刘公岛，其地在威海市附近。
④元时沙门岛，即今山东蓬莱市西北大黑山岛。
⑤赖家度:《元代的河潜和海运》，载《元史论集》，人民出版社，1998年。
⑥《元史》卷九三《食货一》。

沿海几乎完全受由北向南的东中国寒流控制，东北风盛行，非常不利于由南向北的海运。但春夏之交，西南季风未刮起之前，黑潮暖流比较偏西，它的主流虽仍在台湾岛以东，但西面的几条支流却相对接近大陆，一直进入渤海。放舟趁海流，非常有利于由南向北的航行。而乌马儿走的这条航路，出青水洋后，正好与海流相配合，因而“今以三月起运，而旬有数日之间，衔尾而达。公不失期，私不耗落”，成功地完成了这一历史壮举。当然这也是认识自然、掌握自然规律的结果，正如任士林碑文所说：“夫亦天彰荣禄公之德，故为之返风以济也。”“后之言春运海粮者自今始”。

何兆吉（1954—　），江苏如皋人，历史学教授，博士生导师。1988—2003年任教西北第二民族学院历史系（文旅系），长期担任副主任、主任职务，主要从事文献古籍研究。后调任南京理工大学人文与社会科学学院。

本文发表于《西北第二民族学院学报（哲学社会科学版）》1998年第4期。

元代答失蛮神道碑的文献价值

◎何兆吉

元顺帝至正八年（1348年），史臣黄为答失蛮家族先后写了两方神道碑，一方题《宣徽使太保定国忠亮公神道碑》，一方题《宣徽使太保定国忠亮公神道第二碑》，碑文现收《金华黄先生文集》卷二十四。答失蛮为元代显族，穆斯林世家，簪缨不绝者百余年。这两方长达数千字的碑文，不仅记叙了答失蛮家族的荣辱兴衰，而且也保存了一些珍贵的原始史料，对于了解元代社会，特别是伊斯兰世界的某些状况，颇为有益。鉴于前人很少言及，现就碑文的文献价值做一些探讨。

一、碑文保存了完整的谱系资料

答失蛮系元王朝穆斯林世家，与蒙元王朝相始终。白寿彝先生主编《回族人物志·元代》时曾指出："元代回回官吏中，在朝为世官，在民族内部为世家者，答失蛮一家的地位仅次于赛典赤。"[①]可见完整的谱系资料对于研究这样的家族是何等的重要。据碑文，答失蛮家族在蒙元时期共六世。

一世祖名马马（Maqamad）。碑文称："其先西域人，系出哈剌鲁氏。"

---

①白寿彝:《回族人物志·元代》,宁夏人民出版社,1985,第74页。

哈剌鲁（Qarluq）即唐代的葛逻禄，其活动范围在今巴尔喀什湖的海押立（Qayaliq，一名海牙里）地区，为中亚地区的少数民族，曾立国数世纪。13世纪后期，由于蒙古各汗国之间不断战争，这一地区遭到极大的破坏，哈剌鲁人也在此过程中逐渐为其他民族所同化，最后在历史上消失[①]。

马马为其国之大臣，地位显赫。碑文说："在西域为其国之近臣，素倜傥有大志。知天命之有归，当太祖皇帝正大位之六年，岁在辛未，奉其国主阿尔思兰来觐于龙居河。"龙居河即怯绿连河之古名，位于蒙古国境内，阿尔思兰（Arslan）为哈剌鲁部主。

二世祖名阿里（Ali）。阿里因"前卒"，后以子贵，"赠资德大夫、司农卿、上护军，追封中山郡公"。

三世祖名哈只（Qajid）。初为"质子"，因"时年尚幼"，"上命育于春坊。稍长，事太宗皇帝为宝儿赤"。宝儿赤又称博尔赤，蒙古语，义为厨师，即"亲烹饪以奉上饮食者"。这是与皇帝最为亲近的职业，即使在蒙古怯薛中，地位也非同寻常，碑文称"尤被宠遇"。哈只后来"扈从西征有功，妻以河西贵族"。世祖皇帝征南诏、伐宋等，"皆与在行"。但不久即以"疾卒"。

四世祖名答失蛮（Dasman）。他承袭父职，事元世祖，尝论阿合马蠹政害民，世祖皇帝赏以玉环及钱钞。后讨乃颜有功。桑哥立尚书省，又指陈其非便。成宗即位，以奉议大夫领供膳司事，后晋升司农卿。武宗时为中书参政。仁宗即位后为宣徽使（从一品），延祐四年（1317年）卒，终年60岁。答失蛮在世做了不少好事，碑文做了较为详细的记载，但《元史》无传，非但无传，甚至在本纪及其他列传中连名字都未曾提及，正如杨志玖先生所指出："这个答失蛮历事四朝，官至从一品，在《元史》上竟无迹可寻，殊为憾事。"[②]因此，碑文所做的记载就显得尤为珍贵。

五世祖为买奴。买奴为答失蛮继室脱脱伦氏所生。答失蛮原配纳思马立氏，生三子一女，因碑无记载，具体未详。继室脱脱伦氏为世祖所赐，子男

---

①陈高华：《元代的哈剌鲁人》，《西北民族研究》1988年第1期。

②杨志玖：《元代的几个答失蛮》，载《元史三论》，人民出版社，1985年。

三人，长为买奴。买奴在至治初年任江北淮东道肃政廉访使，后又改河北河南道肃政廉访使。碑文说："河决原武，亲诣其处督视兴筑。"按《元史》卷二十七《英宗纪》延祐七年（1320年）载："是岁，河决汴梁原武，浸灌诸县。"是见在元英宗时，买奴确实做过河北河南道肃政廉访使，当时的河北河南道廉访司设在汴梁路。碑文又说："泰定中，参议中书省事……以灾异乞免所居官。诏勉谕之曰：燮理阴阳，事在宰相，非汝之过，其起就职。"考《元史》卷三十《泰定帝纪》："泰定四年七月，御史台臣言：'内郡、江南，旱蝗荐至，非国细故。'丞相塔失帖木儿、倒剌沙，参知政事不花、史惟良，参议买奴，并乞解职。有旨：'毋多辞，朕当自儆，卿等亦宜各钦其职。'"这个参议买奴，当是碑文中的参议中书省事买奴。

买奴最终以荣禄大夫致仕。黄在为其父撰写神道第二碑时称："今翰林学士承旨买奴荣禄公谢事，而食一品禄。"撰写此碑的时间在元顺帝至正八年（1348年）冬十二月二十五日，这时买奴已70岁开外了。官高且寿，所历所任又曲折丰富，碑文的记载就愈显可贵了。

六世祖为亦老答儿，官奉政大夫、阑遗少监。亦老答儿为买奴长子，答失蛮长孙。因碑文记载止于元至正八年，其行年故实，具体不详。

以上是答失蛮在蒙元时期的家族谱系。完整的谱系资料对研究该家族的人口繁衍、迁徙流转、官宦沉浮，以及其发生、发展与演变的历史至关紧要。同时通过谱系也能反映出家族所处的时代风貌、时代特征。因而，完整的家族谱系对于研究该时期的社会政治、经济文化等方面作用相当巨大。尤其是答失蛮家族谱系不同于一般谱系。它是从中亚迁徙中国的穆斯林家族。在元代，能够保存完整的穆斯林家族谱系屈指可数，史料价值尤显珍贵。

二、碑文中的人物事迹

碑文中不仅保存了完整的家族谱系，而且人物事迹也很丰富，这不仅可以补正史之阙失，而且据之可考史载之正误，文献价值自难估量。现就突出者概述两点。

（一）考史之正误

答失蛮家族一世祖马马，在西域为其国之近臣，碑文记载了他“知天命之有归”，于太祖皇帝正大位之六年，“奉其国主阿尔思兰来觐于龙居河”。这段记载，至少包含了两个历史内容：一是时间、地点。时间是成吉思汗六年，地点是龙居河。考《元史》卷一《太祖纪》，“六年辛未春，帝居怯绿连河。西域哈剌鲁部主阿昔兰罕来降。”是见碑记与《元史》相符，时间、地点准确无误，从而确证《元史》记载是信史。二是事件“奉其国主阿尔思兰来觐于龙居河”。碑文用了“奉”字，似乎阿尔思兰的降附与马马的劝说有关。按之史籍，这一点也绝不是空穴来风。阿尔思兰的归顺，的确是情有不得已。先前哈剌鲁人曾臣附西辽，西辽后期对哈剌鲁的干预及横征暴敛到了无法忍受的程度。据西方史籍《世界征服者史》称，西辽的菊儿汗曾下令阿尔思兰替他讨伐忽炭（即今新疆和田）之算端，其用心是置阿尔思兰于死地。阿尔思兰百般无奈，只好听从臣下建议服毒自尽，假此传位于其子新阿尔思兰。但菊儿汗并不以老阿尔思兰的死善罢甘休，继续派一位名叫沙黑纳（Shahna）的人监视继立的阿尔思兰。《世界征服者史》接着说：“事情如此下去，直到成吉思汗的威名及其兴起的消息传遍四方，故此，因菊儿汗的监护官对百姓越发专横暴虐，他被阿尔思兰汗的儿子所斩。后者接着投奔成吉思汗的宫廷，在那里蒙受恩渥。”①作为“其国之近臣”的马马，在这“所斩”“所奔”的过程中，作用无疑显著，所以碑文中的“奉”字，包含了波澜壮阔的历史内容。

（二）补史之阙失

碑文中的人物事迹还有补史阙失之作用。如四世祖答失蛮是答失蛮家族中的重要人物，同时也是元王朝政权中的重要人物。他官居一品，所为所行涉及元朝的许多典章制度及人物事件，参证价值自不待言。惜《元史》无传，许多人物事件无法明朗、确定。唯其如此，民国年间史学家柯劭著《新

①志费尼:《世界征服者史(上册)》,何高济译,内蒙古人民出版社,1981年,第86~87页。

元史》、屠寄著《蒙兀儿史记》等，均依据此碑所载的传文记事，采写了答失蛮本传，以弥补《元史》之不足。

忻都是答失蛮次子，宝儿赤出身，累官司农少卿、章佩监、同知通政院事，由佥宣徽院事为其副使。天历间拜云南行中书省左丞。但就在他云南任职期间，云南行省爆发了当时规模最大的地方叛乱事件。其严重的程度：一是叛王自立了有少数民族首领参与的割据政权；二是动用了几个行省的军队；三是耗费了大量的物力、财力。

叛王自立政权方面，《元史》卷三十四《文宗纪》称："至顺元年（1330年）春正月丁卯，云南诸王秃坚及万户伯忽、阿禾、怯朝等叛，攻中庆路，陷之，杀廉访司官，执左丞忻都等。""秃坚自立为云南王，伯忽为丞相，阿禾、忽剌忽等为平章等官，立城栅，焚仓库以拒命。"中央政府方面，动用了几个行省的军队。《元史》卷三十四《文宗纪》称："镇西武靖王搠思班、豫王阿剌忒纳失里及行省、行院官同讨云南，兵十余万。""诏江浙、河南、江西三省调兵二万，命诸王云都思帖木儿及枢密判官洪浃将之，与湖广行省平章脱欢会兵讨云南"。

由于朝廷及各行省将帅的拼力进剿，这次云南叛乱终于在次年（1331年）二月平定。但叛乱的首要分子伯忽等是如何剿灭的，其过程怎样？史载或阙失或未详。而神道碑所记载的忻都事迹便成了反映这一方面问题的极重要的第一手史料，弥足珍贵。碑文说：

天历间拜云南行中书省左丞。至顺初（1330年），叛王秃坚与伯忽等率众来攻城。平章政事帖木儿不花守北门，公守东门。叛军乘间由它门入，遂劫去省印，公亦见执。问何以不走，公曰："奉命为行省官，安敢弃城去？"伯忽欲杀之，秃坚不可而止。乃命其党忽哥儿、兀马儿以五十人护送入城囚之。公与两人相处既久，因说以逆顺祸福，刺血挠金为誓，谋共杀反者。未几，豫王引大军至，伯忽遣忽哥儿、兀马儿往拒之。行次占翼州，两人如公宿约，径回金马山，杀伯忽兄弟三人，得其所劫省印以授公，复立行省。公遣使以三人首级献于京师。寻出，迎豫王至麻隆县，将还行省，次倚隆州。

豫王所领汉军复陷没。公欲奉豫王至乌撒，而诸王啜思班已入云南。豫王乃命公驰报于朝廷。上嘉其功，赏赉甚厚，即除上都留守兼本路都总管府达鲁花赤。

三、碑文中的其他资料

碑文谱牒记载的虽说是家事，但极富有史料价值，所以历代的文献学家都很重视。答失蛮神道碑不仅记录了答失蛮家族的人与事，而且有着丰富的其他人文资料，反映出当时社会的某些状况。突出的史料有：

(一) 华化史料

按照民族融合的一般规律，答失蛮家族来华后，也有着华化过程。碑文中的华化史料，主要表现在两个问题上。

1. 命名取字从华俗

答失蛮家族是信仰伊斯兰教的西域人。来华后，由于人地环境的变化，就不可避免地入乡随俗，这就是陈垣先生所称的“华化”。答失蛮家族的华化，首先表现在命名取字上。碑文说“惟今翰林学士承旨买奴荣禄公谢事，而食一品禄。公字德卿，定国长子也”。命名取字，是中国传统文化所表现的内容之一。它体现着中国传统社会中的礼制特征。一般而言，男性出生3月而名，既冠则字。取字的作用是表现社交礼仪中的尊卑纲常。尊对卑称“名”，平辈则“字”。如孔子，名丘，字仲尼。在《论语》中，孔子自称“丘”，这是谦称，而其对学生则直呼其名，如“求，尔何如?”这是中国传统社会中人与人之间的道德礼仪规范，约定俗成，一般是不能越轨的。答失蛮家族既来中国，“衣被乎书诗，服行乎礼义，而氏名犹从乎旧，无乃不可乎”[①]。于是命名取字势在必行。当然，这也不是答失蛮一家。据陈垣先生考证，当时来华的西域人，定姓命名颇具时尚。他说：“检元人文集，种人之请字请名者，触目皆是。其人皆慕效华风，出于自愿，并非有政府之奖励及强迫，而皆以汉名为荣。且元制不禁种人学习汉文，故种人多以汉语为名，

①宋濂:《宋学士文集》卷五《西域浦氏定姓碑文》,四部丛刊影印,明正德本。

亦一时风会。廉希宪、郝天挺、高克恭、赵世延、马祖常、颜师圣、丁鹤年等，无论矣。”[①]但有一点也须指出，命名取字的华化也是个渐进过程，非一朝一夕之变也。因为要西域人放弃自己的传统而完全从华，一时也难以做到，于是就出现了“名尊旧俗，字则从华”的现象。许有壬《西域使者哈只哈心碑》中有“名，则不敢忘吾先，而字则从华可也”的记载。答失蛮家族也是这样。买奴，名为买奴，字则德卿，明显地表现出华化渐进的历史特征。

2. 葬制礼仪效华俗

西域人有自己的葬制礼仪。特别是穆斯林，更有相对严格的规定。按《天方正学》，“清真殡葬，不需棺椁，以身归土，因其清净也”[②]。即人们通常说的“殡不以木”。而且葬必从速从俭。刘智《天方典礼择要解·丧葬篇》云：“按圣教，翌日必葬。盖谓尸以入土为安，不得久停。”[③]但答失蛮家族的礼制却效华俗。一是起茔厚葬。碑文称买奴，“既告老，赐钞万五千缗，悉用增葺其先茔”。一万五千缗在当时究竟是多大的财力，本文难以说清。但有一点是明确的，即至元二十二年（1285 年）元政府曾颁布百官俸禄，当时的从一品官员年俸是中统钞三百两，而且这还要是“上例”。所谓“视职为差，事大者依上例，事小者依中例”[④]。而该家族一次修葺先茔墓地就费一万五千缗，可以想象答失蛮家族的墓地该有多大，有多壮观。二是居丧守制。答失蛮家族不但葬仪上效华俗，而且守制上也效华俗。按惯例，迁徙中原的少数民族是没有居丧守制礼俗的，而且蒙元政府也明文规定：“蒙古、色目人员各从本俗。”[⑤]但答失蛮家族还是遵汉仪，守父母丁忧之制。碑文称：“定国寝疾，革。仁宗皇帝遣中使传旨，俾（买奴）归侍疾。比至家，则定国已殁。诏起复还旧任。固弃，从之。服除，入中书为右司郎中。”

---

①陈垣:《元西域人华化考》卷六,《励耘书屋丛刻》,北京师范大学出版社,1982 年。

②蓝熙:《天方正学》,转引自王正伟:《回族民俗学概论》,宁夏人民出版社,1994 年,第 160 页。

③刘智:《天方典礼择要解·丧葬篇》,转引自王正伟《回族民俗学概论》,宁夏人民出版社,1994 年,第 161 页。

④转引自白寿彝:《中国通史·元时期(上)》,上海人民出版社,1997 年,第 944 页。

⑤《元典章》卷三十《礼部三·丧礼》。

答失蛮家族来华后，对中国这一传统文化作出适应性反应，表现了这个家族善于学习、善于接受新事物的民族特征，这就为双方的融合跨出了关键性的一步。换言之，这个家族之所以能在中原大地生根、发展，并取得巨大成就，显然与该家族顺应历史潮流，不断进取分不开的。

（二）赏赐史料

在中国传统社会里，差不多每个王朝都有皇帝凭着自己的好恶进行赏赐，但像元王朝这样赏赐之优厚，范围之广，次数之多，委实为我国历代所罕见。以至于相当多的学者认为，元王朝的腐败与很快衰亡，无不与赏赐有关。答失蛮神道碑恰恰保存了这方面的史料可以印证。

答失蛮：

（1）极论阿合马蠹国病民，“赐以玉环及钞二千五百缗”。

（2）从讨叛王乃颜有功，“赐白金百两，钞千五百缗”。

（3）指陈桑哥施政非便，“诏赐宅一区，固辞。乃赐玉环及燕服，以旌其忠”。

（4）从征海都，“第功行赏，赐以田三百亩”。

（5）与其子买奴侍上疾于卧内，“赐以钞二万五千缗”。

（6）以公先朝旧人，“赐以金带、犀带、七宝笠、珠帽、珠衣、金五十”。

（7） 尝侍坐侑食，“赐玉带、海东白鹘”。

买奴：

（1）公历事累朝，以恭谨见称，所治御膳尤精于烹饪，前后被赐“珠帽、珠衣、只孙、金玉、马脑、车渠、七宝诸束带，及它衣币服用之物以十数，钞无虑数十万贯，上樽珍膳、鞍马之属不与焉”。

（2）公性孝友，“赏及田庐、赀蓄，皆以让其弟。至奉襄大事，又独任其役费。既告老，赐钞万五千缗，悉用增葺其先茔”。

忻都：

阶自奉政大夫六转至资善大夫，前后被赐“珠衣、玉束带各一，白金千两，钞六万贯，它衣币诸物称是”。

怯来：

阶自武德将军再转改中宪大夫，又四转至资善大夫。前后被赐“珠帽、珠衣各一，只孙四，白金百两，钞二万五千贯，它衣币诸物称是”。

由此可见，元朝廷对答失蛮家族赏赐之丰厚。有一点须说明，就答失蛮家族的地位而言，仅仅是宝儿赤出身，赏赐就如此丰厚，至于那些皇亲国戚、黄金家族呢？赏赐，在一定程度上能驱使大臣、将士用命。但滥赏，一是加速政府的财政危机，二是致使那些皇亲国戚、贵族勋臣更加贪钱。而说到元王朝滥赏的程度，从答失蛮神道碑记载的这种赏赐就可以透视出来。

（三）婚俗史料

答失蛮神道碑保存有该家族的婚姻资料，这对研究当时的民族、阶级诸特点，特别是穆斯林世家的婚姻状况，具有很高的史料价值。先看看碑文中的记载。

答失蛮，“元配纳思马立氏”，“继室即世祖所赐脱脱伦氏”。

买奴，“娶卜兰奚氏”；“仁宗又妻以宫女陆氏”；“继娶秃满伦氏、脱脱尼氏、弩哈出氏、弩罕氏、王氏”。

忻都，“娶定哥察氏”，“忙哥氏、伯颜哥氏”。

怯来，“娶脱脱尼氏”，“丑丑氏、完者的厅氏”。

亦老答儿，“仁宗妻以朵儿别台氏；继娶阿儿温的斤氏”。

上述史料至少可以说明下列问题：

1. 反映了回蒙、回汉通婚

答失蛮继室为世祖皇帝所赐脱脱伦氏，脱脱伦氏为蒙古人。买奴，仁宗妻以宫女陆氏，继娶王氏，王氏、陆氏，汉姓。忻都，娶忙哥氏、伯颜哥氏，蒙古人。怯来，娶脱脱伦氏、完者的斤氏，蒙古人。亦老答儿，妻朵儿别台氏、阿儿温的斤氏，蒙古人。

为什么会产生这种现象？杨志玖先生认为有两个原因相当重要：一是西域人当初来华时就男多女少，“求偶于他族，此盖不得已而择之途径也”。

二是与色目人、蒙古人地位有关，“人慕其权势，嫁女与之，皆有可能”[①]。

民族通婚的结果，最直接的就是华化。许有壬《西域使者哈只哈心碑》记载着这样的故事：哈只哈心妻荀氏，子阿散妻张氏，俱汉族。阿散原配所生二子后来都从祖母之姓。语云：“暗都剌兄弟鞠于外家，攻儒书。既长，益习礼训。谋于师友曰：‘古之姓，或官或封，无常也。吾其从祖母之荀乎？’遂姓荀氏。又曰：‘我兄弟读书学礼，无名字其可？名，则不敢忘吾先，而字则从华可也。’于是师友相与字暗都剌曰‘平叔’，凯霖曰‘和叔’。”[②]

故事当然没有反映答失蛮家族与他族通婚的结果，但它具有普遍性。因为回蒙、回汉通婚后，这就构成民族融合的基础。当回回血统中具有汉族血统成分在内以后，华化就成为必然。正是基于此，当年杨志玖先生在论述回汉通婚的后果时曾指出：汉语之所以为回回人的共同语言“当与此有关”。并提醒“此种影响于我国民族关系者甚巨，为治史者所不应忽视也”[③]。

2. 反映一夫多妻制

婚姻习惯在某种意义上反映着人们当时的社会性质。答失蛮家族的婚姻，从碑文中保存的材料看，反映的显然是一夫多妻制，但这一夫多妻制却有着渐进的过程。众所周知，穆斯林不反对一夫多妻。按照《古兰经》的有关规定和“圣行”，可以娶三至四房妻子。穆罕穆德也说过：“有婚娶能力者应当结婚。”[④]但从实际意义上说，穆斯林一般实行一夫一妻制，而且特别注重婚姻道德，认为不正当的两性关系最不道德、最卑污等等。这种观点反映在答失蛮家族，答失蛮本人是一夫一妻，继室脱脱伦氏是因为元配纳思马立氏病逝后，由世祖皇帝赐婚的。但到了买奴兄弟这一代，情况则大变，买奴娶七房，忻都三房，怯来三房，显然是多妻制，分析这一现象产生的原

①杨志玖：《元代回汉通婚举例》，载《元史三论》，人民出版社，1985年。
②许有壬：《至正集》卷五十三《西域使者哈只哈心碑》，台湾新文丰出版公司，1982年。
③杨志玖：《元代回汉通婚举例》，载《元史三论》，人民出版社，1985年。
④转引自王正伟：《回族民俗学概论》，宁夏人民出版社，1994年，第109页。

因，除了家族因素外，最主要的还是受了蒙古婚俗的影响。当时的蒙古人认为“每一个男人，能供养多少妻子，就可以娶多少妻子”[①]。

3. 婚姻明显地带有政治色彩

在阶级社会中，婚姻往往是政治斗争的一种工具。答失蛮家庭的婚姻形态也不能例外。碑文中记载，答失蛮“继室即世祖所赐脱脱伦氏”。买奴，“仁宗又妻以宫女陆氏。”特别是“昭献元圣太后为治奁具，赐宴于兴圣宫，命太傅帖哥、司徒伯顺送至其私第”等，可谓荣耀之至。亦老答儿，“仁宗妻以朵儿别台氏”。毫无疑问，这种婚姻明显地带有政治色彩。答失蛮家族虽系宝儿赤出身，本身微不足道，但由于所处的地位，与王室的安全有关。为了使该家庭对王室忠心耿耿，将婚姻作为一种手段，加强统治阶级内部的势力或达到某种政治目的，无疑是一种行之有效的方法。以上对答失蛮神道碑的文献价值做了简单的阐述。其实，既是时代的产物，它就能反映时代特征。答失蛮神道碑文中所包含的历史内容，远不止上述。特别是它对穆斯林在中国的迁徙流转，发展壮大，就更具有其他史料不能替代的作用。因此，此碑有待进一步发掘。

本文发表于《回族研究》1999年第1期。

①转引自史卫民:《元代社会生活史》,中国社会科学出版社,1996年,第53页。

“识宝回回”传说探研

◎李德宽

在瑰丽多彩的中国传说故事中，有朵殊异之葩——回回识宝传说。她起源于“西域人识宝”，远在汉唐之际就已经产生，流传并被记录下来，展示着我国与阿拉伯—中亚地区密切的商业、文化交流盛况。一千多年来，外国人识宝传说在我国民间文学的沃野中不断地流移、载录，虽然具有或大或小的变形，但这类传说仍留存至今。“识宝回回”是汉唐之后外国人识宝故事的延续，因它凝聚有回回民族形成过程中的某种信息，而具有独特的时代色彩和社会背景，是一种“具有相当文化史价值的艺术文献”[①]。因此，对“识宝回回”传说的收集、研究，就有某种历史的和现实的意义。应当引起更多的人重视。

一、“识宝回回”传说辑录

回回识宝传说散见在历代文人笔记、别集中，内容丰富却难收集，本文就所见故事转录如下：

（一）蜈蚣孕珠

元贞年间，广中有一人为商，财本消折，归至四海洋滨，见雷击大蜈蚣

①钟敬文:《新的驿站》,中国民间文艺出版社,1987年,第311页。

一条，长五六尺，收入担中。

晚宿旅邸小房，名商巨贾辐辏于彼。是夕主人设宴，坐上皆富商，而小客亦予席。求酒数行，遍问所携之货，众以实对，小客不敢言，恐旁者窃笑。

忽回回人在，谓曰："小房内祥光亘天，必有异宝!"强之开房而觌，不获。已，开担，止有蜈蚣一条，诸商皆笑。

独波斯曰："此是也。"

于是，延之上坐，为更弊衣而礼遇之。

次早问其值，小商不知价，索银二千两。波斯慨酬之，各立文约。遂取蜈蚣出来，仅拾头上一宝珠，皮则弃之。且曰："此至宝也，若尽我五船财赋，亦所不较。"

小商归置，大富也[①]。

（二）古墓宝石

昔波斯人来闽，相古墓有宝气，乃谒墓邻，以钱数万市之，墓邻不与。

波斯曰："汝无庸尔也，此墓已无主五百年矣。"墓邻始受钱。波斯发之，见棺衾肌肉溃尽，惟心坚如石。锯开观之，有佳山水，青碧如画，旁有一女，靓妆凭栏凝睇。

盖此女有爱山水癖，朝夕玩望，吐吞清气，故能融结如此，此志壹动气也[②]。

（三）宝媒

波斯胡者，尝得一蛊，青质而善面，其巨胡识之曰："是宝媒也。"

则与诸胡携之南海上，丛戟自卫，拘巨鼎爇油而火之，三日夜不休。海人出于波，以珊瑚之长丈者赂焉，曰："请宽是。"胡衷珊瑚而戟之去也。复火之三日夜，鲛人出于波，以明珠之围七寸者赂焉，曰："请宽是。"胡衷明珠而戟之去也。复火之三日夜，龙女出于波，以若月之璧若日之鞣鞨赂焉，曰："请宽是。"胡衷璧若鞣鞨而又戟之，且叱之曰：

---

①无名氏:《湖海新闻夷坚续志》前集卷二。

②梅纯:《损斋备忘录》。

"去，吾不尽而父藏不止。"龙女惧，走而诉上帝，下展霆雹急击，巨胡死，众宝流离人间。

王子闻之叹曰："是亦不可以已乎!"①

（四）鼍龙藏珠

闽广奸商，惯习通番。每一舶推家首富者为主，中载重货，余各以己资市物，往牟利百余倍。

有苏和者本微，不能置贵重物，见福橘每百值五分，遂多市之，至泊处用碟数十，各盛四橘，市舶面上。夷人登舟竞取而食，食竟后取置袖中，每碟酬银一文，苏意嫌少，夷复增一文，计所得殆万钱，每钱重一钱余，盖已千金矣。

舟归遇风，泊山岛下，随众登陆，闲行至山坳，见草丛中有龟壳如小舟，长丈余。苏心动，倩人舁至舶。众大笑，谓安用此枯骨为?

苏不顾，日夕坐卧其内。及抵岸，主人出速客置酒高会，苏槟居末席。

明晨主人发单，令诸商各疏其货，明珠翠羽，犀象瑶珍，种种异品，炫耀夺目。苏愧怯逊谢曰："货微不足录也。"

主人按单细观毕曰："店有识宝胡，夜来望船中奇光烛天，意必载稀世异宝，今胡寥寥乃尔，岂诸君故秘之耶?"

众谢无有，主人询诘再三，众谢如初。

主遂携胡，同众登舶，逐仓验阅，至舟尾得龟壳。惊曰："此大宝也，胡埋没于此!"即命人抬至店，藏秘室中，更设盛筵延苏，置上座，且谢曰："君怀宝不炫，致令轻亵，幸勿见罪。"

向者大贾，悉列其下，众益不测。

酒阑，主请值。苏见郑重，漫答曰一万。主曰："市中无戏言，幸以实告。"苏嗫喘，旁有黠者更之曰三万。主视苏尚泯没，坚询之，谩曰："五万足矣!"

①王世贞:《弇州四部稿》卷一一一。

胡商得定价喜甚，约次日交银，尽醉而散。凌晨已具银置堂中，如数交足，抬龟壳去，鼓舞不胜。

众骇异请于主曰："交易已成，决无悔理。第未审枯骨何异，而酬值若斯?"

胡笑曰："尔辈自不识耳。此鼍龙遗蜕，非龟壳也，背有九节，各藏一珠，小者径寸，大者倍焉。光可照乘，每颗酬镒万，所酬未及一珠之半也。"

众犹未信，胡遂求良工剖其首节，得珠果如所言，众始惊服。

苏持银归，坐拟陶朱，不复航海矣[①]。

(五) 水火二宝

弘治中有回回入贡，道经山西某地，经行山下，见居民男女，竞汲山下一池。

回回往行，谓伴者："吾欲买此泉，可往与居人商评。"伴者漫往语，民言："焉有此！买水何用？且何以携去?"回回言："汝毋计我事，第请言价。"

民笑，漫言须千金。

回回曰："诺。"即与之。民曰："戏耳！焉有卖理?"回回怒，将相击。

民惧，乃闻于县。县令亦绐之曰："是须三千金。"回回曰："诺。"即益之。令又反复言之，以至五千，回回亦益之。

令亦俱，以白于府守。守令语之曰："此直戏耳。"回回大怒，言："此岂戏事！汝官府皆许我，我以此逗留数日。今悉以贡物充价，汝尚拒我，我当与决战。"守不得已许之。

回回即取斧凿，循泉破山入深穴，得泉源，乃天生一石，池水从中出。即舁出将去，守令问："事即成，无番变，试问此何物耶?"

回回曰："若等知天下宝有几?"

---

①周元暐:《泾林续记》。

众曰：“不知。”

回回曰：“今具珠玉万宝皆虚，天下惟二宝耳，水火是也。假令无二宝，人能活耶?”

二宝自之有，火宝犹易，惟水宝不可得，此是也。凡用汲者，竭而复盈，虽三军万众，城邑国都，只用此给，终无竭时。

语毕，欣持以往[①]。

（六）天然日晷

江宁有西域贾胡，见人家几上一石，欲买之，凡数至，主人故高其值，未售也。

一日重磨洗，冀增其价。

明日贾胡来，惊叹曰：“此至宝，惜无所用矣。石列十二孔，按十二时辰，每交一时，辄有红蟢子布网其上，后网成，前网即消，乃天然日晷也。今蟢子磨损，何用之有!”

不顾而去[②]。

二、“识宝回回”类型定位

“识宝回回”传说经过文人收集、加工、记录之后，篇幅短小，情节简明，显现出某种程式化。民间传说定位于历史事实与神话幻想之间，与历史人物、事件有着密切的联系，但又不完全受其约束，往往借助历史的影子，进行大胆的虚构和创作。传说可以对事物、人物加以神化，但却不同于荒诞不经的神话、虚幻莫测的幻想，它述说的人物、事件总是带有一定的可信性[③]。使人听后感觉传说故事的内容是一种客观存在。

在我国民族民间传说故事中可以得到大量印证，如蒙古族《兴安岭的传说》、撒拉族《骆驼泉的传说》、壮族《花山壁画的传说》、白族《蝴蝶泉》、

---

①陈洪谟:《治世余闻》下篇卷二。

②王士禛:《香祖笔记》卷七。

③参见钟敬文《刘三姐传说试论》,载《新的驿站》,中国民间文艺出版社,1987年;陶立璠:《民族民间文学理论基础》,中央民族学院出版社,1990年,第188~192页。

彝族《石林的传说》、纳西族《泸沽湖的传说》等等，都是以具体的事物作为故事的依据，进行虚构和程度不同地神化。而“识宝回回”的传说，除有上述特征之外，又独具特点。她是在古代中西文化交流过程中产生的，同时印证了现代回回人民产业构造和职业特长，具有更为现实的认知价值。因此，“识宝回回”传说引起部分中外学者的重视。如日本人石田干之助、泽田瑞惠，中国学者胡怀深、程蔷等都曾涉猎过同类题目的研究。

但是，检阅我国近20年民族民间文学整理和研究的累累硕果，我们也感觉到“识宝回回”传说的收集和研究仍显薄弱，与其本身应有的重要性不相符。在《中国民间故事类型索引》中，找不到“识宝回回”的身影（因为作者丁乃通先生主要依据欧美“类型索引”分类方法）①；在一些民间文学概论的理论阵地上，尚未给“识宝回回”一个恰当的位置。我们认为，追根溯源，造成这种结果的原因有两个。

一是与民间传说规律有关。民间传说的产生，以一定历史事实为依据，社会发展了，原有的历史背景发生变化，与之相应的故事传说也必然趋于弱化，受“递减规律”作用，有些甚至慢慢消失。“识宝回回”传说的主人公，主要是元明时期的回回人。从中国历史看，唐、宋、元朝波斯、阿拉伯人大量进入中原，受政府保护和优待，享有经营活动的自主权，商业发达、巨贾云集，与他们相联系的故事传说必定较多。但是明朝则是回回商人活动由盛转衰的过渡阶段，明朝回回进入中国者，虽然多以外国“使臣”身份，而其间多为商人假托，史称“西域使客，多是贾胡”②即为明证。这些商人有的往来于中国、中亚做外贸生意，有的留住中国边境“海关”，如广州、泉州、肃州、甘州等地，成为“寄住”回回商人，参与中国国内商业活动。因为“寄住”者身份属于侨民，明朝政府担负不起他们衣食住行供给的负

---

①参见〔美〕丁乃通:《中国民间故事类型索引》,郑建成等译,中国民间文艺出版社,1986年;丙安“《中国民间故事类型索引》中译本序”,载同上书,孟慧英等译,春风文艺出版社,1983年。

②《明仁宗实录》卷五上。

担，往往“寄住”9年之后[①]，遂即转入“附籍回回”，受朝廷户籍制度约束，失去了相对自由经商的权利。因此，明代回回商人地位和活跃程度，较之以前历朝就显逊色，影响要小，明朝以后，“识宝回回”的传说日趋减少。

二是中国是一个有悠久历史的农业国，有抑商的传统。从秦汉始，重农抑商的政治思想一再被强调，到贾谊《论积贮疏》、晁错《论贵粟疏》之后，逐渐上升成一种系统的政治理论，深入到皇朝君臣、儒士的骨髓之中。重本抑末、贬商贱商成为“经世卫道”的无意识的自为行动，造成我国传统文化中商业思想的空缺，以及忽视商业作用，鄙弃商人的不良局面。“识宝回回”为商人故事，固无地位可言。党的十一届三中全会后，我国民间文学掀起万丈热浪，取得丰硕成果。但是也因传统学术偏好和社会思想的影响，民间文学的视野尚待开拓。

在民间文学领域，无论是作品，还是理论著作，都缺乏经济类尤其是商业贸易类作品的收集和研究。因此，反映在一些“类型索引”著作中，就无法归类和定位。

客观地讲，中国民间文学的宝藏中，经济、商业贸易类作品有着悠久的历史和丰富的内容。许多传统商业门类，名商、名店、名品都程度不同地与各自的故事传说相联结。主要采撷民间故事加工成书的《聊斋志异》中，有将近50个篇章是写古代商人心态行为的，较著名的有《农妇》《柳生》《王十》《黄英》《布商》《刘夫人》等，说明民间文学中商业故事的丰富多彩，是构成我国商业文化的宝贵资料。我们急需在“类型索引”中给经济和商业故事、传说一个落脚之处。对已有的民族民间文学分类做些有益的补充，使之具有更为广泛的包容和涵盖能力。补充进诸如“经济类”“商业类”内容，内含“物产传说”“名商名店”“识宝传奇”“致富之道”“管

---

①《沙哈鲁遣使中国记》，载〔法〕阿里·玛扎海里：《丝绸之路》，耿升译，中华书局，1993年，第86页注文。

理技巧”“为富不仁”“为富济人”等类目，使我国古今商业传说故事都能找到各自的定位索引。从这个推测出发，我们就能够把“识宝回回”传说归入到贸易类的“中外关系”目类之中。

三、“识宝回回”传说的艺术特点与历史真实

“识宝回回”传说在艺术上表现出某种程式化特点，根据民间传说的一般规律，我们如果联系“识宝”者历史活动的背景，那么“识宝回回”传说的历史影像就会更加丰满和鲜活起来。但是需要明确，“识宝回回”是“西域人识宝”传说的延续和发展。因为标明“回回”识宝，所以其时代限定在回回民族形成阶段，也就是元、明时期。我们仅从这段历史事实中寻找史事印证，讨论“识宝回回”传说的艺术特色。

（一）化腐朽为神奇的慧眼识珠

明朝学者茅瑞徵说：“其人善鉴识，每于贾胡海市中廉得奇璨，故称识宝曰回回。”[①]识宝者系回回人，二者甚至可以相互替代，足以证明识宝传说属于回族民间文学范畴之内。回回识宝关键在“识”，古人已录在案，甚至在《六院汇选江湖方语》中也称“回回眼——能识好歹”，这“识”也正是识宝传说着意强调之处。

识宝必须具备有关珠宝的渊博学识，一方面要有鉴别各种宝物的理论常识，一方面要有经营珠宝的丰富经验。回回在这两方面得天独厚，在漫长的中西物质交流中，他们除贩卖马匹之外，主要为满足统治阶级需要，经营各种宝货，如甸子、牙忽、答失、押忽大珠，冠以“回回”二字的宝物有“回回甸子”“回回珠儿”，其中“回回石头”据《西洋朝贡典录》记载有红、青、黄、白、青米蓝、昔蓝泥6种，为稀世珍宝。元、明间，经回回之手贩卖的珠宝数量巨大。仅元大德七年（1303年）回回商人进“押忽大珠”，价值达60万锭，明景泰年回回哈马鲁丁进玉石400块，重3832斤，阿麻回回进贡玉石5900余斤[②]。明朝陶瓷工艺不可缺失的“回回青”也必仰给于回

①茅瑞徵:《皇明象胥录》卷七《默德那》。
②《明英宗实录》卷二二五、卷二三五。

回商人，万历年间因丝绸之路不畅，朝廷即发生“回回青”危机，政府多次颁发诏令多方购求。

回回不但拥有经营珠宝的传统和经验，还因为职业氛围浸淫而掌握各种名贵宝物的地理分布。这种难得的知识素养不仅使他们在“海市”中“廉得奇瓈”，“获利数辈”，也使他们“识宝”的声望日益显赫，被人称道，甚至为明朝廷提供征集特种宝物的权威指导。嘉靖年间，在北京修建朝日、夕月郊坛，因祭祀使用红、黄二色玉石，多方收求而不获，回回馆通事撒文秀知后，说：“二玉产在阿丹，去吐鲁番西南二千里，其地两山对峙，自为雌雄，有时自鸣，乞依宣德时下番事例往求可获。”①

回回有如此广博的珠宝知识，在“识”宝方面才表现出其神异和超绝之处。

“识宝回回”传说，均极意表现、渲染识宝的神乎其神。如“鼍龙藏珠”中，“识宝胡夜来望船中奇光烛天，意必载稀世异宝”；“天然日晷”讲贾胡惊叹曰“此至宝也”；“蜈蚣孕珠”里忽回回人在说：“小房内祥光亘天，必有异宝。”讲述回回识宝方式，其诡异之处显示出他们能为人所不能。

（二）匪夷所思的物类玄妙

古代波斯、回回商人跨国经营贸易，见多识广，经历丰富，中国曾是他们主要贸易对象之一。正如诗词所叙：“黄金百如意，但向燕市驱；燕市何所有，燕市何所无？大寮青琅玕，中使锦氍毹。呵声填道路，竞过波斯胡。波斯坐上头，呼使碧眼奴……”②“初入帝京大观光，皇城西头张庙市。未到庙市一里余，杂陈宝玉古图书。……锦衣裘帽出西华，二十四衙齐放假，亦有波斯僧喇嘛，西先生老鼻如瓜。挤挤挨挨稠人里，华与邻交市一家。……徘徊只自愧囊空，波斯眼碧予眼红”③。

诗中“华与邻交市一家”“波斯眼碧予眼红”形象生动地反映回回商人

①茅瑞徵:《天府广记》卷八《皇明象青录》。
②黄景昉:《帝京景物略》卷四《城隆庙市》。
③沈孟:《帝京景物略》卷四《城陛庙市观宣炉歌》。

在京城珠宝市场上的神情。但是，京城的庙市多为普通宝物，“识宝回回”讲述的故事旨在平凡中发现宝中仙品，反衬出其宝之非凡，其物之玄妙。

“古墓宝石”讲述少女嗜观美景，吐吞清气，心凝如玉，绝妙的是心灵凝固的玉石上镌刻有佳美山水，清碧如画。“蜈蚣孕珠”“鼍龙藏珠”叙述同类故事，蜈蚣脱皮、龟壳枯骨乃贱弃之物，却藏有奇宝。至贱至珍反差愈大，给人的惊奇就愈深刻，这就是故事的奥妙所在。小商因携带卑贱之物偏偏又与大富商为伍，只有委琐藏踪怕人嘲弄。当诸富商见小客担中只有“蜈蚣一条”时，“诸商皆笑”。但峰回路转，识宝回回猛然指出宝物就在蜈蚣皮中，随即把小客延之上座，称赞他怀宝而不露的美德，小客有些飘飘然而无所措，富商巨贾则更加莫明其妙，想不透蜈蚣孕珠的神妙。“鼍龙藏珠”同样首先叙述龟壳枯骨的平凡，携带龟壳枯骨者亦因此而被哂笑，并且与明珠翠羽，犀象瑶珍，种种异品相照映，显示龟壳枯骨的轻贱，而回回则勘破其中藏有大颗宝珠，使故事顿生离奇、波折丛生、意趣盎然。

回回识宝故事通常用识取宝贝后的解说，道破宝物的原委，展示肉眼凡胎难识至宝，物类玄机非回回不能勘断的道理，从而深化了“识宝回回”的主题。如胡笑曰：“尔辈自不识耳，此鼍龙遗蜕，非龟壳也。”回回言：“若等知天下宝有几?”“珠玉万宝皆虚，天下惟二宝耳，水火是也。”如果说化腐朽为神奇在于一个“识”字，那么识取宝贝后追根溯源的一番说明，则在一个“妙”字，物类之妙，至宝之妙。

（三）富可敌国的雄厚资财

“识宝回回”传说的主人公，无一不是腰缠万贯的阔商，对于携带奇宝而不知的小商开出的价码，不予还价，一律“慨允之”，且“得价甚喜”。“蜈蚣孕珠”出价银二千两，“古墓宝石”以钱数万市之，“鼍龙藏珠”出价五万，“水火二宝”出资五千金。回回遇宝不惜重金购买，得宝后“鼓舞不胜”“欣持以往”，一诺千金，在所不惜，充分显示回回商贾的雄厚资金实力。

元明之际，回回商贾云集，其中多有阔商大贾，朝廷选用其中部分人才充当官吏，管理国家财经事务。元代“斡脱”商人均由中亚回回组成，投靠蒙古后，蒙古大汗、诸王公主、后妃等将掠夺到的银两交给回回商人，放高利贷或经商，坐享其利，所放高利贷利息高达百分之百，次年转息为本，利复生利，1锭银于10年后本利高达1024锭，叫作“羊羔儿息”。

泉州蒲氏之婿佛莲，在宋元之际拥有海舶80艘，珠宝无数。至元三十年（1293年），官没其家产，仅珍珠就有130石。

明代回回商人虽不及前代之盛，但也不可小觑，他们经营内、外贸易，表现出雄厚的资金实力。宣德五年（1430年），“回回沙八思等中纳盐粮，该支两浙盐一万一百二十五引，今浙盐少，请以山东盐如数给之。马儿丁等应支两淮盐五万二千三百引，今淮盐亦少，请以河间长芦盐如数给之”①。又有坤城回回者马儿丁朝贡进京，“输米一万六千七百六十石于京仓中盐，今者马儿丁等欲还坤诚，言愿以所纳盐献官”，皇帝知道后颇觉不妥，说：“彼名为朝贡实务市易，盖回回善营利也，其米亦费本，远方之人可偿其直。”②于是户部以布800匹、绢400匹酬还他本钱。

以上种种，证明回回商贾资本雄厚，故每遇异宝，不惜万金购求，虽费万金，不以为意。对于拥有海舶80余艘者而言，虽“尽五船财赋”当然就“亦所不较”了。真所谓财倾天下，富可敌国，这正是“识宝回回”传说所传递的重要信息。

李德宽（1960— ），辽宁铁岭人，历史学教授，博士生导师。1988—1997年在西北第二民族学院历史系、图书馆工作，任图书馆副馆长，主要从事中国民族史研究。后调任宁夏大学政法学院。

本文发表于《西北第二民族学院学报（哲学社会科学版）》1995年第5期。

①《明宣宗实录》卷六五。
②《明宣宗实录》卷六七。

民国时期回族的自我认同与国家认同

◎陈红梅

民族自我认同是一个民族最基本的构成要素，也是一个民族对本民族独特的历史文化、精神归属的判断和定位。国家认同则指一个民族对所在国的政治认同，即自觉地认为自己是国家疆域内公民的有机组成部分，与国家同呼吸共命运。在回族形成发展的历史上，民国时期无疑是其自我认同与国家认同意识的现代转型与发展的关键阶段。对于民国时期回族自我认同与国家认同轨迹与特点的探寻，是我们了解近代回族的民族特质、民族精神的重要途径。本文意图以民国时期的报刊言论和社团活动为观察点，揭示回族在近代中国民族主义意识高涨的大背景下，自我认同和国家认同的现代转型及表现。

一

众所周知，回族是在伊斯兰文化和中国儒家文化共同作用下产生的一个民族，没有历经唐、宋、元直至明朝的土著化过程，也就不可能产生现今状态下的有别于其他信仰伊斯兰教人群的回回民族。所以，从侨居中国的番客到成为一个本土民族，对国家的认同是回族在形成过程中不可缺少的内容。

元朝回回人为色目种之一，地位仅次于蒙古人，但负责回回人事务的“回回哈的司”的重要职责之一便是为国家祈福；明代的著名清真寺均高度重视朝廷敕赐的身份，刻碑立牌昭示世人；清代在清真寺礼拜大殿供奉“万岁牌”作为其合法性的证明；等等。这类来自国家的合法性证明反映的恰是回族自觉将自身纳入国家体系的愿望。

在历史上，虽然有汉族社会因宗教信仰和习俗不同而对回族的种种误解甚至污蔑，比较典型者如关于回回“非我族类，其心必异”的猜测；大学者顾炎武“惟回回自守其国俗，终不肯变。结成党伙，为暴闾阎，以累朝之德化而不能驯其顽犷之习，所谓食桑葚而怀好音，固难言之矣”①的议论；清朝康熙、雍正时期政府高级官员陈世琯、鲁国华等人的密折污蔑；等等。但回族始终自认为中国的一员，例如其宗教及文化精英们采用“以儒诠经”等方式解释回族的宗教信仰，除供回族内部更系统了解自己的信仰外，亦为汉族文人士大夫提供了了解回族宗教文化的便捷，从这些著述的各种序言中可以窥见是起到了一定的效果，如刘智《天方典礼》兵部侍郎鹿祐序中有“(读此书）然后知清真一教，不偏不倚，直与中国圣人之教理同道合，而非异端曲说可同语者矣”。

回族的自我认同，最初更多的是在与作为他者的汉族社会的差异化认知中形成的。一般认为，到明朝中期，回族基本形成，这是一个来源于不同地区、操不同语言的人们群体，逐渐淡化甚至忘记彼此间差异，对自身在所处社会中显现的独特性产生强烈认知的过程。在这个过程中，共同的伊斯兰宗教信仰无疑是最关键因素。应该说，直到清末，回族仍然是以宗教共同体作为自我认知的主要目标。

然而在辛亥革命前后，中国社会发生的种种变革对回族社会亦产生深刻影响，当时在中国最为引人关注的问题，一为国家的独立主权，一为社会的近代化发展。在国内，一些视野开阔的回族宗教上层人士、各界回族精英和

---

①顾炎武:《日知录》卷二十九,陈垣校注,安徽大学出版社,2007 年,第 1686 页。

回族新知识分子开始顺应时代的潮流，纷纷创办报纸杂志、建立新式社团，试图以全新的手段实现民族振兴，国家富强，回族社会出现了历史上第一次近代意义的民族觉醒。在赴日本留学的潮流中，一些回族青年从异域接触到近代民族主义的理论，开始思考自身在国家的定位问题。在这个过程中，关于回族是否成为一独立的民族？回族在中国究竟处于怎样的地位等问题，通过报刊、社团等现代传播手段和组织形式得以广泛的讨论和宣传，形成回族自我认同的一个高潮。那么，在这一轮讨论中，什么是关注的焦点，回族在此时自我认同的基础是什么？通过对当时的各种议论的检视，结论是非常清楚的，那便是高度的国家认同意识。

二

民国时期，在新知识、新风尚的鼓荡之下，回族的自我认同与国家认同意识在原有基础上更以学理化、理性化的近代面貌展现在世人面前。

（一）在中华民族大背景下寻求回回民族的身份定位

受西方民族主义思潮的影响，从19世纪末20世纪初，在回族知识界开始关注本民族的定位问题，回族历史的研究和回族与回教问题的讨论自此展开。关于回族究竟是否应为一民族的问题在回族内部虽然出现正反两种观点，但其宗旨皆在如何更好地振兴群体、为国家富强服务之上。

持赞成观点的多为一些接受了新知识的回族青年，他们在民国成立，孙中山“五族共和”民族平等思想号召下，认为只有成为一个民族，才能取得自尊自信，更好地发挥主人翁作用，为国家尽力。如1912年蒋新吾、金峙生等呈请刚刚建立的南京临时政府要求成立“中华民国共和回族联合会”，以“维持宗教，联络声气”为宗旨，“创办学堂，考验实业，振兴工商”等是拟办的主要事务。内务部审批时改为“回教联合会”[①]。金吉堂《回教民族

①中国第二历史档案馆:《中华民国史档案资料汇编:南京临时政府(第二辑)》,江苏人民出版社,1981,第25~27页。

说》一文从七个方面分析“回族者，回教教义所支配而构成之民族也”①。

回族知名人士及社会各界多持回教说。民国初年，丁宝臣、丁竹园等在自办的报刊《正宗爱国报》《穆声报》上发表《清真教不是异族人》《清真教不承认族字》《回教回族辨》等文章，指出：“宗教不同，非种族不同，汉人入清真教者，就是汉族；满人入清真教者，即俗呼之回回旗人，其英德法俄日等国，皆有奉是教者，岂能尽视为回种？”“信清真教的日众，可全都是中国人……当初即或有阿拉伯种族，百数十年后，已与内地人无异了……岂有因宗教之故，另立一族之理呢？”②

检视上述回族社会内部的认识分歧，我们不难发现，问题的症结在于两点：其一，对“民族”概念理解的歧义。民族在近代中国是一个舶来品，是近代西方社会“民族—国家”框架体系下的产物，强调的是与国家政治疆界相联系的国民③。中国历史上即为一多民族国家，人们对各民族名称各异，相容共存的多民族国家的事实是熟知的。当近代西方文化传入，中国的新知识群体尚未能对包括“民族”在内庞杂的知识与理论体系进行消化吸收，更没有对西方相关理论进行深入研究，仅凭一些粗浅的理解便急欲拿来解释中国的问题。因此，当陌生的西方理念与熟悉的中国传统词汇交汇在一起时，很容易出现概念使用上的混乱局面。“民族”“种族”“国族”在当时便是混杂在一起，不分彼此，很容易使人产生误解。“对中国而言，崭新的事物不是民族这个概念，而是西方的民族—国家体系。”④上述所引议论，即是典型的将现代意义的种族、国族、族群概念混为一谈的情况。其二，回族对中华国民的角色认同。正因为在民族、种族、国族等概念的理解和使用上存在歧义，将回回当作一民族的说法很容易被视作不承认回族的中国人身份。正如张巨龄先生的分析：“关于‘族’，那时的人们是视为种族之意思的，回

---

①金吉堂：《回教民族说》，《禹贡》1936年第11期。

②张巨龄：《绿苑钩沉——张巨龄回族史论选》，民族出版社，2001年，第326页。

③④周传斌：《概念与范式——中国民族理论一百年》，民族出版社，2008年，第231、137页。

教社会予以反对，实系出于爱国之心，是恐人们将自己视为非中华‘种族’之故也。”①

这种情况在抗战时期表现得更加鲜明，孙绳武 1939 年在《回民言论》第一卷发表《中华民族与回教》一文论称：“过去常有一部分人认为中国回教徒可以单独构成一个民族，其实这是很错误的。从源流上考察起来，除一小部分是新疆回族内徙的，和波斯阿拉伯人来华传教和经商不返从汉姓而外，大多数都是内地固有的同胞。在全国各地就有满回、蒙回、甘宁青回、藏回等等，仅仅青海一省的回教徒就更有土回、番回、汉回、蒙回、撒拉回五种。即使就新疆一省而论，回教徒除原属突厥族的缠回而外，还有蒙回、汉回等等。此外西南各少数民族如苗族间，亦莫不有回教徒的成分。回教在中国不是一个单纯民族的宗教，是没有疑义的。”而该篇文章的另一段话则揭示出上述议论的目的所在：“敌人为要实行分化中华民族，所以要使用回教民族一词，有时并简称为回族。况且，敌人已于九一八事变后在东北成立满洲伊斯兰教协会，最近已改称回教民族协会。北平敌人一手造成的中华回教总联合会，虽尚未改称中华回族总联合会，但其附属团体有的已标榜回族的字样。”

1936 年成达师范的征书启事上有这样一段话：“回教在中国传播，已有一千年以上历史。现在全中国的信徒，达到五千万以上的数目。这种悠久的历史，使阿拉伯的文明和中国的文明互相影响，互相授受，而成为一种不能分割的文明集体。这种巨量的人数，无疑的是中华民族之一伟大的支柱，更为西北边防上所必须捍卫国土的主要分子。”②

（二）在国家框架内追求回族的政治地位

回回民族在历史上曾为元朝的创立建功立业，拥有过崇高的政治地位，元明时期入朝为官者不在少数。经过清朝历次回民起义失败的打击，回族在社会上和心理上形成自我封闭的倾向，这在政治上表现得尤为突出。清代中

①张巨龄:《绿苑钩沉——张巨龄回族史论选》,民族出版社,2001 年,第 326 页。
②《北平成达师范学校福德图书馆征书启事》,《月华》1936 年第 29 期。

后期回族的政治地位一落千丈，回族社会渐以不与国是为逋逃，民间“争教不争国”的口诀成为回族社会消极、退隐的政治态度的典型写照。

在清末民初各种新知启迪和孙中山“五族共和”民族平等思想鼓舞下，加之辛亥革命成功给全社会带来的政治参与热情，回族社会的有识之士率先通过近代传播媒介——报刊和近代社会组织形式——社团，向社会传达出回族积极的、开放的民族心态，并努力地以积极、开放的姿态重塑回族在全社会的形象和争取回族在国家的政治地位。

首先，关心国是，不敢后人。

除前文所述，从学理上强调回族的中国人身份外，回族社会进一步自觉地将自身命运与国家命运紧密联系在一起。

辛亥革命时期，留学日本的回族青年在东京成立“留东清真教育会”，并创办会刊《醒回篇》，在所刊文章中，呼吁中国人不分民族，共同救国家于危亡的文字随处可见，如会长保廷梁在《劝同人负兴教育之责任说》一文中说：“甲午战败，庚子再创，外国人之入我国中者，未闻为我区别曰：某也满，某也汉，某也回，某也蒙。而惟肆行杀戮，同归一尽。盖同国如同舟也，乘组员之种类，无论其为黄为白，至于舟坏覆没，则其被难一也。以是而言，种族虽殊，以同国之故，则一国之盛衰强弱，莫不直接同受其影响。”[①]这里强调的是中国各民族既为一家，休戚与共，患难相依的关系。

抗日战争时期更是如此。《回教大众》创刊号上发表的《要用信教精神挽救中国民族的沦亡》一文提出：“我们是回教的信徒，同时也是中国国民，既然我们都是中华民族一员，所以一方面发扬宗教的精神，一方面要对民族的存亡、国家的兴衰，负起相当的责任。因为本身和中华民族有了密切的联系，那么民族的生存，就是本身的生存，民族的灭亡，就是本身的灭亡，所以要团结精诚，坚定意志，去求民族的生存和发展，务使中华民族能

---

①留东清真教育会:《醒回篇》,王希隆点校,兰州大学出版社,1987年,第28页。

够不断地在世界上繁荣滋长。”[①]

由于回族全民信教，“兴教”与“救国”的关系是回族社会必须面对的问题，“兴教不忘救国，救国乃能兴教”成为抗战时期回族社会对于历史上“争教不争国”观念的正面、积极的反思和回应。这种认识的来源正是回族社会长期思考民族（族群）宗教与国家关系的结果，有人很深刻地认识到“在现在政治制度下，人类最大的法团还是国家，一切事务，都在国家范围内而活动，国家的福利，就是国家的一切的大或小的单位的福利；国家的危害也就是国家内的一切大或小的单位的危害。宗教是国家单位之一，当然它的福利和危害，是看国家的形式为转移”[②]。

《中国回民青年战地服务团近讯》称：“回胞是构成中华民族的坚强的细胞；现在整个的民族在争取自由解放，回胞要毅然担负一部分艰巨的工作，要放弃保守性，打破不与国是的因袭观念；要根据天经关于维护正义的晓谕，执起利器来削除邪魔。这是伊斯兰的精神，我们决不可失掉。”[③]《中国回教救国协会宣言》：“全国一致抗日之际，我教胞忝为中华国民，爱国怎肯后人；趁此机会，若不团结奋起，以表现我回教之精神，保持我回教之荣誉，不特为人格之污，亦且未宗教之辱。”[④]

1939 年 1 月，中国回教救国协会云南省分会在成立大会上提出：“策动起来，拥护政府既定的国策，一致抗战到底，争取民族的解放与国家的独立生存，这是大时代之推演赋予我们的使命，而不容任何一人可以推卸的。”[⑤]

这类言论在当时的回族报刊中随处看见，充分反映了国难之时回族人高度的国家认同观和关心国是决不后人的主人翁意识。

近代中国的民族关系，既存在各民族团结奋斗的趋势，也有民族分裂的

①参见李伟等著:《抗日战争中的回族》,甘肃人民出版社,2001 年,第 366 页。

②王梦扬:《救国与兴教》,《回教论坛半月刊》1939 年第 10 期。

③《中国回民青年战地服务团近讯》,《回教论坛半月刊》1939 年第 10 期。

④《中国回教救国协会第二届全体会员代表大会宣言》,《中国回教救国协会会报》1942 年第 4 期。

⑤《中国回教救国协会云南省分会成立宣言》,《清真铎报》1939 年 1 号。

危机。这两条道路摆在每一民族的面前，成为他们的严峻考验。抗日战争爆发后，面对日本方面种种的挑拨、诱惑，回族社会始终非常坚定地以中华民族一员的身份和全中国人民站在一起，表现了明确的民族立场和反对日本侵略的态度，由于这一态度与国家利益的一致性，因而事实上表达了回族对国家与中国各民族的认同感。

其次，面对侮教案等民族纠纷时的开放心态。

1914年，马太璞所办回族进步刊物《爱国白话报》在报道1912年四川懋功地区“洗回灭教”事件时，发出的感慨是：“惟望我四万万同胞伯叔兄弟存公心，结团体，勿同室操戈，自相蹂躏。如同舟共济，咸愿升平，其既具有英伟资格，高尚程度者，亟宜防御外人，保护种族，使不蹈东三省及印度之故辙。庶几，全国幸甚，全川幸甚!”[①]这里，我们看不到历史上习见的以牙还牙的报复心态，而是清晰地感受到回族社会在寻求本民族权益时与国家民族利益结合在一起的新气象。

民国时期，因报刊的发达，一些报刊文章中出现了一些无意或恶意的侮教文字。一方面，回族社会通过报刊和团体发出抗议，显示出回回群体捍卫自己尊严的强烈意识；另一方面，回族社会在处理此类问题时表现出前所未有的理性姿态，依靠团体的力量，敦促有关当局严肃处理。如1922年，“上海《南华文艺》侮教案”发生，先是在上海召集回教代表大会讨论处置办法，再公推哈少甫、傅统先等前往报社交涉，并得到报社和相关人员登报道歉的阶段性成果，后华北回民护教团成立，继续交涉此案，护教团一面呈文国民政府，一面通电全国教胞，并派代表赴北京行政院请愿，经力争，政府几乎全部接纳回民护教团的要求，将涉案人交法院究办，《南华文艺》被停刊[②]。这是一起非常典型的民国时期回族社会处理各类纠纷的模式：（1）借助新媒体的力量；（2）寻求国家法律、政策依据；（3）依靠政府支持。这些迹象一方面说明回族的民族意识在显著增强，另一方面回族社会对政府

①《爱国白话报》，1914年2月28日。
②傅统先：《中国回教史》，宁夏人民出版社，2000年，第120页。

机构和政策法规的重视，也显示出回族社会对国家权力的高度认可和依赖，这种对本民族（族群）和国家政权的双重认同的并行不悖与水涨船高是民国时期回族民族觉醒的重要表现和回族自我认同的突出特点。

其三，寻求回族的政治权利。

可以说经过抗日战争的洗礼，回族的建立在高度国家认同基础上的民族自我认同同样上升到一个新的高度。回族社会开始越来越多的自觉地以理性的、在国家体制范围内处理回族社会内外事务，越来越积极地要求分享政治权力。

1933 年国民参政会代表名额分配中，回回群体明确提出，要按照蒙古族、藏族的代表名额（各有 6 名）选举回族自己的代表[①]。1947 年又发生国大代表名额之争。许多回族报刊争相参与讨论，《回民青年》杂志还为此特办“国民大会”专号。回族认为，回民的代表名额问题，是“国内各民族的政治权益问题”，也是“民主政治下，离不了民族平等的问题”[②]。

（三）积极投身抗日救亡的洪流

抗日战争爆发后，回族社会立刻参与到抗日救亡的行动中。回族的抗日，是全民参与的抗日。回族军政、宗教上层人物的动员，回族的报刊、团体，以回族命名的抗日武装，等等，纷纷以各种不同的方式，或发表文章动员回族社会，或组织各种抗日团体，从事宣传、外交、后援、服务前线，或直接拿起刀枪上阵冲杀。

值得一提的是，这些团体和个人在为国家的存亡奋力时，是清晰地打着回回民族的标记的，这些具有鲜明民族特征的团体和个人，此时作为中华民族大家庭中血脉相连的不可分割的一部分，融汇到中华民族救国图存的洪流中。回族于中华民族和本民族的这种双重认同在抗战时期即是以如此水乳交融的状态呈现在世人面前，成为中国历史上一幅奇异壮丽的画面。

中国回教救国协会正是这样一个一方面将回族社会紧密联系在一起，一

①《中国回族青年会快电》,《月华》1933 年第 11 期。
②《政府竟漠视回胞国大代表名额吗》,《清真铎报》1947 年新 32 号。

方面以解救国家危难为己任，将国家与回族社会紧密联系在一起，从而强化了回族的国家认同，将回族的抗日推到一个新高度全国性的领导回民抗日救亡的民间团体。

中国回教救国协会是1938年，由在抗战初期即在汉口成立的中国回民抗日救国协会的基础上建立的，成为抗战期间组织统筹全体回民参与抗日的全国性民间组织。该组织一经成立即表现出鲜明特点，包括：（1）动员极为广泛。作为一个回族民间抗日团体，中国回教救国协会几乎动员了回族社会的全部力量，参与的人员，有军政界要人白崇禧、马鸿逵、马步芳、马步青等人；有回族宗教界上层人士哈德成、达浦生、王静斋、马松亭等；有文化界名人孙绳武、时子周、薛文波等；更有无数不知名的各界群众。“协会”通过在各地设立分会的形式进行广泛动员，仅在1940年，已有20个省、地区设立分会，各省所属县镇成立的支会、区会已达300余处[①]。在协会的组织动员之下，不仅青壮年回族群众参与其中，甚至一向以保守示人的回族妇女也被纳入到抗日的洪流中。（2）活动涉及面宽。中国回教救国协会组织的活动涉及抗日的方方面面，既包括开展抗日宣传工作，又包括组织动员回民参军参战，救治伤员、募捐辑款支援前线，还包括开展国民外交争取国际社会的同情和支持等等。这当中利用宗教的影响力和伊斯兰世界的资源进行宣传动员是回族抗战最具特色的方式。中国回教救国协会和各分支会常年在清真寺办公，开展各种活动。1938年2月，武汉回民进行总动员，为国难祈祷，并愿求全世界同道一致援助，以期正义伸张，和平实现。并决定于9月在清真寺诵经祈祷[②]。1938年11月，协会分别函电各省市分会负责人，转告各清真寺主持，定于开斋节在全国范围内为抗战胜利共同祈祷。1940年宰牲节，重庆回民在十八梯清真寺举行聚礼，由丁歧山阿訇诵经，“为我国抗战最后胜利及土耳其被灾人民举行祈祷”[③]。中国回教救国协会理

①《抗战四年来的回教》，《中国回教救国协会会报》1941年第9期。
②答振益：《湖北回族》，中央民族学院出版社，1993年，第94页。
③《重庆回胞举行忠孝节典礼》，《中国回教救国协会会刊》1940年第8期。

事、著名大阿訇达浦生教长在上海沦陷后，只身赴埃及、沙特、印度等国进行宣传筹资，用阿拉伯文撰写了近8万字的《告世界回教同胞书》随处散发，详细阐述了日本侵华的真相，以及中国军民同仇敌忾抗击侵略者的民族精神。1938年，中国回教救国协会组成近东访问团，历访沙特、埃及、叙利亚、印度等国，历时一年，经过他们的奔走宣传，“使亚洲穆斯林国家及人民对中日问题的认识，为之一新”[①]。

综上所述，由于回族是一个在历史上不断与中国各民族及中华文化混血的过程中形成的民族，所以当回族进行自我认知的时候，自然会对身处的国家和社会产生相关联的认识。民国时期是中华民族的近代民族意识高涨的时期，作为“内嵌”于中国社会各个角落的回回民族，也开始了民族的觉醒，达到其民族自我认同的新阶段。值得注意的是，民国时期回族的自我认同是与对中华民族的认同和对中国的国家认同共同成长起来的，并通过抗日战争的洗礼达到水乳交融的境界，对国家与本民族的双重认同构成了民国时期回族认同的突出特点。民国时期尤其是抗日战争时期回族关于国家认同的表现给我们这样的启示：当一个如同回族般具有极强内部组织力的少数民族一旦将自我认同与国家认同结合到一起，其对于国家的意义将是国家内部结构的致密因子和国家在应对外来压力时抗击能力的增强因素。

陈红梅（1967—　），女，宁夏石嘴山人，博士，历史学教授。1990年至今在学校历史系（文旅系）、文史学院工作，主要从事中国近代史与回族历史文化研究。

本文发表于《北方民族大学学报（哲学社会科学版）》2010年第2期。

①李伟等:《抗日战争中的回族》,甘肃人民出版社,2001年,第236页。

近代回族政治意识与国家认同浅论

——从“争教不争国”到“兴教救国”

◎陈红梅

在现代多民族国家中，一个具有影响力的民族，总是能够紧跟时代和主流社会发展的脚步，调整自己的发展道路。在近代中国的社会转型中，回族就是遵循这样一条规律，寻找自己在国家发展中的地位和道路的民族。

“争教不争国”与“兴教救国”是近代回族社会在看待国家与宗教的关系时所采取的两种不同态度的表述。“教”在这里既指回族的伊斯兰教信仰，也用来表示信仰伊斯兰教的穆斯林；“国”在这里也有两层意思，一是主要指皇权统治下的“家国天下”及政权，二是指近代意义上的以领土、国民、政权为主要构成因素的“民族国家”。从字面上看，“争教不争国”表现出对宗教的积极态度和对国家的消极态度，“兴教救国”主张对国家与宗教均持积极态度，显示出一种双重的认同与责任意识。结合近代回族的历史，这两种态度实际上折射出了近现代回族政治意识和国家认同的发展变化。那么，这两种政治态度分别是在什么样的历史条件下形成的？由“争教不争国”到“兴教救国”的转变是如何实现的？这种变化对回族社会又意味着什么？本文试图就以上问题作一初步探讨，以就教于方家。

一

回族的形成过程与中国境内其他少数民族相比，有其鲜明的特点。回族的先民并非中国本土居民，而是由唐宋时期前来中国经商的信仰伊斯兰教的阿拉伯、波斯商人和元初被蒙古军队从中亚、西亚等信仰伊斯兰教地区劫掠而来的兵士、工匠以及明代归附的西域人等所构成。他们在中国长期居住经商、耕种土地，娶妻生子，经过世代的生息繁衍，他们的后裔已在各个方面融入了中国社会。在元朝，他们被接纳为“回回户”，正式成为中国的编民。“从外部看，回族不是中国的周边民族，而是形成于中原王朝内部。”[①]就政治层面而言，回族在中国境内形成过程中，既没有属于自己的世居领地，也没有产生过任何民族性政权组织，这样，回族作为中国内生的民族形成后对代表国家权力的封建王朝则较容易认同和接受。所以在元、明时期回回民族形成的过程中，回回人在政治上很自然地被纳入到王朝各地方政权的管理体系当中，并对中央王朝建立起较为充分的政治认同。

清代前期，回回受到的信任及优渥待遇虽不可与元代同日而语，但总体来说，统治者尚能对回回以怀柔羁縻为主，即便有部分官员、读书人抱持传统“夷夏之辨”观念，不时对回回做出各种非议和责难，作为最高统治者，康熙、乾隆等也均能够以清醒的认识、宽容的态度对待回回问题。这无疑有助于回回共同体国家认同感的加强。同时，回回民族在明清进入稳定发展时期，其中很重要的方面即包括回回人已经在居住、服饰、语言等很多方面与各地汉族没有明显区别，回回人在文化上自觉接纳儒家文化，在政治上接受皇权体制下各级政权的管理。

总之，从元明至清前期，回回共同体与国家政权之间基本呈正面、良

---

①霍维洮:《近代西北回族社会组织化进程研究》,宁夏人民出版社,2012年,第16页。

性的互动关系，回回的政治态度亦呈现出积极的面貌。

二

何谓“争教不争国”？从民国时期的一些批评中，大概可以看出以下两层意思：第一，回族人将回族先民迁来之地追溯为自己的祖国，自视为外人，而感觉与国事无关。“吾教之人，大部皆怀争教不争国之观念，以为吾乃西域回教徒，仅当爱护吾之宗教而已，彼外教之中国，与吾人何干。”[①]第二，对政治“避而远之”，“认为国家的政事，自有人管理，我们‘不在其位，不谋其政’。甚至对于政治二字，不愿谈及，以避嫌疑”[②]。“我们回教自遭满清摧残之后，有不敢过问政治的趋势，所以有些回胞抱‘争教不争国’的观念，这是错误的见解。”[③]

“争教不争国”究系何时何人提出，已无法具体考证。但总的看来，“争教不争国”在清末民国时期所办新式报刊中屡遭评议，可知该提法在当时尚在流行。“争教不争国”所反映的政治态度与回回人在元朝的政治地位并不吻合，而明朝，回族与伊斯兰教在中国正处在稳定发展期，似乎不必有“争教”之必要，回回与统治者也没有形成对立关系，似乎也不需要以“不争国”相表白。综合以上分析，“争教不争国”当是在回族生存环境恶劣，与统治王朝关系紧张的清中后期开始出现的。

乾隆中期后，清王朝已从盛世逐渐走向衰落，各种危机、矛盾聚积，中央集权已被日益败坏的吏治所侵蚀，而清王朝也开始由开国初的宏阔气势走向封闭保守。此时，回族社会也出现了一些新情况。自明末清初，西北地区回族中出现了伊斯兰教新的教派，至乾隆初年，不同的教派门宦之间由于认识的差异和对教众的争夺，开始屡屡发生争斗。清地方官员在处理这类宗教问题时，往往不能深入了解问题的根源，从而找出长远的解决

①马立身:《爱国与爱教》,《月华》1930 年第 3 期。
②馨吾:《回教徒与政治》,《月华》1930 年第 12 期。
③白崇禧:《要用信教精神挽救中国民族的沦亡》,《回教大众》1938 年创刊号。

之道，他们或者敷衍塞责，或者简单主观，因而最终酿成乾隆四十六年（1871年）的苏四十三起义。这次起义被认为“开始了（清朝）对伊斯兰教政策的一个新的时期”，还“是清代社会由极盛逐步走向衰败的一个反映”。[①]自苏四十三起义之后，咸丰同治年间西南西北回族为求生存曾发动大规模抗清起义，但失败的结果使回族社会遭受到更大的打击，西南西北原回族聚居区人口锐减，政府善后安置使部分回族被迫迁居生产生活条件更为恶劣的区域。另外，不可忽视的问题是清中后期，各级地方政府对回族的防范日趋严密，导致回族尤其是西北回族社会倾向更加内敛，更多关注生计，并且在宗教信仰的精神世界中寻求人生的寄托和心灵安慰。[②]

“争教不争国”正是在这样的历史条件下被回族社会提了出来，并逐渐成为回族尤其是回族底层社会的普遍认识。对于回族社会而言，“争教不争国”究竟意味着什么？首先，“争教不争国”表达了回族民众坚定的信仰。“我教民有一句老话，就是‘争教不争国’，如果因种族宗教而战争，便杀人流血的奋斗，身家性命，漠不关心。”[③]因伊斯兰教是回族共同体形成的关键因素，在回族形成的“自在”阶段，相当部分的回族民众是以宗教作为自己的认同基础，又由于回族“内嵌”于中国社会中，必然会因其宗教信仰异于周围汉族的宗教信仰而产生文化压力，“争教”可以说是对所遭受的文化压力的一种应对。在晚清回族社会遭受重创的情况下，回族社会更是通过强调对信仰的坚定，以凝聚民族精神，表现出回回民族上升的民族意识。

其次，“争教不争国”反映了近代回族淡薄的国家意识。在君主专制时代，在近代“民族国家”观念建立之前，“国家”概念往往与“王朝”“君主”是同一的，而作为臣民，只需把对国家的忠诚投射到“君主”与“王朝”身上。在古代中国，“忠君”与“报国”的意义无本质区别，至

①李兴华:《清政府对伊斯兰教(回教)的政策》,载《清代中国伊斯兰教论集》,宁夏人民出版社,1983年。

②张承志:《心灵史》,花城出版社,1991年。

③薛文波:《回教两个重大的问题》,《月华》1930年第9期。

于超越具体王朝的抽象国家观念在20世纪前的中国，还只能是少数先知先觉者的专利。对于大多数回族民众来说，既然国家就是君王，君王亦即国家，那么，某个君主及其王朝对回族的态度也就决定了回族对国家的态度。元王朝优待回回人，则回回人效忠国家（元王朝），清王朝排抑回族，则回族疏离国家。

再次，“争教不争国”某种程度上反映了回族政治态度的消极。面对长期以来汉族知识分子基于传统夷夏观念的无端猜测以及几次回民起义给清朝各级统治者造成的反叛印象，回族社会用“不争国”庶几可以消减统治者的猜忌态度，为回族争取较为宽松的生存空间。在1908年留东清真教育会出版的回族第一份近代刊物《醒回篇》中即有相关议论：“夫神州大陆，中原杂处，惟满、汉久分门户。所谓回者，厕列其间，相安无事。闻之父老，有所谓争教不争国者，殆即回回入中国传教之宗旨也耶。近人不察，每以回民目之，且有谓为回族者，则是满汉之外，又树一民族之敌。”[①]无独有偶，回族民间另一个广为流传的历史记忆似可印证“争教不争国”的此层含义：同治年间西北回民起义领袖马化龙被杀害后，甘肃和今宁夏西海固地区将马化龙生前曾对教众说的一些带有预言性的言语编纂成诗，口头流传于民间，其中一首诗有这样的内容：“皆道回回爱造反，历代立帝岂回皇?”[②]这两句诗被一些学者引用，认为反映了回民起义无意于政治权力，实属重压之下的无奈之举的实情。上述的国家意识和政治态度阻碍了回族社会与外界的联系。在相当长的时期内，回族社会以宗教为寄托，呈现自我封闭的趋势，回族子弟不愿学习宗教之外的文化知识，造成回族社会整体的衰落。回族社会的自我封闭和文化落后，其影响所及不仅在回族自身，民国回族贤达对此有深刻认识：“回族文化的静止，国家意识的薄弱，对于回族本身，多少成功了不和汉族同化而使本身加强特性的结果。这种现象，消极方面减削中华民族整个的力量，另一方面促成回

①黄镇磐:《论回民》,载《醒回篇》,王希隆点校,兰州大学出版社,1987年,第33页。
②马通:《中国伊斯兰教派与门宦制度史略》,宁夏人民出版社,1983年,第418页。

汉的反感，影响所及，真不是楮墨所能形容的了。”①

三

清末民初，中国社会的民族意识觉醒，许多相关的西方概念、理论纷纷传入中国，包括近代国家理念、民族概念、国民概念、民主共和观念等等。这些新知为回族的知识精英思考宗教与国家的关系以及回族在国家中的地位等问题提供了新的理论基础，回族社会对一些问题的讨论非常热烈，如关于回族历史的问题、回族回教的关系问题等。在当时见诸报端的言论中，回族社会所表现出的对宗教的认知，对国家的态度，都是前所未见的。中华民国成立后，孙中山提出“汉满蒙回藏五族共和”的主张，更是激起回族社会的广泛响应，“民国成立，五族一家”“民国开元，国体更新，五族平等，一视同仁”等文字出现在许多回族报章中，而“爱国爱教”“兴教救国”“保国保教”则成为民国期间回族社会最为强烈的呼声。

在“爱国爱教”“兴教救国”的语境下，我们可以清晰观察到回族社会对于国家的认识，对于民族自身发展的新思考，与家国一体、忠君爱国相一致的时代相比有了明显的变化。这些变化可以从认知、态度及行动三方面加以考察。

（一）对民族宗教与国家关系的认知

“民族”概念被中国人接受，一般认为是在1895年后，章炳麟、梁启超都是较早并较多使用“民族”一词的著名学人。目前所见回族内部对“民族”一词最早使用的，大概是《醒回篇》，如黄镇磐《论回民》一文言：“尝见时人论政，辄以汉、满、蒙、回、藏、苗，相提并称，俨然以六大民族标榜之。”赵钟奇《中国回教之来历》中说：“然则散处中国各省之回教，非单纯之民族，乃合成之民族。若以近世文明各国之法律例之，直不成其为民族，不过教徒而已。”②

①李兴华，冯今源：《中国伊斯兰教史参考资料选编（1911—1949）》（下），宁夏人民出版社，1985年，第1034页。

②《醒回篇》，王希隆点校，兰州大学出版社，1987年，第33、45页。

从清末到民国，特别是在日本侵华战争爆发后，回族对历史上自身所处地位及发挥的作用作了高度的评价，如“回族为中国五大民族之一，可以称得上是一个伟大民族”[①]。“由唐而宋而元明，回族中之名臣达士，代不乏人，忠贞护国，千年一辙。”[②]这表现出对民族的认同与自信，而这种自信，又是与认识到回族于国家的责任联系在一起的：“五族之中，其所以能负巨艰，任重责者，只我回汉二族耳。”[③]一种在救国家于危难之中的现实境遇下，舍我其谁的担当意识跃然纸上。

此时，回族对于民族与国家的关系，首先强调的是“回族为中国组成部分”的认识，对于回族来自域外的观念则极力纠正：“抑知我教与中国之关系，非留居于中国之外国人可比者乎，胡漫不加察，而自称天方曰吾祖国、宗国，噫！吾教若果皆天方人也，是与旅居于中国者无以异矣。自弃自外，其颠孰甚！愿同人抱本寻源，勿人云亦云，而自失其固有之国籍，以退居于无国民责任之列也可。”[④]“我们是回教的信徒，同时也是中国国民。”[⑤]“我中华回民皆中国之国民，生于斯、息于斯，与国家有绝对不可分离之关系。”[⑥]

其次，强调的是民族宗教与国家命运休戚相关的认识。有了回族为中国一部分的认识，结合历史上回族与中国各民族共命运的事实，回族对自身命运依赖于国家的认识尤为深刻：“种族之区别，不过内部自为畛域，其对于外界，毫无效力可言。例如甲午战败，庚子再创，外国人之入我国中者，未闻为我区别曰：‘某也满，某也汉，某也回，某也蒙’，而惟肆行杀戮，同归一尽。盖同国如同舟也，乘组员之种类，无论其为黄为白，

---

①薛文波:《中国回族的地位和本身应有的认识》,《月华》1932 年第 10~12 期合刊。

②《青海回教促进会第一次全省代表大会宣言》,《月华》1932 年第 10~12 期合刊。

③薛文波:《回族救国》,《月华》1932 年第 22~24 期合刊。

④赵钟奇:《中国回教之来历》,载《醒回篇》,王希隆点校,兰州大学出版社,1987 年,第 45 页。

⑤白崇禧:《要用信教精神挽救中国民族的沦亡》,载《回教大众》,创刊号。

⑥《中国回教民众拥护抗战》,《大公报》1937 年 12 月 16 日。

至于舟坏覆没，则其被难一也。以是而言，种族虽殊，以同国之故，则一国之盛衰强弱，莫不直接同受其影响，而恶得曰：‘他种族之兴亡，与我无涉也。’”[①]民族如此，宗教自不例外：“吾人之宗教信仰，附丽于国家与全民族，如果国家民族不复存在，虽有完美的宗教信仰，又将何所寄托呢?”[②]“在现在政治制度之下，人类最大的法团还是国家，一切事物，都在国家范畴之内而活动，国家的福利，就是国家的一切的大或小的单位的福利；国家的危害也就是国家内的一切大或小的单位的危害。宗教是国家单位之一，当然它的福利和危害，是看国家的形势为转移。国家强盛，则国家内建设无人阻挠，国内秩序无人破坏，宗教也就可以在这优良环境下，逐步的兴盛；国家灭亡，国民都成了亡国奴隶，决没有某一部分民众或某个单位，可以安全的道理，纵有，也是一时的利用，而不是正常的状态。所以‘国之不存，教将安附?’”[③]

值得注意的是，在一些言论中，我们看到回族在看待自身与国家的关系时开始强调其公民身份，如《醒回篇》中保廷梁《劝同人负兴教育之责任说》一文将国家视为一有机体，而视个人为组成有机体的一分子：“国家如个人也。组织个人以多数之分子，夫而后成其为人；组织国家亦以多数之分子，夫而后名之为国。组织个人之分子，无论其为筋肉，为皮骨，为心脏，为食管，为气管，为血行系，为神经统系，其所以为组织人身之分子则一。国家之分子，亦无论其职业之为吏、为军、为商、为士、为工、为农，与夫其种族之或满、或汉、或回、或藏、或蒙，而其所以为组织国家之分子则一。”《月华》第 2 卷第 3 期所载马立身《爱国与爱教》一文也称：“国家藉人民以成立，人民赖国家以保存，休戚相关，互为维系，是故国兴民之荣，国亡民之辱也。”这种认识之所以重要，是因为随着多民族国家的日益普遍，在现代的国家认同模式中，“公民意识”或者

①保廷梁:《劝同人负兴教育之责任说》,载《醒回篇》,王希隆点校,兰州大学出版社,1987 年,第 26 页。

②唐柯三:《今日之回教组织》,《中国回教救国协会会刊》1940 年第 1 期。

③王梦扬:《救国与兴教》,《回教论坛半月刊》1939 年第 10 期。

"国民意识"更多地成为多民族国家建立国家认同的基础。回族对于国家及其组成的新认识，无疑是对传统中国"忠君爱国"模式的否认，体现了回族与时代相符的进步的国家观。

（二）对民族宗教与国家关系的态度

态度基于认知的水平。在前述认知的指引下，回族社会在清末民国时期对待民族宗教与国家关系的态度明显呈积极状态。回族知识阶层开始广泛论说回族对国家应承担的责任："在中国的清真教人，奉的是清真教，可全是中国的国民。……能把国家维持的强盛了，教门一定能跟着发达。""因此，既是中国人，就当同心努力地维持我们国家大事。没了国，还能保得住教吗?"所以，"保国即是保教，爱国即是爱身。"[①]"我们是回教的信徒，同时也是中国国民，既然我们都是中华民族的一员，所以要一方面发扬宗教的精神，一方面要对民族的存亡、国家的兴衰，负起相当的责任。"[②]艾沙在《中国回教与抗战》一文中用父子关系比喻回族对于国家的责任："中国地国父孙逸仙博士曾经遗给他的五个儿子许多光荣伟大的遗产，因此每个儿子都负着保护和相传那遗产的责任。中国回胞对于负责方面，不敢后人，所以自然而然地执行他们地任务。"[③]对于回族社会长期存在的"争教不争国"以及不参与政治等消极观念，出现了一些批评的声音，如馨吾《回教徒与政治》一文指出："民国成立，五族一家，既没有种族的分别，也没有宗教的分别，凡是中国籍的人，就是中国的主人，中国强则为强国民，中国亡则为亡国奴，平等一律，毫无轩轾。不要以为政治不是我们过问的，不知政治就不知有国家。"文章还特别强调每个穆斯林作为"国民"的责任："大多数的教友都要负起国民的职责，因为欲使中国兴盛，我们享受安全的生活，不受那帝国主义的欺侮，须有贤能的政治家，组织稳固的政府固不待言；尤必须全国的群众在水平线上，认清目

①参见丁竹园:《正宗爱国报》,1912 年 3 月 3 日,1912 年 12 月 14 日。
②白崇禧:《要用信教精神挽救中国民族的沦亡》,《回教大众》创刊号。
③艾沙:《中国回教与抗战》,《回教论坛》第 3 卷第 5 期。

标一致努力奋斗，才能达到完全的成功。几千万众的回教徒，要是竟走落伍之路，不能尽国民的职责，则国家的力量就要减少一部，‘金瓯有缺’，影响于国家的关系是很大的。”①

与此同时，“兴教救国”成为上述积极的国家认同态度的最好表达，尤其是在日本发动侵华战争，国家面临危难之时，“兴教救国”更成为回族发出的最多的声音。抗战时期的回族社团之一伊斯兰教学友会在其发表的抗日宣言中宣称：“教胞乎，国若不存，身危随之，身既危殆，教胡能完！至圣曰：‘爱国属于信德。’换言之，不爱国即有损于信德也。吾国教胞占全国人数六分之一，历代以忠勇卫国见称于世，吾教胞亟宜保持历史上之美德，更发扬而光大之。当此国运颓衰之时，吾六千万精明勇健教胞，宜如何蹶然奋起，以期挽回颓势，而跻国家于复兴；匪惟国家之幸，亦即宗教之幸，进一步言之，亦即人道正义之幸也。本会忝为教中智识阶级，爱国爱教，不敢后人，敢正襟以告教胞及全国民众曰：吾人不辰，生此隍时局之中，精神物质，并受桎梏，舍自救外，别无他策！”②这应该说反映了回族知识界的共同认识。宗教界的态度同样鲜明且坚定。王静斋写道：“一旦有人向尔问及应如何对国家，则曰：国家为吾辈国民同胞生死之地，食毛践土之区。吾人为巩固国本计，自当相亲相爱，国家可藉此亲爱，达到最高之地步。即可保旧有之势力，且得增加若许之尊严。国民最应尽之义务，首推生命与财产。为国输将，挺身冒险，皆利国利家之道。遇难苟且，贪生畏死者，能得自由之生存乎？人人不免一死，为国捐躯者，其人虽灭，而其名永存于世也。”③

（三）兴教救国与回族社会的行动

回族社会在近代尤其是清末民国时期面临重大政治抉择和国家危难，每每能做出与国家利益相一致的行动，应该说是基于上述认识和态度的选

①馨吾:《回教徒与政治》,《月华》第2卷第12期。
②《伊斯兰教学友会抗日宣言》,《月华》第3卷第35期。
③王静斋:《谨守回教与爱护国家》,《月华》第2卷第3期。

择，使“知”与“行”达到统一的结果。辛亥革命推翻了清王朝，建立起共和民主国家，开启了中国的新纪元。然而，当时国内的政局是风云诡谲，存在许多不确定因素。就民族问题而言，由于清王朝曾以联合蒙、藏以牵制汉人为其统治手段，所以民国建立，各民族顺利实现对新政权的认可，当其时并非顺理成章。梁启超 1911 年在《新中国建设之问题》一文中对此曾有过很深的担忧：“蒙、回、藏之内附，前此由于服本朝之生威，今兹仍训于本朝之名公，皇统既易，是否尚能维系，若其不能，中国有无危险？”事实上，这种担忧并非杞人忧天或危言耸听。在西北，就有满洲贵族所创宗社党的成员、陕西巡抚升允“诡言共和政体不适吾国人情，且有害于回民教典”，而“西北人民忠实性成，脑筋简单，且信仰素笃，因而受其愚惑，为之驱使，以为荣幸”。时任甘肃提督的回族地方军事实力派人物马安良在升允指使下领兵“勤王”，镇压陕西起义。在关键时刻，知名全国的王浩然阿訇在北京给马安良拟发了一份电报，电文称：“翰儒教兄勋鉴：共和成立，五族平等，信仰自由，无妨教典。弟以依玛尼（信仰）为证，誓诸真宰：共和政体，决无妨害吾教，请勿中奸人谣言之诡计。……兄执西北军机牛耳，处此激流激荡民情鼎沸之世，共和元勋、民族英雄、宗教伟人，只一反掌耳。时机难再，幸勿失之！敬希急速停进，通电诩赞共和，福被群生，名垂永世，岂只国家之幸，是亦回教之福也。”“一电相传，而西北安如磐石矣。”①当然，马安良的撤兵与否绝非一纸电文所能左右，而是由当时南北和谈告成，清帝宣布退位的大趋势所决定的，但在此过程中，王浩然阿訇的行动选择和着眼于国家、共和、民族、宗教利益相劝的言词，很大程度上代表了回族宗教上层有识之士在历史关节点的关注目标和选择方向。及至抗日战争时期，回族社会更是几乎全民参与到抗日救亡的行动中，既有各种回族抗日武装走上前线，又有各类回族社团从事抗日的宣传、动员、组织、服务等各项工作；既有军政

①马善亭：《王浩然阿衡轶事》，载李兴华，冯今源：《中国伊斯兰教史参考资料选编（1911—1949）》（下），宁夏人民出版社，1985 年，第 616 页。

界回族要人参与国家的军机筹划，又有德高望重的阿訇根据教义向教众阐释“爱国爱教”之义，宁夏虎嵩山大阿訇还写出抗日祈祷词交各清真寺诵念。“教育救国”“宗教救国”等提法时常出现于报章中。抗战时期回族社会的表现称得上尽心竭力，可圈可点。这种局面的形成，应该说是清末民国以来回族的国家认同不断强化，回族的政治意识不断上升的结果①。

四

从上述回族在近代对“争教不争国”和“兴教救国”两个不同观念的取舍中，我们大概可以看到回族社会近代国家观念和政治意识的变迁。这种变迁首先是在特定的历史条件下发生的：一方面，清末民国时期中国社会文化的变迁，使回族知识阶层眼界大开，拥有了重新审视自己的理论工具；另一方面，民国的建立，政治领袖对“五族共和”的界说，打破了清中期以后回族遭受打击，消沉衰落的命运，回族社会对于新社会的憧憬，唤起了原本蕴含在民族血液中的责任意识与政治热情。其次，我们看到，近代回族的国家认同所体现的是与国内各民族相一致的共性追求，回族政治意识的觉醒并不表现在对其民族利益特殊性的追求上，回族是站在整个中华民族的立场上实现其更高层次的政治认同。这种在政治认同方面的共性追求，并不意味着回族民族独特性的丧失。就近代回族而言，在政治上对国家高度认同的同时，以伊斯兰教为核心的民族文化认同意识也得到强化，两者并行不悖，形成近代回族的双重认同局面。

就国家而言，国内各少数民族的政治认同是多民族国家得以稳固存在的基础和保障，在风雨飘摇的近代中国尤其如此。对于回族而言，其近代民族意识觉醒的过程伴随着其对国家认同的取得，在这个过程中，回族社会的政治取向始终与国家利益保持一致，因而很大程度上赢得了政府的认

①关于回族各界在抗日战争中的表现，学界有较为系统的阐述，此不赘述。参见李伟等：《抗日战争中的回族》，甘肃人民出版社，2001年；周瑞海：《中国回族抗日救亡史稿》，社会科学文献出版社，2006年。

可，为回族实现其近代化转型和民族振兴创造了有利的政治环境。这种民族意识与国家认同同步同向发展的经历，使回族社会在维护国家利益的同时追寻着民族的振兴，又将本民族的振兴转化为国家复兴的重要组成部分，从而强化着回族的国家认同。所以，近代回族的国家认同的演变实际上可以认为是一种双向互动的过程，即国家政权对回族政治认可、对其权益保障，与回族对国家政权的认同及维护是相对应的。近代回族从“争教不争国”到“兴教救国”的转变似乎可以印证这一点。

本文发表于《西北民族研究》2010 年第 3 期。

近代回族政治意识与国家认同

——以1946年国民大会回民代表名额之争为例

◎陈红梅

根据孙中山对于建国程序分为军政、训政、宪政三个阶段的设计和各政治势力的多方压力，并依1929年革命党三届二中全会《训政时期之规定案》中“训政时期规定为六年，至民国二十四年（1935年）完成”的决议，国民政府早在抗战前，就有结束党治、召开国民大会、制定宪法、实行宪政的打算，并议定于1936年12月召开国民大会。但由于抗战爆发及国内政治纷争等原因，国民大会的召开日期一推再推，直至抗战结束后，国民大会的召开重上议事日程。1946年1月10日，以“协商国事，讨论和平建国方案及召开国民大会各项问题”为主要任务的由各党派参加的政治协商会议在重庆召开，通过了《宪法草案案》《国民大会案》等决议案，1946年11月15日，由于内战爆发，在没有共产党、民盟等党派参加的情况下，国民大会在南京如期召开。尽管此次“制宪国大”召开在国内政局纷争扰攘的背景下，但对于民主政治企盼已久的中国社会各界仍然对其抱以极大热情，寄予很高的期望。人们纷纷从各自角度出发，对国民大会及相关内容提出种种看法和要求，表现出人们对民主宪政的渴盼和极高的政治参与热情。回民的国大代表名额问题即是在此过程中由回族社会提出，并经回族社会各界的多方呼吁力争，获得一定解决。这一问题还在回族社会中引起关于宪政民主的广泛讨论，当时的回族报刊中相关文章可谓连篇累牍。那么回族社会为何如此关注国大代表中回族代表的名额问题？在关于此一问题的讨论中反映出回族社会怎样的政治诉求？鉴于未见学界相关的专门论述，本文试图运用当时的回族报刊资料对上述问题做一梳理和分析，并力求通过对这一历史过程的梳理和分析探寻民国时期回族社会的政治意识和国家认同。

一

1946年制宪国大的参会代表人数，依据抗战前国民党所制定的选举法，由五种方式产生：一是国民党中央执行委员会委员、国民党中央监察委员会委员为国民大会当然代表，共460名；二是依行政区域选举产生的代表，共665名；三是合法的职业团体（被国民党政府承认的农会、工会、商会、教育会、律师、会计师、医药师、工程师、新闻记者团体）选举的代表共380名；四是依特种选举方法选出的代表（专指东北四省、蒙古、西藏、华侨、军队）共155名；五是由国民政府指定者240名。共1900名。1946年政协会议期间经多方激烈争执和协商，代表人数最后确定为：一是依选举法规定之区域及职业代表共1200名照旧；二是台湾、东北等新增代表共150名；三是增加各党派及无党派社会贤达代表共700名。这样，国民大会代表总数由战前的1900名增为2050名[①]。

显然，无论是战前的代表组成还是政治协商会议修改过的代表构成，都没有将回族（民国时期官方以大宗、小宗论国内各民族，不承认回族等民族的身份，只承认他们是信仰伊斯兰教的人群）作为一个特殊群体予以考虑。因此，在当选的国大代表当中，仅有17名产生自不同方式的

①徐矛:《中华民国政治制度史》,上海人民出版社,1992年,第339页。

回民代表。这一结果使得确信全国回民人口接近五千万（包括新疆各族穆斯林）的回族社会难以接受，他们开始通过各种方式发出呼吁，表达诉求，一时间在回族社会形成对参政问题的关注热情。

回族社会利用当时各种有利的条件表达自己的吁请，主要途径包括：

第一，部分当选国大代表的回族人士利用身份的便利，在国民大会和政府之中进行交涉。国民大会开幕后，以其他途径（非以民族代表身份）当选的回族国大代表孙绳武、赵明远分别上交提案，要求在修订宪法草案时增加有关回民代表选举名额的条文，他们提出："（一）请于宪法草案第二十六条第一项增列第五款'由生活习惯特殊回民选出之代表'；（二）请于宪法草案第六十五条第一款下加但书规定'生活习惯特殊之回民十六人'；（三）请于宪法草案第九十六条增加第四款'生活习惯特殊之回民八人'。"①赵明远、李凤藻二代表还致函国民党要员恳请向大会代为力争。②傅统先在立法院讨论各项选举法时，曾提请将回民国大代表 10 名，增为 34 名。

第二，全国各地的回族报刊大量登载相关文章，引起舆论注意。当时具有一定影响力的各回教报刊如《伊理月刊》《清真铎报》《月华》《回民青年》《中国回教救国协会会报》等纷纷发表社论，登载大量讨论宪政、呼吁增加回民代表名额的文章，其中《回民青年》还在 1947 年元月办了一期《国民大会专号》。他们引用《临时约法》条文及孙中山"国内各民族一律平等"的言论，提出："既是国民大会，必须有国内各民族代表参加，方符全民政治之原则，按照比例，占全国人口总数九分之一的回民，应有二百以上的国大代表，但在公布的国大代表名单中，究竟占有几人？全国教刊舆论，为此问题，曾一致提出呼吁，促请朝野注意。"③

---

①《国大回教代表提案原文》,《回民青年》1947 年,第 2 号。

②《赵明远李凤藻二代表致某君函》,《回民青年》1947 年,第 2 号。

③《国民大会召开声中,回胞对代表产生不平的呼吁》,《清真铎报》1946 年,新 28、29 号。

第三，各回教团体举行各种活动，向国民大会及政府发出呼吁。中国回教救国协会（1946年更名为中国回教协会）作为抗战以来回族社会最具影响力的社会团体，此时也积极发起为回民争取参政权利的各项活动。各分支区会均发表通电，对国民大会回族代表名额问题发表看法。

为了争取社会舆论的同情，由中国回教协会和国大代表中的回族代表联合出面，于1946年12月16日在国民大会堂回教代表休息室举行记者招待会，参会记者来自国内各大报刊及路透社、法新社等国外媒体，会后并发表书面谈话《回民地位宪法应有保证》：

> 我国散居内地之回民，为数约有四千余万（加上新疆约有五千万——编者）皆为前余年来经由西北及海道迁徙而来，其在各地皆聚族而居，非惟另有其特殊之生活习惯，且仍保持其纯一之宗教血统，故凡回民聚居之地，莫不自成另一社会，实为俱有同一信仰之民族，惟因过去受专制时代之压迫，外界之歧视，及政府未能顾及此少数民族之利益，以致经济文化，社会地位，无不形成落后之现象，野心家亦曾对其威胁利诱，因吾回胞素即对国家忠贞不二，毫不为动，其对于国家付与服兵役纳捐税之义务，与一般国民尽同，而应享之各种权利，则惨遭向隅，即以此次国民大会而论，甘肃人口六百万中，回胞占二百余万，云南占三百万，河北近四百万，以上均为回胞众多之省份，竟无一回民当选代表，其他回胞众多之省份，类此情形者，不胜枚举，现本会及同仁等接到各地分支区会及回胞呼吁之函电，日必数百起，兹将此种不平之鸣，代陈舆论界及国民大会，希望宪法内于规定少数回（民）族之权利时，不应忽视此四千余万之回胞，而使其失望。[①]

经过回族社会的呼吁力争，在国民大会修改后的《中华民国宪法》

①《争取社会舆论同情招待新闻界》，《回民青年》1947年第2号。

第十二章中，最终加入了第一百三十五条条款，内容为“内地生活习惯特殊之国民代表名额及办法以法律规定之”。虽然该条文仅属于原则性规定，尚缺乏具体细节，而且随后在一些机构选举和地方选举的规定中又出现许多令回族社会感到不满的新问题。如消息报道所说：“此次国民大会召开，各地回民曾作参政呼吁之表示，故新颁宪法有一百三十五条之规定，惟立法院制定国大代表选举罢免法时，仅予代表十名，而与行使政权有关之立监委，竟无回民代表规定，全国回胞闻悉，舆论大哗，燃起愤然火焰，纷纷通电表示抗议。”[①]而这些新的诉求尚未得以解决，历史已翻开新的一页。但回族社会的此次争取权利的努力应该说取得了一定的结果，而且这一事件过程本身亦具有深远的意义。

从历史的角度看，关于回民国大代表的名额之争是回族社会在民国成立后第一次在政治层面发出明确诉求的行动，从回族报刊所反映的过程看来，这也是一次干预了上层政治决策的颇有影响的事件。毫无疑问，发生在 1945—1947 年之间的这场政治与舆论运动，清晰地反映了回族社会政治的觉醒。然而，作为一个尽管没有官方认可的族称却已事实存在着的民族群体，回族社会的政治觉醒究竟意味着什么？是寻求超乎一般国民的民族特权？抑或是寻求某种程度的民族自治权利？综合回族社会在回民国大代表名额之争中的言论诉求，对上述问题的回答应该是否定的。

二

此次回族社会在争取参政权利时所提出的诉求，反映在众多报刊文章中显得非常鲜明而且一致，他们的观点概括起来有以下几点。

第一，宪政的实施需要全体国民的参与。如：“实施宪政，加强团结，乃举国一致的要求，但要想宪政早日圆满完成，必须使全国上下，不分党派，不分种族，不分宗教，不分阶级，都有发表意见的机会。同

① 《伊斯兰消息全国回协纷纷通电，抗议参政待遇失平》，《清真铎报》1947 年新 33 号。

时，实施宪政也必须全民的力量来推动。”①

第二，回民是国家的重要一员，是宪政实施不可忽略的一分子。如：“须知回教乃是一种传统宗教结合的民族，其赋性的忠贞英勇，团结的坚固不移，应为国家不可忽视的力量！”“回民为国民中之一主要分子，回民参政问题，自为整个宪政问题中之重要部门，若无适当圆满之解决，则宪政内容之阙而不全，宪政推行之滞而不通，自可断言，其得失利害，岂仅涉及回民，十足关系国本。”

第三，回民在历史上为国家尽了义务，亦应享相应权利。有关议论包括：“宪政的实施，首重民选，凡是中华民国的公民，都有享受和运用选举权的权利，回胞既是中华民国的一分子，构成中华民族的一员，当然也同样的具有这种权利，也有权参加选举。”“现在战事结束，首重建国，而建国根本，则在实行宪政，还政于民，回教同胞亦国民之一份子，既已尽其应尽之天职，亦当享其应享之权利。”②“中国回民五千余万，占全国人口九分之一。抗战以还，流血流汗，同一牺牲。过去日寇分化中国，对于回民极尽挑拨离间之能事，徒以回民夙受宗教洗礼，均能深明大义，始终团结，捍卫国家，事实昭然，人所共喻。现在抗战结束，群谋建国。而建国根本，在求国内和平，恢复秩序，一在实行宪政，还政于民，回民现占组织中华民国一重要成分，就法理事实言，勿论各级民意机关，应照回民所占人口比例产生代表，即举国重视之国民大会，更应有合理合法之回民代表参加，乃符全民政治之精神，免于向隅失平之遗憾。”③“回民皆忠于国家，虽文化经济落后，而英勇强悍之精神，又常为国父所津津乐道，在抗战期间，倭寇阴谋企图在华北西北组织回教国，我回民俱未受其蛊惑，世人共见，胜利后其他邻国对回民组织‘乌拉山政府’，将全国回民区域尽为列入，而野心党徒到处煽动，回民

①社论:《胜利获得后急待解决的回教问题》,《清真铎报》1945 年新 17 号。
②《回胞国大代表问题》,《清真铎报》1945 年新 18 号。
③《国内民族一律平等,五千万回民应有参政机会》,《清真铎报》1946 年新 21 号。

深明大义，鲜有参加。今值制宪之际，我回民仅呼吁平等为合理之要求，制宪应一本大公勿使效忠国家之回民感觉失望，似可以增进团结，加厚国家力量，对于建国裨助匪浅也。”“复以此次对日抗战而论，全国回胞忠勇参与，在国内直接流血杀敌，间接出钱宣劳，在国外努力争取与国，成效昭著，人所共知，国民义务可谓履行无遗，但胜利以后回胞所获代价如何？今既实行宪政，还政于民，设身处地，回胞究竟处于何样地位？尽其义务，是否感（应）享其权利？”①

第四，历史原因造成了回族社会的落后，非给予特殊政策则无以在竞选中取得平等权利。如：“宪法草案对各种选举采区域制，期对国内民族均有行驶政权之机会，其于民主政治普遍平等原则之重视已属显然，惟蒙藏新疆为少数民族聚居之区，占少数民族六分之一，中央已分别予以参政之机会，而散居各省市之回民，不下五千余万，为全国人口九分之一，皆目的相同，利害相同，符合民族之定义，为宗教结合之民族，而其生活习俗之特殊，人民团结之坚固，为不可忽视之伟大力量，以散居关系票不集中，兼经济文化落后，无竞选能力，国民大会等章若不特别规定回民之权益，则与我国父扶植弱小民族之原旨大相背驰，以过去选举之经验，回民选举百不获一，每使回民失望，故应明列各章，比例参政，以重平等，否则徒享平等之虚名，而失真正平等之真谛。”“夫回民对于国家之贡献不为不多，其爱国心亦不为不重，惟以生活环境之特殊，及经济情形教育制度之限制，若不特定名额，分别选举，则回民之参政机会，实际仍无保障，而其所尽义务及其应享之权利，亦仍不能平衡。”②

三

考察1945—1947年回族社会关于宪政、关于选举及代表名额的讨论，有两个方面的问题值得我们关注。

①中国回族青年会:《五千万回民的呼吁》,《清真铎报》1947年新30号。

②赵明远:《回民对宪法之愿望》,《清真铎报》1945年新30号。

其一，回族社会以民族群体的身份寻求在国家政治生活中的平等地位，表现出回族强烈的民族自尊和突出的政治意识，这是回族近代民族意识觉醒的具体体现。首先，争取在国家议事机构的代表名额，表现出回族已具有较高的参政热情，体现出回族对现行政治秩序的认可，这与清中晚期回族在屡受打压的境遇下产生的"争教不争国"的政治态度形成鲜明对比。对国家现行政治秩序的认同实际上也是构成国家认同的核心内容。其次，回族社会在争取代表名额的理由中，不断强调回族人口有"五千万"之众，占全国人口的"九分之一"，并且对本民族的历史文化表现出强烈的认同，这表明回族的政治意识又不同于一般国民政治意识的提高，而是带有鲜明的民族群体特征，这是近现代条件下民族意识觉醒的重要表现。

但是，这种民族觉醒并不是以寻求自外于国家政权的特殊权利和地位为目标，而是在认同国家政权的前提下，将本民族的权益问题放置在国家民族问题的环节中来看待。如《清真铎报》的社论指出："中国回教问题，非单纯的宗教问题，乃整个中国民族问题之一环，同时，我们也承认国家的主权是唯一不可分的，如果认回教自成一个单位，于主权原则不合，那么我们根据五五宪草廿七条第二项的规定：'蒙古西藏选出代表，其名额以法律规定之'，同条第三项也有：'侨居国外的国民选出代表，其名额以法律规定之。'的规定，更可不必顾虑，当然回教代表也有权援例列入第廿七条之内，也需要在第廿七条中规定一款：'回教选出代表，其名额以法律规定之。'"在《中国回教救国协会会报》的一篇社论中，关于在国家框架内免受歧视，寻求平等的意思表达得更为明确："中国回民所主张的是兴教是爱国，所要求的是平等——政治地位的提高，社会环境的不受歧视，教育机会的充分获得，生活压迫的迅速解除。中国回民的要求仅是国民应有之最低要求，并无任何分外之想……"①

金利卡在分析了美国和加拿大少数族裔群体的经验后认为，有三种形

①社论:《民主与力量(大丹)》,《中国回教救国协会会报》1947年第6、7期。

式的群体特别权利：一是自治权利，指的是政治自治或领土管辖权；二是多族类权利，指不同族类有自由表达独特性的权利，而不担心受到来自主流社会的偏见和歧视；与自治权不同，多族类权利通常旨在促进这些族群整合到更大的社会中，而不是自治；三是特别代表权利，指的是在国家权力机关中为少数群体安排代表席位[①]。民国时期回族在回民国大代表名额问题上，显然是在寻求金利卡所说的后两类少数群体权利。而这两种少数群体权利的取得是在认同国家主权及法律的前提之下，与国家认同相一致的。

因此，从近代历史上回族的经验来看，民族觉醒并不一定意味着与国家的分离，在多民族国家尤其如此，多民族国家中的族裔群体只有实现了对国家和民族的双重认同，才能够保证多民族国家的稳定性；另一方面，某一族裔群体对国家的认同也是其获得良好政治环境从而有利于本民族发展的重要保障。

其二，我们发现，在上述回族社会报刊舆论发出的诉求中，最引人注目的当属关于回民的权利与义务关系的论说。在回族报刊所登载的有关回民国大代表名额问题的文章中，回民在历史上尤其是在抗战中尽到了忠于国家的国民义务，因而应该在国家建设中享受平等的政治权利方面的文字最为集中而且论述也极为一致（如前文所举）。很显然，回民社会将承担义务和享受权利作为自身参与国家事务的必要关联，强调权利与义务之间的因果关系。根据政治学的原理，公民权是现代民主的公民国家的一项基本制度。在一个民主国家中，享受权利与应尽义务是公民权的基本组成，权利与义务是一种对等关系。这样看来，当时回族社会在论述其权利义务关系的时候，其实是在追求其在国内政治生活中无等差的公民地位。

公民权是构成现代民族国家国家认同的关键所在。什么是近现代民

---

①〔加〕威尔·金利卡：《多元文化的公民身份》，中央民族大学出版社，2009年，第3页。

族国家认同的实质？西方政治哲学家在广泛探讨后，得出的具有共识性的结论是建立在公民身份基础上的政治认同。菲利克斯·格罗斯指出："公民权创造了一种新的认同，一种与族属意识、族籍身份分离的政治认同，它是多元文化的一把政治保护伞。……它提供了一种将种族上亲族认同（文化民族）与和国家相联系的政治认同（国家民族）相分离的方法，一种把政治认同从亲族关系转向政治地域关系的途径"[①]。也就是说，公民权可以使某个民族群体将政治认同归属于所属的国家，而不影响其在文化上对族裔的认同。

在帝国时代，传统中国的国家形态是由皇帝、宰辅、郡县、乡绅等一系列制度组成[②]，国家观念以及对国家的认同也借由对在位的君主、维持着君主统系世代相承的王朝、超越了具体王朝的历时性政治共同体——"国家"和"正统"的忠诚和归属感得以体现[③]。"臣民"对王朝国家的认同在某种程度上是在一种封闭状态下无从选择的"群体无意识"状态。近代以来，中国社会政治的变迁一直是循着由专制朝向民主的方向，力求建设一个民主国家，1912年中华民国成立，由共和制取代了君主专制的制度，标志着中国建立了共和民主的国家形态，成为了一个多民族的现代民族国家。从世界范围来看，经过两次世界大战，随着多民族国家的日益普遍，整个世界对民族国家的认识也发生了重大改变，人们不再强调民族国家在"族裔"上的单一性，而是强调以"公民国家"或"国民国家"的视角去研究当代民族国家[④]。现代民族国家的国家认同，亦应由"公民认同"取代传统的王朝认同或"族裔认同"，即主要由国民对国家政权、国家的宪法和法制以及平等的公民权利的重视与认同

---

①〔美〕格罗斯：《公民与国家》，新华出版社，2003年，第32页。

②复旦大学历史学系，复旦大学中外现代化进程研究中心：《近代中国的国家形象与国家认同》，上海古籍出版社，2003年，第7页。

③复旦大学历史学系，复旦大学中外现代化进程研究中心：《近代中国的国家形象与国家认同》，上海古籍出版社，2003年，第138~139页。

④潘蛟：《族群与民族概念的互补还是颠覆》，《云南民族大学学报》2009年第1期。

来实现。应该说，塑造国民意识和公民意识是建立现代民主国家不可缺少的组成部分和基础；另一方面，民众的公民意识也是对现代形态的国家政权实现认同的有效途径。造就全新的国民以培育国家的凝聚力是近代中国的仁人志士一直追求的目标，梁启超早在1899年《论近世国民竞争之大势及中国前途》一文中就对“国民”一词做出定义：“以一国之民，治一国之事，定一国之事，谋一国之利，捍一国之患，其民不可得而辱，其国不可得而亡，是之谓国民。”他甚至说：“今日世界之竞争，国民竞争也。”

如此看来，在回族国大代表名额之争的问题上，回族社会所追求的正是在现有的国家政权及宪法、法律框架内取得平等的政治地位和公民权利，表现出的是属于现代民族国家的公民意识以及国家认同。这一点，则是回族在近代对国家和本民族建立双重认同的基础。

综上所述，1945—1947年回族在国大代表名额问题上的力争，是回族社会在民国成立后第一次在政治层面发出明确诉求的行为，是回族在近代民族意识觉醒的重要表现。与此同时，回族在近代的民族觉醒，又是以对国家的认同为前提，表现出民族认同与国家认同的双重实现。应该说，近代民族主义唤起的民族自觉是以“一族一国”的政治追求为目标，对于多民族国家来说，少数民族的民族觉醒与国家认同之间存在着某种紧张关系，然而回族在近代实现民族自觉的同时也强化了对国家认同的事实，却给出了另外的解释。这一方面固然与中国各民族多元交融的历史传统和回族在形成发展过程中的特点密切相关；另一方面，近代回族在政治认同方面与国家利益的充分一致，更与辛亥革命后中国国家形态的历史性转变，和“五族共和”理念下“中国境内各民族一律平等”的政治理想的引导作用密不可分。通过分析，我们似乎可以得出这样的结论，在多民族国家中，一个少数民族的民族自觉和国家认同的和谐共生是可能实现的，这种和谐共生的条件应当是具有共性特征的文化核心和价值的追求，以及各民族在国家中拥有的平等地位，而国内各个民族在自身族裔身份的基础上对公民身份的认同和追求，是这种具有共性特征的文化核心和价值追求建立的基础，这些都需要以民主化作为现代国家政治文化的构建目标。诚如一位学者所言：“在多民族国家，每一个民族都有自己独特的民族亚文化和民族心理，因此，国家需要积极构建文化上的同质内核——以民主政治和公民理念为核心内容，淡化血缘意识。在坚持民族多元的基础上，构建国民文化与民族文化的和谐共生。”①

本文发表于《青海民族研究》2010年第4期。

①张友国:《民族国家:理论与现实》,《民族》2009年第3期。

论近代回族关于国家认同的发生机制

◎陈红梅

国家认同与民族认同的产生是一个历史现象。民族社会学认为："一个人或一群人一旦产生了自身归属于某个族群的意识之后，或者一个族群萌生并出现了独立的自我族群意识之后，在其一生或一个历史时期内，他们的这种意识必然会随着时间的推移和环境的变化而变化。在一个社会动荡或迅速发展的国家里，这种变化更有可能发生，同时变化的程度可能也会更大，变化的内涵也会更复杂。"[①]回族的国家认同也是这样，随着近代中国政治制度的转型、思想文化的变迁，近代回族的国家认同观念也随之发生了相应转变。本文从近代中国政治思想变迁的大背景中，寻求回族的国家认同意识产生的社会历史条件，探寻其关于国家认同的产生机制。

一、近代回族关于国家认同的思想条件

近代回族关于国家认同的发展变化离不开近代中国政治、思想、文化变迁的大背景。从思想史的角度来看近代回族关于国家认同产生的条

---

①马戎:《民族社会学》,北京大学出版社,2004年,第101页。

件，笔者认为，近代中国民族主义思潮的兴起和中华民族意识的觉醒是最为重要的两个影响因素。

（一）近代中国的民族主义

民族主义是近代西方主要思潮之一。一般而言，西方的民族主义思想主要有两个源头，即18世纪法国的民族主义和德、意的民族主义。民族主义理论一旦形成，它就成为开展民族主义运动的合法理论依据。作为一种运动的民族主义寻求两大目标：一是民族独立，即建立一个以本民族为主体的主权国家；二是民族统一，即一国疆域内所有的民族团体（这些民族团体或者自称、或者被声称属于同一个民族）融合成一个民族。民族主义还承担着在一个独立主权国家内部构建一个新民族的任务[①]。

从西方民族概念和民族主义思潮在近代中国的发展来看，中国的民族主义思潮和运动实际有两种表现方式，一是族裔民族主义，它推动了各少数民族的民族意识的觉醒；另一种是国家民族主义，强调在现有国家领土范围内全体国民的认同意识。近代中国两种民族主义并行的过程中，国家民族主义很显然具有支配性地位[②]。

以1840年中英鸦片战争为开端，中国拉开了近代历史的大幕。随着西方列强对中国侵略的不断加深，中国人感受到前所未有的文化与民族的双重危机。1895年中国在中日甲午战争中的失败，更是极大地激发了中国人的民族意识。在危机面前，许多仁人志士开始努力寻求国家富强、民族独立的道路，中国近代的民族觉醒也正式开始展开。霍布斯鲍姆曾总结说，“武力威胁”也是构成民族的要件之一，“就像李斯特早已指出的那样，似乎唯有在优势民族挟其强权进行兼并的威胁下，才会让被侵略的人群生出休戚与共的民族情操，一致对外”[③]。进入20世纪以后，

---

①［英］休·希顿-沃森：《民族与国家》，吴洪英，黄群译，中央民族大学出版社，2009年，第4~8页。

②姚大力：《中国历史上的民族关系与国家认同》，《中国学术》2002年第4期。

③［英］埃里克·霍布斯鲍姆：《民族与民族主义》，李金梅译，上海世纪出版社，2006年，第34页。

各种西方思潮开始在中国广泛传播。其中，民族主义无论就其接受者的广泛性还是影响的深远性来看，都居于领先地位。余英时先生认为：“凡是能掀起一时人心的政治、社会、文化的运动，分析到最后，殆无不由民族主义的力量或明或暗地主持着”，可以说民族主义是“中国近代史上一个最重要的主导力量”①。

近代中国对于民族主义的认识虽各有千秋，但对于中国国内各民族是一不可分割的整体的认识有着广泛的一致性。杨度在《金铁主义》一文中强调：“中国之在今日世界，汉、满、蒙、回、藏之土地，不可失其一部，汉、满、蒙、回、藏之人民，不可失其一种……但可合五为一，不可分一为五。”②各少数民族的精英阶层对此也有深刻认识，以恒钧、乌泽声等一批满族留日学生为主在日本东京创办的《大同报》，也表达了对满汉一体的认识：“国兴则同受其福，国亡则俱蒙其祸，利害相共，祸福相倚，断无利于此而害于彼之理。……又岂独满汉为然也。凡居于我中国之土地，为我中国之国民者，无论蒙、藏、回、苗，亦莫不然。我有同一之利害，即亦不可放弃救国之责任也。”③

由此可见，民族主义思潮的传播强化了由外来入侵唤起的中国各民族救亡图存的民族意识。而且，随着西方列强侵略的加剧和民族危机的加深，“中国的各民族都自觉认识到，中国的各民族只有成为一个稳定的不断发展的多民族的统一共同体，共同发展民族经济和文化，增强民族凝聚力，才能抵御外侮和保护自己的生存”④。在这样的背景下，各民族在基于各自民族认同的基础上，形成了具有更高层次和更广泛代表性的中华民族认同和国家认同意识。

---

①余英时:《中国现代的民族主义与知识分子》,载《近代中国思想人物论:民族主义》,台北时报出版公司,1981年,第558页。

②刘晴波:《杨度集》,湖南人民出版社,1986年,第304页。

③黄兴涛:《现代“中华民族”观念形成的历史考察——兼论辛亥革命与中华民族认同之关系》,《浙江社会科学》2002年第1期。

④林家有:《孙中山与中国近代化道路研究》,广东教育出版社,1999年,第85页。

（二）中华民族意识的觉醒与中华民族认同

近代中国民族意识觉醒的一个重要成果，是出现了涵盖中国境内所有民族群体的共同称谓——中华民族。自我称谓通常是一个人群自我界定最为有效的符号指标，“中华民族”称谓的出现意味着中国人在自我认同时拥有了空前的一体性和整合性。

据黄兴涛考察，“中华民族”概念的最早提出是在20世纪初[①]。1902年，梁启超在《中国学术思想变迁之大势》一文中写道：“上古时代，我中华民族之有海思想者厥惟齐。故于其间产出两种观念焉：一曰国家观，二曰世界观。”虽然梁启超等人在最初使用“中华民族”概念时主要指的是汉族，但其根本目的则是为了说明“中国民族”的混合性和一体性，梁启超在1905年初发表的《历史上中国民族之观察》明确表达了此意图，他“悍然下一断案曰：中华民族自始本非一族，实由多数民族混合而成”。

中华民国建立后，中华民族概念开始被人们广泛接受，主要表现为：人们在考虑国家和民族共同体整体利益、确立各类组织和事物名称的时候，往往喜欢使用“中华”这一词汇来表示其民族特色、国家身份或全国全民性质，如成千上万以“中华”命名的组织和事物名称蜂拥而现，有中华书局、中华职业教育社、大中华报、中华革命党、中华银行、中华艺社、中华教育改进社、中华足球联合会、中华工业协会等等。

概括起来，近代“中华民族”观念的形成，关键因素有：（1）近代以来由西方列强的侵略带来的强烈的民族危机感和各民族对共同命运的感知。（2）西方民族主义思潮的传入和对中国知识界的广泛影响。（3）辛亥革命的成功以及“中华民国”国号的正式确立，增强了国人对于“中华”一词及其历史文化内涵的认同感。

在近代中国民族觉醒的进程中，中华民族认同也是回族及各少数民

①黄兴涛：《现代“中华民族”观念形成的历史考察——兼论辛亥革命与中华民族认同之关系》，《浙江社会科学》2002年第1期。

族民族觉醒的核心内容。

列强对中国的武装侵略，打破了中国数千年“四海天下”的世界观，而且，由于那些与中国以武力互动的西方列强多是近代的“民族国家”，使中国先觉者们认识到中国作为被侵略一方的“民族国家”身份，就是“中华民族”的国家，而中华民族国家显然不只包含一个民族，事实上在与西方列强互动的历史过程中，中国各民族就是作为一个整体出现在世界面前的。

首先，列强对中国的侵略，各个民族均共同承受。这种命运攸关、休戚与共的经历正是近代中国共同的中华民族认同意识得以产生的情境因素。其次，在近代历次反侵略的斗争中，各民族同仇敌忾、共御外辱的经历更加强化了各民族对于中华民族的整体认同。

二、近代回族关于国家认同的政治条件

什么是近代国家认同的实质？西方学者曾进行过广泛探讨，具有共识性的结论应当是建立在公民身份基础上的政治认同，而公民身份的建立则需要近代形态的国家政权体系作为基础。所以，近代回族关于国家认同的政治条件，首先是近代形态的国家政权的建立。

（一）近代中国民主国家的建立

中国传统的国家形态，是由专制皇权、宰辅制度、郡县制度以及乡绅制度构成。中国近代国家形态的建立，并不是在传统国家形态的基础上由历史的发展自然转型而成，而是在近代中国遭受到西方列强势力的打击后，中国社会“开眼看世界”“师夷之长技以制夷”的产物，是近代中国在不断向西方学习寻求中国富强之道的过程中，出于对西方近代民族国家形态的认同而移植建立起来的。

近代中国改变传统国家形态，构建近代国家的最早尝试，应该追溯到戊戌维新时期。戊戌维新运动虽然部分打着“托古改制”的旗号，但其实质却是仿效西方“君主立宪”的政治体制，为中国引入西方国家政治形态中的民主元素。虽然这是一次夭折的政治改革，但这是对传统国家形态有颠覆意义的首次实践。紧随其后的是“清末立宪运动”，1908 年清政府颁布的《钦定宪法大纲》宣布：“君主立宪政体，君上有统治国家之大权，凡立法、行政、司法皆归总揽，而以议院协赞立法，以政府辅弼行政，以法院尊律司法。”1911 年武昌起义爆发后，清政府又匆忙颁布《宪法十九信条》。《钦定宪法大纲》是仿照日本宪法而制定，而《宪法十九信条》则提升议院地位，抑制君权，类似英国君主立宪。这次尝试尚未成形，便因清王朝崩溃而夭折了。

1912 年中华民国建立，标志着共和制取代了传统的君主专制制度。1912 年 3 月颁布的《临时约法》规定，“中华民族之主权，属于国民全体”，“中华民族人民，一律平等”，享有身体、家宅、财产、营业、言论、著作刊行、集会、结社、书信秘密、居住迁徙、信教等各项自由权利和参与国家事务的各项政治权利。

这样，近代国家形态建立起来了。新的国家形态的建立，推动了中国新的政治中心的构建，对于整合国家和社会力量，有着积极的作用①。

（二）民族平等国策的提出

中华民国临时政府正式成立之时，大总统孙中山就庄严宣告：“国家之本，在于人民，合汉、满、蒙、回、藏诸地为一国，即合汉、满、蒙、回、藏诸族为一人，是曰民族统一。”《临时约法》更明确规定：“中华民国人民一律平等，无种族、阶级、宗教之区别。”1912 年袁世凯也宣称：“现在五族共和，凡蒙、藏、回疆各地方同为我中华民国领土，则蒙、藏、回疆各民族即同为我中华民国国民。”甚至民初教科书的编纂要点也规定：“注重汉、满、蒙、回、藏五族平等，以巩固统一国民之基础。”此处的“五族”当是泛称，它代表着当时国内众多的少数民族。与此同时，用以概括这种多民族统一的“中华民族”的称谓，民初也开始广泛流传开来。这种以法律的形式加以确认、通过教科书广泛传播的

①姜义华：《论近代国家与社会非同步发展的政治整合》，载《近代中国的国家形象与国家认同》，上海古籍出版社，2003 年。

政治原则，对中华民族认同和文化融合起到了相当积极的作用①。

民国初年，我们可以明显看到人们对“五族共和”“五族平等”等理念的高度认同，当时国内出现了各种以“五族”命名的团体，类似“五大民族共和联合会”“五族国民合进会”“五族国民自治演讲会”“五族语文同进会”“五大民族生计会”等等，这些团体虽以“五族”为名，实际代表的是全国各个民族，并以促进民族融合和中华民族认同为其目标②。

孙中山在1920年主张重提民族主义并扬弃“五族”的说法：“有人说：‘清室推翻以后，民族主义可以不要。’这话实在错了。……我看暹罗在国际上比中国地位还高，所以我们定要积极地将我四万万民族地位抬高起来，发扬光大。现在说五族共和，实在这五族的名词很不切当。我们国内何止五族呢？我的意思，应该把我们中国所有各民族融化成一个中华民族。……并且要把中华民族造成很文明的民族，然后民族主义乃为完了。”③这是孙中山从理论上解决近代民族主义单一民族建国理论和中国多民族国家国情矛盾的尝试。

近代民族主义关于“一个国家一个民族”的理想，无形中在中国建设民族国家的努力和少数民族意识的觉醒之间造成一种紧张感。“五族共和”以及构建新的中华民族理念的提出，意味着新的国家政权是将各少数民族群体的认同接纳到更大范围的认同体系内，从而缓解了因旧的效忠体系崩解，新的民族国家尚在建立过程中的民族与国家关系的紧张感，同时也顺应了各少数民族正在上升的民族意识所追寻的政治目标，使少数民族群体得以在不同的层面从容面对民族自我认同和建立在更高层面上的国家认同，事实上促成包括回族在内的少数民族对新生民族国

①黄兴涛:《论民国时期国内各民族文化的新交融》,《中州学刊》1998年第5期。

②高翠莲:《清末民国时期中华民族自觉进程研究》，中央民族大学出版社,2007年，第92页。

③孙文:《国父全集:第二册》,近代中国出版社,1989年,第397~398页。

家的政治认同。

三、近代回族关于国家认同的社会动员条件

朱英在《辛亥革命时期新式商人社团研究》中提出：“社团在某些方面，是由具有共同目的、共同关系、共同地位和共同行为的人们组织的团体。”①

近代中国自戊戌维新运动后，各种新式社团组织如雨后春笋大量涌现。可以说新式社团的涌现是中国的社会关系重新分化组合的一种表现，它反映了至少两个方面的趋向：其一，随着社会分工的细化，小群体意识（包括民族群体意识）普遍增强。其二，不同的群体希望按照新的组织形式联系聚合，以增强自身凝聚力，提高社会地位，扩大社会影响，在地方和国家事务中扮演更为重要的角色。

近代回族的新式社团就是在这样的历史氛围中应运而生。据统计，从 1900 年到 1949 年，省级以上回族社团组织计有 100 多个。这些组织各有不同的宗旨和特色，其中包括教育类社团、学术性社团、政治性社团等。

这些类型和宗旨不尽相同的社团，利用其系统的组织性，对近代回族社会国家认同意识的传输和回族参与国事的过程起到了重要的组织作用。仅以民国时期最具影响力的回族社团“中国回教救国协会”为例，我们可以看到近代回族社团具有以下几方面的功能。

（一）最大限度地整合了回族社会

中华民国成立后，鉴于新式社团对于群体的组织和动员优势，回族社会精英一直试图建立一个全国性的穆斯林社团组织以推动中国穆斯林社会的组织和宣传。1912 年成立于北京的中国回教俱进会，是第一个具有全国性广泛影响的回族穆斯林群众团体。1938 年 2 月成立于武昌，由白崇禧任总理事长的中国回教救国协会更是将社团对回族社会的组织整合功

①朱英：《辛亥革命时期新式商人社团研究》，中国人民大学出版社，1991 年，第 1~5 页。

能发挥到极致。中国回教救国协会的分支机构遍及全中国，自 1938 年起，全国 20 多个省、市先后设立了分会，许多县、乡镇设立了支会、区会。到 1948 年，全国已有分会 39 个、支会 388 个、区会 322 个，“其他正在筹备而未成立者尚多”①。可以说，只要有回族分布的地方就有回教救国协会的分支机构，几乎所有的回族穆斯林群众都被纳入到回教协会的动员范围当中。

中国回教救国协会先后组织了回教青年战地工作团、回协青年服务团、战时服务队、空袭服务队、妇女工作队等团体，奔赴各战区从事宣传、救护、慰问、募款等活动。中国回教救国协会为了更好地组织、聚合民族力量，还依靠各地的分会、支会通过清真寺对各地回民的人口及分布状况做了大规模的深入调查。这一举措不仅有利于集中回族力量以投入抗战建国，从民族认同的角度来看，也是回族产生民族自觉，进行自我认知的一个基础条件。

（二）深入传播了有利于国家认同的新观念

民国时期的回族社团在大量的宣传工作中，最核心的内容就是灌输国家观念和爱国思想。许多社团在立会宗旨中开宗明义地将爱国宣传作为其首要任务。

中国回教救国协会第二次全国代表大会的宣言清楚地表示：“宗教信仰与政治信仰相配合，宗教利益以国家利益为依归。”②

中国回教救国协会利用各种方式对回族群众进行与爱国抗战相关的宣传，青年服务团在抗战期间所做工作包括：设时事研究班，加深对抗战救国的认识；办“回声”壁报，主要内容有时事解说、短评、诗歌、漫画、回教消息等，“据实地记录，每期的阅读者平均在四五百人以上，取得的效果为始料所不及”；召集保甲长开会，“宣传‘国民精神总动

①《中国回教协会工作报告》，中国第二历史档案馆藏。

②《中国回教俱进会懋功分会》，载《小金县文史资料》(第四辑)内部资料，1996 年。

员’‘国民公约’‘国民月会’及‘献金’的意义”①。

各地分会也都采取各种手段进行救国兴教的宣传。中国回教协会湖南分会成立以后，为了使抗日救国的道理在回民中家喻户晓，除了在回民学校和回民工厂召开会议进行宣传外，还根据本民族的特殊风俗，利用每星期五的“主麻”和开斋节、古尔邦节的“会礼”，由阿訇在讲“瓦尔兹”的时候，根据《古兰经》和《圣训》反复宣讲“团结、互助、共济”“武装反抗外来侵略”和“吃苦耐劳，奋斗到底”的穆斯林精神，使绝大多数回族群众受到了深刻的爱国主义教育②。

（三）建立起回族社会与政府间的有机联系

从社团的一般概念看来，其属于公共领域范畴，“对政府和社会都认为很重要的事务进行制度化的非政府官僚的管理”③。从回族社团的特性中，我们也不难发现其所发挥的连接政府与回族社会的公共领域的职能。

首先，从1912年回教联合会始，各回族社团在筹备建立时，都曾按照规定向政府提出请求，并得到政府相关部门的批准后方开展活动。其次，国民政府对于回族新式社团的创建，也表现出较为支持的态度，尤其是在抗战期间，政府因为聚合全国力量共同对敌的需要，加之当时国内舆论对回族人口的估计达4千万至5千万，占全国人口的1/10到1/9，各方都认为回族的选择与抗战的前途关系至为重要，因此国民政府对整合回族力量就显得非常重视。蒋介石曾多次表达了对回民在抗战中所起作用的期待。

由于上述因素，中国回教救国协会成立后，一方面向回族各界群众宣传灌输国家意识以及兴教救国思想，帮助政府办理涉及回族社会的事务。另一方面，回教协会又利用自身影响协调解决回族社会与政府及其

①《中国回教救国协会青年服务团工作总结报告》，《中国回教救国协会会刊》1940年第11期。

②《中国救国回教协会湖南省分会在邵阳的活动》，载《中国南方回族社会团体资料选编》，四川民族出版社，2003年，第95页。

③许晓群：《民国时期的国家与社会》，新星出版社，2007年，第14页。

他方面的各种问题，关于这方面的作用，回教协会湖北省分会的机关刊物《伊理月刊》曾有过明确的表达："良以本社为现代中国回教团体有数之言论机关，上应宣达中央意旨于回胞，下应为全国同胞而服务，是以除宗教教义之阐扬及中外友谊之沟通外，我们对于国家建设之大计及全国教胞之希求，自宜贡献意见并愿尽力播传"①。中国回教救国协会成立后，社会上发生的许多针对回族伊斯兰教的辱教事件，多由其从中组织交涉，督促并协同政府妥善处理。

总之，以中国回教救国协会为代表的近代回族社团加强了回族社会与政府间的有效沟通，为回族社会了解国家的民族宗教政策和法律法规等创建了有效的渠道，对回族社会强化国家认同意识作用匪浅。

四、近代回族关于国家认同的宣传条件

19世纪末叶以来，中国的新式印刷事业蓬勃兴起，各类期刊报纸如雨后春笋般相继涌现，这些报刊以惊人的流通规模，为中国的"国族想象"提供了类似安德森所称之"大规模印刷企业"的物质基础。可以说，近代以来的政治变更和新式报刊媒体的涌现，为传统中国国家认同观念的现代更新提供了有利条件。

近代以来，回族社会也在这种大背景下创办了大量的报纸刊物，这些新式传媒对于回族社会建立近代民族国家认同起到了无可替代的重要作用。

据统计，从1906年丁宝臣创办《正宗爱国报》到1949年庞士谦主办《回民大众》，在近半个世纪的时间里，各类回族报刊的数量达270种之多②。

一方面，这些报刊向回族社会传达了众多新理念、新认识和现代话语系统，也对回族实现近代意义的国家认同提供了全新的理论工具。如

①《我们为什么请求中央破格扩充国民代表大会回胞代表名额》,《伊理月刊》1946年第2期。

②马博忠:《民国时期中国穆斯林报刊统计》,《回族研究》2008年第4期。

《醒回篇》最先表达了留学日本的回族新知识分子对于“我们是谁”这样的民族意识自觉，并进而导引出“中华民族一员”这样全新的民族国家认同观。许多报刊在创办时，开宗明义地指出其服务于促进回族群体国家认同的目的。现在所知最早的回族自办综合性报刊以《正宗爱国报》为名，即很有代表性，该报明确宣称，以唤起人们“合四万万人为一心”“让黄脸面，黑头发”的中国各族人民“痛痒相关，爱国如命，保卫中华万万年”为其宗旨[①]。另外，回族社会在政治上的各种诉求，也通过各类报刊得以表达，在1912年袁世凯就任临时大总统时，《正宗爱国报》就连续4天刊出回族人所写题为《敬告袁大总统》《再敬告袁大总统》等署名文章，对政府在用人、立法、理财等方面的腐败现象予以指摘和警示，充分表现了回族在新的政治环境下的政治参与意识，这种参与也成为回族实现对国家的政治认同的重要途径。

另一方面，一些发行量大、具有全国性影响的报刊，如《月华》《中国回教救国协会会报》等，其存在本身即极大地造成了回族社会的整合。由马福祥、马邻翼、唐柯三、赵振武等创办的《月华》，从1929年10月创办到1948年停刊，历时长达20个春秋，成为这一时期诸多回族报刊中历时最长、容量最大、发行范围最广的刊物之一，也是读者和作者最多、社会影响最深最广的回族报刊。《月华》第三卷系统刊载的对国内各地回族穆斯林现状及各地清真寺调查，是中国回族采用调查形式反映各地穆斯林现状的开端。这一调查在《月华》办刊的20年中持续进行，为后人了解研究当时中国伊斯兰教的分布发展与各地回族穆斯林的生活状况提供了大量线索和史料，也极大地促进了回族社会对自身状况的了解，从而成为回族实现自我认同的重要推力。

许多报刊发行量大，如《正宗爱国报》发行量最大时达4万份之多[②]，

①张巨龄：《绿苑钩沉——张巨龄回族史论选》，民族出版社，2001年，第268页。
②张巨龄：《〈醒回篇〉与丁宝臣的〈正宗爱国报〉》，《北方民族大学学报》2012年第6期。

可以想见，无论其对回族社会所进行的是社会启蒙还是社会动员，都远非传统寺坊间力量之所能及。

此外，许多回族报刊还致力于加强全社会对伊斯兰教及回族的了解，从而使回族社会摆脱封闭保守的特性，起到消除民族间隔阂，促进中华民族一体性的作用。如《塔光》社在发刊词中宣称："溯我教传入中国，业有悠久历史，徒以闭关自守，不尚宣传……敝社同仁，有见及斯，乃不揣鄙陋，创组是刊，……纯以阐扬我教真理为宗旨，以期稍尽教徒天职"①。

一些回族参与创办的官方报刊，在沟通政府与回族社会方面尤其起到积极作用。1913 年，在王宽等人的积极参与下，《回文白话报》以开通边疆风气，灌输人民智识为宗旨，尤以鼓吹五族共和，巩固国基为前提，倡导各族人民友好往来，以达五族一轨，趋于大同，宣传民族自强必重教育，提倡研究民族经济以谋生机，主张崇尚武备而卫国防。该报对启发边疆穆斯林民族的国家观念，加强各族穆斯林与祖国的情感等方面产生过积极的作用。正如尹伯清所著《王浩然（王宽）阿衡传》一文所评价的："西北回族，幸赖此报获知中央政令、内地新闻，明悉共和意义，忠诚内向，未踵外蒙、西藏之后，亦阿衡力也。"②

应该说，近代回族创办的面向回族社会以至全社会的各种报刊，使回族社会的声音跨越了传统的封闭性的话语空间，有了面向社会大众言说的可能性。

五、结　语

本文讨论的是近代回族关于国家认同的建立机制，也就是近代回族关于国家认同所由建立的各项条件。近代中国处在一个剧烈转型的时期，统治中国两千多年的君主专制政治体制成为历史，新的以民主共和为基

①马强:《民国时期广州穆斯林报刊资料辑录》,宁夏人民出版社,2004 年,第 5 页。
②余振贵:《中国历代政权与伊斯兰教》,宁夏人民出版社,1996 年,第 290 页。

础的“民族国家”得以建立，与此同时，许多原有的思想观念也随着旧时代的结束而被人们抛弃，取而代之的是与新的国家形态相配合的新思想、新观念。在这样的社会巨变之下，人们在观念领域的许多内容不可避免也要随之发生相应的改变。回族共同体在历史上形成的属于“忠君爱国”范畴的国家认同模式势必受到新的时代潮流的冲击，代之以崭新的内容和形式。而这些新的内容便是“民族”与“民族主义”这样一些来自于西方的概念和理论，以及用以涵盖多民族构成的“中华民族”的概念。由于这些概念和理论既包含中国历史发展的内在逻辑，又有基于西方经验的理论阐释，很好地将中国的历史传统与发展目标衔接起来，使回族共同体可以由此实现其国家认同的传统与现代的对接，建立近现代形态的国家认同的认识基础。

另外，属于思想观念领域的新事物最初更多地存在于回族共同体的知识精英层当中，如何将近代的国家认同意识更为广泛深入地影响于整个回族共同体，是一个非常现实而又关键的问题。而近代回族社会精英广泛开展的社会文化活动，包括建立系统的社团组织，创办各种类型的报纸杂志，以及兴办新式回民学校，都在事实上实现了对回族社会非常持续深入又相当广泛的动员，而这种动员，又是以国家认同为目标，因而，构成了回族社会实现国家认同的深刻的组织动员机制。

本文发表于《中南民族大学学报》2013 年第 9 期。

清前期回族政策简论

◎丁万录

清代回族的政治地位无法与元代的色目人和明代的回回相比。但清王朝早期对回族和伊斯兰教，虽然不如对蒙藏及藏传佛教那样优礼厚待，却也未予以压制和歧视。20 世纪 80 年代以来，我国回族史研究取得了长足进步，但就清王朝的回族政策和清代回族的社会地位的看法依然如五六十年代。当时较为典型的看法是："在极端的封建专制主义和极端的民族高压政策之下，回族人在政治上处被歧视和受压抑的地位。"[①]当然，我们在阅读有关历史记载时能够强烈地感觉到清中后期对回族的无理歧视和残酷屠杀，但也可以清楚地看到清前期的最高统治者并不像他们的子孙那样对待回族，而是以君临一切的姿态将回族和其他民族同以"子民"看待，甚至在回族受到冤屈时也能予以保护。正是由于有这种平等相待，经过回族人民在各方面的努力，才使回回民族在清前期有了较大的发展。清王朝已经成为历史，我们考察历史的目的在于总结经验教训，对清王朝的回族政策不能因其后期的酷烈而全盘否定，可取之处依然可资借鉴。

---

①《宁夏社会科学》1987 年第 1 期。

一

清军入关后在扫除各种敌对势力的征伐中，广州“教门三忠”羽凤祺、撒之浮、马承祖为南明王室以身殉职[①]，桂王退入缅甸时，随从的部分回族被阻于云南保山、腾越一带，遂以“明”为姓。在甘肃河西走廊，米剌印、丁国栋以“反清复明”为号召，拥明宗室朱识锛竖起反清大旗，震动山陕。但这些斗争只是当时全国抗清浪潮中的一个组成部分，并未引起清廷的特别注意。米、丁起义失败后，有汉族官吏向清政府献策：“（回回）从来叵测，与百姓同城居住，习俗不一，终为疑二”，应“于各府、州、卫五六十里之外，或有屯堡僻阒之地，子女族党另行安排，勿令养马，勿藏兵器”，并要“制其出入，一意耕牧所原有田产，以消其犷悍之性”[②]。大汉族主义是清廷严加防范的思想意识，清政府并未采纳这种排挤和歧视回族的建议。

在清军士兵中，有大量的明朝降军，其中也有回族军人，最有影响的是甘肃固原（今属宁夏）人马雄。康熙初他在广西任总兵，十二年升为广西提督，深得康熙器重。后随吴三桂反叛，清帝派人带谕旨招降，称：“尔世受国恩，劳绩素著，镇守西粤，绥厥岩疆。……今特颁专敕，宣谕朕意，尔思翻然悔悟，弃逆效顺，将尔以往之罪，并所属官员兵丁，悉行赦免，照日录用。若能剿寇立功，仍行加恩，从优议叙。”[③]谕旨未到，马雄病故。其子马承荫率部投诚，被授伯爵，“给与将军印”[④]。可见在康熙的眼里，回回并不“叵测”。征讨吴三桂的回族将领还有西宁人马进良，因其技勇过人，屡立战功，被升为古北口总兵，镇守京师北门户，后擢直隶提督。参与镇压米剌印、丁国栋起义的清军主要将领中有宁夏（即今银川）回族马宁，时为陕西副将，因功升为都督同知，充总

①白寿彝:《回族人物志·明代》,宁夏人民出版社,1988年,第46页。
②《明清史料》丙编,第677页。
③《平定三逆方略》卷二七。参见白寿彝:《中国伊斯兰史存稿》,宁夏人民出版社,1983年,第304页。
④《清圣祖实录》卷八三。

兵官[①]。

由上述史料可以看出，在清政府入关的最初年月里，因其主要精力在于武力征服中原，扫除各路反抗力量，对回族并没有表现出特别的关注。

康熙中叶，中原底定，政府采取了一系列恢复生产、缓和社会矛盾的措施，以巩固统治，其民族政策也服务于这个中心。康熙皇帝在狩巡蠡城时“登清真阁，见架置天经，徘徊不忍去，诏寺人能讲者来，蠡人无有应昭者”。后又有“西域国臣以天经进，上谕礼部侍臣即传京师内外，诏能讲者来，皇上登景山以待。时日将晡，次日欲幸五台，及诏至，乃教领之，能诵而不能讲者。侍臣复旨。上曰：‘今朕亦忙促，令彼暂回，以率伊众。埃游五台回，宣能讲者，勿虚朕望’。及旋，而诏不果”[②]。这是回族人自己的记载。从中可以看出清初对回族信仰的伊斯兰教并不是“至虐的”，也没有运用禁绝伊斯兰教的手段，来消灭穆斯林的宗教信仰。康熙三十三年（1694年），在北京牛街发生了宗教师马腾云通准噶尔蒙古案。噶尔丹反清后曾派2人冒充“红帽回”潜入京师打探，因系同教，东城人马惠泉接待了其中1人，牛街礼拜寺副掌教马腾云亦曾招待过。事发后理藩院派人包围礼拜寺，逮捕了马腾云和掌教尹良相。兵马司将牛街回民按户造册，派兵封锁了牛街地区，不准居民出入。理藩院上奏或尽杀牛街回民，或遣出京城。康熙予以驳斥：“京城回民亦朕之赤子也……只严缉奸细，毋株连好人。”只杀奸细，发配马惠泉，马腾云获释[③]。同年，为处理诬告回民谋反，康熙还专门颁布一道圣旨（北京牛街清真寺存有木制圣旨牌）：

康熙三十三年六月

圣谕

朕评汉回古今之大典，自始之宏道也。七十二门修仙成佛，诱真

①《清世祖实录》卷六八。

②马注：《清真指南》卷一。

③见牛街志书《冈志》“灾异”部分。

归邪，不法之异端种种生焉。已往不咎，再违犯者斩。汉诸臣官分职，时享君禄，按日朝参；而回逐日五时朝主拜圣并无食朕俸，亦知报本，而汉不及于回也。通晓各省：如官民因小不忿，借端虚报回教谋反者，职司官先斩后奏。天下回民各守清真，不可违命，勿负朕恩有爱道之意也。钦此钦遵！①

原文为竖写，无标点。其对回族的怀柔宽容可以管窥。其中有一点值得注意，康熙知道回民“逐日五时朝主拜圣”，可见其对回族的宗教信仰是了解的，并不认为伊斯兰教是“左道惑众”。关于这道圣旨，有更为生动的康熙微服夜访牛街的传说，为全国回族所熟知。

雍正皇帝继位后，不时有心存偏见者密奏回民不法，要政府禁绝其宗教信仰而后快。山东巡抚陈世琯在疏策中将回族的宗教信仰和习俗进行一番侮辱之后，建议“概令出教，毁其礼拜寺”可谓典型。雍正七年（1729 年）诏谕予以批驳：“直省各处皆有回民居住，由来已久。其人既为国家之编氓，即俱为国家之赤子，原不容以异视也。”“且朝廷一视同仁，回民中拜官受爵、荐登显秩者尝不乏人，则其勉修善行守法奉公以共为良民者，亦回民之本心也。要在地方官吏不以回民异视，而以治众者治回民；为回民者亦不以回民自异，即以习回教者习善教。则赏善罚恶，上之令自无不行；悔过迁善，下之俗自无不厚也”②。翌年，署理安徽按察使鲁国华又奏：“回民居住内地，不分大小建，不论闰月，以三百六十日为一年，私计谋日为岁首，群相庆贺。平日皆戴白帽，设立礼拜、清正等寺，妄立把斋名目，违制惑众。应请严行禁革，恪守典章，违者照律定拟。如地方官容隐，督抚徇庇，亦一并议处。”雍正下诏给予更为严厉的批驳：“数年来亦未见回民作奸犯科，逞凶肆恶者。且其中有志上进者甚多，应试服官同于庶士、而以文武科名出身荐登显秩、为

①参见刘东声：《北京牛街》，“宗教”部分，北京出版社，1990 年。
②《清世宗实录》卷八〇。

国家宣力效忠者常不乏人。”“鲁国华此奏甚属苛刻怪诞”。“向后，倘回民本无过愆，而大小官员等但因其习尚稍有不同，以此区区末节故意刻求，妄行渎奏，朕必严加处分。鲁国华此奏非有挟私报复之心，即欲乱国政。著将鲁国华交部严加议处”[①]。这两道谕旨讲的十分清楚，充分表现了清朝前期统治者对回族的基本态度。在此前后，曾发生了著名的曾静案和吕留良案。吕留良为江南名士，时有“东海夫子”之称，影响很大，他的思想表现在诗文中“华夷之别横介于中心”[②]，曾有“华夷之分，大于君臣之义”的言论。曾静受吕遗著影响，亦持“华夷之别大于君臣之伦”的政治观。岳钟琪任川陕总督后，曾静派门人上书于岳以策反，随后引出了一系列对满洲贵族和雍正本人的攻击言论，雍正不动声色，待事态全部暴露后，将其论述曾案的上谕编辑成《大义觉迷录》颁示天下，主张民族平等，严斥“华夷有别”论。

乾隆前期，在处理民族问题方面，更充分表现了有才干的封建帝王的策略。他曾坦率地总结：抚驭远人，全在恩威并用。对于蒙古和藏传佛教，清王朝一直是优礼厚待的，在维护达赖和班禅的地位问题上，乾隆道出了清王朝的真实动机：“盖中外黄教总以此二人。各部蒙古一心归之，兴黄教即所以安众蒙古，所系非小，故不可不保护之”[③]。对于回族和各伊斯兰民族，乾隆亦称“回民与百姓均系赤子，自当一视同仁”[④]。但此时不断滋长的大汉族主义思想对清政府不能不产生影响，地方官吏带有民族偏见的日益增多的疏策使清廷最高决策者对回族的态度也逐渐起了变化。乾隆十一年（1746年），固原有驻军为粮饷而起的夺门闹市之案，地方官吏归罪于“其中大半回民”。乾隆十五年直隶河间回族哈攀龙补授固原提督，在甘肃为官30年的广西提督豆斌密奏：“此种人惟恃强梁，不讲忠义，富则多事，穷则行窃，其性原与人殊。今哈攀龙又系回

①《清世宗实录》卷九四。
②《大义觉迷录》卷三。
③见雍和宫《喇嘛说》碑文。
④《清高宗实录》卷一〇四九。

子，纵不瞻徇，其如教亲何？”对于这种侮辱回族之辞，乾隆不像雍正那样予以严厉驳斥了，而称“所奏甚可嘉。知道了”[①]。乾隆二十七年，“刑部议准：山东按察使闵鄂元奏称，回民犷悍成习，结党为匪，仅照常例办理不足示惩。请嗣后回民行窃但经结伙在三人以上及携带凶器者，不分首从，不计赃数、次数，悉照积匪例发云、贵、两广极边烟瘴地方从军。窝窃、分赃之家一律治罪”。要求从法律上给回族更为严厉的惩罚，御批“从之”[②]。此时的乾隆皇帝虽然已起防范压制回族之心，却希望在不动声色中进行，如在批示固原兵变的处理意见中就表现了这种心态：“其（回兵）豪悍者惩革之，怯懦者沙汰之，渐次整饬。使营伍肃清但不宜显露形迹。并可以此意宣示营弁，防其稍有泄露，又致讹言骇听，所关更复不小。慎之”[③]。乾隆四十三年在处理河州的一次有关回族的案件中要地方官吏“毋庸强生分别（汉回），使回众闻称妄生疑惑”，“将其原系回民妇女即酌量配给屯兵。其原系回民或将汉妇配给，不动声色，自行酌办，不必明示其故，方为妥善”[④]。以汉融回之意隐约可见，却又不要“明示其故”，可谓用心良苦。从上述材料可以看出，乾隆时期最高统治者已开始防范回族，并在法律上予以歧视和压制。

乾隆后期，清王朝的所谓“康乾盛世”达到顶点，“盛”中孕育着不可逆转的“衰”，地方官吏腐化堕落，各地贪污成风。而正是此时，西北回族内部出现了派别之争，由于地方官吏的渎职，不察民情，随意处理，乾隆四十六年（1781 年）最终导致哲赫忍耶新教为争取生存权利而爆发的苏四十三起义；三年之后，其信徒田五等人前赴后继，再次发动反清起义。这两次起义虽然规模不大，却影响深远，打破了清王朝的承平局面，使其认识到了回族的整体力量和对其统治的威胁。清廷为了维护自己的统治，开始对回回民族采取公开防范和压制之策。乾隆作为最

①《清高宗实录》卷三七七。
②《清高宗实录》卷六七六。
③(清高宗实录》卷二八六。
④《清高宗实录》卷一〇四九。

高统治者第一次禁止回族中的一个教派生存，对于新教他要求地方官吏严加查办，“断绝根诛”[①]。地方官吏奏请“晓谕回民不许称阿浑名目……不准添建礼拜寺……”上谕“如所议行”[②]。随着最高统治者态度的转变，潜伏已久的大汉族主义思想开始蔓延，满族作为统治民族，士大夫们不敢随意指责，回族与汉族杂居相处，习俗不一，便自然成为无聊文人和偏见较深的士绅攻击的对象。乾隆五十四年（1789年），河州知州涂跃龙的禀帖中限改信回教的汉人三月内改归，违者“照谋叛律问拟”，可见成见之深；同年陕甘总督对回族又提出了包括禁抱养及改归回教、禁添造礼拜寺等内容的五项禁令，在回汉人民和睦相处的关系中故意划出一道鸿沟来[③]。乾隆之后，清王朝日趋腐败，地方官吏对回族的限制更加严厉，劣绅们不时挑起回汉冲突，回族所受民族歧视与压抑越来越严重，甚至出现“此等回丑，环处中土，宜令其一体遵奉，毁其礼拜寺，举汉人教其子弟，使知伦常礼仪，日积月累，油然感化，庶乎可无虞耳”[④]之狂言。不过这已经是清代中后期的事了。

二

清初，回回作为一个民族整体得到了较大发展，奠定了近现代回族的基础，这是史学界基本一致的看法。我们认为这种发展与清初统治者对回族的政策有一定联系。清代回族在政治上没有什么显赫地位，因为他们没有像元明时代他们的先辈那样，在统治者征服天下时起重大作用。

---

①《石峰堡纪略》卷六。

②《兰州纪略》卷一六。

③参见王树民:《乾隆年间甘肃回民争教与反清斗争》,《河北师范大学学报》1985年第2期。

④宁夏马氏为清初望族,马会伯为康熙三十九年武状元,官至兵部尚书,际伯、见伯、觐伯为其从兄弟,均仕至总兵、提督职。《清史稿》《清史列传》有传,但均未提及其族属。云南大理王胞生先生在其《云南回族历史大事简表》中定马氏为回族。马会伯、马际伯都曾征云南,会伯曾任云南永北镇总兵,二人部属留滇者不少,“今云南回族犹多为会伯、际伯弟兄二人所率回兵后裔”(见《大理回族史资料集》第一辑)。王先生搜集云南回族史料数十年,想一定有谱牒方面的资料佐证。

不能将回族在政府中的政治地位不如元明两代作为清王朝压制、歧视回族的依据，我们更多地注意了清前期代表官方意志的各种文书，并未发现有歧视回族的倾向。

首先，在科举入仕和任用官吏方面，清前期以科举图功名的回族人很多，粗略统计，自顺治三年（1646年）至乾隆四十六年（1781年），以科举仕进者如下表：

姓名	籍贯	中仕年代	文武类别	姓名	籍贯	中仕年代	文武类别
常自牧	北京	顺治三年	进士	杨　凯	仪征	康熙四十八年	武进士
白惺涵	直隶	顺治六年	进士	闪文绣[①]	大名	康熙四十八年	武进士
宣重光	江苏	顺治九年	进士	丁　莲	晋江	康熙五十二年	进士
丁　澎	浙江	顺治十二年	进士	金怀玮	大兴		武进士
马世骏	江苏	顺治十八年	状元	铁景	沈阳	雍正二年	武进士
詹　宇	宣城	康熙二十四年	进士	马大用	怀宁	雍正五年	武探花
冯　羲	沈阳	康熙二十四年	武进士	沙　亮	冠县	雍正五年	武进士
马见伯[②]	宁夏	康熙三十年	武进士	金　溶	大兴	雍正五年	进士
海凤翁	衡阳	康熙三十三年	进士	哈攀龙	河间	乾隆二年	武状元
铁范金[③]	沈阳	康熙三十六年	武进士	郑国卿	阿迷	乾隆十年	武进士
铁鸿绪	沈阳	康熙三十六年	武进士	哈国兴	河间	乾隆十七年	武进士
改日新[④]	北京	康熙三十六年	武进士	杨文渊	仪征	乾隆二十五年	进士
马会伯	宁夏	康熙三十九年	武状元	改振宗	北京		武进士

①见《大名县回族志》第134页。

②宁夏马氏为清初望族，马会伯为康熙三十九年武状元，官至兵部尚书，际伯、见伯、觌伯为其从兄弟，均仕至总兵、提督职。《清史稿》《清史列传》有传，但均未提及其族属。云南大理王胞生先生在其《云南回族历史大事简表》中定马氏为回族。马会伯、马际伯都曾征云南，会伯曾任云南永北镇总兵，二人部属留滇者不少，“今云南回族犹多为会伯、际伯弟兄二人所率回兵后裔”（见《大理回族史资料集》第一辑）。王先生搜集云南回族史料数十年，想一定有谱牒方面的资料佐证。

③沈阳铁氏见《辽宁回族家谱选编》“铁氏家谱”。

④北京改氏见《冈志》。

续表

姓名	籍贯	中仕年代	文武类别	姓名	籍贯	中仕年代	文武类别
马觐伯	宁夏	康熙四十二年	武状元	乌大经	长安	乾隆二十八年	武进士
黑鸣凤	临清	康熙四十二年	武状元	铁　鼎	长安	乾隆二十八年	武进士
马汝为	元江	康熙四十二年	进士士	萨龙光	闽县	乾隆四十六年	进士
杨　谦[①]	仪征	康熙四十五年	武状元				

以上统计是在极为分散的回族史料中辑录的，不可能完全[②]。只是意在说明清初回回人科举入仕不受政府限制。

清初回回入仕，并非科举一途，以才渐升或荫叙供职者同于汉族。尚武是回族的传统，清初以武擢升的回族人较文士更多，前列进士表中武进士占一大半，非进士出身的武将更多，如固原人马雄，宁夏人马宁，河间人哈元生、哈尚德父子，西宁人马进良、马彪，张掖人马良柱，成都人冶大雄、许世亨等均为将，多受清廷赏识。据粗略统计，清初总兵以上回族将领也不下三四十人。由此可以看出，前引雍正皇帝以赞赏的口吻称回民中“有志上进者甚多，应试服官同于庶士，而以文武科名出身，荐登显秩，为国家宣力效忠者常不乏人”并非空论。

其次，清初回族的伊斯兰信仰得到加强也与清政府的任其发展和予以保护不无关系。清初诸帝对伊斯兰教的态度是明朗的，康熙以最高决策者的口气称“朕评汉回古今之大典，自始之宏道也”，将伊斯兰教与各种被禁止的民间宗教截然分开，要“天下回民各守清真”；雍正也称“回民之有教毋庸置疑”，并解释说“凡人生产虽不同地，而同具此天良；习尚虽不同教，而同归于为善”，要回民“以习回教者习善教”。正是由于

---

①有关仪征杨氏，笔者未见第一手资料，此处依据江苏古籍出版社《回族大词典》有关词条。

②云南沙甸金树荣先生整理的沙甸回族墓表中，清代该村进士有 48 人之多，见《沙甸回族史料》第 17 页，可为清代回族参加科举之例证。上列所有文进士中仕年限，笔者均与《明清进士题名录》核对过。

有这种明确的保护政策，才使当时在回族中出现的一系列前所未有的中国伊斯兰教新特点得以正常发展：明末出现的经堂教育在更大的范围内扩展，各地出现了不同学风、学派，成为回族宗教教育的最主要形式，陕西学派继承胡登洲巴巴的学风，注重认主学，“专而精”；常志美先师开创的山东学派则认主、“圣训”、经注、修辞诸学并重，“博而熟”，他自己所著波斯语文法著作《米诺哈志》则成为经堂教育的必修课本。乾隆时期著名经师舍蕴善的弟子赵灿将经堂教育中著名经师及传承关系记载下来，成《经学系传谱》[①]一书，可睽其发展盛况。西北地区受中亚苏非主义影响，出现了以伊斯兰神秘主义为特征的门宦，它打破了以互不隶属的礼拜寺为中心的教坊制，大大提高了穆斯林的凝聚力。门宦的出现是社会承平安定的条件下穆斯林加强宗教意识的形式之一，是历史发展到一定阶段的产物。在其和平发展时期，清政府对中国伊斯兰教中这一新生现象也未做任何限制，而是任其发展，嘎德忍耶门宦的初传可以很好地说明这一点。康熙二十五年（1686年），身居川北镇总兵的回族将领马子云邀该派初传人、中亚传教士华哲·阿布都·董拉希赴风景秀丽的阆中传教，为其修建静修住所并拜师学习该派奥义。华哲归真后，他主持厚葬并撰《先贤碑记》以纪念，文中充满崇敬之情[②]。作为统镇一方的军事将领能有此举，也可见政府态度之一斑。

江南经济发达地区，穆斯林学者“以儒诠经”的伊斯兰教经典、教义汉文译述活动达到高潮，涌现了一批著述家和译著，这在中国伊斯兰教史上也是空前的。举其要者有王岱舆的《正教真诠》《清真大学》《希真正答》，张中的《归真总义》《四篇要道》，伍遵契的《归真要道》，马注的《清真指南》，马伯良的《教款捷要》，刘智的《天方性理》《天方典礼》《天方至圣实录》，金天柱的《清真释疑》等等。这种译述活动

①由杨永昌、马继祖整理标注，青海人民出版社1989年出版，列入《青海少数民族古籍丛书》。

②马通：《中国伊斯兰教派门宦溯源》，宁夏人民出版社，2000年，第110页。

同样是在清政府宽容的政策下进行的，穆斯林学者的目的大致有三：一在于能使不懂阿拉伯文、波斯文的中国穆斯林更深地了解自己的信仰。二在于能使教外大众——主要指汉族文人士大夫——对伊斯兰教能有公允、正确的认识，消除偏见，为了更有效地达此目的，回族著述家们大量采用儒家伦理思想论释伊斯兰教义、教律，使回族伊斯兰教更具中国特色。为刘智《天方典礼》作序的兵部侍郎鹿佑阅刘著“然后知清真一教，不偏不倚，直与中国圣人之教理同道合，而非异端曲说所可同语者矣”，称“《礼经》一书殆可与六经并著天壤矣乎”[①]。可见起到了一定效果。三是希望清廷能给伊斯兰教以更高的地位，马注著译《清真指南》时在这方面就表现了强烈的愿望，他请求康熙皇帝如同历朝加封孔子一样给穆罕默德赐一封号，儒回（教）共重，使伊斯兰教“直与东鲁圣学并济寰宇”[②]。

在全国范围内，清前期清真寺的新建、重修与前代相较比例甚高，这已是回族史研究者的共识，毋庸再列举大量事例。

第三，在人口与经济发展方面，随着社会环境的稳定，全国人口的大幅度增长和经济的恢复发展，回族人口也有了较大增长，经济出现了新的发展特点。元明时期形成的“大分散、小集中”行居住格局这一时期表现得更趋突出，黑龙江、内蒙古地区、新疆地区、西藏拉萨均有回回迁入并定居，凡有汉族的地方几乎都有回回居住，形成了几大片相对聚居区。西北为最大的相对集中区域：河西走廊是中亚陆路交通的必经之地，域外穆斯林贸易留居者络绎不绝，形成了以肃州为中心的回回聚居区，河西回回或耕植牧养，“或策名仕版，或经营商务”，还修有灌田数万亩的回民渠。湟水流域和河狄地区则成为回回最主要的居住区之一，由于地处汉藏农牧两大经济区域交界地带，回回以其商业优势，通农牧之有无，服务于汉藏民族，活跃在河州、西宁、洮州、丹噶尔、鲁沙尔

①见《天方典礼》序。
②见《清真指南》卷一。

等商业集镇，在当地诸民族中具有较强的经济实力；甘肃“宁夏至平凉千余里，尽系回庄”，宁夏平原由于有得天独厚的黄河水利灌溉条件，回汉人民一起垦荒修渠，共同开发，使这块“塞上江南”更为富庶，农业生产得到较大发展。固原、平凉一带虽“苦甲天下”，回族人民以其坚韧的精神，农牧兼营，占有商业优势，在当地居民中表现得更为活跃；陕西关中地区是回族先民最早的栖身地之一，从乾隆四十六年（1781 年）署理陕西巡抚毕沅陈述当地回族情况的奏折中可窥其盛况[①]，关中回族在农业生产上已与汉族达到同等水平，兼营畜牧和商业使他们有更广泛的经济收入来源。清前期随着回族军士不断落藉[②]和原有人口发展繁衍，云南成为回族第二大居住区，各府州厅县几乎都有回族聚居点。云南回族多从事农业，以马帮运销、采矿、制革等为主要经济特色，马帮运销是回族商业传统在山多地险、烟瘴遍地的西南地区的新发展，回族商人的马队不仅走遍云南各地，而且远走缅甸、泰国、越南、老挝等地，对勾通西南各民族及中外经济文化交流起着桥梁作用；云南金、银、铜、锡等矿产丰富，当地回族人顺应环境与汉族一起开采矿山。华北地区是回族的另一相对集中区域，河南各县大多有回民分布，从北京通县到山东济宁运河沿线则更为集中，这种分布状况与其商业经济有一定联系。华北回族在农业生产方面似与汉族并驾齐驱，较为发达；商业活动亦十分活跃，济宁、开封、周口、孟县桑坡成为回回商人经营皮毛贸易的著名集散地，后人有“只知桑坡而不知孟县”的感叹。英国人赫德在 1735 年谈及中国回回时说：“前次山东省之凶荒，彼等购买儿童成万，为之结婚，

①毕沅的奏折中称：“臣查陕省各属地方回民居住，较之他省为多；而西安府属及本属之长安、渭南、临潼、高陵、咸阳及同州府属之大荔、华州，汉中府属之南郑等州县回民聚堡而居，户口更为稠密。西安省城内回民不下数千家，俱在臣衙门前后左右居住。……西安回民大半耕种畜牧暨贸易经营，颇多身家殷实及曾任武职大小员并当兵科举者。”见《天方至圣实录》附录二。

②哈元生、哈国兴、马会伯、马际伯、冶大雄、许世亨等回族将领都曾从征或任职云南，他们所带兵士多为回族，有许多落藉云南而不归。民国《昭通县志稿》卷六载：“前清哈元生两次平昭。所带兵丁多系回民。领土占藉，择取地方，悉得东南一带高原。”

为之购地以居。”[①]假如此言有据，华北回族的经济实力可以想见。除上述主要聚居区外，散居各地的回族都有不同程度的发展，江南回回手工业者还建有自己的行会组织。

总体上看，由于居住条件的制约，清代前期回族经济的发展在各地显示出不同的特色。回回善营利，历来如此，明代以来随着中西交通的衰落，回族商业亦逐渐由国际贸易转向国内贸易，传统的珠宝玉器业在大城市回回的商业活动中虽占有重要地位，但就整体而言，已不是主要的商业经营项目了。而皮毛交易以及与之相关的制革、土特产品贩运成为回族的主要商业经营内容，在全国各回族聚居区形成了许多著名的皮毛集散地。无论西北还是内地，回族与汉族杂居相处，人数远不及汉族众多，但在经济方面却表现出更大的灵活性，甚至于在某些方面还占有一定优势。我们认为，回族在清前期能有上述发展，是与清前期的回族政策相互关联的。如果说从清前期的文献记载中找不到清政府如明王朝奖掖、保护回族发展经济的律令条文的话，它至少对回族也和对待其他民族一样任其自由发展，无特殊限制。回族也正是在这一时期从经济、文化、人口诸方面得到了较大发展，奠定了现代回族的基础。

丁万录（1964—　），宁夏西吉人，回族，历史学教授。1985年至今在学校历史系（文旅系）、学报编辑部、文史学院工作，曾任文旅系副主任及学报编辑部副主任、主任、主编等职，主要从事中国民族史与回族历史文化研究。

本文发表于《西北第二民族学院学报（哲学社会科学版）》1994年第4期。

---

①见英国人布隆荷尔《清真教》第三章，转引自朱杰勤译《中外关系史译丛》一书之《中国与阿拉伯人关系之研究》，海洋出版社，1984年。

20世纪回族研究成果述略

◎丁万录

一

20世纪初，随着各种西方思想在中国的传播和流行，尤其进化论思想和民族主义思想的深入人心，使中国思想文化界经历着巨大的变革与更新，知识分子不仅眼界大为开阔，自觉的民族主体意识也大大加强，学术研究的范围与方法更加宽广、创新，中国少数民族问题研究——包括回族研究即是在这一背景下展开的。

早期回族研究是以回教研究的形式出现的。首先是回族内部知识界和宗教界有识之士为复兴民族文化，振兴民族精神而发起的呼吁与讨论，他们创团体、兴教育、办刊物，寻求群体近代化之路。其中1908年由36位留日学生组织的“留东清真教育会”及其创办的刊物《醒回篇》最具代表性，而1912年王宽大阿訇在北京创办的“中国回教俱进会”在全国回族中颇具影响力。《醒回篇》中“宗教与教育之关系”“劝同人负兴教育之责任说”“宗教进化论”等文是以一种完全的主体意识探讨回族的发展问题。惜此刊仅出1期。这种内部寻求团体发展的努力是回族研究的开端和动力，为日后回族研究的全面展开奠定了基础。

正因为有回族内部广泛的近代化努力，才引起了社会的重视，学界亦开始关注回族历史问题。纯学术性质的回族研究始于20世纪20年代，北京大学陈汉章教授发表于《史学与地学》杂志第一期（1926年）的长文《中国回教史》可谓开创之作，系统地引述了中国历代文献中的相关资料并进行考辨。1927年3月，近代著名的史学大师陈垣先生在北京大学研究所国学门的演讲《回回教入中国史略》（沅君记，同年发表于《北京大学国学门月刊》第一卷六号，1928年载《东方杂志》第二十五卷一号）是具有广泛而持久影响的名篇，其对回历与中国历法的辩正、伊斯兰教传入中国的时间、西安化觉巷清真寺碑记时代的考辨等诸多问题的证论不仅成为定论，更重要的是为后来研究回族问题提供了一种方法指导，时至今日，此篇仍为回族研究者必读书目。陈先生20年代完成的《元西域人华化考》亦功力深厚，征引书目200多种，材料丰富，考证深入，也是回族研究的开拓性著作。

20世纪20年代以后，随着回族自身主体意识的增强和新式知识分子群（包括文化界和宗教界）人数的增多，回族研究呈一派繁荣景象。首先是研究队伍的壮大。不仅回族先觉知识分子（包括宗教界）和汉族学者参加，广大的回族知识青年和受新思潮影响的宗教界阿訇亦广泛参与，研究者从北平、南京等中心城市向全国各地扩散，组织了一批颇具影响的研究团体，著名的有中国回教俱进会清真学理译注社（北平）、中国回教俱进会滇支部振学社（昆明）、中国回教学会（上海）、追求学会（北平）、中国回教文化学会（桂林）等。抗日战争时期成立的中国回教救国协会，组织庞大，亦有学术研究职能。其次是研究领域不断扩展。举凡历史、宗教、典籍、文化、经济、人物、古迹、金石、谱牒、回汉关系等均有一定量的成果，当时对各地回教状况和清真寺情况的调查尤为珍贵，留下了许多宝贵资料。第三是研究载体——各种刊物大量涌现。北起黑龙江，南到广东都有探求回教学理，介绍回教历史与现状，沟通各地回民信息的回教报刊。较有影响的有云南的《清真铎报》、北平的《月华》、天津的《伊光》、南京的《突崛》、开封的《伊斯兰》、重庆的《中国回教救国协会会刊》《回教文化》等等，其中由成达师范学校1929年11月创办的《月华》刊行时间长、发行量大，最具影响。30年代颇为有名、由顾颉刚先生主持的全国性学术刊物《禹贡》组织刊发了两期回教专号（5卷11期、7卷4期），具有较高的学术水平。

民国年间，经回汉学者数十年的努力，回族研究取得了多方面的成绩，整理史料、考证史实、研究信仰与习俗，刊布了一批有影响的文章和著述，举其要者有：金吉堂的《中国回教史研究》，傅统先的《中国回教史》，马以愚的《中国回教史鉴》，白寿彝的《中国回教小史》等。1941年延安出版的《回回民族问题》（民族问题研究会编）一书以鲜明的政治态度将回回作为一个民族整体看待，在当时有着特殊意义。

具有较高学术价值的文章有白寿彝先生的《元代回教人与回教》《赛典赤赡思丁传》《柳州伊斯兰与马雄》《跋吴鉴〈清净寺记〉》《跋〈重建怀圣寺记〉》《滇南丛话》，王静斋大阿訇的《中国回教经堂教育的检讨》《中国近代回教文化史料》，赵振武先生的《三十年来之中国回教文化概况》《校经室随笔》，庞士谦先生的《中国回教寺院教育之沿革及课本》，金吉堂先生的《敕赐清真寺的五百年》，薛文波先生的《明代与回民之关系》，杨志玖先生的《"回回"一词的起源与演变》《元代回汉通婚举例》，刘风五先生的《回教徒与中国历代的关系》《回教徒对于中国医药的贡献》等等。

20世纪前半期既是回族研究的起步阶段，也是回族研究的第一个繁荣期，尤其1930—1945年的十余年内，集中发表了大量的调查资料和研究成果，呈现一派生机活力。受过高层次学术研究训练的白寿彝先生发表了高数量有价值的文章，显示了其学术功力，成为代表人物。

二

中华人民共和国成立后百废待兴，人们面临的是一个全新的政权机构和社会环境，在学术研究中普遍以马列主义为指导。著作主要有白寿彝先生编著的《回回民族底新生》（1951 年上海东方书社）和《回民起义》（4 册资料集，上海神州国光社 1952 年初版），马霄石先生的《西北回族革命简史》（1951 年上海东方书社），白寿彝、韩道仁、丁毅民编著的《回回民族的历史和现状》（1957 年民族出版社），马长寿先生领导西北大学历史系师生完成的《同治年间陕西回民起义历史调查记录》（未正式出版）、林干编著的《清代回民起义》（1957 年新知识出版社）等。文章主要有白寿彝《关于回族史的几个问题》（《人民日报》1960 年 2 月 22 日），马坚《回回天文学对于中国天文学的影响》（《进步日报》1951 年 4 月 20 日）、《元〈秘书监志·回回书籍〉释义》（《光明日报》1955 年 7 月 7 日），吴乾就《关于杜文秀的评价问题》（云南《学术研究》1961 年创刊号），田汝康《有关杜文秀对外关系的几个问题》（《历史研究》1963 年第 4 期），马长寿《〈同治年间陕西回民起义历史调查记录〉序言——兼论陕西回民运动的性质》（《西北大学学报》1957 年第 4 期），吴万善《一八六二至一八七三年的西北回民起义》（《历史教学》1963 年 3 月）等。从这些篇名中我们可以看出，与时代相适应，此一时期回族研究的重点在回民起义。

“文化大革命”期间回族研究基本处于停滞状态，研究成果相对很少。1978 年召开的党的十一届三中全会，开始了党在思想、政治、组织等领域的全面拨乱反正，正常的学术研究工作逐步走上正轨，回族研究再度步入繁荣。当年 10 月由宁夏人民出版社出版的《回族简史》一书开其端，此书不及 8 万字，由白寿彝先生指导撰述，虽亦存时代痕迹，但对回族的来源及形成等问题有较为成熟的看法，初版印数达 6 万册，影响一时。此后回族研究全面展开，《宁夏社会科学》《甘肃民族研究》《宁夏大学学报》《中国穆斯林》《西北民族研究》《西北民族学院学报》《世界宗教研究》《阿拉伯世界》《青海民族学院学报》《青海社会科学》《西北第二民族学院学报》及不定期出版的《中国回族研究》

辑刊等刊物成为主要阵地。1991 年《回族研究》杂志的创刊使回族研究有了专门阵地，很快成为主要载体，90 年代的重要研究成果绝大多数登载在该刊。至世纪末，经各地学者 20 余年的努力探索，回族研究工作取得了丰硕的成果。

（一）这一时期的回族研究主要呈现为以下几个特点

1. 以研究回族历史为主，宗教信仰、文化、教育、经济等方面为重要内容

诸如回回民族的来源与形成，伊斯兰教在回族形成中的作用，回民起义的原因、性质和作用，杜文秀、白彦虎等历史人物的评价，萨都剌、李贽等著名历史人物的族籍问题，西北回族伊斯兰教派与门宦形成的原因及特点，明末清初回族伊斯兰汉文译述思想的分析与评述，近代回族文化运动，回族人民的抗日斗争，现代回族革命斗争，回回天文、医药等科学技术成就的整理与研究，回族经堂教育等众多问题出现了热烈的讨论，部分问题达成共识，取得了阶段性的研究成果。

2. 不断拓展新的研究领域

随着回族研究的深入和时代发展要求而进行的新的探索，主要表现为对当代回族社会及发展问题的研究。包括对回族社区的个案研究、当代经济发展问题、都市化对回族宗教信仰的影响、散杂居地区回族青年的婚姻状况等等问题的研究。

3. 形成了一支较为固定、不断有新人加入的研究队伍

马坚先生去世后，白寿彝、杨志玖、纳忠、杨兆钧等老一辈学者或居高指导，或投入精力进行研究，高水平成果不断产出；杨怀中、林松、马通、余振贵、马寿千、答振益、马启成、冯增烈、马维良、罗万寿、李松茂、吴万善、勉维霖、穆德全、纳国昌、丁国勇等先生为学术带头人和中坚力量，他们在 20 世纪 50—60 年代或参加了回族社会历史调查工作，或早已开始步入回族研究行列，有很高的热情，积累了大量资料。此一时段，他们不仅发表了大批研究成果，还耳提面授培养了一批新一

代青年骨干。

4. 学术会议成为重要的推动力

1980—1986年，先后在银川、兰州、西宁、西安、乌鲁木齐召开了五次西北五省（区）伊斯兰教学术讨论会，实为全国性学术研讨会，各地学者多有参加，会议讨论的问题和收到的文章绝大多数涉及回族，有力地推动着回族研究工作。1983年11月在银川召开了第一次《回族简史》座谈会，开全国性回族史讨论会先河。1985年在昆明又召开了第二次。1987年在兰州举行的第三次会议正式更名为全国回族史讨论会。以后由回族较多的省区轮流举办，至1998年昆明会议（正式成立了中国回族学学会），共举行了11次。1999年由中国回族学会主办的北京会议顺应时代发展要求更名为第十二届全国回族学研讨会，既保持传统，又拓展了领域，2001年在南京召开了第十三次全国回族学研讨会。这些会议各有主题，指导着阶段性研究方向，增进了学者之间的广泛交流与合作，收到了大批研究资料、论文和论著，对回族研究起着巨大的推动作用。另如1998年在银川举行的首届回族历史与文化国际学术讨论会，1989年在西安举行的回族医药学术讨论会，1987年在西安举行的陕西回民起义学术讨论会，1990年在大理举行的杜文秀起义学术讨论会等专题会议均有丰硕成果。

（二）主要研究成果

1. 回族族源和民族形成问题

族源方面肯定了蒙古西征东拔而来的西域各族穆斯林是回族的主要成分，他们及后裔和汉族等民族通婚交融构成了回族的主体，并进一步考证唐宋时期入华定居的回回先民。罗禹《回回考辨》（《西北民族学院学报》1979年第1期）、马霄石《回族的来源与形成》（临夏回族自治州档案馆内部铅印，1982年）、杨怀中《唐代的番客》（《伊斯兰教在中国》，宁夏人民出版社，1982年）和《宋代的番客》（《中国伊斯兰教研究》，青海人民出版社，1987年）、秦惠彬《唐代的伊斯兰教》和《伊斯兰教在五代时期的发展》（《世界宗教研究》1987年第3期，1989年第1

期）等文均有较高水平。高嵩《回回族源考论》（西北大学出版社，1991 年）有不同说法。民族形成方面多数人赞同白寿彝先生主张的明代形成说。

2. 回族和伊斯兰教的关系问题

伊斯兰教在回族形成中的作用问题，是 20 世纪 80 年代讨论的热点之一，部分学者认为是纽带作用，部分学者认为是关键作用，林松《试论伊斯兰教对形成我国回族所起的决定性作用》（《社会科学战线》1983 年第 3 期）从 9 个方面进行了缜密论证，指出“无论从任何角度看，回族的任何特征，都不能完全摆脱伊斯兰教的因素而单独存在”，旗帜鲜明地认为伊斯兰教对回族形成起着决定性的作用，为多数学者所接受。马汝邻《再论伊斯兰教与回回民族形成的关系》（《宁夏大学学报》1984 年第 3 期）等文则坚持认为民族意识起主导作用。

戴康生、秦惠彬《试论伊斯兰教在我国回族中传播的特点》（《世界宗教研究》1982 年第 1 期）较为系统地论述了回族伊斯兰教的特点。此后研究范围扩展到伊斯兰教对回族社会经济、文化、风俗习惯、居住特点等各方面的影响，部分取得了共识。

3. 元代回族史研究

杨志玖先生功力深厚，成绩最著，他的《元代回回人的政治地位》（《历史研究》1984 年第 3 期）、《萨都剌的族别及其相关问题》（《南开大学学报》1983 年第 6 期）、《从〈至顺镇江志〉看元代镇江路的回回人》（《江海学刊》1983 年第 1 期）、《元代的吉普赛人——罗哩回回》（《历史研究》1991 年第 3 期）等文（前 3 篇收入杨先生专集《元史三论》，人民出版社，1985 年）论证严密，具有广泛影响。20 世纪 90 年代应《回族研究》编辑部之约杨先生开始撰写《元代回族史稿》，自 1992 年第 4 期至 1995 年第 2 期连载 10 次，完成了《绪言》《回回一词的起源与演变》《回回人的东来与分布》《元代回回人的社会地位》《回回人与元代政治》等章节，已洋洋 20 万言，其他章节因杨先生学术繁忙，数年来尚未见稿，学界翘首以待。林松、白崇人《萨都剌族籍考》（《中央民族学院学报》1979 年第 4 期）、杨怀中《元代东来的回回世家》（《回族研究》1991 年第 1、2 期）、穆德全《元代回回人皆以“中原”为家的分布路线》（《西北民族学院学报》1987 年第 1 期）、陈得芝《元代回回人史事杂识》（《中国回族研究》第 1 辑，1991 年）、汤开建《元代赛典赤家族对云南地区的开发和经营》（《甘肃民族研究》1989 年第 4 期）等文亦钩沉史迹，述论精当。

4. 明代回族史研究

由于从明代大量官私文书史料中很难判断人物族别，给明代回族史的研究带来了巨大困难，使之不可避免地成为薄弱环节。郑和下西洋、回族的形成与分布、一些著名人物的族属与信仰等是讨论的主要问题。郑和下西洋是中国海洋外交史讨论的中心问题之一，郑一钧《论郑和下西洋》（海洋出版社，1985 年）等著作和《郑和下西洋论文集》（第一集，人民交通出版社，1985 年；第二集，南京大学出版社，1985 年）汇集了部分研究成果，郑和研究会和《郑和研究》学刊则是专设阵地。李士厚先生在其民国年间《郑和家谱考释》等研究成果的基础上进一步撰文论证郑氏家世族谱；林松《剖析航海家郑和的伊斯兰教信仰》（《宁夏社会科学》1985 年第 1、2 期）等文剖析其宗教信仰，颇见功力。有关内附回回的考述较为集中，如《明代西域回回入附中原考》《明代西域人附回回人口及其分布》等（均见林松、和龚《回回历史与伊斯兰文化》，今日中国出版社，1992 年）。

5. 清前期回族史研究

清政府的回族政策与回族的政治地位、各地回族经济文化的发展等问题讨论较多。马寿千《清代前期回族的政治地位》（《宁夏社会科学》1987 年第 1 期）等文认为清代“在极端的封建专制主义和极端的民族高压政策之下，回族人在政治上处于被歧视和受压抑的地位”，马明达、白文固《试论清前期的伊斯兰教政策》（《西北民族文丛》1983 年第 2 辑）

等文则发表了不同的看法，认为应以乾隆四十六年（1781年）苏四十三起义为分界，前期是较为公允宽松的。随着回族史研究的不断深入，20世纪90年代以后学者们对此问题的认识较为客观，普遍认为清政府的回族伊斯兰教政策是为其统治服务的，苏四十三起义之前有歧视和压制，但总体看较为公正和宽容。

6. 回民起义研究

关于明末农民起义领袖马守应，清初米剌印、丁国栋领导的甘肃河西起义及其性质（是当时全国反清起义的一部分）均有专文论述。有关乾隆年间西北回民起义的论述较多，杨怀中《论十八世纪哲赫忍耶穆斯林的起义》（《宁夏大学学报》1981年第1期），关连吉《也谈十八世纪哲赫忍耶起义的性质》（《宁夏大学学报》1981年第4期），吴万善、罗万寿《论田五、张文庆起义》（《宁夏社会科学》1990年第5期）等文较有影响。咸丰同治年间西南、西北回民起义的研究参与的学者多，发表的文章多，讨论较为深入。关于云南回民起义，罗尔刚《杜文秀"卖国"说辟谬》（《学术月刊》1980年4月号）和《回民起义杰出领袖杜文秀》（《民族研究》1 984年第1期）、田汝康《杜文秀对外关系以及刘道衡"使英"问题的研究》（《民族学报》1981年第1期）、林荃《评杜文秀大理政权与英国的关系》（《思想战线》1980年第4期）和《再论刘道衡出使英国与杜文秀大理政权的关系问题》（《思想战线》1986年第3期）等文以精辟的论证否定了史学界关于杜文秀"投英卖国"的说法。有关起义的社会背景、各地经过、起义中的民族关系、起义的性质、失败的原因、起义的历史作用和意义，杜文秀的民族政策、经济政策，马德新等起义领袖人物的评价等问题均有论述。杨兆钧主编的《云南回族史》（云南民族出版社，1989年）以较大篇幅予以系统论述，荆德新编著《杜文秀起义》（云南民族出版社，1991年）亦吸收了较多研究成果。1990年10月由云南回族研究会等单位组织在大理专门召开了杜文秀起义学术讨论会，会议论文以《杜文秀起义论集》（云南大学出版社，1993年）

的形式出版。荆德新编《云南回民起义史料》（云南民族出版社，1986年）、《云南回族社会历史调查》（共4册）等书中收录有大量原始史料和调查资料。关于西北回民起义的社会背景、不同地区的起事原因、伊斯兰教和宗教上层人士的作用、起义性质、起义过程、回汉关系、与太平军和捻军的联合问题、起义的后果及意义、起义领袖人物的评价等等问题均有大量文章讨论，尤其是对起义性质和几个关键人物评价问题的讨论更为热烈，亦取得了基本共识。大多数学者认为，起义的性质较为复杂，但主要是反抗民族压迫、争取民族生存权利；对关键人物的评价则应坚持实事求是的原则，分方面、分阶段进行全面综合的分析评价，功是功、过是过，肯定主要方面，不能贴标签、脸谱化。基于上述认识，马化龙、白彦虎、马占鳌等人物得到了应有的肯定。相关文章恕不一一列举。宁夏社会科学院编《西北回民起义研究资料汇编》（宁夏人民出版社，1988年）一书分门别类地收集了1986年以前的研究成果；1987年西安举行了清代同治年间陕西回民起义学术讨论会，会议论文编辑为《清代同治年间陕西回民起义研究》（三秦出版社，1990年）出版；邵宏谟、韩敏《陕西回民起义史》（陕西人民出版社，1992年）是一本较为系统的简明读物，二人还编有《陕西回民起义资料》（陕西省地方志编纂委员会主编，1987年）一书。关于光绪年间河湟地区的回民起义亦有专文论述。吴万善《清代西北回民起义研究》（兰州大学出版社，1991年）是一本较高水平的研究专著，中国台湾高文远先生《清末西北回民之反清运动》（台北学海出版社，1988年；1998年宁夏人民出版社出横排简体版）亦为一部立意深远、持论公允的专著。

7. 回族宗教制度与西北教派门宦研究

冯增烈《"格迪目"八议》（《西北民族学院学报》1984年第1期）、李兴华《格底木史初探》（《甘肃民族研究》1985年第1期）、冯今源《中国伊斯兰教教坊制度初探》（《世界宗教研究》1984年第1期）、金宜久《苏非派与中国门宦》（《甘肃民族研究》1982年第1、2合期）、杨怀中《甘宁青回族中的苏非派》（《宁夏社会科学》1986年第4期）、勉维霖《中国回族伊斯兰教的掌教制度》（《宁夏社会科学》1988年第6期）、余振贵《一种独特的历史文化现象》（《宁夏社会科学》1989年第5期）等文章有一定的代表性。马通《中国伊斯兰教派与门宦制度史略》（宁夏人民出版社，1983年）和《中国伊斯兰教派门宦溯源》（宁夏人民出版社，1986年）两部专著是西北教派门宦研究的力作，作者在数十年社会调查而得的第一手珍贵资料基础上叙述各门宦的历史及特点，追根索源，科学分析，具有开拓意义；勉维霖《宁夏伊斯兰教派概要》（宁夏人民出版社，1981年）亦是在调查资料的基础上完成的。勉维霖主编《中国回族伊斯兰宗教制度概论》（宁夏人民出版社，1997年）一书由多位专家合力而成，为系统之作。各教派门宦中，有关西道堂的资料整理和研究文章较多；20世纪80年代中后期开始整理和公布的部分教派门宦道统史及相关秘籍，为学者们提供了研究方便，典型者如哲赫忍耶的《热什哈尔》（杨万宝等译，三联书店1993年版）等。

8. 回族地方史研究

20多年来取得了辉煌成就，全国各省区市及各聚居区包括一些村镇街区的回族源流发展多有专文介绍和研究。各地方政协的文史资料选辑介绍文章较多，部分地区汇有回族史料专辑，如《宁夏文史资料》第18辑、《兰州文史资料》第9辑、《西安文史资料》第12辑、《沈阳文史资料》第8辑、《昌吉文史资料》第7辑、《河北文史资料》第29辑（民族史料专辑）、《沙甸回族史料》、《红河州回族史料选辑》、《昭通回族社会历史资料》、《(大理）回族史资料集》（已出2集）、《呼和浩特回族史料》（已出3集）、《包头回族史料》、《山东省民族志资料选编回族专辑》等等。部分地方编印有回族史志，如《天津回族简志》《大名县回族志》《淮阳县回族志》《沔阳县民族志》《隆回县回族志》《新编寿县民族志》《沈阳回族志》《峨山彝族自治县回族志》等。县以上回族自治地方均出版有地方自治概况。《宁夏社会科学》杂志自1985

年始辟有“回族在祖国各地”专栏，发表了大量回族地方史方面的文章，《回族研究》创刊以后也发表了相当数量的地方史论文。西北五省区和西安市政协文史资料委员会合编的《西北回族与伊斯兰教》（宁夏人民出版社，1993 年）一书所录多为作者回忆文章，具有较高的史料价值；胡振华主编的《中国回族》（宁夏人民出版社，1993 年）一书共收录 37 篇介绍性文章，介绍了除澳门外的全国各地回族。各地在研究资料的基础上整理出版了一批著作，杨兆钧主编的《云南回族史》是难得的一部系统论述地方民族史的专著，质量颇高，反映了云南回族史研究队伍的整体力量和水平；答振益主编的《中南地区回族史》（新疆人民出版社，1995 年）是第一部以大区为研究对象的回族地方史著作；刘东声、刘盛林合著的《北京牛街》（北京出版社，1990 年），答振益著《湖北回族》（中央民族学院出版社，1993 年），马明龙主编《广西回族历史与文化》（广西民族出版社，1998 年），吴丕清著《沧州回族》（中央民族大学出版社，1999 年）等均有一定水平，另有《呼和浩特回族史》《甘肃回族史》《吉林回族》《宁夏回族》《广东海南回族研究》《湖南回族》《陕西回族史》《新疆回族伊斯兰教史略》《天穆回族史论稿》《陈埭回族研究》《百崎回族研究》《沙甸的昨天今天》《松原回族》《固原回族》等等。

9. 回族人物研究

该方面也是取得较大成就的一个领域，最引人注目的成果是白寿彝先生主编、杨怀中先生具体负责的四卷本《回族人物志》（元、明、清、近代，宁夏人民出版社，1985—1997 年），皇皇巨著基本收录了历代政治、宗教、文化、经济等各个领域的回族代表人物，并辑录大量第一手原始资料作为附录以备参考。20 多年来《中国穆斯林》杂志及各地相关刊物发表了大量介绍、考证、研究回族人物的文章，部分具有很高的学术水平，如张旭光《萨都剌生平仕履考辨》（《中华文史论丛》1979 年）、马明达《高克恭事迹考论》（《中国回族研究》第 1 辑，1991 年）、杨大业《杨敬修传略》（《世界宗教研究》1990年第1期）等，兹不一一列举。宁夏人民出版社自1982年始，以“回族历史人物故事丛书”的形式出版了十余册著名人物的通俗读物。1992年12月在西安举行的全国第七次回族史讨论会以人物研究为主题，会后出有论文选集《近现代回族人物研究》（陕西人民出版社，1995年），集中收录了30余篇文章。郭卿友主编的四卷本《中国少数民族英才传》（甘肃人民出版社，2000年）亦收录了较多的历代著名回族人物，其优点在行文规范，评述中肯。丁毅民主编的《中国回族名人辞典》（宁夏人民出版社，1995年）、黄成俊主编的《回族杰出人物》（陕西人民教育出版社，1999年）等书在各类资料的基础上汇编成册，亦为读者提供了方便。有关回族著名人物有分量的专传除李贽、郑和、白崇禧等人的传记由其他研究领域完成外，所见不多，李清升著《赛典赤·赡思丁评传》（云南民族出版社，1998年）、李振中《学者的追求——马坚传》（宁夏人民出版社，2000年）、高发元《穆圣后裔》（云南大学出版社，2000年）、马国强《崔伟传》和《李德仓传》（甘肃文化出版社，1995年和1997年）等是难得的几部。

10. 回族古籍整理

以宁夏回族自治区成绩较为突出，宁夏古籍办组织相关学者对部分典籍进行校勘、标点和注释，由宁夏人民出版社以“中国回族古籍丛书”的方式出版发行，已出版的有王岱舆《正教真诠·清真大学·希真正答》、马注《清真指南》、马德新《朝觐途记》、王静斋《选译详解伟嘎业》、李廷相《天方大化历史》及《钦定兰州纪略》《钦定石峰堡纪略》《南海甘蕉蒲氏家谱》等，该社还出版了李兴华、冯今源编《中国伊斯兰教史参考资料选编（1911—1949）》，马塞北主编《清实录穆斯林资料辑录》等。青海省民委古籍办公室点校出版了马注《清真指南》、马德新《四典要会》等，尤其值得一提的是由杨永昌、马继祖整理标注，清人赵灿著《经学系传谱》的首次出版面世，填补了回族经堂教育历史资料的空白。中国伊斯兰教协会点校印行了刘智《天方至圣实录》等，北京出版的

《北京牛街志书——〈冈志〉》亦是首次发掘整理的珍贵史料，天津古籍出版社出版了刘智《天方典礼》《丁鹤年诗辑注》《辽宁回族家谱选编》等，中州古籍出版社出版了《白话天方典礼》《白话天方性理》等，湖南出版了《湖南回族史料辑要》，甘肃出版了《积石录》和标点本《醒回篇》，三联书店出版了杨万宝等译《热什哈尔》，等等。宁夏社会科学院还影印发行《回族与中国伊斯兰古籍资料汇编》（第一辑 15 种）和《中国伊斯兰历史报刊萃编》（仅出 2 册）。总体看，这方面的工作仍嫌不够，还有大量的典籍尚待整理出版。

11. 回族思想文化史研究

思想史主要表现在对回族伊斯兰学者“以儒诠经”之汉文著述活动的研究。伍贻业《从王岱舆到刘智的启示和反思——17 世纪中国伊斯兰教思潮》（《中国回族研究》第 1 辑，1991 年）、余振贵《从〈清真大学〉试论王岱舆宗教哲学思想的特点》（《中国伊斯兰教研究》，青海人民出版社，1987 年）、冯今源《〈来复铭〉析》（同上）、金宜久《论刘智的“复归”思想》（《世界宗教研究》1990 年 1 期）、罗万寿《试析中国伊斯兰哲学的“真一”说》（《西北民族研究》1996 年 1 期）等文较有代表性。讨论回族伊斯兰教苏非思想的文章也有不少。有关回族文化研究，总论性的文章以 20 世纪 90 年代前期较为集中，李佩伦《回族文化的反思》（《回族研究》1991 年 1 期）、余振贵《略论回族文化的内核》（同上，1992 年 2 期）、杨怀中《中国历史上伊斯兰文化的四次高潮》（同上，1994 年 1 期）、白崇人《伊斯兰文化是回族文化的内核》（同上，1994 年 4 期）等文有一定代表性。刘迎胜《13—18 世纪回回世俗文化综考》（《中国回族研究》第 1 辑，1991 年）、吴丕清《沧州回族武术》（《回族研究》1997 年 1 期）、马平《回回民族内婚姻制度探析》（同上，1995 年 3 期）等文对不同领域进行了论述，另如回族语言、艺术、传统道德、饮食、回族地方文化等等方面均有文章论述。著作以杨怀中、余振贵主编的《伊斯兰与中国文化》（宁夏人民出版社，1995 年）最见功力，两位先生合著的《中国伊斯兰文献著译提要》（宁夏人民出版社，1993年）亦为读者提供了了解回族伊斯兰文化的方便。

12. 回回科技史研究

主要体现在对回回天文历算和回回医学的研究上。回回天文学研究以陈久金先生成绩最著，他为《伊斯兰与中国文化》撰写的《伊斯兰天文学的输入》一章和专著《回回天文学史研究》（广西科技出版社，1996年）系统地论述了回回天文学的成就和对中国天文历算的贡献。陈鹰《“天文书”及回回占星术》（《自然科学史研究》1989年1期），马肇曾等《回历岁首曜日三种推算方法的数学释义》（《回族研究》1992年4期），马明达、陈静《中国回回历法典籍考述》（《西北民族研究》1994年2期）等文从不同方面进行论述。马明达、陈静搜集整理的《中国回回历法辑丛》(甘肃民族出版社，1996年）一书为回回历法研究集大成。回回医学研究以残本《回回药方》的考释为重点，宋岘发表了多篇文章并出版了《回回药方考释》（中华书局，2000年）一书；1990年在西安召开了一次回族医药学术讨论会，成果丰硕，会后出版的《回族医药学术讨论会论文集》(陕西科学技术出版社，1990年）精选了其中65篇文章。

13. 回族经济史研究

虽然已经取得了不少成绩，但与回族在历史上的经济地位相比仍嫌不足，对各传统经济行业、当代回族的经济行为等欠深入和系统的分析。较有代表性的文章有穆宝修《元代回回人的农业》（《宁夏社会科学》1985年3期），孙滔、马忠《封建社会回族经济初探》（同上，1986年6期），张克非《清代西北回族经济结构初探》（《西北史地》1987年1期），郑勉之《近代江苏回族经济概貌》（《宁夏社会科学》1985年4期），马维良《云南回族马帮的对外贸易》（《回族研究》1996年1期）等。庄为玑、庄景辉《泉州宋船香料与蒲家香业》，武数滋、鲁箴《正兴德茶庄经营概况》（见《回族史论集》，宁夏人民出版社，1984年）等文是较早的行业与企业个案研究文章，赖存理的《回族商业史》（中国商业出版社，1988年）和《中国回族社会经济》（宁夏人民出版社，1992年）虽嫌粗浅，仍有开创之功；张永庆等人的《伊斯兰教与经济研究文集》《伊斯兰教与经济》（同上，1991年，1994年）两书专门讨论伊斯兰教与回族经济的关系；马寿千、赵宏庆主编有《当代回族经济掠影》(中央民族大学出版社，1997年）一书，主要探讨当代回族经济问题。

14. 回族教育问题研究

讨论的问题主要有经堂教育、近现代新式回民教育、当代回族教育、回民女子教育等。马汝邻的《回族教育问题的回顾与前瞻》（《西北民族学院学报》1982年2、3期)、王永亮的《从经堂教育到新式回民教育》(《宁夏社会科学》1985年1期）和《论回族教育的发展和历史作用》(《中央民族学院学报》1989年1期)、杨兆钧《八十年来回族教育的回顾》（《回族研究》1991年1期)、刘东声《成达师范学校校史述要》(同上，1993年2、3期）等文较有代表性。《中国穆斯林》杂志发表了大量有关经堂教育和著名经师的介绍、研究文章。1990年在济南召开的第六次全国回族史讨论会侧重于回族教育史，会议论文由山东省民委以《中国回族教育史论集》（山东大学出版社，1991年）为名编辑出版，“是国内专门研究回族教育历史的第一本论文集”。

15. 清真寺及古迹碑铭研究

有关历史悠久的著名清真寺的考证及相关碑铭研究，发表了一批质量较高的文章，如庄为玑、陈达生《泉州清真寺史迹新考》（《世界宗教研究》1981年3期）和《福州新发现的伊斯兰教史迹》（《考古》1982年3期)，陈达生《泉州灵山圣墓年代初探》（《世界宗教研究》1982年4期)，赵立人《广州伊斯兰教“怀圣寺”及“怀圣塔”之建筑年代》(《中国社会科学》1983年5期)，努尔《扬州伊斯兰教碑文新证》（《海交史研究》1983年5期)，杨新平《杭州真教寺创始、重建年代考》(《杭州师范学院学报》1987年3期)，姜纬堂《北京牛街礼拜寺阿拉伯文墓碑来历质疑》（《文物》1987年11期)，刘盛林《牛街礼拜寺的筛海坟及阿文墓碑无可置疑——与姜纬堂同志商榷》（《文物》1988年10期），吴建伟《西安化觉巷清真寺〈创建清真寺碑记〉笺证》（《回族研究》，1998年4期），何兆吉《元代答失蛮神道碑的文献价值》（《回族研究》1999年1期）等。宁夏人民出版社与福建人民出版社合出了泉州海外交通史博物馆编《泉州伊斯兰教石刻》（1984年），泉州海外交通史博物馆和泉州历史研究会编《泉州伊斯兰教研究论文选》（福建人民出版社，1983年），马建创等编《广州伊斯兰古迹研究》（宁夏人民出版社，1989年），答振益、安永汉主编的《中国南方回族碑刻匾联选编》（宁夏人民出版社，1999年）等。李兴华先生多年搜求汉文伊斯兰教碑文，意在整理出版为研究工作提供方便，其《关于汉文伊斯兰教碑文搜集整理出版问题》（《回族研究》1994年2期）一文表明了思路。杨永昌的《漫谈清真寺》（宁夏人民出版社，1981年）是较早的一本介绍清真寺的读物，吴建伟主编的《中国清真寺综览》及《中国清真寺综览续编》（宁夏人民出版社，1995年，1998年）收录了全国近2000座清真寺。

16. 近现代回族文化运动研究

近现代以创团体、兴学校、办刊物等为主要内容的回族新文化运动，标志着回族的觉醒，也有力地推动着回族近代化发展。20年来，发表了大量介绍和回忆近代回族文化运动各方面内容的文章，散见于各种杂志、地方史料集和著作。亦发表了一些研究文章，如王希隆《清末回族留日学生的进步活动和思想》（《宁夏社会科学》1986年3期），王永亮《近现代回族新文化运动述略》（《甘肃民族研究》1988年2期），喇海青、李存福《20世纪初回族知识分子的文化觉醒》（同上），郭清祥《略论20世纪前半期的回族社团》（同上，1990年1期），罗万寿《回族近代文化运动的回顾与思考》（《回族研究》1991年4期）等文。

17. 回族反对外国侵略和抗日斗争史研究

回回民族有着优良的爱国传统，在近代中华民族历次反对外国侵略的斗争中，回族儿女奋勇当先，做出了应有贡献。有关这方面概述性的研究文章有答振益的《近代回族人民反帝爱国斗争述略》（《中南民族学院学报》1988 年 1 期）和《鸦片战争时期回族军民的抗英爱国斗争》（《民族论坛》1993 年 2 期），马寿千《近代史上回族人民的反帝爱国斗争》（《中国回族研究》第 1 集），马云山《抗战时期回族人民的民族救亡运动述略》（《甘肃民族研究》1985 年 2 期），余振贵的《抗战前期大后方回族人士的爱国外交活动》和《论抗战时期回族报刊的爱国宣传活动》（同上，1985 年 3、4 期，1988 年 2 期）等。陈保松《威震冀中的回民支队》（《中央民族学院学报》1987 年 4 期），刘金声、刘宝俊《抗日战争时期渤海军区回民支队》（《宁夏大学学报》1986 年 1 期），沈玉水《近代爱国火炮专家——丁拱辰》（《福建史志》1990 年 2 期），答振益《论民族英雄左宝贵》（《中南民族学院学报》1982 年 3 期），王希隆的《回族爱国将领马福禄》（《西北史地》1983 年 3 期），程起骏《马彪与青海骑兵师抗战述略》（《青海方志》1990 年 2 期），马恒丰《碧血丹青心，殷殷报国心——八年抗日战争中的片段回忆》（《回族研究》1993 年 3 期）等大量文章及地方史著述对各个时期回族人民的反侵略斗争进行史料发掘和论述，取得了重要成就。1988 年在河北承德召开的第四次回族史讨论会以回族在抗日战争时期的爱国斗争为主要议题，会议论文由河北省民委编辑为《回族抗日斗争史论集》（河北人民出版社）于 1991 年出版。

18. 回族革命史研究

20 年来有关这方面的研究亦取得了较大进展，发表了不少文章，从辛亥革命、五四运动到解放战争，回族人民参与革命斗争的线索已基本理清。马寿千《辛亥革命时期回族人民的革命斗争》（《民族研究》1981 年 5 期），答振益《辛亥武昌首义中的回族三志士》（《中南民族学院学报》1982 年 1 期），马达等《河南回族人民的革命斗争》（《中州今古》1988 年 2 期），马寿千、冯钧平《辛亥革命陕西都督之一的马玉贵》（《甘肃民族研究》1988 年 2 期），王连芳等《辛亥革命、护国运动回族名将、爱国老人赵钟奇先生》（《回族研究》1993年1期）等文论述了回族先觉者在辛亥革命中的贡献；肖华《丹心碧血青史扬辉——马骏生平事迹纪略》（《社会科学战线》1983年1期），陈崇凯《“五四”女杰郭隆真》（《民族》1989年5期），亦思《五四激流的刘清扬》（《中国妇女》1981年2期）等文介绍了五四运动中几位革命先烈的英勇事迹；抗战时期的海固回民暴动、甘肃南部回族农民起义也有较多文章专门述论。解放战争时期回民武装的战斗历程亦有不少文章论及，杨伯橼主编有《渤海、东北回民支队回忆录》（宁夏人民出版社，1992年），河北孟村回族自治县编有两卷《孟村风云录》（1985年，1990年），专述当地中国共产党领导的革命斗争史。

19. 西北回族军阀研究

此方面是近现代回族史研究的重点问题之一，20世纪80年代由甘、宁、青三省区政协文史资料研究委员会分别编辑出版了一批史料集，如《马鸿逵史料专辑》（《甘肃文史资料选辑》第16辑，1983年），《马鸿宾史料专辑》（《甘肃文史资料选辑》第21辑，1984年；《宁夏文史资料选辑》第14辑，1985年），《宁夏三马》《青海三马》（均为中国文史出版社1988年版），《马仲英史料专辑》（《甘肃文史资料选辑》第24辑，1986年）等。中国政协《文史资料选辑》第27辑亦以较大篇幅刊登了数篇叙述诸马的史料性文章。青海省、临夏回族自治州及一些相关市县的文史资料也刊载不少此类文章。这些专辑和零散文章虽然有明显的时代痕迹，记述分析中多带揭露批判色彩，但经历者的回忆文章仍具有很高的史料价值。香港文艺书屋出版有《马少云（鸿逵）回忆录》（1984年）。相关研究亦有一些著作，如陈秉渊《马步芳家族统治青海四十年》（青海人民出版社，1981年）、杨效平《马步芳家族的兴衰》（同上，1986年）等，但同样不脱揭露批判色彩；师纶《西北马家军阀史略》（《甘肃文史》专刊，1989年5期）取材广泛，叙事较为公允客观。文章有刘继云《宁夏三马政权始末》（《宁夏社会科学》1987年1期）、芈一之《论马步芳家族地方政权的性质》（《青海民族研究》1990年1期）等，吴忠礼等《论西北回族军阀产生的社会历史条件》（《宁夏社会科学》1988年4期）一文有较高水平。20世纪90年代的研究开始逐步脱离政治性的批判而以学术讨论为重，发表了一些有学术价值的成果，如喇秉德的《简评“西姆拉会议”前后马麒的作用》（《回族研究》1993年2期），丁明俊《日本在西北建立“回回国”阴谋的失败》《论马福祥在现代回族文化教育史上的地位》（均见《回族研究》，1995年3期，1998年4期）等文，吴忠礼、刘钦斌主编的《西北五马》（河南人民出版社，1993年）是难得的系统研究著作。随着回族研究的不断深入和学术环境的变化，有关西北诸马的讨论将会进一步深化。

20. 回族民俗研究

回族生活在中华大地，与汉族等民族水乳交融，但自己独特的民族习俗历千余年而不变，有着十分显著的特点。有关回族饮食、服饰、丧葬、节日、禁忌、婚姻、礼俗等方面均有专文论述，较系统的文章有马汝邻《关于回民不吃猪肉问题》（《西北民族学院学报》1981年1期）、高占福《伊斯兰教婚姻制度与回族婚姻习俗的研究》（《宁夏社会科学》1984年4期）、陈广元《中国穆斯林的风俗习惯》（《世界宗教研究》1990年4期）、丁国勇《回族风俗习惯的形成与演变》（《中国回族研究》第1辑）、朱刚《西北回族茶文化概论》（《西北民族研究》1993年2期）、赵慧《回族食俗特质谈》（同上，1995年2期）、马平《回族民族内婚姻制度探析》（《回族研究》1995年3期）、杨志娟《回族传统节日文化意义探析》（同上，1999年2期）等等，还发表了大量介绍性的文章，个别问题如回族有无神话问题还引起了一些争论。王正伟著《回族民俗学概论》（宁夏人民出版社，1994年）是第一本系统介绍和研究回族民俗学的专著。

21. 回族文学研究

20多年来取得了较大成绩，在概念上“凡回族人创作的作品即属回族文学”这一界定得到多数人认可，由此广泛展开了对历代回回文学家及作品的介绍和研究，如对五代诗人李询兄妹，元代萨都剌、高克恭、迺贤、丁鹤年等众多诗曲画家，明清两代的回回文学家都有较多文章讨论，林松、白崇人、张迎胜、丁生俊等人成绩较著，后二人主编有《回族古代文学史》（宁夏人民出版社，1998 年），还有王十仪主编的《回族文学史》（同上，1990 年），刘世俊等选注的《萨都剌诗选》（同上，1982 年），丁生俊校注的《丁鹤年诗辑注》（天津古籍出版社，1987 年），丁文庆、吴建伟选编并注解的《回回古诗三百首》（民族出版社，1999 年），吴建伟主编的《回回古文观止》（宁夏人民出版社，2000 年）等。回族民间文学方面，全国各地搜集整理出了数量可观的回族民间故事集、民间诗歌集等，李树江编著有《回族民间文学史纲》（宁夏人民出版社，1989 年）。

22. 东干问题研究

居住在中亚的回回——东干人，是回回民族苦难历史的见证，回族研究界对东干问题的讨论在某种程度上寄托着一份情怀。达应庚《漫谈东干人与回回人》（《西北史地》1981 年 2 期）、房建昌《东干——苏联回族的历史及现状》（《西北民族研究》1989 年 1 期）等是较早的介绍文章。20 世纪 80 年代以来，甘肃、宁夏、陕西等省区学者与东干学者之间的互访与往来交流频繁，不仅满足了东干人寻根的渴求和回回知识界追忆民族苦难经历的心理需要，有关东干人的各种信息在回族知识分子中广泛传布，亦促进了国内东干问题研究的深入。郝苏民教授、高永久博士翻译吉尔吉斯斯坦东干著名学者苏三洛博士的《中亚东干人的历史与文化》（宁夏人民出版社，1996 年）一书，王国杰的《东干族形成发展史》（陕西人民出版社，1997 年）和丁宏博士的《东干文化研究》（中央民族大学出版社，1999 年）均是亲临东干社区调查研究的杰作。

三、主要著作、论文集简介

继《回族简史》之后，宁夏人民出版社出版了西北五省区伊斯兰教学术讨论会第一次会议（银川）论文集《清代中国伊斯兰教论集》（1981 年）、第二次会议（兰州）论文集《伊斯兰教在中国》（1982 年）和第四次会议（西安）论文集《中国伊斯兰教研究文集》（1988 年），青海人民出版社出版了第三次会议（西宁）论文集《中国伊斯兰教研究》（1987 年），甘肃民族研究所选编 1985 年以前发表的有代表性文章汇集成《西北伊斯兰教研究》（甘肃民族出版社，1985 年）一书。这些论集虽都以伊斯兰教研究命名，但大多数文章为回族问题研究及相关内容。勉维霖《宁夏伊斯兰教派概要》（宁夏人民出版社，1981 年。以下凡宁夏人民出版社出版著作只注明出版年代）和马通《中国伊斯兰教派与门宦制度史略》《中国伊斯兰教派门宦溯源》（1986 年）开创了西北回族门宦教派研究新领域。白寿彝先生《中国伊斯兰史存稿》（1983 年）收录了他三四十年代的十几篇论文并附录民国时期他人的几篇重要论文和资料；中国社科院和中央民族学院民族研究所合编的《回族史论集》（1984 年）一书收录了 1949—1979 年期间的研究论文 60 篇，并附有同时期回族史研究论文目录索引；李兴华、冯今源《中国伊斯兰教史参考资料选编（1911—1949）》（1985 年）从民国时期各种刊物中选编了部分有较高价值的文章，上、下册 100 余万字，为研究者提供了方便；杨志玖先生的《元史三论》（人民出版社，1985 年）包括探马赤军问题、马可·波罗问题和元代回族史三部分，后者占一半篇幅；杨怀中先生的《回族史论稿》（1991 年）收录了他 20 世纪 80 年代的主要论文 17 篇；林松、和龚的《回回历史与伊斯兰文化》（今日中国出版社，1992 年）录载二人 25 篇论文；余振贵的《中国历代政权与伊斯兰教》（1996 年）系统地论述了唐代到中华人民共和国成立前历代政权的伊斯兰教政策，是一部研究回族与中国伊斯兰教史的高水平专著；杨怀中、余振贵主编的《伊斯兰与中国文化》（1995 年），勉维霖主编的《中国回族伊斯兰宗教制度概论》（1997 年）等均为系统研究著作。白寿彝主编的四卷本《回族人物志（元、明、清、近代）》、刘致平的《中国伊斯兰教建筑》（新疆人民出版社，1985年）、杨兆钧主编的《云南回族史》（云南民族出版社，1989年）、吴万善著《清代西北回民起义研究》（兰州大学出版社，1991年）、陈久金著《回回天文学史研究》（广西科技出版社，1996年）亦为上乘之作。邱树森主编的《中国回族史》（1996年）是第一部部头较大的回族通史类著作。邱树森主编的《中国回族大词典》（江苏古籍出版社，1992年）和杨惠云主编，李树江、杨继国等副主编的《中国回族大辞典》（上海辞书出版社，1993年）均汇集了大量内容，前者分类编撰，后者笔画排列；前者收录人物取盖棺定论式，后者则收录大量在世人物，各有千秋，但条目撰写随意性大，都不够辞书应有的权威性。宛耀宾总主编的《中国伊斯兰百科全书》（四川辞书出版社，1994年）收录了大量回族及相关词条，权威性较高。还有许多高水平的著作，前文多已叙及，此不俱列。

四、海外研究简况

海外的中国回族研究是从西方传教士和探险家在回族社区的游历和调查开始的，19世纪后半期，带着各种目的的这些西方先行者深入中国社会的各个角落——包括回族社区进行考察活动，完成了许多调查报告和见闻录，并在西方各地出版，著名者如法国人阿米列·罗舍的《清季云南回民起义始末》（1884年）等，为西方的回族研究准备了大量资料。进入20世纪后，国外的回族研究进一步展开，出版了一些颇具价值的著作，如英国人布鲁姆霍尔·马歇尔的《伊斯兰教在中国：一个被忽视的问题》（1910年，有中译本，1992年银川，内部交流）、日本人桑原骘藏的《蒲寿庚考》（有陈裕菁中译本，1929年中华书局初版）、法国人伯希和的《郑和下西洋考》（1933年，有冯承钧中译本，1935年商务印书馆初版）等。20世纪30年代，随着日本侵略中国的野心不断膨胀，一批日本学者进入中国搜求各方面资料，其中一部分专门搜集中国“回教”资料并进行研究，日后完成了一些较有影响的著作，如岩村忍的《中国回教社会的构造》（1937年）、田坂兴道的《回教传入中国及其弘通》

（1964年）、今永清二的《中国回教史序说：社会史研究》（1996年）等。中华人民共和国成立后，西方的回族研究步入了低潮，直到20世纪80年代再次出现高水平成果，唱主角的是美国人弗莱彻和澳大利亚人莱斯利等人，前者运用多语种史料比较研究方法对中国西北苏非门宦的源流进行考证，有《中国苏非派的道乘》（载入《伊斯兰教中的神秘教团及其发展与现状》一书，巴黎，1986年）、《中国西北的纳合西班底教团》等著名文章，在相关研究界享有盛誉；后者著有《传统中国的伊斯兰教，1800年之前简史》（堪培拉，1986年）和《中国的伊斯兰教文献》（堪培拉，1981年）等。英籍犹太人以斯莱利的《穆斯林在中国，文化冲突研究》（伦敦，1980年）、弗莱彻的学生李普曼的《拼凑的和网状的社会：中国穆斯林教团的研究》（1984年）等成果亦有较高水平。20世纪90年代国外加入中国回族研究的学者不断增多，以美国人李普曼和杜磊为代表，二位曾较长时期在中国学习、工作或考察，能熟练使用中文资料，均发表了大量高水平研究成果，杜磊有《中国穆斯林》（哈佛，1991年）等著作，李普曼的《熟悉的陌生人——中国西北的穆斯林及其历史》（华盛顿，1998年）对近现代西北回族历史与文化进行了全面深刻的阐述与分析。值得一提的是，西方探险家和传教士有关回族的记述多为亲历亲闻，虽多有不准确的地方，仍具较高价值；西方学者的专门研究视野开阔，往往使用比较手段和多学科研究方法，值得国内学者借鉴。

本文发表于《西北第二民族学院学报（哲学社会科学版）》2001年第4期及2002年第1期。

马汝邺先生事略

◎陈红梅　丁万录

在中国近现代史上，回族女杰如郭隆真、刘清扬等为社会进步做出过重要贡献，郭隆真在中国妇女教育史上也是值得一提的人物。但是，同是回族女杰、同在妇女教育——尤其回回女子教育方面发挥过重要作用的马汝邺先生则很少有文专论。本文以有限资料，力图就马汝邺先生之生平及贡献予以叙述，以昭其迹。

一

马汝邺（1891—1970年），字书城，四川成都人，女诗人、书法家。其父马叙午先生出身贫寒，与胞兄马六舟刻苦读书，20岁中举人，擅文章诗词，遇事多有己见。在清末改良与维新思潮大趋势下，得维新派四川督学张百熙赏识并受其影响。1902年，张百熙出任管学大臣，主持京师大学堂校务，召叙午进京并派赴英国、日本考察教育，回国后任学部郎中，参与制定中国近代教育各项制度，多有贡献。辛亥鼎革后赋闲天津，不及五十，英年早逝。

书城为叙午独女，儿时“好读书”，父亲即以女四书、烈女传等传统女性启蒙教材相授，“略能领悟”[①]。1899 年，随伯父六舟先生任职到顺庆，“日授余与仲兄课”，自述是其求学的开端。1902 年，父亲考察西洋、东洋归国任职学部，为书城聘日本女教师饭冢贞子，授数学、音乐、手工等新学课程，凡 3 年。1905 年，入四川两等女学学习，不久又改入蚕业中学课读。辛亥革命后，随父避居天津。1912 年，遭父丧，母女生计一时陷入困顿，幸赖任职黑龙江的伯父马六舟先生照顾，北上齐齐哈尔，始以教书谋生，任教于黑龙江女子师范学校、齐齐哈尔清真女子小学等校。1920 年，始任黑龙江女师学监职，期间不废学习，“教学相长”。1917 年，伯父由呼兰县返回省城齐齐哈尔途中被土匪所害，书城再失依托，矢志奉养两母，“为奉养老母馨馔之助”，“侧身教界者垂十一年”。1923 年，经友人介绍为寓居天津租界的前北洋财政总长张弧之女担任家庭教师。时任绥远都统的西北军政大员马福祥将军正好途经天津赴张府拜谒，偶然看见马书城教授张女的课业笔迹，了解到其为叙午独女，即敬其才华，又重其为同教名门之后，且无佳偶，随有缔婚之求。此时书城已过而立，早已立志奉母终其天年，福祥多方遣媒，书城“久不决”。福祥派人赴黑龙江劝说书城母亲及主持家政的从长兄伯严，母命之下，书城始同意婚约。1926 年农历五月，在母丧一年之后，年届 36 岁的马书城与马福祥将军在北京结褵。

与马福祥将军的结合，改变了马书城的人生道路，不仅使她摆脱了生计困扰，有机会随着马福祥职务的变化而游历祖国各地，饱览山川景色，了解社会人文；也使她能够遂愿专心读经论史。“红叶题诗不尽情，重君雅意感君情”“鸿案相装已匝年，倡随夫妇望如仙；卅年前事成泡幻，始信人生有宿缘”。流露了其婚后的愉快心境。自述“延师课读，日从事于经史论著之文，儿时旧梦重温矣”，欣慰之情，溢于言表。惜天不

①《晦珠馆近稿·自序》。

假年，人生有定数，幸福时光仅度 6 年，福祥将军即弃世归真，书城又陷于孑立。赖其生性淡泊，又历家父与伯父早丧两次打击，能顺天命从容接受，“自信心如镜样平，纵非禅寂也无争。春风吹皱一池水，古井波从何处生”[①]是其性情的反映。此后被福祥之子宁夏省政府主席马鸿逵接至省城，奉养府中，“自先君子弃世后，迎养官邸，今年（1936 年）近耳顺，犹手不释卷。见人辄以道义相勖勉，诫令子孙敬效勿置也”[②]。

二

书城先生志向高远，“曾向穹苍私立誓，北宫遗范敢为师”。在父辈及马福祥将军不遗余力倡办民族教育行动的影响熏陶下，以及自己十余载的教书生涯，使她深刻认识到教育对于民族发展的重要作用。

其父叙午先生为中国新式教育的早期谋划者，清末学部各项典制，多有其功。伯父马六舟先生是近代民族教育的先觉者和实践者，重视回民新式教育，1907 年，在齐齐哈尔创办清真小学，呕心经营；1913 年，又联合他人兴办齐齐哈尔清真女子学校，发展良好。书城便是在伯父照应下，北上东北从教谋生的。在黑龙江任教期间，书城对女子新式教育的社会功用既有充分体认，其“送黑龙江女师范四级学生卒业七绝”中有“渊渊学海本无涯，故步自封讵可夸；廿世纪中新教化，全凭吾辈女儿花”一首，是她这一认识的反映。

其夫马福祥（字云亭）将军更是新式民族教育的积极倡导者和坚定支持者，职任所在即倡办教育，西北回蒙藏地区凡所辖区域，处处有他倡设并资助的各式学校，于回民教育文化事业则格外用心尽力。众所周知，近代回民教育名校如成达师范、西北中学等校早期均赖他常年资助才有经费保障并健康发展。由于其职位高，资助办学遍及大半个中国，

---

①《晦珠馆近稿·诗词稿》。

②马鸿逵：《马氏族谱：述事集卷三之“书城太夫人事略”》。

故影响巨大。

书城先生与马将军成婚后的几年中，正是全国兴办回民教育及文化事业的高潮时期，云亭将军行走大江南北劈划助学，奔波有劳；书城则多随行其侧，在旁协助，代写书信、代为唱和诗文，充任着私人文书角色，亦做出了应有的贡献。

马福祥将军去世后，书城先生虽安居宁夏，以书法写作颐养而少涉外间事，却仍然关心民族教育与文化事业。1935 年，北京回族文化教育界人士杨新民、陈永祥、赵振武、马松亭、王梦扬等在牛街倡议成立“新月女子中学校”，苦于经费无着，马书城以回民女子教育大事鼎立襄助，被聘为董事会董事长，捐赠 2000 元做基金，以每月 20 元利息为经费，学校得以维持[①]。此校为当时中国回民教育中唯一的一所女子中学。

家庭背景及社会阅历造就了马书城思想开明、节俭自奉、淡泊人生的性格。无心于政治，对外不问军政大事；不追求钱财，对内处事平和有度，为人宽厚。与人交往不分贵贱而平易近人，常以情以理说服教育晚辈，深得马氏族人及宁夏社会各界敬重，人们尊称“书城老太太”“书城夫人”。马鸿逵性格暴戾，在宁夏往往以个人情绪随意处罚官员，无人敢纠其偏，既敬且怕者唯庶母书城夫人及从兄马鸿宾将军二人，能对其“过为之处，间可进言匡正”[②]。书城平生兴趣多在读书与书法上。“能诗善书法，在当时回族妇女中，甚为著名”；书法“尤善行楷，是折肱王右军者，其片纸只字，远近争得之”，书写“檗窠大字，亦笔力雄浑，不类出自妇女之手……寸缣片简，人皆珍视”[③]；成都武侯祠有《谒武侯祠》诗碑，是她 1943 年拜谒时所作，可窥其书法风格。据其从弟马汝邻先生回忆，书城酷爱购存贵重药材，知人有急需便以相赠。

宽广的眼界，使马书城在修身自善中做过许多有益于国家社会之事。

---

①刘东声，刘盛林:《北京牛街》，北京出版社，1990 年，第 175 页。
②马汝邻:《马书城游武侯祠诗碑及其他，载《宁夏文史(第四辑)》。
③胡迅雷:《宁夏历代书画人物志略》，载《宁夏文史(第十四辑)》。

举其要者，如1930年马福祥任青岛特别市市长时，处于地下从事工人运动的中共青岛市委宣传部长、回族女杰郭隆真身份暴露被捕，得马书城营救获释（后二次被捕，1931年被韩复榘杀害于济南）。长征结束、中国共产党政治中心转移到陕北后，因与宁夏省相邻，马鸿逵害怕共产党员渗入宁夏开展活动，采取措施高度防范，往往滥杀嫌疑，凡书城所知，多能救助。抗战初期，全国妇女界热情高涨，纷纷成立女界联合会以各种方式支援抗战，各省多以省政府主席夫人为会长，而在宁夏，马书城则以抗日救亡大事积极组织建立省妇女委员会并自任主任，发动女界及社会各界捐款捐物，支援抗战前线，马鸿逵亦敬重其庶母学识为人而鼎力支持。

由于马福祥遗孀的地位，加之个人慧德贤淑，能诗文善书法，学识造诣良好，马书城的社会交往范围远远超出一般夫人、太太们，也有着良好的社会声誉，不仅“宁人对之，略无微词”，在所交往的军政、文化各界人群中口碑皆佳。抗日战争胜利后，在国民政府重组选举中，马书城被推选为立法委员。1949年，随着中国政局的变化，书城随马氏族人退居台湾，仍保留立法委员职，曾被副总统陈诚慕名请为家庭教师训诫女儿。马鸿逵因在宁夏抵抗解放军不力，被国民党政府以“擅离职守”而“撤职查办”，无法立足台湾，后辗转移居美国，书城亦随其赴美定居洛杉矶，约1970年前后去世。

三

马鸿逵在《马氏族谱·述事集》卷三《书城太夫人事略》中记述：“母自幼好读，通经史，所著古文诗皆有风骨。”就目前所辑材料可知，马书城有着较高的文学修养和成就，在民国时期的回族女界中当属佼佼者。她一生的诗文创作当有较大的数量，可惜我辈无法全窥。我们现在可以见到的马氏作品主要是诗文集《晦珠馆近稿》，另有一首拜谒成都武侯祠的诗作。

马书城自1926年与马福祥合卺后专心读书著述，她后来自述“余以先君早丧，课蒙博微薪供孀母甘旨，无力学问。年三十六来归时，余夫退游林泉，日常妆台伴读，得昕夕从事学问，于经史诗文稍涉津涯”，“年余以来，褒然成秩”。1927年底，在马福祥的提议与策划下，将其诗作文稿汇集成册，并请其父叙午老友、湖北谷城钱葆青老先生点定并作序，1928年1月（戊辰孟陬月）刊印于上海。

《晦珠馆近稿》分“文稿”和“诗词稿”两部分。文稿计31篇约1.2万字；诗词百余首。文稿或读经史而论，或就时事而发；虽有女性视角，却无内室琐议，具有较高的思想境界和文学价值。论史不求考据，以定论史实而发议论，而抒己见。时议则眼界开阔，认识往往深刻而高远。文风清新简洁，叙事论说层层深入。

文稿论史事人性者占绝大多数，细细品读，其以人性为准的史观清楚明了，《勾践事吴论》一篇可窥一般。“世间能成大业者，大都有坚忍之性。质韩信越胯于匹夫，张良纳履于老人，皆至辱之事也。恒情有所不能者，而此二子忍之，故卒为汉代功臣，赫赫于一世。然二子之忍尤在微时，勾践之于吴，以诸侯遇诸侯，猝命以仆妾之役，茹苦含辛，蒙垢忍辱三年而不倦，举世之人所不能忍者忍之，谓非有报人之志，孰肯出此乎。粪，涉物也，嗅之尤难，况尝之耶。勾践之所以能回夫差之心者，正在此举。盖世之忠臣孝子，未闻有尝其君亲之粪者，而勾践为之；勾践所以为此者，少伯教之，少伯何以教此不情之事？盖预测夫差疾愈之期借此以动其心，致其怜俾其不疑，虽有申胥忠谏不能入也。迨赦而归国，犹苦其心志，卧薪尝胆，阴而聚练，阳而卑事。使吴毫不之备，及至一战灭吴，遂成伯焉，何莫非此忍字有以成之哉。勾践之忍，谁教之耶？曰：文种教之于前，范蠡导之于后。微此二人，勾践覆亡之不暇，奚能在兴乎？惜乎！勾践之为人，可与共患难，不可与共安乐，卒至蠡隐种亡，遗憾千古。悲乎!”

《生男无喜生女无怨说》一篇反映了其知识女性的见识，认为中国千百年来男尊女卑的社会根源在于“女子生而多不之教，遂成弃材”，要改变这种状况，须“男女皆受同等教育”。

《中国历史上不乏女后听政，欧洲各国亦多女君，共和以来南方女士运动参政，试论其可否?》一文亦强调女子教育的重要性，认为“吾国女子除家政烹饪针黹外，鲜有与预及政事者”，“教育之畸重有以致之也”；“同为人类，男子则教之、诲之，启沃其智慧学识；女子则止之、遏之，惟恐其稍露锋芒。故女子之佼佼者，几廖若星辰。至于欧美男女教育平等，凡男子能为之事，女子莫不能之。女子之禀赋何尝弱于男子？在于教不教而已。”

《弭兵策》一文则直论现实，颇有见地：“国家之有兵，其尤鸟兽之有爪牙乎，鸟兽无爪牙，不足以自卫；国家无兵，不足以保治安。虽然轻用爪牙必祸其身，滥编行伍必殃其民。古先哲有言曰：兵贵精，不贵多，多则徒为民害。吾国今日之贫弱，虽有多端，而兵制不良，不能寓兵于农一大原因也……农之于国，顾不重且大哉。为今之计，欲弭兵祸，留其精锐者以捍卫国家。余者息迁为农，地利不失，器具亦备，人民不迫于饥寒，各相乐业。即入伍之卒，亦得饷粮充足，不致流为盗匪。行伍既清，易于训练，爱国之心油然以升，如是兵不弭而自弭矣。”

其诗词或咏景，或抒怀，或咏史，或赠友，或唱和，或祝寿，内容丰富多彩，表现了她新婚后舒畅愉快的心境。诗词语言清新雅致，读之朗朗上口。如《咏菊》《咏水仙》《冬夜即景》等。《咏菊》诗云：“羞共群花竞吐芳，几枝老圃傲秋霜。冷邀靖节为知己，应使花王贬众香。”《答友人陈旭芙》句首嵌“敬谢不敏”四字：“敬将仰止奉知音，掷地文章韵作金。谢女诗才千古羡，班姬史笔万流钦。不看庾亮三秋月，却谱嵇康一曲琴。敏慧如君曾有几，应倾向日野葵心。”

数首咏史诗均为颂扬古代巾帼英雄之作，表现了其女性立场。如《咏沈云英解道州围》：“为父为君不惜身，激昂片语动乡邻。城高百雉罴当道，敌扫三军马踏尘。北魏木兰真孝子，忠州良玉愧庸臣。千钧一发支危局，巾帼英雄孰比伦。”再如《花木兰》：“慷慨从征宝剑斜，不辞辛苦为阿耶。女郎愧煞须眉士，巾帼英雄有几家。”

诗中亦有感怀时局的，如《无题》：“惊心岁月去难回，辜负天生作弃材。目击时艰无力挽，愧侬未具木兰才。”再如《感时》：“改革十年仍似常，未兴庶政国民伤。恨侬不是奇男子，空有雄心羡子房。”

诗词稿中有《赠金子云先生寿时》一首值得一提，“海屋添筹日，梅花索笑时；良辰逢上旦，明德树人师。兰玉森森秀，乔松落落姿；九如为君寿，借以献灵芝。”当作于1927年随马福祥游江南次上海时。金子云为上海回族工商界著名人士，热心于回族公益，于上海回民教育、宗教、文化等事业多有建树。

《晦珠馆近稿》之外，我们所能见到的马书城先生诗文作品只有一首五言诗《谒武侯祠》了。此诗为1943年春作者返故里成都游武侯祠时所作，被武侯祠管理者刻石立碑，永志保存。诗碑位于诸葛亮殿西荷塘旁之南壁，即由东向西第二通。碑纵78厘米、宽50厘米，至今保存完好。“髫年违乡国，归来鬓已苍。悲时念艰屯，猾夏倭披猖。驱车越郊坰，写忧谒祠堂。惠陵近咫尺，殿寝若相望。君臣盛际遇，拜像感遗光。三顾真知己，竭命效才良。雅確高当世，筹策故非常。政峻民无怨，公诚植其纲。信使宁异术，立国此大防。贞元会启运，多难竚兴邦。森森看古柏，遗爱咏甘棠。”署“癸未花朝日峨嵋女史马汝邺撰书”[1]。其感时忧国之情油然而生，心境已大不同于15年前了。

本文发表于《黑龙江民族丛刊》2007年第6期。

①李兆成:《武侯祠碑刻沿革与现状(三)》,载《四川文物》,武侯祠专刊。

对回族科技文化研究的几点认识

◎宋　冰

20世纪的回族研究在很多方面取得了巨大成绩，回回科技史即是其一，凡天文、历算、医药、地理、数学、工程技术、化学等，或深入研究，或浅涉初探，或介绍宣传，层次不同，均有讨论。有关回回天文历算和回回医学的研究，成绩最为显著。本文在叙述回回科技史研究所取得巨大成绩的基础上，提出几点浅识，或可裨益于相关研究。

一

回族先民从唐宋时期进入中国时，即带来了中西亚一带有别于中原的各种物产与科技，其中以香药最有名。宋代番客们输入中原的香料和药物品种繁多，据白寿彝先生在《宋时大食商人在中国的活动》一文中的不完全统计有114种[①]。五代时久居中国而能诗善文的波斯商人后裔李著有《海药本草》一书，详述来自海上贸易的各种药物特性。据有关谱

①白寿彝:《中国伊斯兰史存稿》,宁夏人民出版社,1983年,第144~152页。

牒资料，在南京赫赫有名的梁氏接骨世家始祖梁柱是北宋神宗年间由阿拉伯来华的，时任金疮科御医，其后代先落籍开封，开设“滋德堂”药铺，为百姓施医送药，世为接骨大夫，第九代时分迁南京（明初）开业行医至今[①]。北宋时另一位回回科技专家是天文学家马依泽，他以西域历象校正旧历襄助而成《应天历》，供职司天监，致仕后定居中原，子孙繁衍，至今已历近40代，遍布华夏各地。元代是回回人口大量进入中原的时期，也是各类回回科技人才进入中原发挥其特长的重要时期。以扎马鲁丁为代表的天文学家，将伊斯兰世界的天文学理论与技术输入中国，不仅协助中国天文学家推衍天象日历，且为元朝政府制定了《万年历》，被世祖“稍颁行之”，还制造了多种以阿拉伯、波斯文命名的天文天象观测仪，为政府所重视，元代专设有回回司天监。

蒙古人在漠北时即认识到回回药物的重要性，世祖初命叙利亚人爱薛“掌西域星历、医药二司事”，说明相关机构早已设立。至元七年（1270年）“改回回爱薛所立京师医药院名广惠司”，“秩正三品，掌修制御用回回药物及和剂，以疗诸宿卫士及在京孤寒者”[②]。至元二十九年（1292年）又分设上都、大都两回回药物院，“秩从五品，掌回回药事”，至治二年（1322年）“拨隶广惠司”。尽管设置了职任很高的专管机构，但我们未发现泰定年间萨德弥实《瑞竹堂经验方》之前有关回回药物及方剂的文献资料，想必应是盛况空前。而有关回回医士在民间游方行医有奇异效果的记述在私人笔记小说中多有描述，被称为“西域奇术”的外科手术以及眼科（白敬宇眼药膏至今不衰）、骨科均是强项。从元末明初成书的《回回药方》残卷看，元代的回回医药及方剂亦是将中西亚穆斯林社会吸收古希腊、波斯、印度等地的医疗经验而撰述的各种医学著作有选择、分门别类地输入东方社会，以汉文表述，杂有大量阿拉伯、

---

①邱树森:《中国回族大词典》,江苏古籍出版社,1992年,第498页。
②《元史·百官志》卷八八。

波斯及希腊、希伯来等语言的汉语音译药名和方剂名。

穆斯林数学亦是吸收古希腊、印度人的成就而多有发明。蒙元时东来的回回科学家将其带入中土，应用在各方面。如天文学方面“要知天轮行度之法，必用浑仪，并测之物，以算法推详其理”，“盖其人之隶籍台官者，类以土盘布算，仍用其本国之书”[①]。《元秘书监志》卷七中记有含“诸般算法”“四劈算法段数”（《几何原本》）等名目之回回书籍。在西安元代安西王府和上海浦东明代陆氏墓中各出土一组以阿拉伯字母标志的幻方，后者刻有“清真言”，虽为迷信辟邪之用，但亦反映了穆斯林数字在中土的应用[②]。

穆斯林工程技术学之造炮术、建筑工程设计等均在蒙元时东传并受蒙古统治者高度重视。前者以阿老瓦丁和亦思马因为代表，他们制作的“回回炮”在蒙古统一中国的战争中发挥了巨大威慑作用，后者以亦黑迭尔丁为代表，他是元大都皇城的实际设计师。

回回地理学中最值得一提的是吸收消化古希腊地圆学并介绍到中土，扎马鲁丁进献的众多天文仪器中即有地球仪，清代的回族学者如刘智等即完全接受这一科学说法而加以引用。

明朝时期回回民族已经形成，虽然还有中亚“贡使回回”等名目的突厥系穆斯林内迁，但在回族人口中所占比重已无足轻重了，也很少像蒙元时期扎马鲁丁、亦黑迭尔丁那样来自伊斯兰科学文化核心区的科学人才东来，所以回回科技便不如元代那样在中原具有影响。只有回回天文学还受到明政府的重视，回回医药学在民间还发挥着一定作用。

清王朝时期回族科技已完全处于衰势，康熙间回回天文学亦因故步自封而完全让位于西历，再无具有全国影响或受政府重视的项目和成果

①刘迎胜:《13—18世纪回回世俗文化综考》,载《中国回族研究(第一辑)》,宁夏人民出版社,1991年。

②邱树森:《中国回族大词典》,江苏古籍出版社,1992年,第635页。

了。只是过去以经营为目的的珠玉业在清晚期又有了生机，“识宝回回”们不仅收购、买卖玉器珠宝，而且随着时代的变化更注重珠玉加工，在同行中占有重要地位。近代泉州泛海商人丁拱辰有感于国弱器钝，以其军事研究著作《演炮图说》等贡献于粤海防务，并自费铸数十门大炮进献，可谓壮举。

二

回回科技在历史上的成就十分辉煌，它也是中国科技文化的重要组成部分。近代以来人们开始关注与研究回回科技文化的成就，有关回回天文学的整理与研究甚至从明代即已开始。20 世纪自陈垣先生《中西回史日历》（1925 年）出版后，关于回回天文历算的研究和讨论文章日益增多，迄今大约有数十篇之多，内容可分为几个方面：

一是以回族宗教生活实用为目的，20 世纪 20—40 年代的许多文章都是为追根溯源讨论这一问题，如马自成的《天文月首万年历真本》、丁子谕的《寻月指南》及马以愚的《回回历》等，20 世纪 80 年代后仍有同类文章出现。

二是回回天文历法的纯学术研究，考辨其源流，推演其方法，讨论其对中国传统历法的影响等。这方面参与讨论的天文学、数学专业学者较多，成果最为显著，李俨先生在民国年间即有《伊斯兰教与中国历算之关系》（《回教论坛》53 卷第 4 期）一文。其中 20 世纪 80—90 年代陈久金先生最具代表，他以 10 余年的精力专此研究，除发表大量高水平的文章外，还完成了《回回天文学史研究》一书，系统论述了回回天文学的成就和对中国天文历算的贡献。还加盟助阵，为杨怀中、余振贵二先生主编的《伊斯兰与中国文化》一书撰写了《伊斯兰天文学的输入》一章，使他的研究成果影响愈广。另外陈鹰、陈美东、马肇曾、马明达、陈静等先生亦有高质量的研究成果。

三是对回回历法典籍和前人研究成果的整理。无可比拟的成果是马明达、陈静二先生花数年之功，广事搜求、校勘整理而成的《中国回回历法辑丛》一书，洋洋169万言，为相关研究提供了极大的便利。

四是从回族文化的角度去分析讨论、叙述其成就，分析其对中华文明的影响。泛泛而论者多，笼统下结论者多，往往缺乏科学研究的实质。专事回族研究的学者此类文章较多。

回回医药的介绍与研究亦始自民国年间，刘风五有《回教徒对于中国医药的贡献》（《西北论衡》9卷第11期）一文，陈垣先生、白寿彝先生等在著述中亦多有涉及。20世纪80年代以来相关研究亦分几个层面：

（1）纯学术讨论。这方面以残本《回回药方》的考释为重点。此书为明初回回医方书，原书36卷，现仅存明代红格抄本残书4卷（目录卷下、十二、三十、三十四卷），珍藏于北京图书馆。许多学者对此残本予以介绍和研究，其中以中国社会科学院宋岘先生用力最勤，他发表的系列文章考证了《回回药方》与古希腊、阿拉伯医学之关系（《〈回回药方〉与古希腊医学》，载《西域研究》1994年第2期；《〈回回药方〉与阿拉伯医学主流的亲缘关系》，香港《明报月刊》1991年第4月号；《论古代阿拉伯医方书与〈回回药方〉的剂量关系》，《回族研究》1991年第4期；《论〈回回药方〉与阿维森纳〈医典〉的关系》，《中国回族研究》第2辑，1992年8月等）；《回回药方》对中国医药学的影响（对《普济方》和《本草纲目》中的回回药方的考证等）；《回回药方》方剂、医法的考证（《〈回回药方〉肩部脱臼复位法探源》，《回族研究》，1994年第1期）等方面，最终完成了《回回药方考释》（中华书局，2000年7月版）一书，对《回回药方》进行了全面的考证研究和科学分析。宋先生还为杨怀中、余振贵二先生主编的《伊斯兰与中国文化》一书撰写了《伊斯兰医学的输入》一章，系统地论述了伊斯兰（回回）医学的东传和对中国医学的贡献，为此著增色不少，由于此书的广泛影响力，也使他的研究成果为更多的人所了解。刘迎胜（《〈回回药方〉》与中国穆斯林医药学》，《新疆社会科学》1990年第3期）、冯增烈（校点本《回回药方》

前言，《回族研究》，1991 年第 1 期）等人对《回回药方》亦有研究，还有大量的“会议论文”涉及《回回药方》的方方面面。

（2）从回族文化角度叙述和讨论回回医药学的成就是一个重要方面。上自李珣及其《海药本草》，忽思慧与《饮膳正要》，下至清末至民国年间各地著名回回医师行状事迹的介绍等，许多相关著作都有涉及，介绍性文章亦复不少，但难见高水平、系统性论文。

（3）回族医学专业人士的相关研究也不可忽视。这方面所见以中国中医研究院医学家安迪光先生用力最勤，成果较有影响。他以理论研究结合临床实践进行着发扬回回医学的工作，其以“回回医学”为题的文章曾在世界传统医学大会上获最高奖。

1990 年在古城西安召开了一次回族医药学术讨论会，是难得的一次专门学术聚会，会后出版了《回族医药学术论文集》（陕西科技出版社，1990 年 9 月），收录 65 篇文章，部分文章提出了很好的研究思路和方法。

数学是天文学的基础，回回数学的讨论主要集中在回回天文学研究方面，回历岁首、曜日、十二宫日期的推算，均需要数学方法。陈久金的《论回历十二宫日期的推算方法》（《宁夏社会科学》1989 年第 6 期），马肇曾等人撰写的《回历岁首曜日三种推算方法的数学释义》（《回族研究》1992 年第 4 期），刘迎胜的《13—18 世纪回回世俗文化综考》等均有考释和讨论。

回回炮在蒙古征服中原的战争中发挥过巨大作用，苏盛光的《回回炮与襄樊战役》（《湖北少数民族》1986 年第 2 期）、穆宝修的《元代的回回炮手军匠》（《甘肃民族研究》1984 年第 3 ~ 4 期）、马建春的《蒙元时期“回回炮”的东传及作用》（《西北民族研究》1996 年第 2 期）等文对回回炮及相关问题有所讨论。

回回建筑学的研究集中在两个方面，一是对元大都的设计督建者亦黑迭尔丁功绩的描述，一是关于回族清真寺、拱北建筑的研究。前者由史学大师陈垣先生首次考释，他在 20 世纪 20 年代所撰《元西域人华化考》卷五“美术篇”之“西域人之中国建筑”一节专论亦黑迭尔丁身世及主持修造元大都事，考证之博精为学界普遍认同，此后之论述均以此为基础。陈先生认为亦黑迭尔丁是“华化”的典范，其设计的元大都完全采用中国建筑理论与方法。

后者的最高成就当推中国建筑技术发展中心建筑历史研究所刘致平教授领导的研究小组于20世纪60年代实地调查完成的《中国伊斯兰教建筑》一书（新疆人民出版社，1985年，出版前曾重新整理），其无与伦比的成就主要体现在完全的建筑学研究视角和方法，全书分“绪论”“建筑实例”“各种建筑作法综论”三部分，建筑实例共计65个清真寺、教经堂、道堂、陵墓建筑实例研究，其中属于回族的55个，占绝大多数；第三部分分总平面图、各种建筑（大殿、邦克楼、门等），各种作法（大小木作、天花藻井、彩画、砖瓦作等）。书中大量的平面图、剖面图和摄影图片不仅有助于更好地理解建筑本身，在绝大多数清真寺等建筑被毁的今天，这些图与照片尤为珍贵，为人们保留下了回族建筑昔日辉煌的例证。

三

近百年来，回族科技文化研究取得了巨大成就，尤其是回回天文历算和医药学的研究成果令世人瞩目。这些成果不仅表明历史上回族在科学技术方面的辉煌成就，亦有利于增强当代回回民族的自信心和自豪感。但就总体观，我们认为回族科技文化的研究尚需加大力度，在许多弱项上下功夫；同时，只考订、叙述事实是不够的，还应探讨其自身的发展机制，总结其得失，探索其衰落的原因。笔者认为，以下几点尚有不足之处：

（1）对回族科技文化总体的系统思考不够。回族发展过程中在科学技术层面“重利用轻理论”倾向明显，为什么会如此，其功利色彩的各种原因究竟有哪些？为什么元代回回科技成就辉煌，明清日渐衰落等等问题均需较高视野的理性思考。

(2) 对回族科技文化在中国相关领域的地位分析不够，缺乏横向比较研究，孤芳自赏的色彩较浓。

(3) 对回族科技自身演变发展的专业性研究不够。如回回医药学研究，历史资料考释多，呼吁多，较高水平的系统药理分析少，对大量现存的医药实践亦缺乏系统整理和实质性关注，使历史上辉煌一时的回回医药学无法与现今藏医药等少数民族医药相提并论。

(4) 研究的范围不够宽广。如水利工程、造船技术、矿冶、玉器制作与鉴定等方面回族均有较高成就，但缺乏较为系统的高水平研究成果。

(5) 除个别学科之外，研究的总体水平有待提高，缺乏专业研究人员。

宋冰（1964— ），陕西蒲城人，历史学副教授。1984年至今在学校历史系（文旅系）、文史学院工作，主要从事中国古代史研究。

本文发表于《西北第二民族学院学报（哲学社会科学版）》2003年第3期。

民国时期的西海固回族社会状况

◎丁万录

宁夏西海固地区是全国回族最集中的区域之一，1995 年末固原行署六县回族人口为 85 万余，占当地总人口的 47.2%，约占全国回族人口的十分之一。这一区域回族内聚力强，封闭程度高，外张力差，保持着非常突出的民族宗教文化特色。但由于其经济落后，社会贫困而不被人们重视。笔者尝试从各种零散材料中勾勒这一地区民国年间的社会状况，希望能引起研究者对西海固回族社会的关注。

一

西海固地区自元明以来即是回族聚居的重要区域之一，清中叶有“宁夏至平凉千余里，尽系回庄”的记载。但这一区域独具特色的回族社区则是晚清形成的。同治年间西北回民起义失败后，左宗棠将大部分劫后余生的回族百姓迁插于此，使此地回族人口比例大大提高。左氏迁移安插情况大致如下：移出化平川（今泾源）汉族，安置陕西回族 9480 余人，使当地回族人口比例几达 100%；安置其余陕西回族近万人于今西吉县南部兴隆、玉桥、公易、什字等乡；使当地回族人口比例亦达90%左右；固原各地则安插着被强徙的宁夏平原地区回族万余人；今西海固各地也多有被安插的陇南各县回族。

除政府迁插外，在起义过程中和起义失败后，为求生存而避难落居西海固的陕甘各地回族亦有相当数量，或混居于原回族聚落，或避居于深山无人区，以陇南回族为多，河州、青海回族次之。大量落难回族人口的移入和与外界较少接触的特殊地域环境，使居于此地的回族在生计方式、生活习俗等方面逐渐趋于一致，形成一个不同于其他地域的回族聚居社区，一方面在“苦甲天下”的贫瘠土地上为生存而挣扎，一方面还要承受政府的歧视和压制。

同治末年左宗棠在安插结束后，奏请清政府对这一地区重新进行行政区划，升固原为直隶州，并分设硝河州判，增设海城（海原）和平远（今同心）两县，设化平为直隶厅，隆德仍沿旧制。其目的在于加强对回族人民的监控。

从光绪末、宣统间几部地方史志和民间资料看，清末民国初年西海固地区的回族人口比例甚高。固原直隶州辖地1908年（光绪三十四年）以四乡划分，南乡、北乡回汉各占50%，西乡回族占60%，东乡回族占30%；海城县同年统计6930户47540人中回族为4269户39051人，占总户数的61.6%，总人口的82.1%；化平直隶厅1909年（宣统元年）3185户16238人中回族为3092户15885口，占总户数97.1%，总人口的97.8%。从整体来看，这一区域在清末回族人口比例虽然很高，但人口总量不大，以上数字足以为证，当时村落居住状况大体如史志所述，“人烟寥落”，“固原辖境辽阔，地广人稀，大寨巨堡寥寥可指。有十余家为一村者，有三、五家为一村者，甚至一家一村，而彼此相隔数里、十数里不等者”。由于人口数量有限，土地垦殖亦基本限于河谷川台和沟岔缓坡地，山峁及沟岔陡坡多较好地保留着草皮植被和次生林，六盘山及部分石山区还保留着较大面积的森林，光绪三十四年固原直隶州有耕地

1210900 亩，熟地 730600 亩，海城县有耕地 609960 亩。

中华民国建立后，撤固原直隶州，改为固原县，海城县因与辽宁海城同名被改名海原县，化平直隶厅改为化平县，隆德仍沿旧称。各县虽改头换面，实仍行旧制，乡村里监等制未能全废。1929 年始改行区村之制，1934 年改行乡镇、保甲制，加强对人民的控制，以利抽兵、摊派。各县议会参议会时有时无，多为点缀。1942 年在镇压海固回民暴动后，又从海、固、隆、静等县划设西吉县，进一步加强对回族人民的监视与控制。

民初政局建置虽有变革，西海固百姓生活未受太大影响，尚称安稳，民间耕牧一如前清。由于气候高寒，山地贫瘠，人民粗食淡饮，朴实无华，得温饱既已满足，居深宅大院，家贮丰厚者寥寥。绝大多数居依崖穿挖之黄土窑（冬暖夏凉，颇宜穷人居住）和由土基砌成之拱洞形箍窑。也有居茅庵草舍或简易房屋者。

1920 年 12 月 16 日 20 时（农历十一月初七日傍晚）天灾忽至，8.5 级的海固大地震暴发，风吼沙鸣，山崩地裂，屋倒窑塌，荡魂悸魄，人民死伤枕藉，达半数以上。全家、全村断绝炊烟者比比皆是，回汉人民被难至深。震中海原县死亡 73604 人，占人口总数 59%；固原死亡 39068 人，占人口总数 45%；隆德死亡 21732 人，占 36%；泾源死亡 4000 余人。震后，人民无衣食住所，流离失所，“苦人多倚火炕取暖，衣被素薄，一日失所，复值严寒大风，忍冻忍饥，瑟瑟露宿，匍匐扶伤，哭声遍野，不为饿莩，亦将僵毙，牲畜死亡散失，狼狗亦群出吃人（海原县公署卷字 3099 号）”。灾后景象，真是惨不忍睹。

震灾未得恢复，1928 年又遇陕甘大旱，海固地区亦河干井涸，禾苗枯死，粮食收成不及一二。翌年春出现大饥荒，粮价飞涨，加陇南各县饥民大量涌入，死亡塞道，出现人相食现象。与此同时，土匪蜂起，大者有海原吴发荣、西吉王富德以及河州窜匪王占林等，攻城略地，自放县长，烧拷民财，杀人如麻；小股更是比比皆是，烧杀抢劫，鸡犬不宁，百姓被难至深。在匪祸日猖的情形下，乡民被迫自卫（现仅存于各地的土墙堡子是民国时期人民防御土匪的见证)，各地纷纷组织民团相抗，而这些民团又往往为乡绅所控制，伙食支应多摊于民间、无助的百姓再加负担。地方驻军亦以剿匪为名索粮要款，实则官匪一家，互相依存，鱼肉人民。

西海固地瘠民贫，民国间历次大军压境，如冯部国民军南下解西安之围，东北军与中央军堵截、防范红军，各路国民党军镇压海固暴动等，大军一过，必办兵站，“而买粮买草，徒凭一纸公文，支马派夫，一去多不复返，始而骡马空，继而牛驴少”，回汉百姓之苦，无以复加。

在民国短暂的几十余年中，西海固人民历频繁的天灾人祸，然处社会巨变时代，西海固回族社会亦有一些变化，有些是随时代潮流所产生的前所未有的变化，有些则是清末以来变革的延续。

二

在生计方面，民国时期西海固回族和当地汉族一样，同以山地农业为主，种植麦谷薯类等，沿袭着广种薄收的传统，单产量很低，丰年因种植面积大而稍有盈粮，旱年则往往绝产、半绝产，贫者枵腹。由于土匪抢掠横行，政府摊派支应负担过重，许多贫苦人家严重缺乏役畜，土地资源得不到充分利用，加重了人民贫苦程度，民谣“三石一顶锅，四石一顶案，遇到灾荒年，全家逃外边”是真实写照。就农业种植情况言，回族又往往不及汉族精细。

畜牧业是西海固地区的传统产业，由于地广人稀，草山宽广，草场宜于畜牧，明代此区域曾是国家战马的重要牧养基地之一。民国年间当地回汉人民延续着这一传统，多从事牛羊牧养。从各种零散资料可窥当地回族在牲畜牧养方面有较大优势，少部分人家畜牧与耕种并重，大多数人则以畜牧为农业经济的补充，因草场条件以养羊最为适宜，故牧养以羊为主，牛、马、驴、骡则多为役畜，各县区因草场面积不等，农户经济能力有别，民间畜养羊只规模亦各有不同，草山大、经济能力较好则牧养多，旧史载每家所养“马或牛多不过100头，羊多不过1000只”是指富户，普通农户牧养数十只羊即属相当规模，大多数只、十几只不等。农民畜养羊只亦受自然条件严重制约，天旱草场枯竭，羊只数量往往大规模减少，遇牲畜暴发传染病更是毫无办法。大体1920年地震以前，地方较为安宁，畜牧业规模稍大，“人民生活尚称舒适”（手抄本《海原县要览》）。地震灾难以后，天灾人祸纷至沓来，畜牧业规模亦有较大缩小。1935年固原县有人口15.3万人，羊13.5万只，人均不及1只，加上1934年、1935两年患流行性黑水泻症而死的4.6万只，羊只总数不过18.1万只，人均1.2只。海原所属区域（包括西吉大部）有南华山、月亮山等面积较大的阴湿山地草场，牧养规模比固原稍大。1939年兰州贸易公司派人前来调查羊毛产量情况，“以固、海两县（羊毛）产量比较，海原多于固原”，而海原人口较固原为少。

广大农民牧养牛羊作为农业收入的补充，但往往不能得到最好的收益。主要原因在农民贫困程度较深，羊毛、羔皮为主要经济来源，遇青黄不接或急需货币，便只好以毛皮为抵押向商人借贷，作价远较收购季节为低。

民国年间西海固的畜牧业以回族农户养羊为主，而牧养兴衰除受天灾人祸影响外，往往与国内乃至国际市场的需求量接轨。如清末以来，随着西北羊毛出口量的剧增，外商买办在各地坐庄收购，羊毛价格不断上升，本地大小毛商深入农村收购羊毛，农户亦多留养羊羔，剪毛增加收入。羊毛出口量减少或价格下跌而二毛羔皮价格上涨时，农户又多宰羊取皮。农户养羊受外界市场需求的影响，此为民国间西海固回族社会生计方式之微变之一。

西海固地区的商业在民国年间亦有一些变化。清中叶社会承平时，当地“四民（新户老户回族汉族）皆重耕牧，唯回民兼善治生，故殷实者多”，“回民勇于趋利贸易，十居八九”。同治以后，回族受歧视压制，其商业传统虽依然延续，但规模与范围大大缩小，地方史志再未单独提及。光绪间山陕商人活跃于海固各地，以至形成“无山陕不成为镇店”，接踵而来的是冀鲁豫蜀各地商人，甘肃本省陇南商人亦北上坐庄经营，本地商人（主要是回族）最后参与竞争。回族商业在逐渐恢复中。民国初本地渐次成立商会和各同业公会，《民国固原县志》载1944—1945年各同业公会户数，惜相关统计数字未分回汉，从回族传统商务范畴推估，皮毛、旅店、饮食、屠宰、粮食、干果等诸行回族应占优势毫无问题，曾任固原县参议长的回族贤达张禹川先生即是颇具影响的万顺店老板。但有实力的商户仍多为外地客商，1947年固原县境开业1014户坐商，外地商人占502户。除固原县城外，本区域的其他几个较为著名的集镇均在回族聚居区，如海城镇、三营镇、单家集等。海城镇具体情况不得而知，三营在1947年有商业人口938人，占总人口18%，数量不少。单家集时属静宁县（今属西吉），为静宁36个乡镇中集市最盛者，有晋陕豫百货布庄坐商几十户，每逢一、四、七集日，周围数县赶集者络绎不绝，牛羊、皮毛、屠宰、粮食、饮食等均为回族商人经营。

从各种零散材料和笔者走访的多位年长经历者口述情况看，民国年间西海固地区的回族商业仍然是比较活跃的。如最有代表的皮毛业，固原成为陇东（静宁以北）“唯一集散中心，盛极一时”，而经营者多为回族。回族从商者经营灵活，羊毛行情看好时收购羊毛，食盐紧缺时贩盐；哪行有微利便经营哪行，哪里生意好做便去哪里。甚者抗战时期在国民党的严密封锁下，三营的买卖人到边区去做生意，这些人进边区驮有布匹鞋袜等。回族从商人数也占乡村集市的大多数，许多回族农民农忙时务农，农闲时则经营小本生意以贴家用。

总之，民国间由于社会动乱，西海固地区民不聊生，回族人民擅长的传统商业受到很大限制，资本稍大的坐商、行商多为外地客商，本地回族小商小贩多，或以小本生意维持生计，或为外地客商收购羊毛等土特产，大贾富商很少。

兴办新式学校教育是民国间西海固回族社会中最主要的变化之一。

西海固地区回族文化落后，旧史多载当地风俗“尚武”。自明代至清亡，西海固地区回族当中未出一位文章功名闻世的重要人物，而武将则有马蛟麟、马雄、马进祥等官位显赫者。同治以后，当地回族从苦难中求生存，内聚力加强，对学习儒文化心存戒备，习文弄墨求功名者更是稀少，清地方政府有意设置训蒙学塾以化“回性”，响应者了了，有地方官员强制回族童生入学而家长雇人顶替进校的记载。回族百姓绝大多数目不识丁，但求温饱而已。光绪末年随着社会的进化，回族中有识之士亦感文化落后，严重制约人民生计和民族发展，始提倡回族子弟入学读书以脱贫愚。张禹川先生是杰出代表。他深感回族同胞贫困落后，且多是文盲，遂身体力行，倡办学校以开民智，首先在自己的旅店内腾出专室招收数名回族子弟办起了私塾义学，自任教师，并很快得到部分回族群众的信任，学生发展到二三十人。民国建立后，张先生又多方奔走，劝募捐助，在义学基础上建起了固原清真第一初、高两等小学堂，是为整个陇东地区第一所回民新式学校，后改名同仁小学，招收西海固回民子弟，办学正规，教育质量好，至 1925 年，前后毕业五届百余名学生，许多毕业生回到乡村担任各地小学教师。同仁小学不仅开创了西海固地区的回民教育，对当地回族教育的发展也起着极为重要的作用。此后在回族贤达的努力和地方政府的支持下，西海固各地陆续办起了回民小学，稍有影响的完全小学有三营小学、海城城北小学、李旺小学、单家集小学、化平县高级小学等。部分由政府倡设，依正规小学教育授课，部分由回族有识之士在政府支持下兴办，授课中每周加授数节阿文或宗教课程，更受穆斯林群众欢迎。各县回族教育促进会和各宗教教派的一些有远见的领导人在提倡回民教育方面亦多有贡献。

西海固地区的回民女子教育亦由张禹川先生首倡，在张先生等人的辛勤努力下，1927 年创办了固原第一所回民女子小学，由地方回族女界先进苏彩凤任校长，虽历经磨难，多受宗教界与民族内部守旧人物阻挠，仍坚持办学不辍，1933 年扩大为同仁女子完全小学。此校为西海固回民女子教育的典范，在她的影响下，当地回族渐渐放开了女子不能受教育的思想禁锢，陆续办起女子小学。

分化与整合是西海固回族伊斯兰信仰在民国年间的主要特点。现在人们能看到和理解到的西海固是千沟万壑的山地和光秃秃难有生机的黄土丘陵，不少人在文字中就此不断地夸大，证明它多么不利于人类的生存。事实上这只是近数十年来的景象。民国时期的西海固人口基数不大，土地的垦殖还没有像人们现在看到和描述的那样惨烈。但人们对这一区域回族强烈的宗教文化特点的认识是准确的，由于历经苦难，西海固回族在清末即成为地域和民族性相统一的特殊社区，地域性主要表现在自我封闭和与外界隔绝，内聚力加强。民族性则主要表现为回归宗教，不管人们是否每天去清真寺完成天命拜功，但他们心目中只有更多地祈求来世，信仰每时每刻占据着人们的整个灵魂，不管他属于哪一个教派，这一点可能比其他地区的穆斯林都要更加强烈。民国间当地回族的这种信仰心理依然保持，但分化与重新整合在各教派中逐渐出现，并成为一种趋势。

旧史载民国间西海固回汉社会风俗“民性刚毅，朴而不华”，“凝固涩滞。端庄负重”，“习于勤俭，厚而诚实”均为真实写照。以贫富论人民衣食住行大致可分为三个等级:“富者居瓦舍深堂，宽房大院”，“食清油麦面，隔三间五肉食一次”，“衣官板布、扣布、细斜布或绸缎不等”。“次者居瓦屋土房”，“服粗布衣裳。食黄米、荞面、麦面。一半月肉食一次”。贫者居土窑、箍窑或茅庵草舍，滚木搭椽土屋，“毡袄羊皮掩其身体，间有衣粗布者，棉衣则夏改为单衣，单衣冬至又补成棉袄，食则莜面、荞面、糜面蒸馍杂干粮。终岁辛苦，不知膏粱是何物。”其中第三等穷苦人占绝大多数。

节庆方面当地回族完全遵循伊斯兰宗教节日，最重视、最隆重的是开斋节和古尔邦节，圣纪和阿舒拉节等视派别不同有所轻重。各门宦另有许多纪念自己老人家的活动，往往十分隆重，有时数万人赶“尔麦里”

求吉。对汉族的主要节日春节、端午、中秋节等则有意回避，一般不参与活动。

回族丧葬同样遵循相关宗教教规，“以水洗尸，请阿訇诵经。殓不用棺，尸不着衣，惟以白布制殓服”，隆重的站者那孜仪式后安葬，“葬不择期，惟不得逾三日”。因教派不同，有的家属和近亲要戴孝帽、穿孝衫，有的不穿孝衫。并有头期、二期、三期、四期、四十日、百天、周年等忌日纪念，“每逢祭日，必请阿訇诵天经，散油香”以减轻亡人罪过，早日升入天堂。

回族婚俗则较为健康，童婚、早婚现象较少。一般议婚由媒妁穿梭，议妥后先定亲，再择日送礼并确定婚期，彩礼一般较少，迎娶时媒人到女家接亲，多不亲迎。“其用车、轿、马、驴，视贫富差别而论”。婚礼中最主要的一环是必请阿訇念“衣扎布”，以庄重的宗教仪规宣布双方正式确立婚姻关系。“及期婚配，先筵西宾，继筵东宾，然后合卺，次日子妇均先盥沐，用水壶自顶至足盥毕，见翁姑尊长，以油饵喜筵香果，分送戚党”。

本文发表于《西北第二民族学院学报（哲学社会科学版）》2000 年第1 期。

西夏史研究

XIXIASHI YANJIU

北宋初期党项内附初探

◎杨　蕤

据《隋书》《旧唐书》《旧五代史》等史籍的记载，党项族最初居于今川、甘、青三省交界的区域。唐贞观以后，吐蕃渐盛，一部分党项部落开始被迫内迁。学界关于党项内迁的著述颇丰，代表性的著述有：周伟洲的《唐代党项》；汤开建的《隋唐时期党项部落迁徙考》；吴松弟的《中国移民史（第三卷）》等[①]。他们的研究基本上廓清了党项内迁的路线、时间、大致规模等问题。这些研究对隋唐五代时期党项的迁徙、分布状况有较为翔实的考论，但对于北宋初期党项迁徙状况及相关问题，则鲜有涉及。《宋史》《续资治通鉴长编》（以下简称《长编》）等史籍中的一些史料反映，北宋初期居于今鄂尔多斯及其缘边地区的党项部落不断内迁。虽然这一时期党项内附的规模和影响不及隋唐时期，但它使宋夏沿边地区的人口不断膨胀，居民结构、经济状况以及生态环境也随

①周伟洲:《唐代党项》,三秦出版社,1988 年;汤开建:《隋唐时期党项部落迁徙考》,《暨南学报》1994 年第 1 期;吴松弟:《中国移民史(第三卷)》,福建人民出版社,1997年。

之发生了变化。拙文试图就这一历史现象的基本情况及其相关问题进行探讨。

一

笔者在检阅宋代文献如《宋史》《长编》时发现，从五代始便不断有党项部落南迁依附于宋，这一现象在北宋初期尤为明显①。为便于讨论，兹将北宋初期党项内附的史实列表如下：

北宋初期党项内附状况②

内迁时间	内迁状况	资料出处
968 年	诏内属羌部十六府大首领屈遇与十二府首领罗崖领所部诛啜佶，啜佶惧，以其族归顺	《宋史》卷 491
980 年	三交口言戎人二百三十四户老幼五千三十七口归附	《长编》卷 21
982 年	银州羌部拓跋遇来诉本州赋役苛虐，乞移居内地	《宋史》卷 491
985 年	于银州北破悉利诸族，斩首三千六百余级，生擒八十人，俘老小一千四百余口。五月，又于开光谷西杏子平破保寺、保香族，生擒四十九人，俘其老小三百余人。又破保、洗两族，俘三千人，降五十五族	《宋史》卷 491
985 年	麟州及三族砦羌人二千余户皆降，酋长折御乜等六十四人献马首罪。又破银州杏子平东北山谷内没邵、浪悉讹等族，及浊轮川东、兔头川西诸族，生擒七十八人，枭五十九人，俘二百三十口，招降千四百五十二户	《宋史》卷 491
985 年	吴移、越移等四族来降，宪等抚之。又降银、麟、夏等州，三族砦诸部一百二十五族，合万六千一百八十九户	《宋史》卷 491

---

①西夏政权也采取各种手段诱惑沿边蕃部归顺。如《天盛改旧新定律令》卷七《为投诚者安置门》就规定了对于各类归顺者的待遇(参见史金波、聂鸿音、白滨:《天盛改旧新定律令》,法律出版社 2000 年版,第 268~274 页)。但文献反映宋境内党项部落整体归附西夏的情况较为少见。此外,在这一时期的内附浪潮中,主要以党项为主,但也有其他民族。如《长编》卷二三太平兴国七年闰十二月庚寅载:“丰州刺史王承美言契丹日利、月益、没细、兀瑶等十一族七万帐内附。”

②由于篇幅所限,只将党项内附的主要信息列出。

续表

内迁时间	内迁状况	资料出处
988 年	火山军言河西羌部直荡族内附	《宋史》卷 491
991 年	以黄乜族降户七百余散于银、夏州旧地处之	《宋史》卷 491
994 年	诏隳夏州故城，迁其民于绥、银等州，分官地给之	《长编》卷 35
994 年	银、夏州管勾生户八千帐族悉来归附，录其马牛羊万计	《宋史》卷 491
995 年	以勒浪嵬女儿门十六府大首领马尾等内附	《宋史》卷 491
996 年	勒浪族副首领遇兀等百九十三人归附，贡马七匹	《宋史》卷 491
999 年	羌族嵬逋等徙帐来归，又继迁诸羌族明叶示及仆咩、讹猪等首领率属内附，并令给善地处之	《宋史》卷 491
1000 年	张崇贵等破蕃贼大庐、小庐等十族，擒获人口、羊马二十万	《长编》卷 47
1002 年	卧浪己等四十六人来附	《长编》卷 51
1002 年	麟州界首领勒厥麻等三族千五百帐，相率越河内属，遂分处边境	《长编》卷 53
1003 年	蕃部叶市族、罗埋等持贼迁伪署牒，率其族百余帐来归	《长编》卷 54
1003 年	招降得岑移等三十三族，又从淮安镇入分水岭招降得麻谋等三十一族，又至柔远镇，招降得巢迷等二十族，遂抵业乐，招降得口树罗等百族，合四千八十户	《长编》卷 54
1003 年	刘赟等以继迁残虐，蕃部灾旱，率其属来归	《长编》卷 55
1003 年	原、渭等州言本界戎人来附者八部二十五族，今诣吏纳质	《宋史》卷 491
1004 年	麟府路附契丹戎人言泥族、拨黄太尉率三百帐内属	《长编》卷 56
1004 年	泾原路言陇山外至王家、狸家、延家三族归顺，诏授其首领官	《长编》卷 56
1004 年	环州、洪德寨言蕃部罗民大王本族诸首领各率其属归顺	《长编》卷 56
1004 年	先叛去蕃官茄罗、兀臧、成王等三族及口移军主率属归顺	《长编》卷 56
1004 年	渭州言妙娥、延家、熟嵬等族三千余帐，万七千余人内附	《长编》卷 56
1004 年	知镇戎军曹玮言，伊普三才迭三族首领率其属来归，欲发兵应接	《长编》卷 57
1006 年	镇戎军曹玮言叛去酋长苏尚娘复求归附	《宋史》卷 491

续表

内迁时间	内迁状况	资料出处
1013年	环州言熟户旺家族首领春州刺史都子今复来归，又有三族随至	《长编》卷83
1014年	北界毛尸族、军主浪埋、骨咩族蕃官口唱、巢迷族蕃官冯移埋率其属千一百九十人来归，降招抚之	《长编》卷84
1014年	叶市族大首领艳奴归顺	《宋史》卷491
1018年	樊家族九门都首领客厮铎内属，以厮铎为军主	《宋史》卷491
1019年	委乞、骨芈、大门等族闻玮玉，归附者千余落	《长编》卷93
1020年	鄜延路钤辖言扑咩族、马讹等，先为北界所略，今率众来归	《长编》卷96
1025年	环庆路钤辖王怀信言蕃部嵬逋等九百三十五户内附	《长编》卷103
1026年	蕃部首领曹守贵等一千八百户内附	《长编》卷104
1039年	柔远寨蕃部巡检珪咸，招诱白豹寨都指挥使裴永族内附	《长编》卷123
1081年	西界首领讹麦等十余人，并家属数百口，牛羊驮马近八千，已赴安定堡外。有投来首领，见于西界招呼之，结约人户来降	《长编》卷315
1081年	西蕃剡毛鬼、驴耳、金星、啰述等四部大首领，蕃钤辖约苏等二百三十户，二千余口。各令归族，内有会州人户，权给官地住坐	《长编》卷320
1085年	西夏韦州蕃官伯德率丁口二百五十归附	《长编》卷351

由于笔者在检阅文献中的遗漏以及史籍阙载，上表恐怕只是反映这一时期党项内附的一部分内容，但从中能够看出一些基本信息。吴松弟先生认为党项第一次内迁发生在隋代，第二次为安史之乱前，第三次为安史之乱后[①]。由此，本文所讨论的党项内附当可看作是党项的第四次迁徙，也是党项从隋代以来迁徙的终结。可以看出，从北宋建国（960年）到元丰年间（1078—1085年）一直有党项内附，但相对集中的时段却

①参见吴松弟：《中国移民史（第三卷）》，福建人民出版社，1997年，第72~77页。

在北宋建国到西夏建国（1038 年）之间。笔者就表中所提供的信息粗略统计，上述时段内内附的党项近 400 余族，12000 多帐，28000 多户，28000 多口。[①]此外，还有一部分文献并没提供任何数据，因此内附的党项人口数字应不止于此。考虑到很难确定党项一族和一帐的标准人口数目，所以只能以户为单位估计内附党项的人口规模。若以每户四口人计算（史家一般以每户五口为标准，由于畜牧民族的核心家庭相对较小，故以四人计之），故在北宋建国到西夏建国这一时段迁入宋夏沿边地区的 28000 户党项民众约有 12 万人。考虑到没有明确记载数据的文献以及一些史籍未载的情况，保守估计宋初至少有十余万党项民众迁入宋夏沿边地区。大量党项民众的迁入，使宋夏沿边人口得到较快增长。[②]

史料反映这些内附党项民众多来自今鄂尔多斯及其缘边地区。[③]中唐以来，今鄂尔多斯地区成为接纳内迁党项的主要区域，党项族取代粟特胡人成为这里的主要居民。有研究认为，党项两次大规模地迁徙后，大致有三十三万党项民众散布于“河曲”地区[④]，即今鄂尔多斯地区南缘及长城沿线地带。时隔三百余年，到北宋初期，上述区域党项人口日趋繁盛。如《旧五代史》卷一三八《党项传》载：“（党项）其他诸族，散处沿边界上甚众，然皆无国邑、君长，故莫得而纪次云。”以唐代前期鄂尔

---

①笔者就表中史料所提供内附党项的(部)族、帐、户、口进行分列统计,估计内附人口数目时以其中最多的一项为准。因为这几个数据之间并不是统一的关系,如有的文献只载内附党项的部族数,有的只载户数,无数据的文献则不计入统计范围。所以从统计结果看,帐和户的规模较大,口的数目偏小。

②《长编》卷二四一熙宁五年十二月壬午载:“庆历中,麟府不过万人,今乃二万人。”庆历到熙宁年间(1041—1077 年)麟府二州的人口翻了一番,足以看出宋夏沿边人口增长之迅速。

③原因有:(1)中唐以来,今鄂尔多斯及其缘边地区是党项部落的主要分布区域;(2)文献中党项内附的资料多为麟、银、环等北宋北缘州县所禀报,若这些党项部落来自南部,就不存在归附或者依附宋朝的问题;(3)一些文献直接表明内附者来自北部,如《长编》卷五六景德元年正月己丑载:“麟府路契丹戎人言泥族、拨黄太尉率三百帐内属。……诏府州赐茶綵,给公田,依险居之,计口赋粟,且言唐龙镇无得侵扰。”

④参见艾冲:《论唐代前期“河曲”地区各民族人口数量与分布》,载《民族研究》,2003 年第 2 期。

多斯地区有二十万党项民众这一保守数字为底数，按4‰（古代人口增长率一般为6‰~7‰，但畜牧民族人口的自然增长率相对较低，故以4‰为准）的自然增长率计之，三百年后这里的人口规模至少翻了一番。因此，除去人口迁徙以及其他因素外，保守估计北宋初期鄂尔多斯地区至少有四十余万党项人口。目前所见内附党项的史料多为北宋麟、银、保安、环等沿边州县的官吏所禀报，可见宋夏沿边地带尤其是今陕北、陇东一线是内附党项最主要的输入地（北宋鄜延路和环庆路）。宋人也曾讲："延有金明、府有丰州，皆戎人内附之地。"[①]亦是明证。

北宋初期党项为何纷纷内附？10—11世纪鄂尔多斯地区到底发生了什么？虽然我们无法彻底揭开这一历史谜团，但可以通过零星的记载做一些分析和判断。文献直接反映党项内附的情形大致有二：一是在北宋政府的武力干预下内附，主要是指通过武力征服的手段。这可以从上表中反映出来。又如嘉祐元年（1061年）环庆路经略司言："环州小遇等族叛，知州张揆以蕃官慕恩等九万七千余人往讨之，斩首一千一百，俘三十四人，羊、牛二千，余党各献马投降，即令依旧住坐。"[②]二是党项部落自愿内附，党项内附多属后者。主要原因有：第一，北宋政府为了军事防御等诸多目的，通过给予土地、授予官职、馈赠钱物等优厚待遇来招诱党项归顺。例如《宋史》卷四九一《党项传》载："环州言，继迁所掠羌族嵬逋等徙帐来归，又继迁诸羌族明叶示及仆咩、讹猪等首领率属内附，并令给善地处之。"又云："环州言熟户旺家族首领春州刺史都子，先为夏州蕃部所略，今复来归，又有三族随至，诏遣使劳赐之。"[③]当然，"元祐分疆"后，宋夏双方基本遵守了"土地换和平"的约定，双方互将逃亡人口送还对方，党项内附的现象因此渐趋减少。第二，从客观条件分析，宋夏沿边地区梳齿状分布着众多河流，水源等自然条件比鄂尔多

①《宋史》卷二八五《贾昌朝传》。
②《长编》卷一八三，嘉祐元年七月丁亥。
③《长编》卷八三，大中祥符六年九月丙申。

斯北部沙碛区优越，因此是发展农牧业的极好场所；加之 11—12 世纪塞北地区气候较为严寒，灾患频仍。[①]因此，良好的自然条件和生存环境成为吸引党项内附的重要原因。第三，从生产方式角度讲，散居于鄂尔多斯地区的党项部落逐渐受到农耕文明的浸染，农耕业对其具有更大的吸引力，而在宋夏沿边地区就可以得到更多的耕地，使其从单纯的畜牧业生产方式向农牧并举的生产方式转变。

党项内附使宋夏沿边的人口结构也发生了变化。《册府元龟》卷九九四《外臣部·备御七》唐武宗会昌四年（844 年）四月己亥载："奏曰臣所部与绥、银二州接境，二州汉户约五千。自闻国家攻讨夏州，皆藏窜山险，请除二州刺史。"依一户五口标准计之，唐会昌年间（841—846 年）绥银二州应有二万五千左右的汉人。文献未提及这里蕃户状况，有一种可能是唐时党项习事畜牧，处于分散状态，故难以统计其确数（最多不过与汉人持平）。鄂尔多斯地区的东南一带呈现蕃汉杂居的状态，但具体的蕃汉比例不得而知。[②]不过横山山脉是唐时一条重要的人口分界线，党项部落多居于其北，其南汉人比重较高。这是因为在唐长庆四年（824 年），唐朝在横山一线修筑了乌延、宥州、临塞、阴河、陶子等五座城寨，其主要目的就是为了防止党项的南下。[③]由此分析，唐代横山山脉南部地区汉人比例相对其北部自然会高一些。这一状况在五代时期就开始变化：由于北部党项民众不断地南迁或者附降，北宋初期宋夏沿边党项人口的比重迅速地扩大。《太平寰宇记》卷三七载："皇朝管（夏州）汉户二千九十六，蕃户一万九千二百九十。"[④]蕃汉人口的比例关系大致

---

①参见邓辉：《论燕北地区辽代的气候特点》，载《第四纪研究》，1998 年第 2 期；杨蕤：《西夏灾荒史略论》，载《宁夏社会科学》，2000 年第 4 期。

②张咏：《乖崖集》卷八《麟州通判厅壁记》载："麟州旧琅，实曰新秦，戎人绥荒，在河一曲，党项部族，汉民混居。"

③《册府元龟》卷九九四《外臣部·备御七》记载："三月甲戌夏州节度使奏，于芦子关北木瓜岭并筑堡栅以捍党项之冲……凡筑五城：乌延、宥州、临塞、阴河、陶子，而宥州、乌延皆方广数里，尤居要害，蕃戎畏之。"

④《宋本太平寰宇记》（影印本），中华书局，2000 年，第 65 页。

为十比一弱。可见蕃汉比例发生了明显变化。当然，夏州处于毛乌素沙地的南缘，适于畜牧，也是拓跋党项割据政权的所在地，蕃户的比例自然会高一点，因此在横山以南的地区估计达不到十比一的蕃汉人口比例。即便如此，有十余万党项民众的迁入，蕃户依然占有绝对的优势，这也可以从文献的描述中体现出来。例如《宋史》卷三三五载："横山延袤千里，多马宜稼，人物劲悍善战，且有盐铁之利，夏人恃以为生。"又《长编》卷三一四元丰四年（1081年）七月辛卯载："鄜延路已有旨，阴遣人招怀横山部落，缘环庆事体相同，又正当界之中，族帐尤更繁伙。"诸如此类，不一而足。还需指出的是，宋时仅夏州一州所辖人口就达到两万一千多户（蕃汉人口之和），概为十万之众，这也是党项人口迅速增长的又一佐证。

二

由于居住地的改变，内附党项民众的经济状况也发生了一些变化，主要表现在：

（一）宋夏沿边的土地得到大规模的开垦

北宋政权安置内附党项的重要措施就是给予土地。史载："诏河东转运司，河西戎人归附者徙内地，给以闲田。"[①]又如前所引"环州言，继迁所掠羌族嵬逋等徙帐来归，又继迁诸羌族明叶示及仆咩、讹猪等首领率属内附，并令给善地处之"，等等。在土地紧张的情况下，北宋政府甚至购买田地来安置内附党项。王安石曾言："今诚嵬等自拔内附，若令失所，即恩信不孚，于边事所损不细。臣以谓倍以钱买蕃户地，多给与顷亩，须管优足；未买得地，即且振以粮食，令无失所。"[②]足以看出北宋在利用土地诱惑党项内附这一点上用心良苦。西夏建国后与北宋形成对峙局面，北宋以城寨为屯垦据点，大肆招募沿边部族充当弓箭手垦殖，一部分内附党

①《长编》卷五三，咸平五年十月戊寅。
②《长编》卷二三四，熙宁五年六月乙丑。

项也应在其中。此外，宋夏沿边存在着一些“闲田”（又称“两不耕地”）和天然草地，内迁党项部落自占田土也应是其土地的来源之一。

宋初党项内附导致多少宋夏沿边土地得到开垦，难以确定。史载：“招环庆荔原堡，大顺城降羌每口给地五十亩，首领加倍，不达，以里外官职田及逃绝田充，又不足即官买地给之。”[①]若以每口五十亩的标准计之，十余万内迁之众足足需要五百多万亩的土地。当然，这仅仅是一个参考，因为不同年份和州县给内附党项土地的标准恐怕有所不同。宋夏沿边有河谷（川地）和山地两类土地，河谷地带可资开垦的土地并不富裕，山地便成为垦殖的对象。宋臣种谔言：“蕃官三班差使麻也讹赏等，十月丙寅于西界德靖镇七里平山上，得西人谷窖大小百余所，约八万石，拨发转运司及河东转运司。”[②]德靖镇位于今陕北志丹县城西南方向，处于横山山脉的南麓，为宋人所称的“膏腴地带”。这一区域的河谷较为狭窄，耕地极为有限，大量的粮食恐多为山地所产。学界在论述辽金在塞北的耕地状况时多使用“插花地”一词，意思是农田与非农业用地相间分布[③]。实际上就是在开垦土地的过程中，大量耕地呈现出“块状”分布的状态。宋夏沿边的河流谷地和山区耕地就是这种形态，尤其是山区耕地与草地相间。如《长编》卷五六景德元年（1004年）四月壬午载：“是月，命殿直宋垂远乘传往原、渭、仪等州及镇戎军视放草牧地。先是，垂远言四州军有草，可岁刈取百余万束，以秣饲战马。”即是如此。

（二）凸显了半农半牧的经济形态

历史上，在中原农耕区与北方畜牧区之间存在着一条农牧交错地带，经济形态为半农半牧或农牧并举。党项内迁后，宋夏沿边地区的经济更是凸显出这一特点。唐人沈亚之在《夏平》中讲道：“夏之属土，广长几千里，皆流沙。属民皆杂虏；虏之多曰党项。相聚为落于野，曰部落。

---

①《长编》卷二三四，熙宁五年六月乙丑。
②《长编》卷三一八，元丰四年十月丙子。
③参见韩茂莉：《辽金农业地理》，社会科学文献出版社，1999年，第47页。

其所业无农桑事，畜马、牛、羊、橐驼。”[①]这段学界甚为熟知的文字实际上是对鄂尔多斯地区党项部落生活状况的最好说明：以部落为单位从事单纯的畜牧业。内迁后，党项民众并未放弃原有的畜牧经济。宋人称：“夏国赖以为生者，河南膏腴之地，东则横山，西则天都马衔山一带，其余多不堪耕牧。”[②]宋人所讲的耕牧之地实际上是对“半农半牧”经济形态的另一种阐释。当然，由于史籍阙载，不能否定宋夏沿边没有单纯以畜牧或农耕为业的党项部落，但大部分内附党项应兼营农牧业。《长编》载：“环庆路部署张凝领兵自白豹镇入蕃界，焚族帐二百余，斩首五千级，降九百余人，毁刍粮八万，获牛羊、器甲二万。”[③]白豹镇位于今陕西省吴旗县境内，也属于宋夏沿边的“膏腴”地带，故文献中部落的大量储粮极有可能是其自己生产而非交换所得。“刍粮八万”，“牛羊、器甲二万”实际上反映了分布在宋夏沿边的部落兼营农业和畜牧，它是一种相对内敛或隐含的半农半牧方式，这一点往往不为学者所认识。[④]

（三）出现了定居的趋势

山地农业的发展，农耕业的浸染，使得内附党项出现了定居的趋向，这可以从其民居形式体现出来。内附以前的党项部落基本以族帐为活动单位，这不仅是其社会组织的一种反映，同时也体现了畜牧经济不稳定的生存状态。鄂尔多斯地区虽然不具备长距离游牧的地理背景，但党项部落的畜牧方式还是在小范围内移动。内迁后的情况就有所不同。史载：“即至时必有西人侵逼旧地，搜罗劫掠。各家须有窖藏斛豆及木栅屋舍，何由拆移搬运。……所有弃地内住汉蕃弓箭手约九百余户，散在郊野，逐家当此半年，皆有窖藏斛食，又各有土栅屋室，彼既以人马相监，利在抄夺。”[⑤]一些蕃汉民众以“土栅屋舍”为居，反映出定居的民居形态。

①沈亚之：《夏平》，载《文渊阁四库全书·集部》第18册。

②《长编》卷四六六，元祐六年九月壬辰。

③《长编》卷五一，咸平五年正月丁酉。

④参见杨蕤：《地理环境与西夏的经济类型及其相关问题》，《宁夏社会科学》2003年第4期。

⑤《长编》卷四二五，元祐四年四月戊午。

文献中甚至有党项居于“土窟”“土屋”的记载。如《西夏书事》卷二一载：“继世与种谔夜引兵抵其土窟中，使其弟叩门，呼曰：‘官军大集，兄速降，否则族灭矣。’名山使纳其手，扪之少一指，信之，遂率兵数千，户两万余降。”[①]笔者以为，文中的“土窟”应指窑洞。

窑洞是黄土高原地区颇具特色的民居形式，有关这一地区窑洞的记载多见于明清地方史籍中，宋代文献却很少有这方面的信息。窑洞不仅是一种民居形态，更是经济状况的反映。不难理解，以畜牧为业（尤其是游牧）的民族不大可能以窑洞为室；只有农业成为主导产业的时候，定居才成为可能。黄土高原木材等自然资源相对匮乏，又处于冬季严寒的地带，窑洞当然成为较为理想的民居形式。窑洞的选址多在黄土直立性较好的峁墚地区（山地），实际上与宋夏沿边地带大规模山地开发的历史背景相一致。又《西夏书事》卷一八载：“夏国皆土屋，或织牦牛尾及氄毛为盖，惟有命者得以瓦覆，故国中鲜游观所。”文中的“土屋”概指窑洞。宋人郑刚中在《西征道里记》中讲：“自荥阳以西皆土山，人多穴处，谓土理直，无摧压之患。然见路旁高山多摧拆，存者尚如半掌，则土穴疑有压者，居人当自能择尔。”[②]文中的“土穴”显然是指窑洞，可见宋时窑洞在黄土高原南部农业区内已经较为普遍。因此，内附党项以窑洞为居就不足为奇了。

三

由于大批党项民众涌入宋夏沿边地区，大面积的山地得到开垦，原来呈现疏林－草原的自然植被遭到一定破坏，加剧了水土流失，进而对下游黄河泛滥产生一定影响。

20世纪60年代，谭其骧先生在《何以黄河在东汉后会出现一个长期

---

①司马光《涑水记闻》卷十一亦载：“夏国酋长嵬名山部落在故绥州，有众万余人，其弟夷山先降，为熟户。青涧城使种谔使人因夷山以诱名山，赂以金盂。”可见夷山、名山确有其人，《西夏书事》所载概为信史。

②郑刚中：《北山集》卷一三《西征道里记》，《文渊阁四库全书·集部》第77册。

安流的局面》一文中探讨了黄河中游土地利用与下游黄河泛滥之间的关系，指出黄河泛滥的根本症结在于中游不合理的土地利用，使得黄河含沙量大增，泥沙在下游淤积增加河患的频率。[①]学术界也基本认同黄河泛滥的症结在于来自中上游泥沙淤积的观点。而从五代以来，黄河泛滥次数增多，黄患日趋严重。笔者在检索《宋史·河渠志》和《金史·河渠志》等史籍时发现，在北宋建国到金朝灭亡274年间，黄河共发生大的决口30余次（实际的决口次数恐怕不止于此，因为一些大的决口并未载入史册。如，记载中北宋末年和金朝末年决口的次数明显少于平时），平均8~9年就有一次大的决口；北宋时期则4~5年就有一次较大的黄患。文献中也有此时黄河含沙量较大的记载。如《宋史》卷九三《河渠志》载："盖黄河混浊、泥沙相伴，流行既久，迤逦淤淀，则久而必决者，势不能变也。"又如宋都水监程师孟讲："每春夏大雨，众水合流，浊如黄河。"[②]可见在宋人眼里，黄河已经成为一条"泥沙之河"。这些泥沙来自哪里？内附党项到底与黄河泥沙有无关系呢？这在文献中无明确记载，但可以从自然地理的角度做一些判断和分析。

谭先生指出，黄河泥沙主要来自中游，而黄河中游地区又可分为三区：第一区，包括内蒙古河套东北角的大黑河、沧头河流域，以及晋西北、陕北东北部、伊盟东南部的山陕峡谷流域；第二区，包括山西的汾水、涑水流域，陕甘二省的渭水、泾水、北洛水流域，以及河南弘农河流域一角；第三区，包括豫西伊洛河流域和晋东南沁丹河流域。对黄河下游水患起决定性作用的是第一和第二区。[③]西夏时期今内蒙古河套东北角的大黑河、沧头河流域为辽所据，是辽天德军的所在地（今呼和浩特市东），有河濡、山后等众多党项部落散居这里，以畜牧为业。[④]当然，

---

①③参见谭其骧:《何以黄河在东汉后会出现一个长期安流的局面》,《学术月刊》1962年第2期。

②《长编》卷二七七,熙宁九年七月庚午。

④参见汤开建:《五代辽宋时期党项部落的分布》,《西北民族研究》1993年第1期。

从辽河清军、金肃军有农耕的情况推测，大黑河、沧头河流域也应该有规模不等的农业。但不管当时这一地区经济形态如何，其水土流失的程度应不及宋夏沿边地区，因为这一带基本为今天的土默特平原，自然流水对土地的侵蚀度远远低于黄土高原丘陵沟壑区。北宋时山西汾水流域的植被尚好。北宋群牧使欧阳修言：“至于唐世牧地，皆与马性相宜，西起陇舍、金城、平凉、天水，外暨河曲之野，内则岐、彬、泾、宁，东接银夏，又东至楼烦，此唐养马之地。以今考之，或陷没夷狄，或以为农田，皆不可复得。惟闻今河东路岚、石之间，山荒甚多，及汾河之侧，草地亦广，其间草软水甘，最宜养牧，此乃唐楼烦牧监地也，可以兴置一监。”[①]“山荒甚多”“草地亦广”表明河东路存在大量的未开垦土地，农业开发的力度自然较小，所以才是放养马匹的理想场所。由此推断，其自然植被状况尚佳，水土流失的程度也应该不及宋夏沿边地区。由于环庆路以东宋夏沿边特殊的地貌特征，使得由垦殖引起的水土流失尤为严重。从《黄土高原侵蚀程度分区图》上可以明显地看出今马莲河以东的白于山区—佳县—神木、府谷一线是黄土高原地区侵蚀度最高的区域，侵蚀度基本在“最强”或“很强之上”。[②]这显示的虽然是现在的情况，但一些基本的地貌、土壤性质并未发生大的变化，因此有助于分析宋夏时期水土流失的状况。若拿此图与宋夏沿边城寨分布状况对照，会发现环庆路以东的宋夏城寨刚好处在今天黄土高原地区侵蚀最严重的地区。还需指出的是，从宁夏海原向东北，经甘肃环县，陕西志丹、绥德，山西临县、静乐一线为界，该线西北黄土的粗粉砂含量均高于30%，其东南黏土含量超出15%。故当地人称前者为“沙黄土”，后者为“黄土”。[③]可以看出宋夏沿边基本处在“沙黄土”区，而“沙黄土”区由于土壤颗粒大，土质疏松，更易引发水土流失。综合这些信息，可以认为环庆以东的宋夏沿边地区是这一时期黄河泥沙的主要来源地，而这些区

---

①《长编》卷一九二，嘉祐五年八月甲申。

②③参见中国科学院：《中国自然地理·地貌》，科学出版社，1980年，第168页。

域刚好是吸纳内附党项民众的主要区域。只要内附党项在这里开垦山地，就有可能为黄河输送更多的泥沙，这一点也容易理解，恕不赘言。

党项内附不仅使大量山地得到开垦，牲畜的数量恐怕也在增加，较大的载畜量成为破坏自然植被的另一因素。张忠培先生将中国北方农牧交错地带的环境状况总结为环境适宜——农业发展、文化兴旺——环境恶化——发展牧业、文化衰退——生态恢复、环境适宜——农业发展、文化发达——环境恶化这样的模式。[①]学术界一般也用农牧进退的标准来衡量历史上农牧交错地带人地关系的和谐与否，笔者基本认同这一点。但需要注意的是，不可机械地将畜牧业——生态恢复、农业——生态破坏等同起来，历史上一些具体的情况需要做具体的分析。例如，内附党项不仅带来了农业的扩张，而且从文献中可以清楚地看出，其内附时往往携有大量的牲畜，使得这一地区的畜牧业也得到了扩张。宋夏沿边的插花地与草地相间，根本不存在可供轮牧的草场，这样无疑增加了天然草场的生态压力，成为破坏植被的另一个因素，造成水土流失。

最后需要指出的是，我们绝不能把黄河泛滥的全部责任归咎于党项内附而引起的生态失衡，它只是其中的一个因素。事实上，北宋在宋夏沿边陈列重兵、修筑堡寨、战事频仍，宋时特定的气候、降水等人为的、自然的要素交织在一起，共同导致了黄河频繁泛滥的事实。不过详细解释这一重要的历史现象，就非拙文所能了。

杨蕤（1975—　），陕西横山人，博士，历史学教授。2005年至今在学校文旅系、文史学院、教务处、研究生处等单位工作，现任文史学院院长，主要从事中国北方民族史及西夏历史地理研究。

本文发表于《民族研究》2005年第4期。

①张忠培:《河套地区先秦两汉时期的生业、文化与环境》,载《中国文物报》,2000年6月18日。

宋夏之间的走私贸易

◎陈 旭

关于宋夏之间合法贸易的情形，学者论述较详细。吴天墀《西夏史稿》第四章简略介绍了宋夏之间正常贸易的情形，漆侠、乔幼梅《辽夏金经济史》对这一问题给予更详尽的探讨，杜建录《西夏经济史稿》一书利用《天盛改旧新定律令》汉译本提供的有关资料对此进行了有益的补充，并附带提及宋夏之间走私贸易的情况。[①]但以上诸家对宋夏之间的走私贸易或未论述，或语焉不详。有关宋夏之间走私贸易的材料并不多，但就问题的重要性而言，宋夏之间的走私贸易对宋夏双方，尤其对西夏的政治经济生活具有举足轻重的作用。作者拟根据现有的材料来探讨宋夏之间走私贸易的情形，希望对宋夏贸易问题的论述有所补充。

一、宋夏之间的正常贸易

从时间上考察，宋、夏之间的贸易主要集中在北宋时期。西夏王朝后期同南宋几不接壤，双方贸易很少，这一时期西夏主要同金进行贸易

---

①详见吴天墀:《西夏史稿》,四川人民出版社,1983年,第170~190页;漆侠、乔幼梅:《辽夏金经济史》,河北大学出版社,1994年,第227~239页。

活动。

北宋时期宋夏双方以横山为界，东起麟、府，西尽秦、陇，边界线达两千余里，宋夏之间在边界地区设置了两国的贸易市场。最大一级的市场是榷场，进行大宗货物的交换，宋夏之间的榷场最早设立于何时，史书没有明确记载，宋真宗景德四年（1007 年），北宋政府应赵德明的请求在保安军置榷场，恢复互市，德明又乞求在麟州西设立榷场，宋朝没有答应他的请求，说明榷场的设立比这个时间要早。吴天墀认为宋夏榷场最早设立于景德四年的说法是值得商榷的。[①]宋夏战争爆发后，为了从经济上制裁西夏，北宋关闭榷场。宋仁宗宝元元年（1038 年）宋夏战争爆发，此年十二月甲戌宋仁宗下诏："陕西、河东缘边旧与元昊互市处，皆禁绝之。"[②]宝元二年（1039 年）二月戊子又"废保安军榷场"[③]。宋仁宗庆历四年（1044 年）宋夏议和，西夏请立榷场，"置榷场于保安军及高平寨"[④]，吴天墀《西夏史稿》认为保安军榷场和镇戎军高平寨榷场的设置是庆历六年（1046 年），实误。庆历六年北宋只是把保安军榷场迁于顺宁砦。[⑤]宋夏沿边交易规模较榷场小的合法市场，宋人叫作"和市"。北宋在河东路、陕西路沿宋夏边境一带的重要堡栅如久良津、吴堡、银星、金汤、白豹、虾麻、折姜、浊轮谷、顺宁砦、赤沙川、橐驼口设和市，此外，见于史籍记载的和市还有并州、代州、东胜、绥州、麟州西、石州、秦州、环州、兰州等处。榷场与和市是宋夏双方设置的合法市场，有固定场址，由官方派官员管理市场，稽查进出口货物，防止违禁品的进出口。双方各自征收商税，北宋参知政事文彦博记载："自来蕃汉客旅博易往还之处，相度设和市，须至两界首开置市场。差官监辖蕃汉客

①吴天墀：《西夏史稿》，四川人民出版社，1983 年，第 181 页。
②李焘：《续资治通鉴长编》（以下简称《长编》）卷一二二，宋仁宗宝元元年十二月甲戌条，上海古籍出版社，1986 年，第 1106 页。
③《长编》卷一二三，仁宗宝元二年二月戊子条，第 1109 页。
④《长编》卷一五三，仁宗庆历四年十一月乙未条，第 1422 页。
⑤吴天墀：《西夏史稿》，四川人民出版社，1983 年，第 181 页。

旅，除违禁物色外，令取便交相博易。官中止量收汉人税钱，西界自收蕃客税例。”[①]榷场和互市本质上是相同的，都是宋夏双方共同管理的边境市场。宋夏之间的正常贸易主要是通过榷场与和市贸易，市场规模较小，交易量少，并且受宋夏战争的影响，以及北宋政府对夏政策的变化而废置不常。此外，贡使贸易也是宋夏之间合法贸易的一种惯常形式。西夏使者“入贡至京者纵其为市”[②]，终北宋一代都是如此但贡使贸易同样受宋夏双方关系的影响，一旦双方关系恶化，贡使贸易也随之停止。西夏同北宋除了以上三种正常的合法贸易外，长期存在着走私贸易，并且，交易量大，持续时间长，对西夏人的社会生活更具影响。

二、走私的路线

西夏前期宋夏之间的边境线以横山为界，宋夏之间的走私贸易主要集中在横山一线。《宋会要辑稿》：“四月二十二日诏：枢密院累降约束，河东、陕西诸路经略司，严行禁断沿边蕃汉人户不得与西贼私相交易。访闻尚不尊禀，可重立赏格告捕。自今有违经略司并所管官吏，当刻罪重断。并委转运司常切觉察。”[③]这里的“西贼”指的是西夏，私相交易的商品主要是西夏所产的青白盐。北宋政府对走私的量刑采取轻罪重刑的原则有很现实的考虑。唐末以来，伴随着食盐专卖法而产生的盐的走私是当时最具代表性的走私犯罪，对走私盐的犯罪行为处罚十分严酷。如果从道德的角度观察，贩卖私盐只是破坏了正常的经济秩序，应是极轻的犯罪行为，不应科以重刑。但如果从政府的财政立场考虑问题，假若私盐横行、高价官盐则难以售出，政府的财政收入将会蒙受沉重的打击；如果再从战略的角度考虑，西夏青白盐通过走私进入北宋市场冲击北宋盐政的同时，自然会破坏北宋从经济上制裁西夏使之不战而屈的

①文彦博:《潞公文集》卷一九《奏西夏誓诏事》,文渊阁《四库全书》影印本,第39册,第698页。

②《宋史》卷一八六《食货志·互市舶法》,中华书局,1997年,第4563页。

③徐松:《宋会要辑稿》(以下简称《宋会要》)兵二八之八，中华书局,1957年,第7273页。

对夏策略。因此，对走私盐犯科以与杀人、伤人同罪的重刑，以确保政府财政体系的完善与安全以及对夏战略的稳妥实施就显得十分必要。[①]如果走私不是非常严重，断不会郑重其事地累降约束。

同时，应该注意到西夏对危及自身统治安全以及财政利益的走私行为也和北宋一样予以严厉打击。例如，《天盛改旧新定律令》规定："一等牛、骆驼、马不论大小及铠甲、军披等到敌人中去卖时，庶人造意斩，从犯当得无期、长期徒刑，有官当以官品当。"[②]又"诸人买敌之曲自用时，当比造私曲罪减一等，曲当罚没纳入官"[③]。按西夏法律私造曲量刑最重者，二十缗以上主犯处以无期徒刑，从犯徒十二年，西夏对走私的处罚也采取了轻罪重罚的原则。《西夏律令》有关走私的其他处罚情形，下文还会论及。

三、走私者的类别

走私者中商人是其中最具活力的人物。但是走私贸易的经营者并不限于商人。除商人外还有专门利用他们素有的便利机会从事走私贸易的走私者。

第一种是西夏出使宋朝的外交官员及其随从人员。他们常利用出使北宋的机会进行走私活动，例如：

"（真宗大中祥符二年九月）乙丑，诏奉使夏州私觌之物，前后名品不等，自今令定数，官给其直。"[④]

"（真宗大中祥符二年十月）庚戌，诏夏州进奉外，有以私物贸易，久而不售者，自今官为收市。"[⑤]

"（真宗大中祥符五年二月）丙辰，诏：如闻夏州贡奉人在道市物，

---

①〔日〕宫崎市定：《宋元时代的法制和审判机构》，载刘俊文主编，姚荣涛，余世虹译，《日本学者研究中国论著选》第八卷，中华书局，1992年，第263页。

②史金波，聂鸿音，白滨译，《天盛改旧新定律令》（以下简称《天盛律令》）卷七《敕禁门》，法律出版社，2000年，第284页。

③《天盛律令》卷一八《杂曲门》，第565页。

④《长编》卷七二，真宗大中祥符二年九月乙丑条，第633页。

⑤《长编》卷七二，大中祥符二年十月庚戌条，第635页。

颇或扰民，宜令所在有司，严示约束。”[①]

“(真宗大中祥符七年十一月）乙未，延路钤辖张继能言：赵德明进奉人，挟带私物，规免市征，望行条约。上曰：戎人远来，获利无几，第如旧制可也。”[②]

“赵元昊每遣吏至京师请奉予，吏因市禁物，隐关算为奸利，（薛）奎廉得状，请留蜀道缣帛于关中，转致给之。”[③]

“大观四年正月二十八日，夏国遣使入贡，五月四日，诏曰：‘诸西人入贡，诸色人私有交易编栏，使臣不觉察者，徒二年。引伴官与同罪，勾管行李马驼使臣减一等，并不以赦降去官原减。’”[④]

“徽宗宣和三年十月八日，臣僚言：‘回鹘因入贡，往往散行陕西诸路，公然贸易，久留不归者有之。恐习知沿边事，害及往来，经由夏国传播不便。乞除入贡经由去处，其余州军严立法禁。’从之。”[⑤]

以上材料反映了西夏贡使利用出使宋朝的机会从事走私活动的情况是很普遍的。虽然北宋皇帝以王者怀柔远人的姿态，一般情况下对西夏使节的走私活动采取宽容的态度。但对这种态度不能只从经济利益的角度予以考虑，在民族矛盾尖锐的形势下，宋朝君臣华夷之辩的思想表现得颇为强烈，而四海一统、王者无外的大一统思想并未因此而抛弃，怀柔远人与华夷之辩是一个悖论式阴阳组合命题，关涉中国古代的王权思想，此不赘述。何况西夏使节的走私活动并未威胁到北宋统治者的切身利益。不过，如果西夏使节的走私活动确实威胁到北宋统治者的切身利益，北宋政府就会做出强烈的反映，对渎职官员给予刑事处罚，同时，也制定相应的政策来限制西夏使节的走私活动，这在上面的材料中体现得很清楚。

---

①《长编》卷七七，大中祥符五年二月丙辰条，第 679 页。
②《长编》卷八三，大中祥符七年十一月乙未条，第 734 页。
③《宋史》卷二八六《薛奎传》，中华书局，1977 年，第 9630 页。
④《宋会要》蕃夷七之四三，第 7861 页。
⑤《宋会要》蕃夷四之九，第 7718 页。

西夏对他国使人在西夏的逃税走私贸易严加防范，如有违法交易者，处以两年徒刑。[①]《律令》第十一《使来往门》、第十八《他国买卖门》对西夏使臣去他国时顺便买卖的事情作了明文规定，如有违犯则处以不同的徒刑，律文繁多，概括言之，有以下几点：

(1) 使臣去他国交易时分清公私物，不可公私不分；

(2) 不可以官驼驮运私货；

(3) 不可以劣质私货抽换官货；

(4) 不可故意毁坏官物印记；

(5) 官、私货物不可同时出售。

由以上可知，西夏对去外国交易的使臣只强调不能以私损公，不能假公济私，西夏对去外国交易的使臣的走私行为却并不予以制裁。因此，对使臣的走私活动是有利的，这从一个侧面反映了西夏使臣走私贸易的普遍情形。

第二种是边疆的官吏。边疆官吏利用职务之便，破坏中央政府的财政军事政策，经营走私贸易。如《任伯雨上徽宗论湟鄯》称："臣闻陕西买马，来年额买二万五千匹，将官使臣私下折博交易，不在其数。"[②]

"禁缘边臣僚私交易，缺马者官为给之。"[③]

"康定初，陕西用兵，马不足……又禁边臣私市，缺者官给。"[④]

"(仁宗宝元二年八月) 乙巳，降武宁军节度使王德用为右千牛卫上将军，知随州。仍特置判官一员。初，德用既以孔道辅言罢知枢密院，而河东都转运使王沿又言德用尝令府州折继宣市马，至是，德用以马与券来上，乃市于商人。然犹用言者，而再贬之。"[⑤]

---

①《天盛律令》卷一一《使来往门》，第 397 页；卷一八《他国买卖门》，第 568~570 页。

②赵汝愚：《宋朝诸臣奏议》卷一四一《任伯雨上徽宗论湟鄯》帖黄，北京大学出版社 1998 年，第 4901 页。

③《长编》卷一三四，庆历元年十二月丙戌条，第 1226 页。

④《宋史》卷一九八《兵志》一二，中华书局，1977 年，第 4934 页。

⑤《长编》卷一三四，宝元二年八月乙巳条，第 1118 页。

“（薛奎）通判渭州，州将武人，不能谨廉，州大吏郝正者把其阴事，招权受赇，莫敢诘，府君至，以正罪恶言于将，请治之……府君乃发正私出塞市马，收案伏法。”①

“（仁宗康定元年八月）庚子，禁陕西缘边主兵官与属羌交易，犯者以违制论。”②

“（真宗）天禧元年三月，禁延州民与夏州牙将互市违禁物者。”③

北宋边疆官吏的走私情况比较复杂，但主要集中在马匹走私。主要针对军事物资马匹的走私活动，其马匹来源一是直接从西夏走私入境；另外，文献显示边将主要在边境市场违禁私市马匹，其马匹来源不排除沿边属户从西夏走私入境者。因为当时北宋的西部地区马匹的养殖已经衰落，军事用马主要通过同境外民族贸易获得。

第三种是沿边的士兵，他们凭借武力走私。“公（指范仲淹）言：‘禁青盐欲以困西贼，非困贼之要，却有所害，会淮安砦捉到买青盐兵士二人，勘得本指挥火队掠钱买盐，入众吃用。其买青盐士兵是本部众人之罪，实不敢尽法，恐伤士心，只决二人杖二十，押送本部，仍奏朝廷，乞更参详青盐条贯。’”④关于沿边兵士走私的情况历史材料很少，但从西夏青白盐在宋夏边境地区大量走私的情况推测，范仲淹所反映的这种情况也许并不是孤立、个别的事情。

第四种是沿边的边民，尤其是属户。他们走私青白盐、马匹等物资，以换取粮食、布帛等生活必需品，常常是宋朝政府严厉打击的对象。

“（真宗大中祥符二年十一月）乙卯，河东缘边安抚司言：‘麟、府民多赍轻货于夏州界，擅立榷场贸易，望许人捕捉，立赏罚以惩劝之。’

①司马光：《温国文正司马公文集》（二）卷七九《殿中丞知商州薛君墓志铭》，《四部丛刊》初编集部，第138册，第2~3页。

②《长编》卷一二八，仁宗康定元年八月庚子条，第1162页。

③《宋会要》食货三八之二九，第5481页。

④范仲淹：《范文正公言行拾遗录》卷三，载《范文正公集》（二），《四部丛刊》初编集部，第136册，第5页。

上曰：‘闻彼歧路艰险，私相贸易，其数非多，宜令但准前诏，量加觉察可也。’”①

“三月，内殿崇班韩令琮言：前知环州，切见民人多将违物色、人口偷卖于北界，询其道路止于截原寨、柳镇二路，望差蕃官于逐处缉捉。从之。”②

“五年十二月，诏：‘鄜延路钤辖司，自今蕃部贩盐及违禁物与巡检兵士斗敌，杀伤人员兵士者，其元行器械蕃部并处斩，自余徒党，依汉法区断。’”③

北宋沿边属户同西夏境内的蕃部联系紧密，在宋夏之间的走私活动中他们起着非常重要的作用，其走私活动范围广、数量大、持续时间长。是宋夏双方民间走私中的主要力量。

第五种是西夏政府当局。西夏政府在边境未经宋朝政府同意公然置“会”（会，相当于集贸市场），招诱宋朝商民贸易，实际上是一变相走私贸易。例如李继迁曾不顾北宋政府反对，单方面置会贸易：“（真宗咸平五年正月）甲子，陕西转运使刘琮言：‘访闻迁贼蕃部于赤沙、橐驼路各置会贸易，深虑诱熟户叛涣，请令本路部置潜军讨之。’”④又更有甚者，西夏政府有时动用武力，迫使宋方边吏允许走私。例如施昌言为环庆路经略使时，“亦禁私市，西人发兵压境，昌遣问其所以来之故，西人言：‘无他事，只为交易不通。’使者惧私许之。”⑤总之，在经济利益的驱动下，当时宋夏之间确实有不少人从事走私贸易。

四、走私贸易的商品种类

宋夏之间的走私商品，可谓种类繁多，现分类叙述如下。

---

①《长编》卷七二，大中祥符二年十一月乙卯条，第636页。
②《宋会要》兵二七之二〇，第7256页。
③《宋会要》兵二七之二一，第7257页。
④《长编》卷五一，真宗咸平五年正月甲子条，第429页。
⑤《长编》卷三六五，哲宗元元年二月壬戌条，第3374页。

（一）青白盐的走私贸易

“青白盐出乌、白二池，西羌擅其利。自李继迁叛，禁入塞，未几罢，已而复禁。乾兴初，尝诏河东边人犯青白盐禁者，如陕西法。”①

青白盐是党项人同北宋西北边民交换的大宗商品。北宋政府从帝国的对夏政策以及维护帝国中央财政体系方面考虑，长期禁止西夏青白盐进入北宋西北市场。宋太宗时为了从经济上封锁李继迁政权，迫其就范，采取郑文宝的建议，禁绝青白盐在北宋市场的流通。结果事与愿违，“外则戎人乞食，相率寇边”，军事压力不减反增，内则“关陇民无盐以食，境上骚扰”②，西北边境内部的稳定也面临挑战。在这种情况下，北宋政府恢复了青白盐的贸易，李继迁占领灵州后，北宋政府再度禁止西夏盐在北宋市场的流通。随之而来的是青白盐的长期的走私贸易。北宋政府在青白盐问题上政策摇摆不定，主要还是以上两方面原因。而青白盐是宋夏之间走私贸易的大宗商品。

“淳化四年八月，诏：‘陕西诸州，先禁戎人贩青白盐，许商人通行解盐，以济民食。诏令既下，而犯法者众，宜除之，悉仍旧贯。’”③

“自来属户贩青白盐以求厚利，今一切禁绝之，欲以困贼，然绝属户之利，无以资其生。”④

“（庆历）八年……又以延、环、渭、原、保安、镇戎、德顺地近乌白池，奸人私以青白盐入塞，侵利乱法。”⑤

至和二年（1055年），龙图阁直学士何中立就走私青白盐的定罪事宜奏请皇帝裁决。皇帝诏曰：“今后犯青白盐人，令本路安抚司相度情理轻重断遣。内合该死罪者，依朝廷自来贷命刺面，配沙门岛。如有大凶

①⑤《宋史》卷一八一《食货志》下，中华书局，1977年，第4419页。
②《宋史》卷二七七《郑文宝传》，中华书局，1977年，第9426页。
③《宋会要》食货二三之二二，第5185页。
④《长编》卷一三二，庆历元年五月辛酉条，第1197页。

恶，郡党即县案奏裁，仍不得下司。”[①]虽然法禁森严，但往往走私者，犯法抵死而莫肯止。至嘉祐时，“稍迁徙者于近地，自是禁法稍宽”[②]。这个法律条文暗示北宋对青白盐禁止入境、制止走私政策的失败。

（二）马匹的走私

历代中原王朝军马的供应地主要是西北游牧地区。北宋时期因为西北游牧地区的丧失，军马的来源受到严重的影响，军马主要靠通过与塞外各族茶马贸易而获得。同时，西夏以及西北各族的马匹也通过走私途径进入北宋。史载：

“广顺元年……十月，泾州言，招到蕃部野龙十九族，有马赴市，私货卖。”[③]

“……六年，诏内属戎人驱马诣阙下者，首领县次续食。且禁官民无得私市。”[④]

“（二月）甲午，审刑院上秦州私贩马条例：‘自今一匹杖一百，十匹徒一年，二十匹加一等，三十匹奏裁，其马纳官，以半价给告事人。’从之。”[⑤]

“八月，诏：断绝私过河西兴贩违禁物货及鞍马人等，令河东转运司检详前后条贯，定夺闻奏。”[⑥]从国防和经济两方面考虑，北宋政府禁止马匹的走私是有理由的，但走私马匹的丰厚商业利润总能促使走私者找到制度方面的漏洞。

（三）铜钱及金、银、铜、铁等金属的走私贸易

唐宋政府对金、银、铜钱、铁的输出都有禁令。但实际上金银、钱币及金属仍然大量流出塞外及海外，这种情形在宋代尤其严重。《长编》卷

---

①《宋会要》食货二四之一，第5195页。
②《宋史》卷一八一《食货志》下，中华书局，1977年，第4419页。
③王钦若：《册府元龟》卷九九九，中华书局，2004年，第11728页。
④《宋史》卷一九八《兵》一二，中华书局，1977年，第4933页。
⑤《长编》卷五一，咸平二年甲午条，第431页。
⑥《宋会要》兵二七之二一，第7257页。

二四，太平兴国八年（983年）十一月壬申条："盐铁使王明言：沿边岁运铜钱五千贯于灵州市马……戎人得钱悉销铸为器，郡国岁铸钱，不能充其用……"宋神宗时张方平也曾说："……自熙宁七年颁行新敕，删去旧条，削除钱禁，以此边关重车而出，海舶饱载而回，闻沿边州军钱出外界，但每贯收税钱而已。钱本中国宝货，今乃与四夷共享。"①

"边关重车而出，海舶饱载而回"，足见宋钱长期为西夏及海外所套取的事实。近年来原西夏地区出土的铜钱，除极个别钱币是西夏钱币外，多为宋钱，更有力地证明了北宋时期，北宋钱币通过各种途径，其中也包括走私贸易流入西夏的事实。北宋政府建立伊始就禁止铜钱及金属出塞，以后又多次申敕严禁铜钱及金属流出塞外。而且，法律极其严酷：

"开宝三年（970年）诏曰：'铜铁不得阑出蕃界及化外。'"②

"（二月）甲申，诏：'西北边内属戎人，多赍货帛，于秦、阶州易换铜钱，出塞销铸为器，自今严禁之。吏民敢阑出铜钱百以上，论罪有差。'"③

"（五月）乙卯，诏：'以铜、铁（疑脱'钱'字）出外界一贯以上，为首者处死。其为从，若不及一贯，河东、河北、京西、陕西人决配广南恶远州军，本城、广南、两浙、福建人配陕西。其居停、资给者与同罪。如捕到蕃人，亦决配荆湖、江南编管，仍许诸色人告捉，给以所告之物，其经地分，不觉察官吏减二等，坐之。'"④

"庆历初，阑出铜钱，视旧法第加其罪，为首者抵死。"⑤

"元丰八年，哲宗嗣位，复申钱币阑出之禁。"⑥

"大中祥符元年，帝以京城金、银价贵，以问三司使丁谓，谓言多

---

①⑥《宋史》卷一八〇《食货志》下，中华书局，1977年，第4384页。
②⑤《宋史》卷一八〇《食货志》下，中华书局，1977年，第4380页。
③《长编》卷一九，太宗太平兴国三年二月甲申条，第161页。
④《长编》卷一三二，庆历元年五月乙卯条，第1194页。

西贼、回鹘所市入蕃，诏约束之。”①

铜、铁等金属也是走私物品。铜、铁等物作为战略物资，从军事边防的角度考虑，中原王朝禁止铜、铁作为商品流出化外而资敌。《唐会要·市贡》载，唐文宗开成元年（836年）规定：“金铁之物亦不得将度西北诸关。”②

“景德二年，二月……甲午，诏……弛边民铁禁。”③

从中原王朝的角度考虑，铜、铁钱以及金属流出化外是一件危险的事情，因为这些东西是军事战略物资。事实上，这些东西流出塞外确实有被销铸为兵器的情况。但不能排除经济流通上的需要，宋代钱币在当时的西北各民族政权中具有国际货币的性质，人为的禁止无法切断经济联系的纽带。因此，对钱币的走私虽然屡发禁令，但走私一直未停，对铁的地下流通交易的禁止也逐渐松弛。

（四）武器的走私贸易

西夏少铜、铁，缺少制造武器的原料，常从北宋走私武器。对于武器的走私，北宋政府多次发令严禁，同时，连带着对其他的走私物品也加以禁止。譬如：

“（九月）戊戌，诏：‘河东、陕西缘边州军有以堪造军器物鬻于化外者，以私相交易律坐之，仍编管近里州军。’”④

“祥符六年……既而取犯茶盐、矾曲，私铸军器，市外蕃香药，挟铜钱，诱汉口界，主吏盗货官物，夜聚为妖，比旧法咸从轻减。”⑤

（五）人口的走私贸易

西夏从北宋私市人口的记载较多。《宋会要·兵》载：“八年二月诏：应有蕃部将带人口入蕃界者，宜令所经历及次边州县军镇切验认收捉，不

①《宋会要》刑法二之一六二，第6576页。
②《唐会要》卷八六《市贡》，《国学基本丛书》本，商务印书馆，1935年，第1581页。
③《宋史》卷七《真宗纪》，中华书局，1977年，第128页。
④《长编》卷一五七，庆历五年九月戊戌条，第145页。
⑤《宋史》卷二〇一《刑法志》，中华书局，1977年，第5016页。

得放去。如有将人口货卖与蕃人及勾该居停住，并依格律处死。验认到人口便仰根问来处，牒送所属州府付本家。仍令逐处粉壁晓示。”①

“六月二十三日，诏：‘陕西路诸州戒疆吏谨视有掠生口阑出关边卖与戎人者，捕之，置于法，匿不以闻者同罪。’”②

“三月，内殿崇班韩令琮言：‘前知环州，切见民人多将违禁物色、人口偷卖于北界，询其道路止于截原寨、柳镇二路，望差蕃官于逐处缉捉。’从之。”③

从北宋朝廷一再明令禁止的情形考虑，当时人口走私问题很严重。但限于资料，无法对人口走私的具体情况及数量进行计量学意义上的考察。

（六）其他物品的走私贸易

除以上几种商品外，还有一些其他的物品也在走私贸易之列。出于军事或者政府垄断经营，北宋政府严令这些物品的贸易。我们也只能从政府的禁令中得知哪些物品在当时是走私贸易的物品。

“太祖建隆元年八月，禁商人不得斋箭苛、水银、丹漆等物于河东境上贩易，违者重致其罪，沿边民敢居停河东商人者弃市。”④

“祥符六年……既而取犯茶盐、矾曲，私铸军器，市外蕃香药，挟铜钱，诱汉口出界，主吏盗货官物，夜聚为妖，比旧法咸从轻减。”

“时制，沿边粮解不许过河西，河西青盐不得过界贩鬻，犯者不以多少，处斩。显请犯多者依法，自余别为科断，以差其罪。章上未报，移知秦州。”⑤

“欧阳修奉使河东还，言：‘河东禁并边地不许人耕，而私籴北界粟麦为兵储，最为大患。’遂诏岢岚、火山军闲田并边壕十里外者听人耕。”⑥

---

①《宋会要》兵二七之一，第 7247 页。
②《宋会要》刑法二之四，第 6497 页。
③《宋会要》兵二七之二〇，第 7256 页。
④《宋会要》食货三七之一，第 5448 页。
⑤《宋史》卷二六八《王显传》，中华书局，1977 年，第 9230 页。
⑥《宋会要》刑法七之一一，第 6739 页。

“庆历五年七月十二日，三司言：‘夏国角厮茎罗人诣阙进奉，虑于延、秦州、镇戎军沿路收买陕西粮草交抄，乞行禁止。如违，卖者并牙人严断，没入之。告人每一抄，赏钱五千，以犯人家财充。’从之。”①

从以上的材料可以看出，当时走私的物品十分繁杂，也从另一个角度反映出当时因为战争致使正常的西北商道断绝后，民间走私贸易填充商业空缺的情景。这个现象涉及西夏占领河西之后中西交通改变的大问题。对此关涉中西交通之大问题，日本学者藤枝晃有专文论述，此不赘述。②

五、走私的原因

走私贸易是高风险、高回报的非法经济活动。走私活动所能获得的暴利是推动宋、夏之间走私贸易的直接原因。史籍里并没有走私贸易获取暴利的直接材料，但宋夏之间正常贸易所获厚利足以间接证明走私贸易获利不菲。比如西夏贡使贸易所获厚利的情况，宋哲宗在所颁诏书中谈到：“既通和市，复许入贡，使者一至，赐予不赀，贩易而归，获利无算；传闻羌中得此厚利，父子兄弟始有生理……”③

唐代以来，茶叶是流行于社会的新兴商品，西北游牧诸族以食肉、饮酪为生，需求茶叶颇为殷切，用茶同西北诸族交易十分有利可图。《长编》载：“知制诰田况言：……臣在延州，见王正伦伴送元昊使人，缘路巧意钩索贼情，乃云：‘本界西北，连接诸蕃，以茶数斤，可以博羊一口’……”④宋夏正常贸易被禁绝时，西夏一匹绢涨到十多贯⑤，甚至高涨到五十多贯⑥，苏轼说：“每一使至，赐予、贸易无虑得绢五万余

---

①《宋会要》蕃夷七之二六，第7852页。
②刘俊文：《日本学者研究中国史论著选译》第九卷，中华书局，1993年，第443~463页。
③《长编》卷四〇四，元祐二年八月戊戌条，第3824页。
④《长编》卷一四九，庆历四年五月甲申条，第1380页。
⑤苏轼：《张方平墓志铭》，载《琬琰集》卷二二，上海古籍出版社，1990年。
⑥《长编》卷四〇五，元祐二年九月丁巳条，第3832页。

匹，归鬻之其民，匹五六千，民大悦……”[①]吕大防也说：“国家岁以二十五万银绢赐与，在西夏当一百万。”[②]走私者一方面可脱逃漏税，另一方面由于走私的有些商品是违禁物品，可以推想，比宋夏之间正常贸易营利更高。

宋夏之间的走私贸易，包括宋夏之间的正常贸易之所以能获取巨额利润，并促使走私贸易数百年不绝的根本原因，应该说在于西夏社会经济本身。笔者认为西夏经济基础的脆弱和对北宋经济的依赖性是宋夏之间走私的根本原因。以往论者在论述西夏经济问题时，有意或无意地拔高了西夏经济发展的水平。就实际而言，西夏的社会经济结构不合理也不完善，社会经济发展水平较低。西夏农业多集中在横山一带的山间小型冲积扇上，受气候影响，一年只能耕种一次，对此情形，宋代人已有深刻认识：“夏国赖以为生者，河南膏腴之地，东则横山，西则天都山、马衔山一带，其余多不可耕牧。”[③]银川平原虽有灌溉之利，但银川平原的开发主要是宋以后的元明时期。[④]西夏时期，农业生产并不发达，粮食产量并不丰足，粮食生产远不能满足西夏国内的消费需求，党项军民日常生活中，甚至在对外作战时期，多食野菜、杂草和少量的粮食。对此曾巩言：“西北少五谷。军兴，粮馈止于大麦、荜豆、青麻子之类。其民则春食鼓子蔓、碱蓬子，夏食苁蓉苗、小芜荑，秋食席鸡子、地黄叶、登厢草，冬则蓄沙葱、野韭、拒霜、灰条子、白蒿、碱松子，以为岁计。”[⑤]一旦遇到激烈的战争，后方的农牧民空守沙漠，衣食并竭，老幼

①苏轼:《因擒鬼长论西羌夏人事宜》,载吕祖谦编,齐治平点校,《宋文鉴》卷五五,中华书局,1992年,第831页。

②《长编》卷四五八,元祐六年五月己未条,第4287页。

③《长编》卷四四六,元祐六年九月壬申条,第4363页。

④详见梁方仲:《乙表26.元代屯军屯民人户数及屯田亩数》,载《中国历代户口、天地、田赋统计》,上海人民出版社,1980年,第324页。

⑤曾巩:《隆平集》卷二〇《外国·赵保吉传》,文渊阁《四库全书》影印本,第129册,第199页。

穷饿，不能自存。西夏畜牧业在整个社会经济结构中占有举足轻重的地位，但是，畜牧产品主要通过与辽、宋等周边国家交换才能获得日常生活用品。西夏一再遣使恳请宋朝赐赠手工业工匠，说明西夏缺少手工业技术人员。西夏境内矿产蕴藏贫瘠，汉文史料记载除盐以外，只有横山东部的茶山有铁矿，西夏在麟、府两州界上设冶铁务；同时代人记载，西夏确实生产较精良的铁器，但数量是极其有限的。

近来论者在论述西夏手工业时，所采用的史料多是西夏文辞书，另外就是大量使用《天盛律令》中的法律条文。笔者认为利用词条和法律条文来论述西夏手工业的发展情况值得慎重，值得商榷。一部辞书中的词条并不能准确真实地反映当时社会经济生活的真实情况。比如在非洲某落后酋长国的某辞书中有“航天飞机”这个词条，并不意味着这个酋长国能自行研制和生产航天飞机。同样道理，罗列《天盛律令》中的词条作为西夏手工业发达的证据是危险的。《天盛律令》中关于西夏手工业的条款集中在金、银、铜、铁等金属器具的锻制加工的损耗上，实际上反映的是官手工业中的材料耗费问题，并没有反映手工业生产工艺水平、生产规模等之于手工业更为重要的因素。另外，关于《天盛律令》的成书年代，有的学者认为是仁孝天盛初年的产物。有的学者认为是“修改天盛旧律的结果，成书于乾祐早期，不晚于公元1182年”[①]。不论是天盛初年还是乾祐早期，该法典只是西夏特定历史时期的产物，只能反映西夏王朝某一特定历史阶段的社会生活而非全部。因此拿律令的材料来反映整个西夏时期的手工业生产，显然有点偏颇。经济生活本身是千变万化的，而法律却明显地具有一定程度的滞后性，利用律令条文来论述西夏社会生活时，更慎之又慎，不然，差之毫厘，谬以千里。

西夏的商业主要是外贸型商业。关于西夏国内商业贸易的情况还不十分清楚，但基于西夏农业、手工业生产的落后，可以想见国内的商业

①前说见史金波、聂鸿音、白滨译，《天盛律令》卷七《敕禁门》，第3页；后说见王天顺：《西夏天盛律令研究》，甘肃文化出版社，1998年，第8页。

贸易远较外贸逊色。

总之，西夏的社会经济结构并不完善，农、牧、手工业生产还较落后，商业生产和交换还欠发达。因此，依靠外贸来满足生产生活需求成为必然，在正常的涉外贸易不能满足国内需求的情况下，或者在正常外贸被禁绝的情况下走私就扮演了十分重要的角色。

再从西夏经济的依赖性以及宋政府对西夏的经济制裁方面进一步探讨走私盛行的原因。西夏经济对宋有极强的依赖性。时人对此多有详说，例如田况就认为：“彼既绝中原赐予，又丧其缘边和市，可坐待其弊也。”司马光对西夏的经济形式给予分析，他认为“西夏所居氐羌旧壤所产者不过羊马毡毯，其国中用之不尽。其势必退其余于他国贸易。其三面皆敌人，鬻之不售，惟中国者羊马毡毯之所输而茶才缲百货之所自来也。故其人如婴儿而中国乳哺之”。因此他认定元昊时期西夏向北宋投降的主要原因在于西夏国内经济贫乏需要与北宋贸易；而元祐元年（1086年）西夏的乞降其原因也在于“久绝于上国，国中贫乏，使者往来得赐赉之物，且因为商贩也”。而在宋夏交恶时期西夏的经济主要因为走私而得到缓解。这主要因为“近岁法禁疏阔，官吏驰慢，边民与西人交易者，日夕公行，彼西人则频遣使者商贩中国，私则边鄙小民窃相交易。虽不获岁赐之物，公私无乏，所以得偃蹇自肆数年之间，似蒙似慢是不汲汲于事中国，由资用饶足与事中国时无以异故也”。司马光认为最紧要的事情在于严禁边民人等与西夏的走私贸易，这样就可以从经济上控制西夏，做到一劳永逸。他向朝廷建议应设立重法，并严格执行，“犯者必死，无赦本地”。并列举庞籍对走私者处斩、编管妻孥从而禁绝走私的良好效果。[①]井亮采表达了与司马光同样的用经济手段控制西夏的观点。史载“(绍圣元年) 十月二日，殿中侍御史井亮采言：‘西戎仰中国和市以生，操纵在我，所以制其命，边人与之私贸易非便。’诏陕西，河东经略、提

①《长编》卷三六五，元祐元年二月壬戌条，第 3374 页。

刑、转运司申严其禁”[①]。熙宁二年（1069年），文彦博视察西北边防之后，从走私贸易对北宋国防潜在的危害性着眼，建议切实杜绝走私贸易，文彦博指出：“检会累降指挥，沿边诸路经略安抚使严切禁止汉人与西界私相交易、博买，非不丁宁。近闻诸路沿边因循习俗，不切禁止，常有蕃汉私相交易。盖缘官司不遵守条贯明行赏罚，是致全无畏避，及无人发摘告陈。近又闻西界不稔，斛食倍贵，大段将牛羊、青盐等物裹私博斛斗入蕃，不惟资假盗粮，兼妨沿边及时计置收籴军储，今欲再下逐路经略安抚司，依累降指挥施行。”[②]

元朝史学家马端临认为：“唐天宝以后，河西陇右没于吐蕃，大中（唐宣宗年号，847—859年）虽复河湟，而名存实亡；流传五代，以及于宋，而河、陇为西夏所居，元昊倔强构逆，兵势甚锐，竭天下之力，不能稍挫其锋；然至绝其岁赐、互市，则不免衣皮食酪，几不能以为国，是以亟亟屈服。盖河西之地，自唐中叶以后，一论异域，顿化为龙荒沙漠之区，无复昔之殷富繁华矣……虽骁悍如元昊，所有土地过于五凉，然不过与诸蕃部落，杂处于旱海不毛之地，兵革之犀利，财货之殷富，俱不能如曩时，是以北事辽，南事宋，仅足以自存。”[③]抛开民族偏见不论，马氏此论对西夏经济的脆弱性以及西夏经济对北宋经济的依赖性的见解可谓鞭辟入里。

北宋朝廷正是认识到西夏经济的脆弱性以及其经济对北宋的依赖性，所以常采取关闭榷场和互市的经济政策迫使西夏就范。例如，嘉祐初，西夏侵耕宋屈野河地，庞籍建议禁绝宋夏之间的走私贸易，进而提出：“‘非绝其互市，则内侵不已。且闻出兀藏讹庞之谋，若互市不通，其国

①《宋会要》刑法二之四〇，第6515页。

②文彦博：《乞禁汉人与西人私相交易》，载《潞公文集》卷一九，文渊阁《四库全书》影印本，第39册，第696页。

③马端临：《文献通考》卷三二二，古雍州后案语，上海商务印书馆，1937年，第2537页。此材料为吴天墀先生在《西夏史稿》中首次使用，详见《西夏史稿》，第189页。

必归罪讹庞。年岁间，然后可与计议。’从之。”[①]因互市及走私贸易被严禁引起西夏境内物价腾贵，加之西夏内部统治者之间的内讧，仁孝处死任德敬，停止对宋屈野河地的侵耕。北宋利用经济手段制裁西夏，迫使西夏做出让步的史实并非仅此一例，可以说是一项经常性政策。此政策的基础正是西夏经济对宋的严重依赖性。这也是走私之所以盛行不衰的根本性原因。

大体来说，统一在中国政治史上是常态，分裂是变态。自隋唐以来，中国经济南北交通，互相依赖，南北经济联系较以前更为密切，全国市场差不多构成一体。但宋夏之间的对立，从政治上割断了南北之间经济的流通与互补。对立的政治组织不能满足宋夏之间密切的经济联系的要求时，自然要谋求他途以求补救。因此，宋夏之间的经济交流尽管受双方政府种种法令的严格束缚，在榷场之外却发展了摆脱这种束缚而经营的大规模走私贸易，以适应隋唐以来南北经济构成一体的形势。由此可见，在宋夏政治对立时期，在正常的南北贸易受到影响的情况下，走私盛行是必然的现象。

陈旭（1970— ），宁夏西吉人，博士，历史学副教授。2001年至今在学校文旅系、文史学院工作，主要从事中国古代政治思想史及北方民族史研究。

本文发表于《中国史研究》2005年第1期。

①《宋史》卷一八六《食货志》下八互市条，中华书局，1977年，第4563页。

夏金疆界考论

◎杨　蕤

一、西夏东北部的夏金疆界

实际上这部分疆界主要是辽夏疆界的延续（为金朝的西京路），只不过与辽时不同的是，金代在漠北兴起了蒙古部落，位于阴山附近的汪古部也具有相当的实力，因此，金朝在漠北的军事渗透远没有辽朝强烈。在金朝攻灭辽朝的过程中，西夏也乘机扩大疆土。《宋史》卷四八六《夏国传下》载：先是，金人灭辽，粘罕遣撒拇使夏国，许割天德、云内、金肃、河清四军及武州等八馆之地，约攻麟州，以牵河东之势。靖康元年（1126年）三月，夏人遂由金肃、河清渡河取天德、云内、武州、河东八馆之地。四月，陷震威城，兵马监押朱昭死之。继而金贵人兀室以数万骑阳为出猎，掩至天德，逼逐夏人，悉夺有其地。夏人请和，金人执其使①。很

①《三朝北盟会编》政宣上帙二十五宣和七年十二月十八日条：夏人陷天德、云内、河东八馆等地……初，粘罕遣撒卢母使夏国，许割天德、云内、武州及河东兜答、厮剌、曷董、野鹊、神崖、榆林、保大、裕民八馆。河西金肃河清二军约入寇麟府，以牵河东之势。至是夏人由金肃、河清军渡河，取天德、云内、河东八馆及武州，以应粘罕之约，尽陷其地。可知河东八馆是指兜答、厮剌、曷董、野鹊、神崖、榆林、保大、裕民八馆，即为今山西西北部一带。

清楚，西夏曾一度占领了今呼和浩特周围及其以西、山西西北部等广大地区。但由于河东为膏腴之地①，很快便成为金朝囊中之物，而原先辽朝在河套内部设置的河清及金肃两军及其地盘却为夏国所有。因此，这一段夏金疆界是因河为界。《中国历史地图集》也准确地反映出这一点。这一状况也得到了考古资料的证实。考古工作者在今鄂尔多斯市准格尔黑岱沟乡城坡村发现了两座古城址。有趣的是，这两座古城隔黄河相对，从地形以及城内出土的铁制箭头等文物分析，这两座古城显然是军事防御性质的城堡，并且处于同一时代。内蒙古考古工作者认为这两座古城是金夏军事对峙的反映②。笔者认为极是，因为检阅河套历史，只有夏金政权是因河为界（原调查报告极其简约，事实上只要从出土物入手，可以判定古城的时代）。日本学者外山军治在其《金朝史研究》中附一幅《金朝要图》，将鄂尔多斯东半部划入金朝领土，显然是错误的③。

黄河北部的夏金疆界在文献中记载的并不清楚，我们只能参照两点对这一地区的夏金疆界进行推测。一是夏辽疆界的情况。因为在金朝灭辽前夕，夏金双方有“君子协定”，虽然由于金朝统治者的失信使西夏并未获得多少疆土，但金朝至少尚未侵占西夏原有的疆土。黄河以北的夏辽疆界应该在今天的包头市东郊附近④，事实上，这里也应是西夏与金朝的分界地带。二是根据金界壕的位置来判断夏金疆界。《大金国志》卷二〇《章宗纪》：“泰和元年，冬，浚界壕，深广各三丈，东接高丽，西达夏境，列屯戍兵数千里，防其复至。”显然，金朝修筑界壕有防御西夏的目的。由于史籍阙载，目前不知金西南界壕的准确走向。王国维先生在《金界壕考》中对金朝西南路界壕的考证也极其简约，其中提及西南

①熊克：《中兴小纪》卷四，载：“初，夏国因契丹为金人所败，遂率众取其天德八馆之地。八馆者，膏腴产稻，夏国得之殊喜。”

②郑隆：《城坡、城湾古城调查》，载《鄂尔多斯文物考古文集》，1981年（内部资料）。

③〔日〕外山军治：《金朝史研究》，中译本，黑龙江朝鲜民族出版社，1988年。

④参见杨蕤：《夏辽疆界简考》，《内蒙古社会科学》2003年第6期。

路界壕："自沙井西包东胜、云内之北直抵黄河与西夏接。"[①]《中国历史地图集》将金界壕的西端标在大青山北麓（第六册第51页）。金界壕是否为王国维所言"直抵黄河"，这还需要继续探索，不过目前尚未发现考古资料的支持。《金史》卷三《太宗纪》载："夏国奉表称藩，以下寨以北，阴山以南、乙室耶剌部吐禄泺西之地与之。"结合《金史·地理志》所反映的状况看，云内、东胜州一线是金朝在西京路最西的行政建制了，由此分析，今内蒙古托克托县以西，阴山以南的土地极有可能为夏国所有。至于西夏后期北部疆界的划定还是依据拙文讨论的夏辽疆界的具体划定方法[②]，兹不赘述。

二、西夏南部的夏金疆界

疆界的变化是夏金关系的晴雨表，西夏南部的夏金疆界是随着夏金关系的发展而变化，兹分为两个阶段进行论述。

（一）从"天会议和"到金海陵王篡位时期的夏金疆界

金天会元年（1123年），金朝大将宗望亲自到阴山与夏国议和，其书曰："今兹已举辽国，若能如事辽之日以效职贡，当听其来，毋致疑二。若辽主至彼，可令执送。"[③]至此，夏金建立起政治上的同盟关系，此后虽然双方围绕一些局部的领土而发生小的摩擦，但夏金的同盟关系一直维持到金海陵王篡位。这一时期的夏金疆界基本稳定在《金史·地理志》所划定的范围内："天会五年，元帅府宗翰、宗望奉诏伐宋，若克宋则割地以赐夏。及宋既克，乃分割楚、夏疆封，自麟府路洛阳沟距黄河西岸，西历暖泉堡，鄜延路米脂谷至累胜寨，环庆路威边寨逾九星原至委布谷口，泾原路威川寨略古萧关至北谷口，秦凤路通怀堡至古会州，自此距黄河，依见流分熙河路尽西边，以限楚、夏之封，或指定地名有悬邈者，相地势从便分画。"[④]这是一条反映"天会议和"以后夏金疆界的

①王国维：《金界壕考》，载《观堂集林》卷一五。
②参见杨蕤：《夏辽疆界简考》，《内蒙古社会科学》2003年第6期。
③《金史》卷一三四《西夏传》。
④《金史》卷二六《地理志下》。

珍贵资料，从中可以看出麟府路、鄜延路、环庆路的夏金疆界基本是宋夏疆界的继续。事实上，从北宋到金朝，环庆路、鄜延路的北缘边界都没有突破“山川形胜”的限制：宋夏和夏金在这一地区基本上是以横山山脉、翰海等自然屏障物为界①，此后也尚无大的变化。夏金疆界在泾原路以古萧关为界，问题是文献中的古萧关是指哪一个萧关。沿葫芦河流域共有 3 处古萧关，各处于不同的位置：汉代萧关在今宁夏固原市东南的古城乡古城；唐萧关在今宁夏固原七营乡北 5 公里处的一座古城；而宋萧关则在宁夏海原县高崖乡草场村古城②。学界对此条文献中古萧关尚有不同看法。《中国历史地图集》第六册将古萧关标在宋萧关的位置上，也有人认为《金史·地理志》中的古萧关应该是汉萧关③。考诸史籍，会发现天会五年（1127 年）金朝还没有完全控制泾原路，宋朝泾原路仍然与金朝处于军事对垒之中。“（天会六年）十一月，金谍知端、庶不协，并力攻鄜延。时端尽统泾原精兵，驻淳化。”④直到天会九年（1131 年），金朝才基本占领了泾原、熙河两路。“宗弼，阿卢补抚定巩、洮、河、乐、西宁、兰、廓、积石等州。泾原、熙河两路皆平。”⑤但天会九年金朝已经基本控制了鄜延路，因此在这一地区的夏金划界恐怕才具有一些实际的内容：“天会五年，虏使萧庆来议陕西沿边城寨划界与西夏，恳辞再三，竟不获命。”⑥而在泾原路的划界反映的是金朝为了联合西夏灭

①1987 年 6 月，陕西省吴旗县长官庙乡白沟村发现夏金划界碑三块，碑文中有“兵部尚书光禄”字样（参见姬乃军：《陕西吴旗出土金与西夏划界碑》，《文物》1994 年第 9 期）。碑文中的光禄即为萧恭，《金史·萧恭传》载：“正隆四年（1159 年），（萧恭）迁光禄大夫，复为兵部尚书。是岁，经画夏国边界。”界碑的出土地点位于今铁边城址（金朝的定边军驻地）的南面，这也证实了《金史》卷二六《地理志下》所记载的“皇统六年（1146 年），以德威城、西安州、定边军等沿边地赐夏国，从所请也。正隆元年（1156 年），命与夏国边界对立烽候，以防侵轶”这一历史事实，至此，今天的白于山区基本为西夏所有。

②许成：《萧关考》，载《宁夏考古史地研究文集》，宁夏人民出版社，1989 年。

③刘菊湘认为《金史·地理志》中古萧关为宁夏固原东南的萧关，即为汉代萧关。参见刘菊湘：《西夏疆域研究》，漆侠、王天顺主编：《宋史研究论文集》，宁夏人民出版社，1999 年。

④《宋史》卷三六九《曲端传》。

⑤《金史》卷三《太宗纪》。

⑥《靖康要录》卷一六。

宋而向西夏做出的一种承诺，或者说是灭宋彻底胜利后的一种契约。在这种情况下，很难判断文献中的古萧关到底指何？单从整条文献所规定的夏金疆界线的分析，实际上是对宋夏疆界的继承，因此古萧关不大可能为汉萧关，而应为镇戎军以北的唐或宋萧关。从夏金所订立的契约看，金朝在分配宋朝疆土方面向西夏做出了小的让步：或指定地名有悬邈者，相地势从便分划；或者“割地赐夏国”①。这样，西夏的国土在原有的基础上略有扩大。与北宋末年宋夏疆界相比，变化较大的地方有两处：一是西夏重新占领了西安州、天都山地区，大大拓展了西夏在泾原路的疆土；二是西夏于天会年间从金朝手中乞回了西安州、积石州、乐州、廓州四州之地。《西夏书事》卷三四载：“金天会十四年秋，取乐州，复取西宁州。夏国乳酪河与二州相近。乾顺遣兵袭取乐州，进攻西宁、保塞、绥边诸寨俱溃，守将弃城遁。”文献中的乳酪河应该是今天的大通河。夏人既得西安州，便在河湟地区立住了脚跟，金朝也无望与西夏争夺河湟的胜利，次年便将积石、乐、廓等三州一并赐给了西夏②。《金史》卷一六《刘筈传》中也提及此事：初，以河外三州赐夏人，或言秦之在夏者数千人，皆来归。诸将请约之。筈曰：“三小州不足为轻重，恐失朝廷大信。”西夏在河湟的具体范围难以划出，但有一点是非常明确的：一是西夏对河湟的膏腴之地早有垂涎之意，二是四州之地为丝路交通要道，是丝绸之路河南道的咽喉，西夏也有控制丝路贸易的目的。因此对四州之地的占有主要是对黄河、湟水河谷的占有。

---

①《金史》卷三《太宗纪》。

②笔者提出10—13世纪河陇地区的民族格局是“六支力量，两个结构圈”，吐蕃、回鹘、党项是河陇地区的最主要的三支力量，而北宋、辽朝、金朝是刺激吐蕃、回鹘、党项三支力量进行分化、组合的外部因素，很难扎根于河陇地区，金朝与西夏对河湟地区的争夺是这一“格局”的具体表现。详细情况可参见拙作：《宋夏时期河陇地区民族关系格局简论》，《青海民族学院学报》2003年第3期。另：《宋史》卷三六八《王德传》载：绍兴七年，改熙河兰廓路副总管、行营左护军都统制，驻师合肥。可见南宋虽然失去了河陇地区的大片疆土，但仍然徒有虚名地遥领着这一地区。

（二）从海陵王篡位到夏金重新结盟（蒙古灭夏前夕）

从海陵王篡位开始（1149 年），夏金关系渐趋紧张，“正隆元年，命与夏国边界对烽候，以防侵轶”[①]。从正隆二年（1157 年）始，夏金两国兵戈相见，双方疆土互有得失。天盛十一年（1159 年），“金人遣兵部尚书萧恭经画边界，颇站夏国分地”[②]。实际上这次划界没有任何结果，双方依然侵扰不断，“夏人亦乘隙攻取荡羌、通峡、九羊、会川等城寨，宋亦侵入夏境”[③]。世宗即位后又将这些城寨归还于金朝。[④]

《中国历史地图集》第六册将 1087 年鄜延路的夏金疆界划在芦河西岸，这样，金朝较宋朝的疆土向北推移了许多。事实上，这一地区的夏金疆界可以用《金史·地理志》中内容便可复原出来。《金史·地理志》鄜延路条下载：“绥德州，下，刺史。唐绥州，宋绥德军，大定二十二年升为州。……县一、寨十、城一、关一：清涧（本宋清涧城，大定二十二年升。）寨十（暖泉、义合、清边、临夏、白草、米脂置第二将，怀宁、镇边、绥平、克戎置第四将。）城一（嗣武。）堡一（开光。）关一（永宁。）”显然，金朝在鄜延路所设置的城寨远没有北宋时密集，《金史·地理志》中所出现的城寨基本是对北宋城寨的继承。兹将以城寨的地望考订列表如下。

金朝鄜延路部分城寨地望一览表

临夏寨	陕西省子洲县西大理河与小理河的交汇处
嗣武寨	陕西省榆林市镇川镇北石崖地村古城
开光堡	陕西省绥德县北无定河西岸暖泉沟村北古城
克戎寨	陕西省子洲县城西侧大理河南岸张家村古城
白草寨	陕西省吴堡县城西南

①《金史》卷二六《地理志下》。
②《西夏书事》卷三六。
③④《金史》卷一三四《西夏传》。

续表

米脂寨	陕西省米脂县城
怀宁寨	陕西省延川县境内
绥平寨	陕西省延川县境内
义合寨	陕西省绥德县义合镇政府附近
清边寨	陕西省佳县乌镇境内
暖泉寨	陕西省米脂县城东南约50里
镇边寨	陕西省米脂县龙镇境内

(注：此表中前4个堡寨的地望是根据吕卓民先生《宋代陕北城寨考》一文的研究成果，载西北大学西北历史研究室编《西北历史研究》，三秦出版社，1990年；其余的堡寨的地望是笔者根据《宋史·地理志》中的记载得出的。)

从此表中可以看出，镇边寨、临夏寨、嗣武寨、克戎寨是最接近西夏的金朝城寨，在此以北金朝尚未设置城寨，很显然，金朝是沿着无定河和大理河谷进行拓展疆土的，从城寨的设置情况看，其根本没有达到芦河边上。道理很简单，芦河流域和大理河流域分属两个小的地理单元，即为横山山区，交通极为不便，在冷兵器时代，如果在没有军事据点的情况下金朝要实现对芦河流域的控制是根本不可能的。从金朝在鄜延路所设置的城寨看，金朝在此的疆土不仅没有继续向北扩展，还在北宋原有的疆土上向南收缩了一些。这一论断也能得到西夏文献的支持。《天盛改旧新定律令》卷一〇《司序行文门》中"地边城司"条下有银州，在"末等司"条下有绥州[1]。银州在天盛年间属于西夏版图是完全可以理解的；而绥州也在西夏的版图内，这一点在现有的史籍中阙载。《天盛改旧新定律令》反映的是西夏仁孝天盛初年的实际状况，笔者认为除了今人翻译中有一些不通的地方，其原有的西夏文资料是完全可信的。事实上，在正史中也可以发现绥州在天盛年间属于西夏的信息。根据《金史·地理

①史金波，聂鸿音，白滨译注：《天盛改旧新定律令》，法律出版社，2000年，第364页。

志》的记载，绥德和保安在金大定二十二年（1182年）才升为州①，在此之前绥德城的状况不是很清楚。但金朝在皇统六年（1146年）曾有给夏国割地的慷慨之举②。这样，在西夏天盛年间，绥德州极有可能在西夏的版图之内。

这一时期西夏、金朝和南宋对河湟地区的争夺较为激烈。西夏是否失去或何时失去河湟诸州（1137年西夏得河湟四州），史籍尚无明确记载。《西夏书事》卷三六，金皇统六年记载西夏“熙、秦、河外之州四：曰西宁、曰乐、曰廓、曰积石”。文献中也尚未发现南宋占据河湟的信息，因此，笔者认为《西夏书事》中的这条史料是可信的。这就说明至少在金皇统六年以前，河湟四州依然在西夏的版图之内。但在《天盛律令》中却没有乐、廓、积石等三州，而在边地城司中只保留了西宁③。对于《天盛律令》的材料只做参考，笔者不敢断言。由于这一时期西夏、金朝、南宋角逐于河湟地区，因此关于乐、廓、积石等州的归属显得扑朔迷离。崔永红先生撰文指出，西夏将积石州更名为祈安城，弃积石之名不用，金国遂起而用之，在其河州西境新析置积石州，与西夏祈安城

①笔者注意到金大定二十二年(1182年)升为州的还有积石州、镇戎州等。看起来大定二十二年这一特殊年份里边隐藏着一定的历史背景。检阅史籍，发现从大定九年开始,西夏在积石地区修筑祈安城,有明显的犯边倾向。大定十二年,金关闭了兰州、保安等榷场,夏金关系日趋紧张。此后夏金兵戈相见,烽烟不绝。大定二十二年,西夏侵边甚为嚣张,“夏人肆牧于镇戎之境”(《金史》卷一三四《西夏传》)。而绥德、保安、积石、镇戎均于夏金缘边地带,金朝将这些城寨升为州,显然是为了加强边地军备,遏制西夏侵边的目的。

②1987年6月,陕西省吴旗县长官庙乡白沟村发现夏金划界碑三块,碑文中有“兵部尚书光禄”字样(参见姬乃军:《陕西吴旗出土金与西夏划界碑》,载《文物》1994年第9期)。碑文中的光禄即为萧恭,《金史·萧恭传》载:“正隆四年(1159年),(萧恭)迁光禄大夫,复为兵部尚书。是岁,经画夏国边界。”界碑的出土地点位于今铁边城址(金朝的定边军驻地)的南面,这也证实了《金史》卷二六《地理志下》所记载的“皇统六年(1146年),以德威城、西安州、定边军等沿边地赐夏国,从所请也。正隆元年(1156年),命与夏国边界对立烽候,以防侵轶”这一历史事实,至此,今天的白于山区基本为西夏所有。

③需要注意的是:《天盛律令》是中国西夏学者根据《天盛律令》的西夏文并参照俄罗斯西夏学者的俄文译稿翻译而成,对《司令门》中地名的翻译是一项较为困难的工作,事实上只有少部分地名得到了正确的翻译,而大部分地名仍然不知指何。因此,《天盛律令》中没有乐、廓、积石等三州,也有可能与翻译有关。

对峙，并利用考古资料对两城址的地望进行了考订①。《宋史》卷三二《高宗纪》：绍兴三十二年（1162年）二月，惠逢复积石军，有克来羌城。可见南宋曾一度收复了积石军。事实上，南宋和金朝河陇地区的疆土存在着一些反复，如《宋会要辑稿》兵29之11载：绍兴三十二年六月二十七日，陕西、河东路招讨司吴麟言："收复秦凤路、泾原、熙河三路州军县镇城寨，见屯驻将士，全藉逐路帅臣团集军马，照管边面。乞选差三路帅臣。《系年要录》卷一九九也有类似的记载：四川宣抚使吴麟遣将攻熙州，是月拔之，获其都总管刘嗣。初，三大将之出也，兴州路得秦陇环原熙河兰会洮州、积石镇戎德顺军凡十二郡，金州路得商、虢、陕、华州凡四郡，独北以重兵扼凤翔，故散关之兵未得进。反映了金朝对河陇的控制还相当的薄弱。检阅史籍会发现积石州是几方争夺的焦点，结合河湟地区的自然地理状况，实际上是对黄河谷地的争夺。而文献中鲜有乐、西宁州的记载。《金史·地理志》中也无乐、西宁州的记载，笔者认为金朝后期以上二州则基本为夏国所控，这与《天盛律令》中有西宁州的史实相符合。西宁州、乐州所居的湟水谷地为拉基山、日月山、达板山所包围成一个相对封闭的地理单元，从西夏的卓啰监军司方向是进入湟水谷地的最佳选择，实际上西夏设置卓啰监军司也有明显控制河湟地区的企图，湟水谷地犹如西夏嘴角边上一块肥肉，取之犹如囊中探物。从史料学和地理学的角度分析西宁、乐州属于西夏版图都具有一定的合理性。

金朝后期，西夏不断寇边，下表反映了从金明昌元年（1190年）到元光二年（1123年）西夏寇边的状况。

①崔永红：《夏、金积石州考》，《西北史地》1996年第2期。

西夏犯边统计表

时间	侵边概况	资料出处
明昌元年四月	夏国人寇岚州,又寇石州	《大金国志》卷 19《章宗纪》
明昌二年五月	夏国陷啰、坊州,又攻保安军	同上
明昌五年	是年,夏人入寇,河东、陕西丧师连年	同上
大安二年八月	夏人入侵葭州	《金史》卷 13《卫绍王纪》
大安三年	夏人连陷邠、泾	同上
至宁元年六月	夏人犯保安军,杀刺史,杀庆阳府,杀同知府事	同上
至宁元年末	夏兵数万入巩州	《金史》卷 121《夹谷守中传》
至宁元年十一月	夏人攻会州,徒单丑儿出兵击走之	《金史》卷 14《宣宗上》
至宁二年八月	夏人入边,命移文责之	同上
至宁三年二月	环州刺史乌古论延寿及斜卯毛良虎等败夏人于州境	同上
至宁三年十一月	夏人犯绥德之克戎寨,官军败之,犯绥平,又败之	同上
至宁三年十一月	知临洮府陀满胡土门破夏人八万于城下	同上
至宁四年五月	来远镇获夏谍者陈巴等,知夏人将图临洮、巩州、窥长安。陕西行省严为之备	同上
至宁四年八月	夏人入结耶嘴川,官军击走之	同上
兴定元年五月	陕西行省破夏人于大北岔,是日捷至	《金史》卷 15《宣宗中》
兴定元年七月	夏人犯黄鹤岔,官军败之	同上
兴定元年七月	夏人围羊狼寨,帅府发诸镇兵击走之	同上
兴定元年八月	陕西行省报木波贼犯洮州败绩,遁去	同上
兴定元年九月	夏人犯绥德之克戎寨,都统罗世晖逆击,却之	同上
兴定二年五月	夏人自葭州入鄜延,元帅承立遣兵败之马吉峰,是日捷至	同上

续表

时间	侵边概况	资料出处
兴定二年七月	庚午朔，夏人犯龛谷，提控夹谷瑞及其副赵防击走之	同上
兴定二年七月	甲午，夏人犯龛谷，夹谷瑞大破之	同上
兴定二年十一月	龛谷提控夹谷瑞败夏人于质孤堡	同上
兴定三年四月	乙酉，夏人据通秦寨，提控纳合买住击败之	同上
兴定三年四月	辛卯，夏人犯通秦寨，元帅完颜合达出兵安塞堡以捣其巢	同上
兴定四年四月	夏人犯边，元帅石盏合喜破之	《金史》卷 16《宣宗下》
兴定四年八月	夏人陷会州，刺史乌古论世显降。甲戌，陕西行省报龛谷败夏人之捷	同上
兴定四年九月	庚子，夏人入定西州。癸卯，夏人来侵。己酉，夏人陷西宁州。甲寅，宋人出秦州，及夏人来侵	同上
兴定五年十月	夏人犯定西、积石之境	同上
兴定五年十一月	夏人攻龛谷	同上
元光元年八月	积石州蕃族叛附于夏。夏人入德顺	同上
元光元年十月	夏人掠德顺之神林堡	同上
元光元年十一月	兰州提控唐括鄘败夏人于质孤堡	同上
元光二年七月	夏人犯积石州，羌界寺族多陷没	同上
元光二年十一月	巩州行元帅府报会州破夏人之捷	同上

从上表的统计中可以看出，金朝后期（尤其是从至宁元年开始），西夏侵犯不断，致使有缘边疆土不断地落入西夏之手（这可以从统计表中看出，故不做详解）。同时应当看到，这种状况是在蒙古灭夏、金前夕的特殊背景下所发生的，战时对疆土的侵夺具有很大的不稳定性，即双方拉锯式的向北或向南推进，但基本上在葭州—绥州—保安军—翰海南

缘—宋平夏城—会州—兰州—积石州一线波动。需要指出的是，西夏在与金朝争夺疆土的同时，蒙古军队已经开始侵吞西夏的疆土。《元史类编》卷一：（金章宗泰和五年）帝征西夏，拔力吉里寨，经落思城，大掠人民及其橐驼而还。又《元史类编》卷一：（金章宗泰和七年）再征西夏，克斡罗孩城。上述蒙古征夏文献中的城寨无确考，但大致位于西夏的北部边疆是毫无疑义的。因此，从金章宗泰和年间始，西夏的版图已经逐渐地缩小，直至其灭亡。

本文发表于《北方文物》2005 年第 2 期。

吸收与融合

——元代西夏遗民社会地位及其民族融合的历史考察

◎陈　旭

元代西夏遗民问题，学者多所论列，既取得了丰硕成果，也存在可以继续讨论的余裕①。本文结合传世历史文献与近世出土文献，拟以元代西夏遗民的社会地位与民族融合为考察对象，对西夏遗民的社会地位及其与其他民族的吸收与融合的历史现象进行探讨，希望对此问题略有裨益。

一、蒙元时期西夏遗民的社会地位

（一）蒙元时代西夏遗民中的世官家族

吴海《王氏家谱序》云："河西古诸羌，宋李元昊据之为边患，相继用兵，士有陷没者，杂为夏人。元初得天下，赐姓唐兀氏，俾附归籍，次蒙古一等。"②元世祖至元五年（1268年）"三月，……罢诸路女真、契丹、汉人为达鲁花赤者，回回、畏兀、乃蛮、唐兀人仍旧"③，并明确规定叙用同蒙古例④。据此，蒙元时代应有相当数量的西夏遗民进入蒙元

---

①钱大昕：《元史氏族表》图书集成本，中华书局，1991年；汤开建：《元代西夏人物表》，载《甘肃民族研究》，1987年第1~2期。

②吴海：《闻过斋集》，文渊阁四库全书本。

③④宋濂：《元史》，中华书局，1976年，第188、2052页。

帝国军政系统。西夏遗民在蒙元为官的情况，据汤开建统计为 331 人。在中书省先后担任要职者 12 人，枢密院为官者 8 人，御史台任职者 14 人，宣政院供职者 4 人①。根据钱大昕《元史氏族表》，汤开建《增订〈元代西夏人物表〉》，并结合史乘，我们发现蒙元时代西夏遗民中的官吏常以世代为官的仕宦家族出现，这是颇值得注意的历史现象。为了研究问题方便，我们主要根据《元史》有关西夏遗民的传记，参合其他历史文献制成《元代西夏遗民仕宦家族表》，以期勾画出西夏遗民世宦家族概貌。值得指出的是，蒙元西夏遗民中三世为宦者十分普遍，限于篇幅，此表仅罗列为官三世以上者。另外，关于西夏遗民的历史文献，特别是方志资料尚待进一步挖掘，因此，本表并不能囊括西夏遗民世宦家族的全貌。

<table>
<tr><th>家族</th><th>世次</th><th>姓名</th><th>职官及事功</th><th>史料来源</th></tr>
<tr><td rowspan="4">察罕家族（乌密氏）</td><td>察罕父</td><td>曲也怯律</td><td>西夏臣，1226 年察罕攻甘州，曲也怯律欲降，为部将所杀，成吉思汗派人守其墓</td><td rowspan="4">《元史》卷一二〇《察罕传》第 2955 页；《元史》卷一三五《塔出传》第 3272 页；《至正集》卷五十八第 12 页；《立智理威忠惠公神道碑》，载《道园类稿》卷四十二第 25 页下；《故漕运同知粘合公妻逸的氏墓志铭》《道园类稿》卷四十二第 2 页</td></tr>
<tr><td>曲也怯律子</td><td>察罕</td><td>1211 年授御帐前首②千户；1238 年授马步军都元帅；宪宗时，以都元帅兼领尚书省事，食邑 14500 余户，卒于 1255 年，死后追封为河南王，谥武宣。从太祖征西域，破铁门关；征西夏，破肃州、甘州，围灵州，参与攻占中兴府的决策。从太宗略金攻宋，克枣阳、光州、光化军，拔天长县、滁、寿、泗等州</td></tr>
<tr><td>察罕长子</td><td>木华里</td><td>宪宗时授四斡耳朵怯怜口千户；1267 年因功授蒙古军千户，攻襄阳时卒于军，追封梁国公，谥武毅。世祖时略江陵，攻襄樊</td></tr>
<tr><td>察罕子</td><td>布兀剌</td><td>不详</td></tr>
</table>

① 汤开建：《增订元代西夏人物表》，载《暨南史学（第二辑）》，暨南大学出版社，2003 年。
② 《新元史》卷一二六，第 3 页“前首”作“第一”。

续表 1

家　族	世　次	姓　名	职官及事功	史料来源
察罕家族（乌密氏）	布兀剌子	塔　出	1264 年入侍世祖，1270 年授山东统军使，1272 年改佥枢密院事，1273 年改佥淮西等处枢密院事，1274 年为淮西行省参知政事，1276 年领淮西行中书省事，1277 年为江西宣慰使，旋任江西行省右丞[1]	
	塔出长子	宰　牙	江西宣慰使	
	塔出次子	必宰牙	辽阳行省右丞	
	察罕兄	曲也怯祖	太祖时属察合台，为达鲁花赤	
	曲也怯祖子	阿波古	从诸王阿鲁忽于回鹘，任怯薛歹	
	阿波古子里智理威兄	亦力撒合	1273 年择贵族子弟备宿卫，为速古尔赤，掌服御事，后任河东提刑[2]按察使，迁南台中丞，奏杀阿合马之子，弹劾江淮释教总摄杨辇真加不法事，1284 年，除北京宣慰使，1286 年为辽阳行省参知政事，旋加左丞，1290 年，授四川行省左臣	
	阿波古子	里智理威	1273 年任真金太子必阇赤，典文书，1281 年任嘉定路达鲁花赤，不久违泉府卿，后迁刑部尚书，因得罪权臣桑哥出为江东道宣慰使，1296 年迁四川行省参知政事，1299 年为湖南宣慰使，继为荆湖宣慰使，1303 年又迁四川行省参知政事，1304 年任四川行省左丞，1306 年加资德大夫，湖广行省左丞[3]	
	阿波古子里智理威弟	答哈兀	曾任陕西诸道行御史	

①《元史》作“左丞”，韩荫晟先生考证为右丞，当是。参见韩荫晟：《党项与西夏资料汇编：上卷（第一册）》，宁夏人民出版社，2000 年，第 260 页。

②《类编》卷十七，第 15 页无“提刑”二字。

③《道园类稿》卷四十二《立只理威神道碑》“左丞”作“右丞”，当是。

续表 2

家　族	世　次	姓　名	职官及事功	史料来源
察罕家族（乌密氏）	里智理威长子	买　讷	监察御史，中奉大夫，山南江北道肃政廉访使，翰林学士承旨，山南江北道肃政廉访使	
	里智理威次子	韩嘉纳	御监察御史，西御史台侍御，同知宣徽院事	
	里智理威孙	达理麻	内府宰相	
昔里钤部家族（昔里氏）	爱鲁父	昔里钤部	随太祖军攻沙洲、肃州，征斡罗斯。1240 年授千户，不久迁断事官，1246 年任大名路达鲁花赤。世祖南征，供给军饷	《元史》卷一二三《昔里钤部传》第 3011 页；王恽《秋涧先生大全文集》卷五十一《大元故大名路宣差李公神道碑铭并序》《雪楼集》卷二十五《魏国公先世述》《正德大名府志》卷十
	昔力钤部子	爱　鲁	袭父职大名路达鲁花赤，1271 年改中庆路达鲁花赤，1274 年跟随赛典赤入云南，疆理永昌。1277 年迁广南西道左右两江宣抚使，1279 年为云南诸路宣慰使，1280 年任云南行省参知政事，1281 年为云南行省左丞，1287 年进右丞。跟随镇南王征交趾	
	昔里钤部子	罗　合	大名路行军万户	
	昔里钤部子	小钤部	大名路达鲁花赤	
	昔里钤部孙，爱鲁子	教　化	大名路总管达鲁花赤，兼新附军万户，中书平章政事	
	昔里钤部孙，爱鲁子	帖木儿	敦武校尉，固镇铁官提举，江西行省平章	
	昔里钤部孙，小钤部子	万　奴	中朝侍从官	
	爱鲁子	骨都歹	少中大夫，后升嘉议大夫	
	野速普花	万奴子	中顺大夫，后授亚中大夫，大名路达鲁花赤	

续表 3

家 族	世 次	姓 名	职官及事功	史料来源
剌麻朵儿只家族（肃州昔里氏	答加沙子	举立沙①	西夏肃州守将，出降蒙古军，后战死	《元史》卷一二〇《察罕传》第2955页；《元史》卷一三五《塔出传》第3272页；《至正集》卷五十八第12页；《立智理威忠惠公神道碑》，载《道园类稿》卷四十二第25页下；《故漕运同知粘合公妻逸的氏墓志铭》《道园类稿》卷四十二第2页
	举立沙子	阿 沙	肃州路世袭也可达鲁花赤，昭武大将军，后迁甘肃等处宣慰使	
	阿沙子	剌麻朵儿只	奉训大夫，甘州路治中，升奉议大夫，肃州路达鲁花赤	
	阿沙子	管固儿加哥	任肃州路达鲁花赤，奉政大夫	
	剌麻朵儿只子	令只沙②	其兄某让宣武将军，升怀远大将军，亚中大夫	
	令只沙从子	帖信普	袭令只沙职	
	帖信普长子，令只沙从孙	定者帖木儿	因令只沙子长男普达实理年幼，袭令只沙职	
	令只沙长子	普达实理	袭定者帖木儿职	
	帖信普次子	赤斤帖木儿	袭普达理实职	
	令只沙次子	善居	宣武将军，武备寺同判，甘州郎中，中宪大夫，永昌路达鲁花赤	
昂吉儿家族（野蒲氏）	世为西夏将家	也蒲甘卜	1221年率众归成吉思汗，隶蒙古军籍，为千户	《元史》卷一二三《也蒲甘卜传》《元史》卷一三二《昂吉儿传》
	也蒲甘卜子	昂吉儿	1270年，授千户，征安庆等州。1273年为信阳军万户，不久迁淮西宣慰使，河南行省左丞，约在至元二十四年后为行尚书省右丞，主政淮西	
	也蒲甘卜孙，昂吉儿子	昂阿秃	征乃颜有功，代父职，1290年授庐州蒙古汉军万户府达鲁花赤	
	也蒲甘卜孙，昂吉儿子	暗 普	海北海南道肃政廉访使，世袭千户	
	昂吉儿孙	教化的	世袭千户	

---

①据《雪楼集》举立沙又名昔李都水，与昔里钤部同祖，两者实为同族。

②据《大元肃州路也可达鲁花赤世袭之碑》，剌麻朵儿只有四子：贯□□□、耳玉、管布、令知沙。令知沙官职，是其兄长让与，但具体情况因碑文漫灭而不能详知。

续表 4

家　族	世　次	姓　名	职官及事功	史料来源
高智耀家族（高氏）	高惠德子	高智耀	高智耀为一儒生，向元统治者极力推广儒学，世祖时拜翰林学士，西夏中兴等路提刑按察使	《元史》卷一二五《高智耀传》;《元史》卷一四二《纳麟传》;《道园类稿》卷二十五《元史氏族表》;《蒙兀儿史记》卷八十一;《九灵集》卷十九
	高智耀子	高　睿	唐兀卫指挥副使，嘉兴路总管，江东提刑按察使，南台御史中丞，行政有儒者风范	
	高智耀子	高长寿	佥行枢密院	
	高智耀孙，高睿子	纳　麟	1302 年因名臣子孙入备宿卫，一生担任中央、地方大员无算，1352 年为南台御史大夫，总制江浙、江西、湖广三省军马	
	高智耀曾孙，高纳麟子	高安安	浙江行枢密院判官，浙江行省参政	
	高智耀曾孙，高纳麟子	高　桢	枢密院经历	
	高智耀玄孙，高桢子	高玉林	行台御史，广东廉访司佥事	
李恒家族（于密氏）	李恒父	李惟忠	因从蒙古人攻伐中原有功，授达鲁花赤	《元史》卷一二九《李恒传》;《新元史》卷一八〇《李恒传》;《李公庙碑》，载《申斋文集》卷七;《李公墓志铭》，载《吴文正公文集》卷四十二
	李惟忠子	李　恒	因告发李璮谋反而立功，1263 年授淄莱路奥鲁总管，1271 年为宣武将军，益都、淄莱新军万户，攻宋，屡建奇功，1278 年参知政事，行省江西，1279 年率军灭南宋，1280 年为中书左丞，行省荆湖，1282 年解军职，从征交趾，亡	
	李惟忠孙，李恒子	散木觯（李世安）	广州路达鲁花赤，从李恒攻宋建功，迁新军万户，擢同知江西宣慰司使，世袭益都、淄莱上万户，江浙行省参知政事，湖广行省左丞，江西行省平章政事等	

续表 5

家 族	世 次	姓 名	职官及事功	史料来源
李恒家族（于密氏）	李惟忠孙，李恒子	囊加真（李世雄）	益都、淄莱万户	
	李惟忠孙，李恒子	逊都台（李世显）	同知湖南宣慰使司事	
	李恒孙，世安子	李 屺	翰林直学士	
	李恒孙，世安子	李 屿	怀远大将军，袭万户	
	李恒孙，世安子	李 岩	栖霞县达鲁花赤	
	李恒孙，世安子	李 嵘	江西行省理问	
	李恒孙，世雄子	李 繁	袭本军万户	
	李恒曾孙，李屿子	李 顺	袭本军万户	
	李恒曾孙，世安孙	李 保	袭本军万户	
暗伯家族（不知其氏）	暗伯祖父	僧吉陀	秃鲁哈必阇赤，怯里马赤	《元史》卷一三三《暗伯传》;《新元史》卷一五六《暗伯传》;《元史》卷一四五《亦怜真班传》
	暗伯父	秃儿赤	文州礼店元帅府达鲁花赤	
	秃儿赤子	暗 伯	枢密院客省使，随世祖征乃颜有功，命为克流苏等处万户，平叛哈鲁之乱有功，升为唐兀卫亲军都指挥使，佥枢密院事	
	暗伯长子	阿乞剌	知枢密院事，中书平章政事，太尉	
	暗伯次子	亦怜真班	翰林侍讲学士，中奉大夫，至治二年擢唐兀卫亲军都指挥使，至顺初拜翰林学士承旨，后任陕西行省平章政事、江西行省左丞等职	

续表6

家 族	世 次	姓 名	职官及事功	史料来源
暗伯家族（不知其氏）	亦怜真班子	答里麻	为伯颜所杀，具体履历、职官未详	
	亦怜真班子	普达失理	翰林学士承旨，知制诰兼修国史	
	亦怜真班子	桑哥八剌	同知称海宣慰司事	
	亦怜真班子	哈蓝朵儿只	宣政院使	
	亦怜真班子	桑哥达思	岭北行省平章	
	亦怜真班子	沙嘉实理	岭北行省参政	
	亦怜真班子	易纳室理	大宗正也可扎鲁火赤亦怜真班子马的室理佥书枢密院事	
	亦怜真班子	马剌室理	内八府宰相	
斡朵儿赤（斡氏家族）	朵儿赤父	斡扎篑	中兴路管民官	《元史》卷一三四《朵儿赤传》
	斡扎篑子	斡朵儿赤	中兴路新民总管，负责中兴路营田有功，升潼川府尹，后升任云南廉访副使，山南廉访副使等职	
	朵儿赤子	斡仁通	云南行省理问	
	斡仁通子	斡玉伦都	奎章阁典瀸	
朵罗台家族（不知其氏）	朵罗台祖父	小 丑	太祖命为怯怜口，徙居和林	《元史》卷一三四《朵罗台传》
	朵罗台父	塔儿忽台	袭父职	
	塔儿忽台子	朵罗台	前卫亲军万户，昭信校尉，芍陂屯田千户所达鲁花赤	
	塔儿忽台子	阔阔出	世祖近侍，大同路广胜库达鲁花赤，大德元年升大同路武州达鲁花赤，四川道廉访司事，监察御史，中大夫，大宁路达鲁花赤	
	朵罗台子	脱 欢	初直宿卫，后任御史台译史，监察御史，四川行省左右司员外郎，四川廉访司佥事，枢密院都事，断事官	

续表 7

家　族	世　次	姓　名	职官及事功	史料来源
星吉家族（不知其氏）	星吉曾祖	朵吉	怯里马赤	《元史》卷一四四《星吉传》;《宋学士全集》卷十八
	星吉祖	搠思吉朵而只	怯里马赤	
	星吉父	搠思吉	怯里马赤	
	吉昌父	星　吉	给事仁宗潜邸，后授中尚监、右侍仪，兼修起居注，累迁至监察御史、宣政院使，出为江南行御史台御史大夫、湖广行省平章政事、江西行省平章政事	
	星吉子	剌哈咱识理	荣禄大夫、利国监太卿	
	星吉子	答儿麻八	太中大夫、佥辽阳行省枢密院事	
	星吉子	吉　昌	官内廷，后迁监察御史、山东按察司副使	
	星吉子	宝　山	未详	
	星吉子	宝　座	未详	
	星吉从子	伯不华	职官履历未详，元末农民起义中从星吉战死	
述哥察儿家族（不知其氏）	述哥察儿父	哈　石	善骑射，有智略，太祖赐名拔都	《吴文集》卷十三
	哈石子	述哥察儿	定宗选直宿卫，宪宗时授濬州路达鲁花赤。后无意仕进，隐居黎阳山	
	述哥察儿子	哈剌哈孙	读儒书，通文法。大德中授江西等处行中书省左右司都事，延祐中改授奉议大夫、同知江州路总管府事，泰定中，以中议大夫、汉阳府知府致仕	
	述哥察儿孙	脱　因	江西行省宣使	
	述哥察儿孙	纳嘉德	从事郎、潭州路安化县达鲁花赤兼劝农官	
	述哥察儿孙	教　化	乡贡进士	

续表 8

家　族	世　次	姓　名	职官及事功	史料来源
杨朵儿只（杨氏家族）	杨朵儿只祖	失　刺	履历职官未详，后因朵儿只事追封夏国公	《元史》卷一七九《杨朵儿只传》;《新元史》卷一八三《杨朵儿只传》;《道园全集》卷十二、卷三十五
	杨朵儿只父	矢剌唐兀台	奉侍裕宗于东宫，日见亲信，但未命官，后因朵儿只事追封夏国公	
	矢剌唐兀台子	杨朵儿只	仁宗潜邸私人，迎武宗于北藩，日见亲信。历任太中大夫、家令臣、正奉大夫、延庆使、礼部尚书、御史中丞、集贤大学士等职	
	杨朵儿只子	杨不华	以荫补武备司提点，转佥河东廉访司事	
	杨朵儿只子	杨文殊奴	监察御史	
	杨朵儿只兄	杨教化	武宗潜邸私人，迎武宗有功，历任同知太府院事、将作院事	
	杨教化子	杨衎饬	南行台监察御史	
李黄头家族（李氏）	李黄头祖	琏　赤	山东道宣慰司副都元帅	《新元史》卷一八二;《道园学古录》卷四十
	李黄头父	阿　荣	袭父职，累迁汀州总管、德庆路总管、怀远大将军等职	
	阿荣子	李黄头	辟浙西元帅府掾，累迁大冶县达鲁花赤、调怀远县，升嘉兴等处运粮千户，海道都漕运万户等职，负责元代海运有功	
	李黄头弟	山　住	袭父职	
	李黄头从弟	朵罗歹	广衍仓使	
	李黄头子	哈　剌	承事郎、兖州路同知	
	李黄头子	脱脱木儿	东平等处民户总管	
	李黄头子	元　童	承直郎、平江路长洲县达鲁花赤	
	黄头子	保　童	承直郎、崇仁县达鲁花赤①	

①黄头有子 9 人，未仕者 5 人。

续表 9

家　族	世　次	姓　名	职官及事功	史料来源
史乞台普济家族（史氏）	乞台普济曾祖	考持持理威	夏臣	《新元史》卷一九九《乞台普济传》;《牧庵集》卷二十六
	史乞台普济祖	史拉吉尔威	宿卫太祖	
	史乞台普济父	史算智尔威	事世祖于潜邸，从平云南、讨阿里不哥，授蒙古唐兀军民达鲁花赤	
	史算尔威子	史乞台普济	随父入世祖帷幄，选侍裕宗，保育武宗，武宗镇北庭，军事委史乞台普济。拥武宗践祚，历任中书平章政事、太子太保、中书左丞相、右丞相、尚书右丞相等职	
	史算尔威子	阿拉克普济	荣禄大夫、兼都元帅	
	史算尔威子	昂　吉	荣禄大夫、平章政事	
	史算尔威子	日尔塞	荣禄大夫、宣政院使	
	史算尔威子	托罗岱	管军千户，早卒	
	史乞台普济子	额尔吉纳	从武宗于北庭，有战功，武宗即位，历授资德大夫、同知枢密院事、唐兀亲军都指挥使、御史大夫等职。	
	史乞台普济子	纳里日	历任资善大夫、翰林学士承旨等职。	
	史乞台普济子	尔　禄	正议大夫、佥宣政院事	
	史乞台普济孙	达实和尔布	虎符管军万户	
	乞台普济曾孙	额尔吉纳威	宿卫乘舆	
	乞台普济曾孙	玖哲尔威	宿卫乘舆	
	乞台普济曾孙	布都尔威	宿卫乘舆	

从上表并结合其他研究者的成果，似可以得出以下结论。

第一，西夏遗民仕宦人物的族属很复杂。从现有史料考察，主要是党项和汉族。但不排除其他民族。主要存在着两个方面的问题。首先，有些仕宦家族的族属，学界存在争议，比如，肃州的举立沙家族，有的学者认为是党项族，有的学者认为是沙陀族[①]；又如昔里钤部，屠寄等认为是沙陀族贵种，而韩荫晟认为“盖出伪托，欲光门楣，此封建社会世家之通病”，《元史》将昔里钤部家族列为党项族必有依据[②]。实际上西夏是一个多民族政权，西夏遗民本身由党项、回鹘、吐蕃、汉等不同的民族构成，有些论者将西夏遗民等同为西夏主体民族党项族，在认识上陷入混乱，殊不可取。其次，元代文献提到西夏遗民的时候，一般称唐兀氏，或地域性的称呼——河西人，不论是唐兀氏还是河西人都是对西夏遗民的概略性称呼，指代西夏遗民之全部，并不确指党项族或其他民族。而有些仕宦人物以蒙古名姓行世，无法确知其姓氏族属，通过历史文献只知其为西夏遗民。

第二，形成了世代为官的世宦家族。我们对西夏遗民中的仕宦人物为官连续三代以上者进行列表统计，共为 14 个家族，官吏人数累计 128 人。据汤开建研究，元代仕宦人物共计 331 人，则上表所列 14 个世宦家族官吏数量占整个西夏遗民中官吏人数的 42%，几乎占已知蒙元时代西夏遗民仕宦人物的一半。

第三，西夏遗民中世家阀阅世袭某些官职。蒙元时期军、政官僚系统的共同点是强调世袭官制。文官子弟通过荫补，武官子弟主要是蒙古人、色目人的子弟在其父去世、致仕或晋升时继承其职位。武职世袭被

①白滨，史金波:《〈大元肃州路也可达鲁花赤世袭之碑〉考释——论元代党项人在河西的活动》,《民族研究》1979 年第 1 期；汤开建:《大元肃州路也可达鲁花赤世袭之碑补释》,《中国史研究》1983 年第 3 期。

②韩荫晟:《党项与西夏资料汇编：上卷（第一册）》，宁夏人民出版社,2000 年,第 275 页。

蒙古统治者视为保证官员效忠可靠性的最理想途径。这种理念与机制致使西夏遗民中的某些官僚家族世居某地，形成地方大族，并在当地取得相当高的社会地位，成为地方社会领袖。如世居河南濮阳的唐兀崇喜家族等，可参看相关研究成果，此不赘述。

第四，西夏遗民中的世家阀阅延续时间长久。西夏遗民中相当数量的阀阅之家的仕宦历史几乎贯穿了整个元朝统治时期。《大元肃州路也可达鲁花赤世袭之碑》记载了在元朝担任官职的党项人举立沙家族相传六世 130 多年的活动及其世系[①]。上表中列举的西夏遗民中的许多阀阅之家均具有与此相似的情况。

第五，以世代担任武职和“投下”官员为主。元代西夏遗民中的仕宦家族，虽然不乏文职官员和中央核心机构大员，最负盛名的则有历事世祖、成宗、武宗、仁宗四朝，担任过中书平章、左丞相、右丞相等官的乞台普济（史氏）家族。但绝大多数以世代担任军职和“投下”官员为主，如李恒家族、也蒲甘卜家族、察罕等，可以说是一些典型的军功贵族门阀。这些家族一般以军功起家，广泛地参与了蒙古人对世界的军事征服，并建立了卓著的功勋，同时，这些功勋又有力地巩固军事阀阅的政治地位，更因其骁勇善战而深受蒙元统治者的青睐与信任。西夏人昔里钤部及哈石均因在战斗中表现勇敢而被赐名“拔都”（蒙古语“勇敢”之意）。这与蒙古人把军事部门和军队将领作为政府的核心，倾向于将权力授予军人的政治理念相一致。而将达鲁花赤一职授予西夏遗民从一个侧面也反映了西夏遗民在蒙元时期具有较高社会地位这一事实。

（二）西夏遗民中的军户

元太宗六年（1234 年），进行了一次大规模括户，将西夏遗民纳入到元朝户籍体系中。为了满足元朝统治者的各种特殊需要，还大规模签发

---

①白滨，史金波：《〈大元肃州路也可达鲁花赤世袭之碑〉考释——论元代党项人在河西的活动》，《民族研究》1979 年第 1 期；汤开建：《大元肃州路也可达鲁花赤世袭之碑补释》，《中国史研究》1983 年第 4 期。

人户，如为组建军队专门出军的军户、为各地站赤承役的站户、匠户等诸色户计，令其纳税服役。在这些诸色户计中，除民户外，站户数量是最大的，军户次之[①]。西夏遗民军户主要分两类，一是河西质子军。《元史》卷九十八《兵志一·序》云："或取诸侯将校之子弟充军，曰质子军，又曰秃鲁华军。是皆多事之际，一时之制。"[②]按"秃鲁华"，即蒙语"质子"，质子军本一临时设置之军种，诸侯将校之子弟实为人质，设此军种主要是为了控御诸侯将校，政治意义远胜军事意义。其装备由政府供给，（至元）二十七年（1290年）"春正月……丙寅，赐河西质子军五百人马。"[③]河西质子军设置年已不能确知，只知为元太祖某一时期。《元史》卷一三三《拜延传》记载拜延父火夺都，"以质子从太祖征河西，太祖立质子军，号秃鲁花，遂以火夺都为秃鲁花军百户"[④]。这是关于河西质子军最早的文献记载。至元二十年（1283年）"十月己酉，签河西质子军年及丁者充军。"[⑤]另外，河西质子军也随蒙元统治者征战。至元三十年"六月丙戌，敕选河西质子军精锐者八百，给以铠仗鞍勒、狐貉衣裘，遣赴皇孙阿难答所出征。"[⑥]其户计属军户，并严禁冒充。武宗大德十一年（1307年）辛卯，诏："唐兀秃鲁花户籍已定，其入诸王、驸马各部避役之人及冒匿者，皆有罪。"[⑦]值得指出的是河西质子军人数尽管无法确知，但根据整个唐兀卫亲军只有3000兵员的事实可以推知其兵员不会过多。

随着蒙元统治者扩张范围的扩大，兵源不足是很棘手的问题，需随时补充。西夏遗民被签为军户始于至元十二年（1275年）。是年正阳万户刘复建议："'新下江南三十余城，俱守以兵，及江北、淮南、润、扬等处未降，军力分散，调度不给，以致镇巢军、滁州两处复叛，乞签河西等户为军，并力剿除，庶无后患'。有旨，命肃州达鲁花赤，并遣使同往验

①陈高华:《论元代的站户》,载《元史论丛(第二辑)》,中华书局,1992年。
②③④⑤⑥⑦宋濂:《元史》,中华书局,1976年,第2508、334、3224、258、374、485页。

各色户计物力富强者签起之。”[①]十三年十月，“命别速、忽别列八都儿二人为都元帅，领蒙古军二千人、河西军一千人，守斡端城”[②]。至元十八年，枢密院立唐兀卫亲军都指挥使司以管理河西军3000人[③]。唐兀卫亲军都指挥使司设立之时，即“遣使籍河西六郡良家子以充之”。有元一代，政府曾多次在西夏故地签西夏遗民充军。“唐兀卫亲军设都指挥使司，秩正三品。总领河西军三千人，以备征讨。”[④]至元二十四年（1287年）正月，“免唐兀卫河西地元籍徭赋”[⑤]，其户计类型完全属于军户。成宗元贞元年（1295年）二月，罢河西军，听各还其所属[⑥]。成宗大德元年（1297年）十一月，庚午，籍唐兀军入枢密院[⑦]。其分官设职及其变迁，《元史》卷八十六《百官志二·岭北行枢密院条》记载较明确：“唐兀卫亲军都指挥使司，秩正三品。总领河西军三千人，以备征讨。至元十八年始立，置都指挥使二员、副都指挥使二员。二十二年，增都指挥使一员、佥事一员。大德五年，增指挥使二员。至大元年，增都指挥一员。四年，省都指挥使三员、副都指挥使一员。后定置都指挥使三员，正三品；副都指挥使二员，从三品；佥事二员，正四品；经历一员，从七品；知事一员，照磨一员，俱从八品；令史七人，通事、译史、知印各一人。镇抚二员，奥鲁官正副各一员。”[⑧]值得指出的是，唐兀卫亲军都指挥使司所辖军队人数只3000人，数量并不多，在蒙元军队中其数量微不足道；其作用有被某些研究者夸大之嫌。此外，也存在西夏遗民被编入元代其他军队的情况。

黑水城出土文书中的F245：W22号文书（P.91）为军户户籍，反映了元代军户以“牌”为军事编制基础单位的情况，令人感兴趣的是元代亦集乃路的军户由不同的民族构成，其中有部分就是西夏遗民中的党项人。为了说明问题，现将F245：W22号文书抄录如下：

□俗/贺龙徒沙牌子下/一户吾即卓立哈/一户李耳玉/一户吾

---

①②③④⑤⑥⑦⑧宋濂：《元史》，中华书局，1976年，第2515、2539、2527、2168、295、391、414、2168页。

即朵立只令只/一户也火阿哈卜即/一户李朵立只黑巴/吾即忍布牌子下/一户吾七耳玉/一户义束答失帖木立/一户也火即兀束/李黑党立嵬牌子下/一户梁耳罗/也火俺伯牌子下一户（缺）①

上录F245：W22号文书中的吾即卓立哈、吾即朵立只令只、吾即忍布、吾七耳玉、李黑党立嵬应是元代初年归附的西夏党项遗民。这件文书还说明西夏遗民中的军户除唐兀卫亲军都指挥使司所辖外，还有大量被编入元代军户户计中，并散处各地。王恽《秋涧集》卷九十《约禁侵扰百姓》记载："冀州（今属河北）管内，河西军户，间处村乡。"②余阙云："合肥之戍，一军皆夏人。"③西夏遗民编练成军，远戍安徽、河南，最近发现唐兀崇喜所撰《述善集》反映的是西夏遗民戍住濮阳，并演而为民，世居其地的情形。只是限于文献资料不能在军户数量上进行精确研究。

服军役是元代的一项封建义务，元代军户待遇很低。政府规定蒙古、汉军每月五斗米一斤盐，新附军人正身六斗米一斤盐，家口四斗米④。唐兀卫亲军都指挥使司军官俸禄同右卫都指挥使，如唐兀卫亲军都指挥使"俸七十贯，米七石五斗。副都指挥使，俸五十九贯三钱三分三厘，米六石"⑤。《黑水城出土汉文文书》所录F125：W61号文书和F175：W7号文书《放支军人口粮文书》反映了军户俸米发放待遇情况，可补文献之不足。F125：W61号文书记有"阔立赤廿八名每名季支米四斗"，阔立赤即当地的地方军队。F175：W7号文书《放支军人口粮文书》中记有16名军人名，包括火者王、李即兀束、朵立赤、宋忽芦、答失蛮、马合麻、怯伯、拜都等，这其中既有蒙古人，又有党项人，还有汉人，也是一支各色人

①李逸友：《黑水城出土文书》，科学出版社，1991年，第19页。
②王恽：《秋涧集先生大全文集》，四部丛刊本。
③余阙：《青阳先生文集·卷四·送归彦温赴河西廉访使序》，四部丛刊本。
④陈高华：《论元代的站户》，载《元史论丛（第二辑）》，中华书局，1992年。
⑤宋濂：《元史》，中华书局，1976年，第2454页。

组成的军队。文书中记载政府给上文中的这些军人“支持库每名月支钞贰两伍钱”，“柴薪每月支硬柴伍秤”，“添支钞每名一两”[①]。上述的阔立赤季支米四斗，与政府规定额相差甚远。而且作为军户，不但承担军役，还要缴纳赋税、应付差科，再加军官的盘剥，很多军户破产、逃亡。所以在F166：W11号文中记载了在逃正军阔录赤18名的情形。

（三）西夏遗民中的站户与驱口

元代西夏遗民中的站户和驱口的活动区域局限于元代亦集乃路的西夏故地。李逸友主编《黑水城出土文书》中，F116遗址出土的《麦足朵立只答站户案文卷》和《也火汝足立嵬地土案文卷》是有关亦集乃路站户的两件文书。文书内容反映麦足朵立只答一家是亦集乃路的在城站户，麦足朵立只答继承了父亲麦足合干布之业，这件文卷记载的是朵立只答和自家驱口之子发生争执的案件。也火汝足立嵬家族，原系亦集乃路附籍站户，是至元二十三年（1286年）元朝设置亦集乃路时作为归附人口而签充的站户[②]。元政府签发站户有一定的标准，一般是按户等从中户中签发。《永乐大典》记“北方诸站，则验孳畜之多者应之”[③]，在亦集乃路也是“依验有抵业物力人丁之家”充当站户[④]。麦足朵立只答家中买有驱口，证明其家中经济条件应该不错。充当站户的人家需要负责站赤的马匹喂养，提供马夫和供应过往使臣的份例。亦集乃路共有八站，黑城文书中所记盐池、普竹、在城三站的正马分别为40、39和39，还有站名缺失的，记有官马30匹。W107号文书记有亦集乃路八站“旧管马贰佰捌拾叁匹”[⑤]。根据石坤推断，普竹站应该有站户136户[⑥]，陈高华先生通过研究《俄藏黑水城文献》TK204号文书《站赤登记簿》以及原定名为《甘肃行省宁夏路支面酒肉米钞文书》的TK248号文书，该文书应该

①②④⑤李逸友：《黑水城出土文书》，科学出版社，1991年，第138、11、177、173页。
③《永乐大典》卷一九四一六《站赤一》，中华书局，1994年，第7189页。
⑥石坤：《从黑水城出土汉文文书看元亦集乃路的西夏遗民》，《敦煌学辑刊》2005年第2期。

也是亦集乃路的站赤登记簿，认为元代亦集乃路的西夏遗民除民户外，站户数量仅次于军户[①]。除了站户、军户之外，还有身份为驱口的西夏遗民，处于社会的最底层。上述的麦足朵立只答站户，就派驱口代其服役。F125：W73号文书中，记载有一户西夏人，家境富裕，雇有两名西夏遗民作驱口[②]。

（四）西夏遗民中的民户、屯田户与僧祇户

揆之情理，元代西夏遗民中民户的数量为最多。西夏遗民除留居故地者，被元代统治者迁于各处。世祖中统元年（1260年）“遣灵州种田民还京兆（西安）”。三年“敕河西民徙居应州（山西应县），其不能自赡者百六十户，给牛具及粟麦种，仍赐布，人二匹”。至元二十四年（1287年）“发河西、甘肃等处富民千人往阇鄽（今新疆）地，与汉军、新附军杂居耕植。”[③]总之，西夏遗民随着蒙古军队对中原地区的征服进程而内徙。成吉思汗灭西夏后，一部分西夏人被迁到今山西、内蒙古一带，如李天祐、刘海川等。蒙古军队继续南进，许多西夏人随军而征，攻灭金国，今山东、河南、河北等许多地区纳入蒙古的统治，一部分西夏人在此镇守为官，很多人就定居此地了。如李惟忠、虎益、塔出、闾马等人。蒙古军队灭亡南宋，淮河、长江流域等地纳入元朝版图，一些西夏人就迁居此地，如王翰之祖。李世雄因官于今江西，遂定居南昌。随着元朝的统一，西夏遗民徙居江南，元朝末年江南一带的西夏遗民数量应相当可观。

军户散处各地后，逐渐从事当地的农业生产，逐渐失去军户的性质，划归当地管民官进行管理。在至治二年（1323年）的一件文书Y1：W131号中，记载有“新附军屯田百户所”；在元统二年（1334年）的文书

---

①陈高华：《黑城元代站赤登记簿初探》，《中国社会科学院研究生院学报》2002年第5期。

②李逸友：《黑水城出土文书》，科学出版社，1991年，第91页。

③宋濂：《元史》，中华书局，1976年，第303页。

Y1：W30 号中，变为“两屯百户所”，可能就体现了这一变化过程[①]。元朝统治者规定“蒙古、回鹘、河西诸人，种地不纳税者死。”[②]其实，屯田户就其职能而言，也是民户，主要从事农业生产，负担沉重的赋税。

王恽《秋涧集》卷八十六载《弹西夏中兴路按察使高智耀不当状》，说高“任河西土俗，太半僧祇”[③]。因为当事者对高智耀强烈的不满情绪，所述未免夸大了事实。但拉施特的记录应该是比较可信的。《史集》记载“（唐兀惕）国中有二十四座大城，该处居民大多数为木速蛮，但他们的地主和农民仍为偶像教徒，在外形上，他们类似汉人。”[④]从亦集乃路治所现存多处佛教遗址来看，元代当地佛教信仰的确十分兴盛。而从各佛寺遗址中出土的西夏文佛经写本或印本，说明当地的佛教信徒当中，有相当数量的西夏遗民，那么崇尚佛教的西夏遗民肯定也是当地僧众的重要组成部分。僧祇户也从事农业生产，《元史》卷十四《世祖纪》记载，至元二十三年正月，忽都鲁所部屯田新军二百人在亦集乃地修凿河渠时，“役久功大，乞以傍近民、西僧余户助其力”，并承担赋税。至元十九年冬十月“敕河西僧、道、也里可温有妻室者，同民纳税”[⑤]。《元史》卷一〇三《刑法志》二：“诸河西僧人有妻子者，当差发、税粮、铺马、次舍与庶民同。其无妻子者，蠲除之。”

总之，西夏遗民有军政官僚、军户、站户、民户以及僧祇户，处于社会中下层地位的居多。

二、元代西夏遗民的民族融合

（一）西夏人的民族融合是一个历史过程

西夏灭亡后，西夏人也随之消亡了。有些学者认为这是历史之谜，殚思竭虑地寻求西夏人的消亡历程，更有甚者，在当下社会寻找西夏人

---

①李逸友：《黑水城出土文书》，科学出版社，1991 年，第 26 页。
②⑤宋濂：《元史》，中华书局，1976 年，第 3457、247 页。
③王恽：《秋涧先生大全文集》，四部丛刊本。
④［波斯］拉施特：《史集》（第二卷），余大钧、周建奇译，商务印书馆，1985 年，第 378 页。

后裔，并认为其后裔确乎存在。但这些活动闹剧居多，科学精神偏少。西夏遗民的消亡是一个历史问题。首先要甄别西夏遗民中，西夏主体民族党项族与其他民族的关系。西夏政权是一个由多民族组成的国家，除主体民族党项族外，西夏国内还有回鹘、吐蕃、汉人等其他民族。要说民族融合，在西夏灭亡之前就已经开始了，这毋庸置疑，也不必论证。有的研究者将党项族与西夏遗民混同，混淆了概念，扰乱了认识。西夏遗民包括西夏时期西夏政权管辖着的所有民族，西夏灭亡后，西夏遗民中的有些民族不存在融合、消亡的问题，如汉民族。融合、消亡的主要是党项族。蒙古人征服后，只不过是更进一步促进了这一融合的过程。其中，蒙古统治者对西夏遗民的政策促进了这一融合、消亡的过程。

（二）元代的西夏遗民政策促进了民族融合

蒙古人征服西夏后，一方面是将西夏故地的西夏人迁徙各处，另一方面，则将大量的中亚色目人、蒙古人、汉人迁入西夏故地。迁出的西夏遗民逐渐融入中原汉族之中，留居故地者也逐渐同迁入民族融合。世居河南濮阳的唐兀崇喜家族，因为居住在汉族文化区域，数代之后，均以“杨”为姓，完全汉化了。李恒幼年起即生活于蒙古人中，习俗渐与蒙古人相同，“饮食祭祖，并遵国俗（蒙古风俗）”，但其后代长期定居内地，习俗越来越同汉族人接近。李恒死后，其子李世安“识高质厚，值斩齐期功之服，靡不暗合《礼经》”[①]。元末居于安徽合肥的西夏遗民余阙也感叹“夏人居合肥者，老者皆已亡，少者皆已长，其习日以异，其俗日不同”[②]。吴海为西夏人所作《王氏家谱序》云：“河西古诸羌，宋李元昊据之为边患，相继用兵，士有陷没者，杂为夏人。元初得天下，赐唐兀新氏，俾附国籍，次蒙古一等。河西而仕宦者，皆舍旧氏用新氏，国家尚宽厚，虽占旧氏不禁，然能有者仅一二数。”[③]说明迁居汉地的西

①吴澄:《草庐吴文正公集》卷四十二,《元故荣禄大夫江西等处行中书省平章政事李公墓志铭》,乾隆刻本。

②余阙:《青阳先生文集·卷四·送归彦温赴河西廉访史序》,四部丛刊本。

③吴海:《闻过斋集》,文渊阁四库全书本。

夏遗民汉化、蒙古化相当普遍。

（三）蒙古民族的强势地位致使部分西夏遗民融入蒙古族

元代建立后，蒙古人作为主体民族，享有崇高的社会政治地位，蒙古统治者通过对其他民族赐予蒙古姓氏而控御这些民族的上层分子。西夏遗民中的上层分子，出于政治上的需要，纷纷放弃党项旧姓而改用蒙古姓氏。察罕赐姓蒙古，并妻以宫女弘吉剌氏[①]。而弘吉剌部与“黄金家族”世代通婚。亦力撒合于至元二十七年（1290年）命尚诸王算吉女[②]。李桢受太宗赐名玉出干必阇赤[③]。另一方面是西夏遗民在蒙古人强势政治地位的压力下，在趋同心理的驱使下，自动改姓蒙古姓氏，融入蒙古族。《大元肃州路也可达鲁花赤世袭之碑》记载了在元朝担任官职的党项人举立沙家族相传六世130多年的活动及其世系，从一世举立沙之后已不再用党项人名而改用元代蒙古人习用名字，其蒙古化的现象具有一定的典型性[④]。正如吴海言：“河西而士宦者皆舍旧氏用新氏。”通过上表以及黑城文献就更能清楚地看到西夏遗民采用蒙古名是很普遍的现象。

（四）西夏遗民的民族融合主要是文化融合

陈寅恪在《唐代政治史述论稿》中认为“汉人与胡人之分别，在北朝时代文化较血统尤为重要。凡汉化之人即目为汉人，胡化之人即目为胡人，其血统如何，在所不论”，并指出“此点为治吾国中古史最重要之关键，若不明乎此，必致无谓之纠纷”[⑤]。此论不只适用于中国中古时代之民族融合，实适用于认识中国历史上任何阶段的民族融合。西夏遗民的融合与消亡的历史正与寅恪先生卓识若合符节，西夏遗民与其他民族的融合血缘上以婚姻为介质得以实现，而更重要的是文化方面的重大变迁。西夏遗民主要受到伊斯兰文化、蒙古文化和儒家文化三种文化的介

---

①②③宋濂：《元史》，中华书局，1976年，第2955、2957、3050页。

④白滨，史全波：《〈大元肃州路也可达鲁花赤世袭之碑〉考释——论元代党项人在河西的活动》，《民族研究》1979年第1期；汤开建：《大元肃州路也可达鲁花赤世袭之碑补释》，《中国史研究》1983年第4期。

⑤陈寅恪：《唐代政治史述论稿》，上海古籍出版社，1997年，第16页。

入与影响。

早在窝阔台汗统治时期（1229—1241 年），西夏故地就有来自中亚的穆斯林居住[①]。在安西王阿难答统治西夏故地时期，这里的许多蒙古人和当地居民都皈依了伊斯兰教。元成宗听到此消息后异常气愤，阔阔真哈敦则劝成宗道："阿难答有很多军队，并且唐兀地区所有那些军队和居民都是木速蛮（穆斯林）。……让他选择自己的信仰和宗教吧。"[②]黑城遗址就有清真寺建筑在，周围有穆斯林墓葬，伊斯兰文化在西夏故地已得到推广。元征服当地后，又迁入蒙古人。当地的党项人长期与这些民族杂居共处，自然受其影响。从黑水城出土文书中的西夏人名来看，有很多是汉姓西夏名，或是西夏姓蒙古名，还有蒙古姓的。这是文化融合的表征。

西夏遗民更多的是受汉文化的影响。应该说汉文化对西夏民族的影响从唐宋时代即开始了。西夏灭亡后，西夏遗民部分被迁入汉地，另有部分汉人被迁入西夏故地，形成西夏遗民和汉族人杂处的局面，更促进了汉文化对西夏遗民的影响。长期生活在一起，西夏遗民同汉族人民间心理差异也日益缩小，如西夏人李世安定居江西，与江西著名文人吴澄结交甚密，李世安死，吴澄亲为之作墓志铭以示不忘。沙剌班曾参与修撰《金史》，文人虞集与之有"斯文之好"。西夏人昂吉登至正八年（1348 年）进士榜，授绍兴录事参军，他与文人顾瑛私交很深，常同顾瑛等饮酒题诗，分韵而作，其诗作不亚于汉族文人[③]。《述善集》是由濮阳西夏遗民唐兀氏（杨氏）四世祖崇喜于元至正十八年（1358 年）编成的一部未刊著作集。从集中看，唐兀崇喜（1300~1372 年）为元末儒士，为逃避元末红巾军起义而避居京师十年，与在京名士潘迪、张以宁等过从甚密。在农民起义失败后，崇喜又返回濮阳，决心振兴乡风，发展家乡教育事业，兴建孔庙，订立《龙祠乡约》，创办崇义书院等，名声大振。

①〔波斯〕志费尼:《世界征服者史(上)》,何高济译,内蒙古人民出版社,1980,第 261 页。
②〔波斯〕拉施特:《史集》(第二卷),余大钧、周建奇译,商务印书馆,1985 年,第 382 页。
③顾瑛:《草堂雅集》卷十,文渊阁四库全书本。

濮阳唐兀氏从四世起，改姓杨氏，并同汉族通婚，逐渐演变成汉族了①。这样的事例很多，限于篇幅，不再引用。西夏遗民民族属性的变化，更多的是文化心理的改变，血缘种族的改变反不重要。

（本文部分资料得益于已故韩荫晟先生《党项与西夏资料汇编》上卷，在此深表谢忱。）

本文发表于《西北第二民族学院学报（哲学社会科学版）》2008 年第 2 期。

---

①杨富学:《〈述善集〉与西夏遗民研究》,《宁夏大学学报(人文社科版)》2003 年第 1 期。

西夏环境史研究三题

◎杨　蕤

一、西夏境内的野生动物

野生动物是环境状况的指示器。历史时期野生动物的变化幅度远远大于植被的变化。因此，对历史时期野生动物的考察不仅可以知晓野生动物本身的种群分布、迁徙状况，而且还可以根据野生动物的分布和规模来推测某一地区的植被、气候等环境状况，以此来丰富历史自然地理的研究。不过，资料的状况决定了研究的深度和广度，拙文仅就所见资料辑出西夏境内的数种野生动物，同时就西夏境内个别家养动物也一并予以考论。

（一）牦　牛

《西夏书事》卷三载："夏四月，彝兴献牦牛一。牦牛生西羌，似牛而尾甚长……异产也。彝兴得之，遣使以献。"① 《天盛律令》亦载："牦牛在燕支山、贺兰山两地中，燕支山土地好，因是牦牛地……贺兰

①吴广成:《西夏书事校证》,龚世俊等校证,甘肃文化出版社,1995,第32页。

山有牦牛处之数，年年七八月间，前内侍中当派一实信人往视之，已育成之幼犊当依数注册。”[①]文献明指西夏时期在贺兰山、祁连山地区有牦牛生息，但文献中的牦牛应为人工放养。不过西夏时期也有野牦牛，如《月月乐诗》中讲“在这强大的国家里，到处是潺潺流水，草儿葱绿，人们在山上猎杀野牦牛”[②]。再则，既然贺兰山、祁连山等地适于蓄养的牦牛生存，想必当时这里也有野牦牛活动。牦牛的存在，反映了西夏时期贺兰山、祁连山良好的生态环境。

（二）鹿

《太平寰宇记》卷一七二载：“河西出齿鹿，足短而形大，如牛，肉千斤。”可见西夏时期河西地区（指河套和河西走廊）有体形庞大的鹿。文献中所谓的“齿鹿”具体为何种属，恕无能奉告。有学者发现中古时期华北（指北方）边缘地带，特别是临近草原地带，鹿类种群数量十分庞大，如阴山地区[③]。宋人朱或在《萍州可谈》卷一中也讲道：“北地产鹿，有倍大于中国（指中原地区）者，鹿角近根实处，刻以为环，肉好相半，内虚可贮物，谓之鹿顶合。”概指宋代中国北方的鹿不仅体形硕大，而且鹿角很有特点。笔者曾注意到，在西夏谚语中频繁地提到鹿，如 194 条：“犹如五月骆驼命终而倒，犹如十月黑鹿伏劫处逃”；203 条：“要藏匿不易，鹿枝角已露出，观赏还可以，敬虎豹皮有愧”；236 条：“良男所去狭地树中，黑鹿去，角也不得”；300 条：“夜闻鹿鸣天晓，日见鹃啼天晚。”[④]西夏文献《月月乐诗》中也有人们追捕鹿群的生动描写。鹿的形象频繁地出现在西夏谚语和宫廷诗中，反映出西夏人不仅对鹿存有一种亲切感，而且相当熟悉，甚至在西夏的生活器皿上也刻有鹿的图案。如在内蒙古伊金霍洛旗红庆河乡政府附近出土了一

---

①《天盛改旧新定律令》，史金波等译注，法律出版社，2000 年，第 577 页。
②〔苏〕克恰若夫，李范文，罗矛昆：《圣立义海研究》，宁夏人民出版社，1995 年，第 14 页。
③王利华：《中古华北饮食文化的变迁》，中国社会科学出版社，2000 年，第 43 页。
④《西夏谚语》，陈炳应译，山西人民出版社，1993 年。

件西夏酱釉剔花瓶[1]，近底部处刻一鹿，鹿回首做惊惧状，口中喷出一团云雾。鹿刻比例十分恰当，线条流畅，具有写实性[2]。综合以上信息，笔者认为西夏时期河套、河西走廊等地区应该分布着众多鹿群，反映出这些区域保持着良好的草原生态系统。需要注意的是，上引西夏谚语中出现“黑鹿”。在现代鹿的种属分类里，黑鹿又称水鹿，分布在热带、亚热带地区（西北地区仅青海有零星分布）。西夏文献的黑鹿是否就是现在的水鹿，存疑待考（笔者推测，西夏境内的鹿应多为马鹿）。此外，《元和郡县图志》《太平寰宇记》等地理典籍中均记载了夏州、庆州、延州等州县需要向朝廷进贡麝，表明当时这里有麝类分布。

（三）虎

《西夏书事》卷三：“继迁善骑射，饶智数。尝从十余骑出猎，有虎突从山阪下，继迁令从骑悉入柏林中，自引弓踞树巅，一发中虎眼，毙之。蕃部由是知名，光睿爱其勇，遂授以官。”[3]李继迁早期活动于河套地区，这条文献很可能就是李氏在河套附近狩猎的记载。在西夏谚语中老虎的出现率极高，如 53 条：“龙欲青水何时尽，虎奋黑山何时休”；88 条：“勇鹰险处抓兔子，老虎情面狐饮酥”；96 条：“狼狗一狂乃为群，虎豹降服随路行”；142 条：“虎豹威仪，美狐出去，深水苇长，老马憋气”[4]等等。西夏谚语是西夏社会面貌的真实反映，其中也包括一些自然界的状况。老虎在西夏谚语中的频繁出现很可能表明西夏境内有老虎活动。上引《圣立义海》中讲到西夏天都山有虎、豹、鹿、獐等野生动物。《金史》卷四《熙宗纪》也记载：“上如东

①《伊金霍洛旗志》，内蒙古人民出版社，1997 年。

②在宁夏海原县境内的一城址（疑西夏临羌寨）内也发现了许多刻有鹿纹的花瓶。参见李进兴：《临羌寨考记》，四川大学出版社，2003 年，第 155~158 页。虽然这些文物无明确的考古学地层依据，但形制、釉色、装饰手法等与先前出土的西夏同类器物一致，当属西夏时期的器物。

③吴广成：《西夏书事校证》，龚世俊等校证，甘肃文化出版社，1995 年，第 33 页。

④《西夏谚语》，陈炳应译，山西人民出版社，1993 年，第 9~13 页。

京，壬子，畋于沙河，射虎获之。”沙河地望无考（概为金东京附近），但表明当时老虎时常出没。据笔者在博士论文《西夏地理研究》中初步考证，西夏境内存在几块较大的天然林区：贺兰山（包括贺兰山东麓）、阴山（包括乌拉尔山）、屈吴山和六盘山。这也是古今自然景观差异最大的区域。森林生态系统有维系老虎生存的食物链，因此西夏时期的老虎极有可能分布在上述林区。

（四）骆 驼

宋代文献中又称骆驼为橐驼。由于西夏是沙漠王国，被称为沙漠之舟的骆驼也是西夏重要的运输工具。《西夏书事》卷二七云：“（秉常）以遗马、白驼入献（辽朝）。”[①]现在已经很少见到白驼了。又宋人张亢言：“陕西民差配之苦，数倍常岁，止如鄜州买骆驼、骡驴、牛羊、红花、紫草、桥瓦……”[②]可见骆驼也是宋夏贸易中的商品。《蒙兀儿史记》卷二《成吉思可汗》载：“（蒙古）围力吉里寨，数日，拔而夷之。复下乞邻古撒城，经落思城，大掠人畜，所获畜产，橐驼最多。”力吉里寨、乞邻古撒城、落思城具体地望不详，但大致处于西夏西北部疆土，这一带至今骆驼的数量也很可观。《马可·波罗行记》第72章亦载：“（唐古特）驼毛毡不少，是为世界最美丽之毡。亦有白毡，为世界最良之毡，盖以白骆驼毛制之也。”唐古特即为西夏，可见西夏境内骆驼不仅数量多，而且质量高。西夏境内是否有野骆驼分布？宋代史籍中确载西北地区有野骆驼活动。成书于北宋时期的《嘉祐本草图经》载：“野骆驼出塞北、河西，今惟西北蕃界有之。”[③]文献中“西北蕃界”应该包括西夏地区。由此可见，西夏境内确有野骆驼分布。

需要指出的是，西夏境内人工喂养骆驼的数量十分庞大，分布较为

---

①吴广成：《西夏书事校证》，龚世俊等校证，甘肃文化出版社，1995年，第312页。

②李焘：《续资治通鉴长编》，中华书局，2004年，第3208页。

③转引自文焕然：《历史时期中国野骆驼分布变迁初步研究》，《湘潭大学学报（自然科学版）》1990年第1期。该书已佚，宋人唐慎微在《重修政和经史证类备用本草》中收录部分该书内容。

广泛。这一点可以从文献中反映出来。如《宋史》卷三三四《高永能传》载："(宋夏)鏖战于无定河，斩首数千级，得马三千，橐驼牛羊万计。"文献讲述的是在今陕北一带有大量的家养骆驼，甚至在宋夏沿边有以骆驼命名的地名，如绥远寨又名骆驼巷，在今陕北吴旗县境内。又《宋会要》兵八之六十二载："移灵州城下，先锋遇贼接战，斩首二百七十二级，生擒四十三人，夺马牛羊驼畜万余，粮草五万余。"显然西夏时期的灵州地区亦有大量骆驼。同书又载"李宪引兵至汝遮谷，贼众数万，牛羊驼畜充满川谷"。汝遮谷大致在今天甘肃省的祖厉河谷境内，可见当时这里也有家养骆驼分布。撮要言之，西夏时期东起无定河谷，西到兰州的宋夏沿边地带均有大量家养骆驼。1997 年，在甘肃省环县发现一座宋代彩绘砖雕墓，其中有两块牵骆驼砖雕，即为以男子手握缰绳牵引骆驼的形象。此外还有静卧或者站立骆驼的砖雕[①]。古人有"事死如视生"的信念，该墓中画像砖所反映的内容应为墓主生前生活的真实写照，从另外一个侧面反映了当时宋夏沿边骆驼的普遍。当然，黑水城以及河西走廊地区也应有家养甚至野生骆驼。西夏时期鄂尔多斯高原是否也有野骆驼或者家养骆驼，由于史籍阙载，难以定论。不过从无定河谷有骆驼分布的事实推测，鄂尔多斯也应有骆驼分布，因为鄂尔多斯干草原更具有骆驼生存的自然环境。由此可见，骆驼是西夏境内十分普及的动物。相比之下，现在西北地区骆驼的分布范围则主要退缩至贺兰山以西地区了。

西夏家养骆驼的用途是什么呢？笔者分析，除了食用、皮毛等功用外，西夏家养骆驼的主要目的恐怕是为了负载运输，是当时主要的畜力工具[②]。北宋边臣赵卨曾奏："乞兑经略司封椿钱十万缗，就河东近便州军收籴

①张亚萍:《甘肃环县宋代彩绘砖雕墓》,《文博》2003 年第 3 期。

②骆驼还是西夏运输军需物资的主要工具。如《宋史》卷四八六《夏国传下》载："凡正军给长生马、驼各一。团练使以上,帐一、弓一、箭五百、马一、橐驼五……"

军储，用骆驼转至延州。比本路籴价甚有余息，可速施行。”[①]正是由于骆驼在西夏的交通运输方面所发挥的巨大作用，西夏政府以法律的形式对骆驼的畜养、宰杀作出了种种规定。例如不能擅自屠杀骆驼；由于各种原因致骆驼死亡后，主人当告知相关部门等等[②]。有趣的是，在北宋名画《清明上河图》中有一人手牵骆驼穿行于东京城内的情景，画中的骆驼究竟来自西域、西夏还是辽朝已不得而知，但反映出当时骆驼作为畜力工具的普遍性。

（五）野　马

野马与家马相类似，具有头大、耳小、鬣毛短而直立、额毛较短等体质特点。历史时期野马曾经十分广泛地分布于中国北方地区。西北地区也曾是野马的重要活动范围。《北史》卷五八《周宗室诸王传》载：“(宇文贵）从（宇文）宪猎于盐州，一围中手射野马一十有五。”由此可知北周时期在今天陕西定边、宁夏盐池一带有野马群活动，数量十分可观。不过文献讲的是6世纪的情况。西夏时期的状况如何呢！西夏谚语第278条曰：“愚童讼权贵，野马制于索。”[③]宁夏及其周边地区有野马分布的状况至少延续到明清时期，因为《嘉靖宁夏新志》确载：“灵州贡红蓝、甘草、苁蓉……麝、野马、鹿。”[④]在《乾隆宁夏府志》中亦有类似的记载。在古代社会，由于人口规模、生产力水平等因素，自然生态的演进相对缓慢，西夏时期上述地区亦有数量可观的野马就不足为奇了。需要指出的是，历史时期野驴的分布范围与野马大致相同，唐代宁夏也曾是野驴的重要产地。18世纪以后，野马、野驴的分布范围开始急剧退缩[⑤]。西夏境内是否有野驴分布，史籍无载，今人就不得而知了。

---

①李焘:《续资治通鉴长编》,中华书局,2004年,第3067页。

②《天盛改旧新定律令》,史金波等译注,法律出版社,2000年,第154页。

③《西夏谚语》,陈炳应译,山西人民出版社,1993年,第22页。

④《嘉靖宁夏新志》,宁夏人民出版社,1982年,第26页。

⑤文焕然:《历史时期中国野马、野驴的分布变迁》,载《历史地理(第十辑)》,上海人民出版社,1992年。

（六）狼

《金史》卷二三《五行志》载："秦、陕狼害人。"西夏谚语中有关狼的条目也较多，如 90 条："老狼啼哭不掉泪，大鸟咬物没有牙"；115 条："苦蕖根须籽九苦，豺狼小崽小又腥"；119 条："引鸽翅膀遮远山，老狼足迹遍山谷"[①]。直到新中国成立前西北许多地方还有野狼出没。不难理解，西夏境内的狼应较为常见。

（七）鹦　鹉

宋人邵伯温在《邵氏闻见录》卷一七中讲道："有关中商得鹦鹉于陇山，能人言，商爱之。"又《太平寰宇记》卷三一"陇州"条下载："土产，龙须席、鹦鹉、山丹等。"宋代的陇山不仅指今陕西陇县、千阳境内的山脉（今天之陇山，实为六盘山之余脉），而且还包括了今天的六盘山区，范围比今天的陇山大得多。上述文献表明，宋代在今天宁夏南部六盘山区一带有鹦鹉分布，而宁夏北部的贺兰山也一直是鹦鹉产地。《乾隆宁夏府志》卷四"物产"条下载有"鹦鹉""鸬鹚"等禽类[②]。事实上，清代西北史籍中对鹦鹉多有记载，如《西宁府新志》《兰州府志》《皋兰县志》等等，反映出清时鹦鹉是西北的一种较为常见的禽类。学术界一般认为贺兰山是文献记载中我国鹦鹉分布的最北地区，即为北纬 39° 附近[③]。可以想见，西夏境内不仅有大量的鹦鹉，其他禽类的数量也蔚为可观。

此外，西夏谚语中出现有黄羊、狐狸等野生动物，如 164 条："空中鸟飞，叫鸣两种，谷境黄羊，顺弛一返"；204 条："草间鹌鹑学大雁叫，口破裂，草中兔子学黄羊跳，腰闪折"；114 条："狐叫起来气欲绝，狗蹲下来尾巴夹"；220 条："宁为危境虎噬，不为沟中狐食我"等等[④]。《蕃汉合时掌中珠》《文海》等西夏文献中也载有虎、豹、狼、鹿、黄羊、野狐等野生动物，同时还记载了捕捉、网套、圈套、烟

①④《西夏谚语》，陈炳应译，山西人民出版社，1993 年，第 11、12~18 页。
②《乾隆宁夏府志》，宁夏人民出版社，1992 年。
③文焕然：《中国鹦鹉分布的变迁》，《兰州大学学报（自然科学版）》1981 年第 1 期。

熏等狩猎方法，反映了西夏境内分布有丰富的野生动物。篇幅所限，恕不一一详解。

以上就资料所见的西夏野生动物枚举数例，事实上西夏境内的野生动物远远不止于此。一些野生动物在今西北地区已经绝迹，如老虎；其余的种群数量也在急剧减少，如鹿、麝、野马、黄羊等等。这种状况反映了这些动物的生存环境已经发生了相当大的变化。

二、西夏时期自然环境遭受破坏之表现

某一历史时期对自然环境的人为破坏方式主要是由生产方式所决定，如进入工业时代，工业污染就成为十分突出的环境问题；而在漫长的农业文明时期，大规模的垦殖、战争是人为破坏自然环境的主要形式。就西夏而言，战争、垦殖、修筑城寨以及樵采是对自然环境有着较大影响的几种活动。

（一）战　争

在某种程度上讲，西夏是带有军事色彩的民族政权。纵观西夏历史，大大小小的战事首尾不绝，自然给环境造成不同程度的破坏。如西夏大举南下时，就有烧杀掳掠的行为。“（西夏）分攻柔远寨，烧屈乞等三村，栅段木岭，势甚张。”“去秋（西夏）乃复入叩大顺，围迫城寨，焚烧村落，抗敌官兵，边奏屡闻，人情共愤。”[①]西夏甚至采取焚烧大片草地的办法来阻止辽军的南下。如在夏辽河套之役中，“囊霄（元昊）以未得成，言退三十里候之。凡三退，将百里。每退必赭其地，契丹马无食，因许和”[②]。焚烧草地，断其粮草，确为抽薪之举。明朝在防御鞑靼时也曾使用过此类“战术”。当然，战争使得民众逃亡，土地撂荒，间接地对生态与植被产生了负面影响。

（二）垦　殖

宋夏双方在边界集结大量军队，为保证粮食供给，双方（尤其是北

---

①②吴广成：《西夏书事校证》，龚世俊等校证，甘肃文化出版社，1995 年，第 244、203 页。

宋）在沿边大肆垦殖，从而导致林地或草地面积减少。史载：“诸监以草地充屯田，遣卒种艺，所入不充其费。”[①]明确指出利用草地进行垦殖。又泾原路经略司言：“本路弓箭手阙地九千七百顷，以渭州、陇山一带山原坡地四千余顷，可募弓箭手二千人，诸佃户或不愿应募。”[②]可见宋夏沿边的垦殖活动开始面向山地，而这些山地很可能就是疏林地带。事实上，在城寨密集的宋夏沿边地带，每一个城寨基本上就是一个屯垦的据点。如范仲淹言：“臣观今之边寨，皆可使弓（箭）手、土兵以守之，因置营田，据亩定课。”[③]有人估计仅北宋时期陕西沿边垦殖的土地就不下十万余顷[④]。垦殖对草地和林木的破坏便可想而知了。宋夏沿边的垦殖活动还对黄河泛滥产生了一定影响。

（三）修筑城寨

宋朝没有修筑长城，但宋夏双方在缘边修筑城寨及烽燧也是一项不小的工程。宋夏双方通过修筑堡寨的方式筑起一道防御对方进犯的“长城”。初步估算，北宋在宋夏沿边修筑的城寨数量近三百座（不包括西夏境内的城寨）。修筑这些城寨不仅需要耗费大量的人力、财力，而且需要许多木材，沿边地带的林木就成了砍伐的对象。陕西宣抚使韩琦言：“其土功自以为百万计，仍须采山林以修敌栅、战楼、廨舍、军营及防城器用。”[⑤]修筑城寨的一部分木材是由军士们自己砍伐，有一些则通过购买沿边民户的木材。“元祐中给赐城寨，唯鄜延路米脂、浮图未曾修筑，将来秋冬，西贼万一困弱，可乘机便，次第修复，预计材植防城楼橹并版筑之具。况见今修葺沿边城寨及楼橹之类，若以此为名，选将佐量带兵甲领役兵于边界采木及优立价值，召蕃汉人户于沿边城寨中卖应用，免致于近里计置搬运。”[⑥]蕃汉人户的木材从何而得呢？恐怕只能从就近的山林中砍伐。如果修筑一座城寨需要100棵成树的话，300

①②③⑤李焘:《续资治通鉴长编》,中华书局,2004年,第1490、7573、3202、3512页。
④韩茂莉:《宋代陕西沿边地带的兵屯与土地开垦》,《西北史地》1993年第3期。
⑥《宋会要》,中华书局,1957年。

座城寨就需要3万棵成材的树木，对于基本为疏林、土山的宋夏沿边地区而言，这也是一个不小的数目。不仅如此，在战事中所用的器械、工具、道路的修筑等也需要砍伐沿边树木。史载："凡出兵深入贼境，其济渡之备，军中自有过索，浑脱（羊皮筏子）之类……令种谔如将及河造筏，贼界屋并可毁拆，或斩林木相兼用之，如更不足，以至枪排皆可济渡。"[①]可见在战争中，北宋军士连沿边民众的房屋都不放过，更何况沿边的林木。当然，就修筑城寨这一点而言，北宋应比西夏负有更多的生态责任。

（四）樵　采

虽然学术界普遍认为北宋时期居民开始生活用煤，但应该说，对于普通民众而言，煤还是奢侈品，樵采是他们获得御寒燃料的主要方式。宋夏沿边戍边军士的状况恐怕亦是如此。宋臣范仲淹言："陕西虽有兵近二十万，戍城寨二百余处，所留极少。"[②]"环庆一路四州，共二十六寨，将佐十人，兵马五万。"[③]北宋在宋夏缘边布置的军队大约为30万左右；沿边蕃汉民众的人口数量也十分可观："自环庆低于泾原，沿边属户，逾数十万。"[④]环庆、泾原路缘边属户为10万，以每户5人计算为50万人。横山地区的属户数目不详，文献中有这里"民众繁庶"的记载[⑤]。考虑到这里地区没有环庆、泾原路广阔，保守估计其属户为环庆、泾原路之一半，即以5万户计算，也有25万户民众分布在这里。这样，宋夏沿边地区至少有100多万人。

大规模人口的生活用薪就很成问题，沿边的山林、草地便成为掠取的对象。《西夏书事》卷二八载："元祐二年九月，（保忠）令军士四散樵采，焚庐舍，毁冢墓。"[⑥]宋人张舜民在《西征途中二绝》中讲道："灵州城下千株柳，总被官军斫作薪。他日玉关归去路，将何攀折赠行

①②③④李焘：《续资治通鉴长编》，中华书局，2004年，第7643、3130、3457、3176页。

⑤《续资治通鉴长编》卷一三二，庆历元年五月甲戌："缘边与贼界相接人民繁庶，每来入寇，则科率粮糗，多出期间。"

⑥吴广成：《西夏书事》，龚世俊等校证，甘肃文化出版社，1995年，第320页。

人。”虽然作者运用了夸张的手法，但沿边官军、民众砍伐林木来充薪无疑是历史事实①。由于樵采是当时生活用薪的主要手段，北宋政府专门过问宋辽边界的樵采情况：“北人有无侵越旧界，及边人有无侵北界地樵采，具图以闻。”②河东路提点刑狱黄廉言：“准朝旨往代州定验有无人侵北界地采薪……内有道近铺屋及密抵林木，委是人迹往还，本铺守卒朝夕采薪，舍远就近，不能无之，及有避远取直过往，虽非采薪，亦不当直过。”③可见樵采在当时不仅十分普遍，还是边境军士重点防范的事情。

除上述几种人为破坏环境的方式外，西夏统治者在天都山、贺兰山等地修筑了规模宏伟的离宫，这些建筑也需要砍伐大量的优质木材。西夏政府甚至还成立了“木材租院”④，是为砍伐木材的“配套机构”。此外，修筑陵墓、西夏民众的取暖用材等等都需要砍伐树木，西夏民众的捕猎行为、过重的草场载畜量等均对自然环境造成了一定负面影响。当然，自然因素也是诱发环境恶化的重要原因。如连续的干旱加速了土地沙化的过程，暴雨会使坡度较陡的植被受到破坏。还需提及的是，在灭火技术甚低的古代社会，森林火灾是使森林毁灭的一个重要因素。如清末贺兰山曾发生 11 次以上森林火灾。清末苏峪口内、黄渠口内的林火亦曾延烧数月⑤。

三、西夏人朴素的环保和生态意识

史籍中无西夏环境保护意识的明确记载，更无圣贤鸿儒有关此问题的直接记述。因此，很难讲西夏已经具备了保护环境的意识，更难以上升到思想史的层面。拙文讨论的有关环保意识无非是通过西夏政府的一

①事实上，为了抵御北方的严冬，盗伐林木御寒恐怕是十分普遍的现象。宋人庄绰在《鸡肋编》卷上记载：“河朔、山东养蚕之利，逾于稼穑，而村人寒月盗伐桑枝以为柴薪，为害甚大。”

②③李焘：《续资治通鉴长编》，中华书局，2004 年，第 7705 页。

④《天盛改旧新定律令》，史金波等译，法律出版社，2000 年，第 534 页。

⑤汪一鸣：《不发达地区国土开发整治研究》，宁夏人民出版社，1994 年，第 270 页。

些法律条文、出土文书等资料所反映的西夏民众对环境保护的一些行为和态度。西夏政府和民众是否在主观上具有了环境保护的思想，不得而知，但其一些做法在客观上对保护环境起到了积极的作用。

(一)《天盛律令》中有关保护环境的措施

《天盛律令》记载了不少保护环境的措施，如关于植树以及对毁坏树木处罚的规定。《天盛律令·地水杂罪门》载："沿唐徕、汉延诸官渠等租户、官私家主地方至处，当沿所属渠种植柳、柏、杨、榆及其他种种树，令其成材，与原先种下的树木一同监护，除依时节剪枝条及伐而另植以外，不许诸人伐之。""沿渠干官植树中，不许剥皮及以斧斤斫刻等。若违律时，与树全伐同样判断。"①西夏还以法律的形式规定在水渠边上植树："渠水巡检、渠主沿所属渠干不紧紧指挥租户家主，沿官渠不令植树时，渠主十三杖，渠水巡检十杖，并令植树"②等等。可见西夏人已知道用生物方法来加固渠道和进行绿化，并且注意到所植树木的多样性。种植树木的多样性不仅能够制造美景，同时也有利于病虫害的防治。上述西夏法律条文颇具"植树法"味道，对于今天宁夏平原渠道的管理仍有一定的借鉴意义。西夏还设立专门的机构对贺兰山等地的林地与草场进行管护。《天盛律令·事过问典迟门》载有"贺兰山等护林场、养草滩等护院"③，虽然该书未明载这些机构的具体职能，但从名称可以判断出应是对贺兰山等林地、草地进行维护和管理的机构。此外，《天盛律令》还有针对动物的专门规定。如《天盛律令·盗杀牛骆驼马门》中规定："诸人杀自属牛、骆驼、马时，不论大小，杀一头徒四年，杀两头徒五年，杀三头以上一律徒六年。"④甚至对普通的猪、狗等动物都不能随便射杀："诸人刺射、斫杀羖羊、狗、猪等，则有官罚五缗，庶人十杖。"⑤对伤害动物的处罚最高可达徒10年。

(二)西夏民众对植树造林的重视

除了前引《天盛律令》中有一些关于植树造林的规定外，一些文献

①②③④⑤《天盛改旧新定律令》，史金波等译，法律出版社，2000年，第506、506、319、154、391页。

也反映出西夏普通民众植树造林的信息。《圣立义海》载："树本土生，扩林植山。诸鸟夜宿，诸兽昼隐。夏日阴凉，冬时庇暖。""(劈旺）秀山：载种种树，亦有果树。鹿、獐居。"[①]西北大部分地区缺林少木，自然环境较为恶劣，西夏先民们懂得通过栽种树木来改善生存环境，并且意识到良好的生态环境对气候的调节作用。黑水城出土的一件文书(F257：W6）讲道："各家园内栽□□，倘若依例每丁栽树二十株，却缘本处地土多系硝碱沙漠石川，不宜种。"[②]由于原件残缺，不能准确完整地判读文书的内容，但可以看出政府有每个丁必须植树的规定，有似于今天义务植树的规定。综合这些信息分析，西夏不仅在京畿附近植树，而且要求其他地区的民众植树造林，甚至在西夏谚语中能找到植树和保护树木的信息，如92条："铺石高下谁察度，植树长短谁度察。"不仅有民众植树，似乎还有人检查植树的效果。101条："瑞树草上勿研毒，白(米）柏上勿涂朱。"[③]由于西北地区少见林木，北宋政府或戍疆边臣也意识到在宋夏沿边植树造林的必要性。史载："定难军赵德明官告回言鄜延州保安军绝少林木，可降谕逐处令以时栽植。"[④]又《宋史》卷二七七《郑文宝传》载："(郑文宝）又募民以榆槐杂树及猫狗鸦鸟至者，厚给其直。地舄卤，树皆立枯。"可见在环庆路进行植树的不易与艰辛。

（三）西夏谚语透露出西夏民众对大自然的和谐感与敬畏感

西夏谚语是人民群众在长期的生产实践中总结、创作的心得，具有很强的群众性和普及性。从西夏谚语中不仅可以捕捉到西夏时期自然环境的相关信息，而且还透露出西夏民众与自然界之间的关系。在文献缺略的情况下，通过对西夏谚语的考察可以加深我们对西夏民众与大自然之间关系的认识和理解，了解西夏民众朴素的生态观与环境观。

就现存的西夏谚语而言，其中的六成涉及自然界，我们可以将之粗

①［苏］克恰若夫，李范文，罗矛昆：《圣立义海研究》，宁夏人民出版社，1995年，第60页。
②李逸友：《黑城出土文书(汉文文书卷)》，科学出版社，1991年，第101页。
③《西夏谚语》，陈炳应译，山西人民出版社，1993年，第11页。
④《宋会要》，中华书局，1957年，第7255页。

略地分为天象、动物、植物以及山川地理等四大类，并且可以将之概括为“自然类”谚语。从内容上看，这些“自然类”谚语中的一些是表现、赞美大自然的，如168条：“多风，大山不动是山高；众水，大海不盈是海深”；222条：“大喉白鸟蹲地上，心欲吃蛙目一斜；云间垂鹫亦望影，地上老虎喜相见”①。另一些“自然类”谚语则是通过自然景物来对民众进行教育，例如59条：“秋驹奔驰需母引，日月虽高浮于天”；138条：“是非语快如鸟有翼，利害意传如马善弛”；157条：“泽边蛙，脸上没有羞；夏蜣螂，皮下没有血”；195条：“老马无用，我不欲卖，知情形；瘦羊干瘪，我不欲吃，熟人情”②。西夏人将熟知的动物编入谚语中，以企达到启发、教育的目的，这说明他们对这些动物有很深刻的了解，间接地反映出西夏人能够与动植物和谐相处的自然观和生态观。

对山川、河流心存一种深深的敬畏感是古代许多民族的共性，党项民族亦是如此。西夏文文献《圣立义海山之名义》载：“河水在东，山有神宰，宿儒山名，善恶能隐。”③显然，在党项民族眼里，一座座山不仅仅是壮美的自然奇观，同时也是具有灵性与神性的膜拜与敬畏的对象。西夏仁宗时期的《黑水建桥敕碑》亦载：“敕镇夷郡境内黑水河上下，所有隐显一切水土之主：山神、水神、龙神、树神、土地神等，咸听朕命……”④可见西夏民众对自然山水的崇拜与敬畏。虽然这种崇拜与敬畏是在生产力水平较为低下的社会背景下产生的，是人们对客观世界认识的局限所引发的，但它是人与自然关系的另一种诠释：敬畏就意味着另一种方式的保护。在环境问题日益突出的今天，古人对自然的态度很值得我们思考。

本文发表于《西北第二民族学院学报（哲学社会科学版）》2007年第2期。

---

①②《西夏谚语》，陈炳应译，山西人民出版社，1993年，第14~19、9~16页。
③〔苏〕克恰若夫、李范文、罗矛昆：《圣立义海研究》，宁夏人民出版社，1995年，第60页。
④王尧：《西夏黑水桥碑考补》，《中央民族学院学报》1978年第1期。

《天盛律令·司序行文门》与西夏政区刍议

◎杨　蕤

一、小　引

政区是历史地理研究中的重要内容，其构成了沿革历史地理学的主要框架。历代学者对此给予了足够的重视，但依然有许多问题尚待解决，尤其是边疆民族政权的政区研究更是有许多空白点，西夏政区就是其中一例。受到清季西北舆地之学盛行的影响，不少学者曾涉足于西夏史地，可惜不少著作遗失，流传下来的关于西夏政区的论述基本上未摆脱《宋史·夏国传》等传统典籍的范围（如《西夏书事》《西夏纪》等），多为引述之功，而少有创造。

从20世纪始，有学者开始关注西夏政区，如章巽先生的《西夏诸州考》、谭其骧先生主编的《中国历史地图集》、吴天墀先生的《西夏史稿》等等。这些研究对汉文典籍中有关西夏政区的资料进行了爬梳、整理，在资料、观点等方面无疑突破了清人的研究，起到了将学术前移的作用，功不可没，但也存在一些问题。例如，以往西夏政区研究往往是从研究中原政区的思路出发，甚至一些研究中存在着将中原政区制度硬往西夏“套”的做法，为极不可取之法，最明显的例子就是关于西夏州的讨论。实际上，汉文史籍中关于西夏政区的记载需要慎重引用，笔者在拙文中将汉文史籍所记的西夏政区状况列出，一目了然，存在着太大的出入。

《天盛律令》汉译本等西夏文献在国内的逐渐面世，给西夏史研究带来了新气息，使许多原来不能解决的问题逐渐得以化解。例如《天盛律令·司序行文门》就是研究西夏政区和地方官制的很好资料，类似于正史中的《地理志》。但由于翻译等诸多因素，目前的汉译本仍然存在不少无法解释或理解的地方，不过这至少突破了以往仅仅依据汉文史料来讨论西夏政区的局限。拙文试图通过解读《天盛律令·司序行文门》，参照以往的研究来分析西夏政区的状况和特点，同时对已有的一些观点和考证进行纠正或辨疑。需要指出的是，《天盛律令》成书于西夏仁孝天盛年间，文献较为准确地反映了这一时段西夏的政区状况，即为拙文所讨论的西夏政区。检阅《天盛律令·司序行文门》，不难发现其内容可以分为两部分：前半部分讲述了诸司的等级之别（包括行政机构和地方州县），后半部分则是对诸司官员的派遣，较为完整地展现了西夏政区研究的两个方面（行政区划和地方官制）。本文拟讨论其反映的西夏政区状况。

二、关于西夏政区的类型和数目

学术界至今对西夏政区状况无统一的说法，原因之一就是不仅文献记载有限，而且存在较大差异，甚至存在着一些错误，因此需要辨而用之。兹将汉文文献所载的西夏政区状况列出（见表1），可见其差异之大。例如，《舆地广记》卷一七记载的西夏十多个县就不大可信，考其来源，基本上是将《元和郡县图志》中的州县“搬运”而来，事实上其中大部分县在西夏已经废而弃之。又如，《五经总要》中所记载的军与西夏文献所载的军也存在着较大的出入，除了清远军确有其地外，其他军的有无和地望尚需考证。《宋史·西夏传》是相对可信的文献，但其只记载了西夏的州，未涉及其他政区状况。虽然《西夏地形图》的成图时代存在着较大争议①，但由于其信息量较大，不妨将其作为研究、复原西夏政区的重要参照物。无论资料的可信度还是全面性，《天盛律令·司序行文门》是目前所知道的关于西夏政区最为完整的文献，但由于翻译中存在的诸多问题，解读起来尚有一定困难，因此需参照其他资料才能较为全面地展现西夏的政区状况。

为了方便讨论，兹依据《天盛律令·司序行文门》记载，兹将西夏政区的等级状况列为表1、表2。

表1　汉文资料所载的西夏州县等政区状况

	府、州	郡、县	城(寨)、镇	军
《宋史》卷四八五《夏国传》	夏州、银州、绥州、宥州、静州、灵州、盐州、会州、胜州、甘州、沙州、肃州、威州、龙州——前期；夏州、银州、宥州、灵州、洪州、石州、南威州、兴州、定州、永州、凉州、瓜州、盐州、会州、甘州、沙州、肃州、西宁州、乐州、廓州、积石州——后期			
《五经总要》前集卷一七、一八	银州、绥州、宥州、灵州、胜州、盐州、凉州、甘州、肃州、沙州		唐龙镇、保静镇、临河镇、怀远镇、定远镇、灵武镇、洪门镇、石门镇	丰安军、清远军、赤水军、大斗军、建康军、宁寇军、玉门军、墨离军
《舆地广记》卷一七	灵州、夏州、凉州、沙州、瓜州、盐州、胜州	回乐县、灵武县、怀远县、保静县、朔方县、德静县、宁朔县、姑臧县、神乌县、昌松县、天宝县、喜麟县、敦湟县、寿昌县、晋昌县、常乐县		

①《西夏地形图》的年代问题在学界存在着两种观点：求实、陈炳应先生认为该图出自清人之手。参见求实：《论所谓复制宋本西夏地图问题》，《西北历史资料》1980年第1期；陈炳应：《〈西夏地形图〉初探》，载《西夏文物研究》，宁夏人民出版社，1985年。黄盛璋先生认为此地图绘制于北宋大观二年。参见黄盛璋等：《最早一幅西夏地图——〈西夏地形图〉新探》，《自然科学史研究》1992年第2期。

续表

	府、州	郡、县	城（寨）、镇	军
《西夏地形图》	兴庆府、大都督（府）；兴州、灵州、定州、银州、石州、夏州、宥州、洪州、盐州、怀州、永州、静州、雄州、韦州、甘州、肃州、沙州、凉州、瓜州、丰州、顺州	灵武郡、敦煌郡鸣沙县、保静县		神勇军（指监军司）、祥祐军、加宁军、静寨军、清远军、翔庆军、保太军、和南军、甘肃军、朝顺军、镇燕军、贺兰军

表 2 《天盛律令·司序行文门》所载的西夏政区等级①

等级	州县名称（包括军、城、寨等）
上等司	无
次等司	中兴府、大都督府、西凉府、府夷州、中府州
中等司	鸣沙军、华阳县、赤原县、五原郡、虎控军、威地军、大通军、宣威军、边中监军司（石州、东院、西寿、韦州、卓啰、南院、西院、沙州、啰庞岭、官黑山、北院、年斜、肃州、瓜州、黑水、北地中、南地中）
下等司	定远县、怀远县、临河县、保静县、灵武郡、甘州、永昌城、开边城、寺庙山、真武县、西宁、孤山、魅拒、末监、胜全、边净、信同、应建、争止、龙州、远摄、银州、合乐、年晋城、定功城、卫边城、富清县、河西县、安持寨
末等司	绥远寨、西明寨、常威寨、镇羌寨、定羌寨、凉州、宣德堡、安远堡、讹泥寨、夏州、绥州
未列等级	宥州、永便

（一）府

《天盛律令·司序行文门》次等司中记载了三府二州：中兴府（即为兴庆府）、大都督府（驻地灵州）、西凉府（驻地凉州）、府夷州（驻地疑为甘州）、中府州（驻地无考）。这里需要指出的是，虽然府夷州、中府

①史金波，聂海音，白滨译注：《天盛改旧新定律令》，法律出版社，2000 年，第 363~364 页。

州在名义上为州，但它们与中兴府、大都督府、西凉府等三府同处一列，是为西夏最高级别的政区。因此，府夷州、中府州处在与府同等的地位，我们可以将其以府来对待，称之为西夏政区中的“五府”。

（二）州

《天盛律令·司序行文门》只载西夏十州（府夷州、中兴州列入府）。依《宋史·西夏传》记载，西夏初期拥州十九，后期拥州二十二，章巽先生对此已有论述①。对比两种记载，发现有三种情况：一是二者记载一致的州，有夏州、银州、宥州、沙州、肃州、凉州、瓜州、韦州、绥州、龙州等。二是虽然《宋史·夏国传》所载为州，但《天盛律令·司序行文门》所载为州以外的政区，对应关系是：兴州——中兴府，灵州——大都督府，盐州——五原郡，甘州——府夷州，石州——东院监军司，西宁——西宁（镇），静州、永州和定州与河外五镇中的三个相对应。三是《宋史·夏国传》所记载的州在《天盛律令·司序行文门》中却无载，共六州：胜州、会州、乐州、廓州、积石州、洪州。可见汉文文献和西夏文文献存在着较大出入。这里对胜州、会州、洪州的状况作一点辨析。

胜州：概受到《宋史·西夏传》的误导，学界多认为胜州曾经是西夏的一个州，笔者认为不妥。第一，辽胜州是沿用唐胜州之名，但二者并非一地②。庆历年间，元昊穷兵黩武，河套一度悉为夏国所有，但这只是战时状态，仅仅是占领而已。辽朝很快就击退西夏，于1044年建成河清军、金肃军，此后西夏的势力范围基本上没有越过河曲地带的黄河，更不可能占领辽胜州。第二，《宋史·夏国传》明言“元昊悉有夏、银……胜”等州，只表明元昊占领了这些地方，并未说元昊设立了这些州县，二者是有区别

①章巽：《西夏诸州考》，《开封师范学院学报》1963年第1期。

②《辽史》卷四一《地理志》载：“太祖神册元年破振武军，胜州之民皆趋河东，州废。晋割代北来献，复置。”唐胜州为今内蒙古准格尔旗境内的十二连城，辽胜州处为其东，故名东胜州。

的。实际上，《宋史·夏国传》中的胜州指的应是唐胜州，因为唐胜州（内蒙古托克托县的十二连城）处于河套之内，为元昊势力一度所及的区域，故把胜州列为西夏一州。由于唐胜州旧地很快为辽所有，西夏更没有在其地复置胜州的机会了。因此，不应该把胜州当作西夏一州。

会州：北宋晚期，西夏疆土北缩，失去了祖厉河流域（会州位于其河口），而《天盛律令·司序行文门》反映的是西夏中后期的政区状况，故无会州。《宋史·夏国传》载会州为西夏后期一州显然有失偏颇。

洪州：《宋史·夏国传》载洪州为西夏一州，笔者认为西夏无洪州，原因是：第一，《天盛律令·司序行文门》和《宋史·地理志》中均无载洪州，从史源学的角度看，《天盛律令》的可信度远在《宋史》之上；第二，《五经总要前集》卷一八下载："洪门镇，本夏州地，唐邠宁节度张献甫筑洪门镇城，置兵以防蕃寇。本朝雍熙中，废夏州，其地今为洪州。"可见洪州由唐洪门镇而来，地望在夏州一带。但若其为西夏一州，却在《续资治通鉴长编》无记载，尤其是元丰五路伐夏，宋军逐一讨伐西夏州郡，也未见西夏有洪州的信息。洪州有可能在宋初就废止了。至于乐州、廓州、积石州为宋、夏、金三方争夺的区域，归属反复无常，因此在史籍记载不同亦在情理之中。

通过对比《宋史·夏国传》和《天盛律令·司序行文门》所载西夏各州状况，我们可以发现前者记载的西夏二十二州反映了一部分西夏政区实际情况，但也有值得怀疑和商榷的地方，如上文讨论的会州、胜州、洪州等问题；也有一些记载与《天盛律令·司序行文门》明显矛盾的地方，如《宋史·夏国传》认为西夏有盐州，而依据《天盛律令·司序行文门》西夏在盐州故地设立五原郡，而无盐州。清季（《西夏书事》中西夏政区的观点是抄袭《宋史·夏国传》而来）和现代学者论及西夏政区时多把《宋史·夏国传》作为信史来处理的，具有一定的风险。事实上，《天盛律令·司序行文门》揭示的西夏政区状况远比《宋史·夏国传》丰富和翔实。

（三）郡

《天盛律令·司序行文门》载灵武、五原两郡。《西夏地形图》中有敦煌郡；《杂字》有安化郡，地望无考。西夏在敦煌设郡未见其他史载，不足为信。《杂字》中的安化郡令人颇为费解。

（四）县

《天盛律令·司序行文门》载九县：定远县、怀远县、临河县、保静县、华阳县、赤原县、真武县、富清县、河西县。前六县位于京畿附近，多为宋初河外五镇升迁而来；后三县地望无考。

（五）城　寨

《天盛律令·司序行文门》载城寨二十六：永昌城、开边城、寺庙山、孤山、魅拒、末监、胜全、边净、信同、应建、争止、远摄、合乐、年晋城、定功城、卫边城、绥远寨、西明寨、常威寨、镇羌寨、定羌寨、宣德堡、安远堡、讹泥寨、安持寨、永便。由于将这些地名准确地翻译出来绝非易事，故多数城寨地望不可考。

（六）军

《天盛律令·司序行文门》载五军：虎控军、威地军、大通军、宣威军、鸣沙军。前四军无考，鸣沙军驻地在今宁夏中宁县鸣沙镇。另《西夏地形图》《杂字》中均有贺兰军，而《天盛律令》中无载，疑西夏有贺兰军①。

（七）监军司

学界关于西夏监军司的数目颇有争议②。《天盛律令·司序行文门》明载西夏十七监军司：石州、东院、西寿、韦州、卓啰、南院、西院、沙州、啰庞岭、官黑山、北院、年斜、肃州、瓜州、黑水、北地中、南地中。不

①由于篇幅所限，《天盛律令·司序行文门》中出现的西夏地名的考证将另文探讨。

②西夏监军司有十二、十七、十八、二十二等几种说法。参见汤开建：《西夏监军司驻所辨析》，《西北史地》1982年第3期；鲁人勇：《西夏监军司考》，《宁夏社会科学》：2001年第1期；李昌宪：《西夏的疆域和政区》，载《历史地理》（第19辑），上海人民出版社，2003年。

可考者八。这表明西夏中后期无疑存在十七监军司。不过这十七监军司均属于边中监军司，理应有地边监军司，但检阅《天盛律令》，并无地边监军司之建置①。

可见，依《天盛律令·司序行文门》记载，西夏共有七种类型的政区，即五府、十州、两郡、九县、二十六城寨、五军、十七监军司，是为西夏中后期的政区状况。

三、关于西夏政区的排序和层级等问题

层级是历代行政区划的核心要素。在中国历史上行政区划层级曾有过十分繁复的变化，统观两千五百年的历程，行政区划的层级大致可以分为县级政区，统县政区与高级政区等三级②。西夏政区的层级状况十分模糊，这既有资料上的原因，也与作为民族政权的西夏创制了一些独具特点的政区制度有关。

从《天盛律令·司序行文门》可以看出西夏政区具有明显的等第关系（非层级关系）：五府—五军、十七监军司——般州县、边地城寨。五府居次等司；五军和十七监军司居中等司；一般州县、城寨居下等司和末等司。需要指出的是，这只是反映出的“大势”，并非是一一对应的关系。例如，同样是州、县、郡，却分处不同的等级。显然，西夏政区的层级关系并不是严格地按照府、州、县等标准进行，而是具有一定的灵活度。因此不能以中原政区中郡—县或路—州—县这样的逻辑来思考西夏政区的从属关系。当然，西夏政区的特点之一就是府州县等政区与军统政区（军、监军司等）“杂糅”在一起，加之史籍阙载，因此要弄清楚西夏

①《天盛律令》显示，西夏领土有“京师界内”“边中”“地边”（有时亦翻译为畿内、中地、边境等）之区分。“京师界内”是指京畿地区，大致相当于今宁夏平原；“地边”指边境地带，西夏设立二十三种地边城司以护卫边地；“边中”从字面上理解应该是介于京畿与边境之间的部分，但事实上，一些监军司就处于边境地区，如黑水镇燕军司。因此，“边中”“地边”只是一种相对的划分。

②周振鹤：《行政区划史研究的基本概念与学术用语刍议》，《复旦学报》2001年第3期。

政区间的层级绝非易事，我们只能根据《天盛律令》作一些具体的分析和推断。

（一）州领县的问题

有人认为西夏一些州领县[①]，笔者认为不妥。因为：第一，《天盛律令》反映西夏州县甚至城寨之间不存在明显的从属关系。如作为西夏政权发祥地的夏州、绥州竟然列于末等司的末尾，而宥州却未列任何等级，尚不及九县的地位高。第二，李昌宪先生所列举的西夏从属州县也很成问题。例如儒林县为西夏银州所领，盐州领五原县等等。事实上，西夏是否存在着儒林县是一个需要经过考证才能回答的问题；至于五原县在《天盛律令》中为五原郡，盐州无载。从《天盛律令》西夏政区间的等级表中很难发现西夏州领县的信息，相反一些州的地位还尚不及县。因此，不能笼统地说西夏州县之间有隶属关系。

（二）重新认识州的地位

概受到研习中原政区的影响，一些关于西夏政区的论著给予西夏州过高的地位（可能认为西夏的州与中原政权州一样），事实上这是一种误解。有学者指出：西夏的州不是行政单位，而是行政机构的驻地和军事城堡[②]。不过说西夏的州不是行政单位有些言过其实（《天盛律令》将诸州列在下等司和末等司中，同书也记载西夏向诸州派遣官员，这些情况都表明州也是一种行政单位），但认为其具有城寨的性质的确切中了问题的要害。实际上，西夏州的地位很低，就是城寨而已。这就不难理解《天盛律令·司序行文门》中西夏诸州与边地城寨同处一列。在官吏的派遣上也可以看出这一点：夏州、凉州等州与绥远等寨一样，委派寨主进行管理，甚至给宥州委派的也是城司[③]，完全依照其他城寨的管理模式。因此，西夏诸州仅仅沿用了唐宋以来的名称而已，降级为与堡寨同列的政区。

---

①李昌宪:《中国行政区划通史(宋西夏卷)》,复旦大学出版社,2007年。
②李学江:《〈天盛律令〉所反映的西夏政区》,《宁夏社会科学》1998年第4期。
③史金波,聂海音,白滨译注:《天盛改旧新定律令》,法律出版社,2000年,第371页。

（三）郡的地位

周振鹤先生指出：自唐乾元元年（758年）以后，郡作为某一级政区与地方行政组织的正式名称已经永远消失了，但作为雅称却一直保留下来①。《天盛律令》所载灵武郡的地位与定远、怀远、临河、保静四县完全一致②，此郡无特殊的意义，应该是一种雅称；不过五原郡比灵武郡高一个等级。西夏除了向五原郡委派城主等官吏外，还有刺史驻守于此（均高于灵武郡），与监军司的地位相同。五原郡为唐盐州故地，境内有盐池若干，产青白盐，是西夏经济的一个“支柱产业”。西夏在此设立五原郡恐怕与这里池盐生产有关。

（四）关于监军司的职能

监军司是西夏所独创的制度。《天盛律令》反映出监军司不仅掌管着军事防御的任务，同时还兼理民政，因此不应把它看作为一种单纯的军事制度③。关于监军司兼理民政的情况，有学者列举了在外事、司法、畜牧业等方面的证据④。由于受地理环境和自然条件的限制，西夏的政区较为集中地分布在京畿附近以及宋（金）夏沿边地区，而在河西走廊、鄂尔多斯、阿拉善高原的行政建置就较为稀疏。尤其在鄂尔多斯、阿拉善高原畜牧区内，除了设立监军司外，很难发现其他形式的行政建置。因此，在西夏广阔的畜牧区内，监军司管辖民政的范围恐怕不仅仅局限在外事、司

---

①周振鹤:《地方行政制度志》,上海人民出版社,1998年,第83页。

②《天盛律令·司序行文门》载:“五种郡县一律二城主、二通判、二经判:定远县、怀远县、临河县、保静县、灵武郡。”由此看出灵武郡与其他四县在官吏任用上完全相同,列于末位,并无特殊之处。参见史金波、聂海音、白滨译注:《天盛改旧新定律令》,法律出版社,2000年,第371页。

③关于西夏监军司的制度渊源问题鲜有论述，笔者注意到它与吐蕃政权的五茹制度颇有相似之处。根据《贤者喜宴》等藏学典籍记载,五茹就是把吐蕃地区分为五个较大的地方组织,是吐蕃政权之下的最高一级行政组织。五茹内部分辖六十一个“桂东岱”,为地方军事组织。参见安应民:《吐蕃初期建置考释》,《西北史地》1986年第3期。五茹实际是一种集军事与民政为一体的政区制度。党项与吐蕃本来就有着相近的文化背景,早期相互接触,相互渗透,西夏的一些制度完全有可能渊源于吐蕃。

④李昌宪:《中国行政区划通史(宋西夏卷)》,复旦大学出版社,2007年。

法、畜牧等几个方面，事实上成为统揽这些地区的军事、民政于一体的管理机构。

（五）西夏的一级政区和二级政区

从《天盛律令》中的番告制度看，西夏一些监军司、府州直接向西夏中央政府（中书、枢密）负责，并且规定番告的期限："沙州、瓜州一年一番告；肃州、黑水、西院、啰庞岭、官黑山、北院、卓啰、南院、年斜、石州、东院、南地中、北地中、西寿、韦州、鸣沙，六个月一番告；京师界内的五州地（原译文把京师界内作为一个地名对待，五州地即指灵武郡以及周边四县）、中兴府、山中后面（地望无考）、大都督府等，三个月一番告。"①又该书同卷载："边中诸司各自所属种种官畜、谷物……依各自本职行用之地程远近次第，自三个月至一年一番告中书、枢密所管事处。附属于经略者，当依经略使处依次转告。不附属经略使处，当各自来状。"②显然表明西夏一些政区属中书、枢密管辖，可以视为西夏的一级政区，主要包括西夏京畿地区的州县以及监军司。另外，此处经略使（经略使应译作经略司）也管辖一些政区，虽然《天盛律令》没有明告这部分政区的名称，应该是一些处于下等司、末等司的州县、城寨，可以视为西夏的二级政区。当然，《天盛律令》反映经略司比监军司拥有更多的权限。例如《天盛律令·买盗畜人检得门》载："前述检得官私畜物数，靠近京城者当经殿前司及所属郡县，边境当经监军司等经各自管事处，告者是谁，牲畜老幼、颜色、肥瘦使明，当增记于薄上，监军司人使告经略司。"③《天盛律令·修城应用门》载："监军司大人一年中往接续提举状，及城主司人说聚集状等，监军司当变，每年正月五日以内，当告经略使（司）处，经略使（司）当一并总计而变。正月五日始东南经略使（司）人二十日内，

①史金波，聂海音，白滨译注：《天盛改旧新定律令》，法律出版社，2000年，第530~531页。
②史金波，聂海音，白滨译注：《天盛改旧新定律令》，法律出版社，2000年，第529~530页。
③史金波，聂海音，白滨译注：《天盛改旧新定律令》，法律出版社，2000年，第183页。

西北经略使（司）一个月以内，当向枢密送状。”[①]《天盛律令·事过问典迟门》载：“边中监军司府（应为边中监军司、府）、军、郡、县问种种习事中，应获死、无期之人，于所属刺史审刑中，□有罪人谓其不服，则当明其枉□□语为何□。本人应枷于刺史处问之，报经略职管司等，当待谕文。”[②]可见监军司要向经略司汇报畜牧、人事任免、诉讼等状况，这就不难理解经略司在品级上略高于监军司[③]。

有一种观点认为西夏曾经设置了若干个路[④]，笔者认为文献中所载的路实际上就是经略司。西夏学界最先注意到经略司的学者是陈炳应先生，他认为经略司最初是临时的机构，到乾祐年间发展成为固定的、永久的机构[⑤]。经略司的地位低于中书、枢密，但大于其他诸司，分派各地，代表朝廷行使管理权（类似于派出机构，但不能认定为一级政区）。

1977年，在甘肃省武威县西郊林场发现两座西夏墓葬，其中一号墓的题记曰“故亡西路经略司兼安排官口两处都案刘仲达灵匣……”二号墓的题记曰“故考妣西经略司都德仁……”[⑥]疑西路经略司的驻地就在西凉府。《天盛律令》中载有东经略司、东南略司、西北经略司等，并不是东路经

---

①史金波，聂海音，白滨译注：《天盛改旧新定律令》，法律出版社，2000年，第220页。

②史金波，聂海音，白滨译注：《天盛改旧新定律令》，法律出版社，2000年，第317页。

③《天盛律令·司序行文门》载：“经略司者，比中书、枢密低一品，然大于诸司。”史金波、聂海音、白滨译注：《天盛改旧新定律令》，法律出版社，2000年，第364页。

④李昌宪：《中国行政区划通史（宋西夏卷）》，复旦大学出版社，2007年；李学江：《〈天盛律令〉所反映的西夏政区》，《宁夏社会科学》1998年第4期。

⑤陈炳应：《贞观玉镜将研究》，宁夏人民出版社，1995年，第10~11页。但《天盛律令》反映经略司的职权范围包括司法、畜牧、军事等诸多方面。例如《天盛律令·谋逆门》载：“（如遇到谋逆情况），在京师者，在何职管属司，及在边中者，其所属经略使（司）、监军司等，何就近处当速告知。”《天盛律令·不奏判断门》载：“（判断时），又经略使（司）所属诸司，应告经略处而不判断时，当再减一等判断”。《天盛律令·戴铁枷门》载：“（犯人要戴铁枷时），原判断处司人当增记簿籍上，册不□□□京师者当向殿前司（举告），边中者当向所应经略使等行文引送，经略使、殿前司等亦各自处。”参见史金波、聂海音、白滨译注：《天盛改旧新定律令》，法律出版社，2000年，第114、152、157页。因此，将经略司单纯地定性为军事机构显然抹杀了其他的管理职能，笔者认为不如称之为“派出机构”。

⑥陈炳应：《甘肃武威西郊林场西夏墓题记、葬俗略说》，载白滨主编《西夏史论文集》，宁夏人民出版社，1984年。

略司、东南路经略司、西北路经略司。所谓的路，不过是对西夏经略司管辖区域和方位的说明，现有的资料还不能证实西夏有路一级政区。

四、西夏政区的边界

这也是政区研究中的一项重要内容，正史地理志记载了一些州县的四至八到，学者们可依据这些信息大致复原历史时期一些州县的管辖范围。目前所见的资料中，仅《西夏地形图》中有“兴州界”“灵州界”等字样，此外很难找到有关西夏州县边界的直接信息。因此只能依据相关材料作一些推断。

由于《西夏地形图》的准望（方位）不准确，因此《西夏地形图》所标示的兴州、灵州的边界，也只是一个大致的范围。《西夏地形图》显示因河为界，黄河西北的部分属于兴州，黄河东南部分则属于灵州，但二者的范围均没有超出今银川平原（不包括卫宁平原）。其他州县的边界难以详尽。不过根据西夏监军司驻地的考释，再结合西夏军事防御的形势，可以推测出监军司所辖的大致范围（见表3）。至于推断西夏其他政区的边界和幅员就很困难了。

表3　《天盛律令》所载十七监军司辖区范围

监军司	驻　地	所辖范围
东院	疑榆林红石峡一带	今鄂尔多斯大部；屈野河、明堂川中上游
石州	疑陕西省横山县石马洼一带	无定河中游
年斜[①]（嘉宁军司）	宥州（城川古城）	无定河上游、鄂尔多斯西南部
韦州	宁夏韦州古城	翰海、今宁夏同心县一带

①《天盛律令》中所载的年斜监军司地望无考，笔者疑其为宥州嘉宁监军司，因为《长编》等汉文文献表明，宥州及嘉宁监军司在西夏中后期的重要军事防御据点，但在《天盛律令》中却无载，甚至宥州不列入等级序列，这种现象与宥州地位不符，恰好年斜无对应的监军司，故做如上推测。

续表

监军司	驻　地	所辖范围
南地中①	灵州	银川平原南部
南院	疑宁夏海原县西安乡	葫芦河流域、屈吴山区
西寿	前期西使城、后期屈吴山北	祖厉河流域、甘肃景泰、宁夏中卫一带
卓啰	甘肃永登附近	兰州北部、庄浪河流域
西院	疑甘肃武威	石羊河流域
肃州	甘肃张掖	黑水中上游
瓜州	甘肃安西附近	疏勒河中游
沙州	甘肃敦煌	疏勒河、党河下游
黑水	内蒙古额济纳旗	黑水下游
北地中②	疑内蒙古吉兰泰附近	贺兰山北缘、吉兰泰盐池周边
官黑山 （疑为黑山威军司）	内蒙古乌加河一带 （具体地望无考）	后套平原、狼山
啰庞岭 （右厢朝顺军司）	疑在阿左旗境内 （具体地望无考）	贺兰山西缘、阿拉善左旗
北院	无考	

五、西夏政区特点之归析

虽然目前所见西夏政区的资料极其有限，不能全面、真实展示西夏政区面貌，但通过对《天盛律令·司序行文门》的解读，我们可以总结出西夏政区状况的几个特点。

①《天盛律令·司序行文门》显示南地中应在西夏京畿地区，而汉文典籍中翔庆军司在《天盛律令》中无载，疑为南地中。

②白马强镇军司在《天盛律令·司序行文门》中无载，概为北地中，其地望在今内蒙古吉兰泰一带。在今内蒙古吉兰泰苏木西勃图东部约500米的山顶上发现一城址，命名为西勃兔古城。残存有石砌的城墙、角楼等，并在地面采集到宋崇宁通宝等钱币、白釉粗瓷等。参见《阿拉善左旗志》，内蒙古教育出版社，2000年，第881页。该城址可能为西夏白马强镇军司的驻所。

第一，突出京畿地区的地位。

《天盛律令》把国土分为边地、地中、世界三大部分，世界即指京畿地区的“中兴府、南北二县、五州之地”[①]，而且其行政建置的等级略高。中兴府、大都督府自不待言，鸣沙军、华阳县、赤原县处于中等司的前列，而灵武郡及其他四县则处于下等司的前列，地位在其他州县、城寨之上，而且京畿地区行政建置的密度也高于其他地区。有意提高京畿地区行政建置的等级，是任何一个政权惯用的政治手段，但对于西夏来讲，恐怕还有经济上以及地缘政治方面的考虑。京畿地区是西夏最为富庶的区域，是支撑西夏政权得以维持的重要经济保障，经济上举足轻重的地位必然凸显这些政区的地位；同时看到，西夏的版图呈现“一轴两翼”的形状，“一轴”是指今宁夏平原，即西夏京畿地区，“两翼”是指河套地区和河西地区（左臂和右臂）；西夏京畿地区起到了连结、牵制东西两翼的作用，因此极具战略地位，故西夏设立了北地中、南地中、鸣沙军等军事建置，防务的级别自然高于别处。

第二，军事防御的色彩浓厚。

就目前的资料状况和研究程度而言，尚不敢断言西夏的政区具有军政、民政合二为一的特点，因为西夏州县、城寨内部的组织状况和运作方式还不十分清晰。但西夏政区中具有浓厚的军事色彩是事实，而且一些行政建置是将军政、民政合二为一，想必这些结论还是可靠的。例如，上述一部分边地监军司完全具有军政、民政合一的性质。《天盛律令》中载西夏十七监军司、五军，部分城寨也负有军事防御的职能，这些政区占据《天盛律令》所列西夏政区的三分之二强。西夏政区的军事防御色彩由此可窥其一斑。

少数民族在中国北疆所建立的政权中，西夏具有许多独特的地方。例如它不是由北方游牧民族所建立的政权（党项族应属于青藏系统的民

①陈炳应先生认为西夏文“世界”另外还有佛教用语和中央政权的含义，见陈炳应：《贞观玉镜将研究》，宁夏人民出版社，1995 年，第 9 页。

族），其疆土完全处于农牧交错地带，立国时间较长等等。它虽然立据西北边陲，却能与辽、宋、金等政权鼎足而立近两个世纪。诸多因素导致这一历史现象，但有一点非常重要，就是军事在维系西夏政权的过程中发挥了不寻常的作用，在一定意义上讲，西夏具有军事帝国的性质，其政区中军事防御色彩就很能说明问题。

第三，打破了中原王朝府州县之隶属关系，层级关系不明显。

有学者指出，所谓的汉制即州县制在西夏王国内名存实亡；蕃制即部落制度却充分地发展起来[①]。笔者也基本认同州县制在西夏名存实亡的观点，不过部落制度在西夏政区中扮演的角色尚不清楚，但其肯定对西夏政区有影响，目前尚不能详其细节。

汉制即州县制的一个重要特点就是其具有较为明显的层级关系，这在周振鹤先生的《地方行政制度志》一书中有专门的论述，故不赘言。虽然西夏继承了唐宋王朝的一些州县，但在制度层面恐未完全沿用层级较为分明的汉制；相反，如前所述，西夏地方政区无明显的层级关系，这可以从《天盛律令·司序行文门》所载的西夏政区等级关系中反映出来。笔者所能看到的情况是：西夏一部分政区直接向中央负责，如监军司；另一些政区则是通过经略司向中央负责。至于监军司下面是否统领一部分州县、城寨，在《天盛律令》中尚未反映出这一点。行政区划的结构基本可以分为“尖形”和“扁形”两大类，前者的管理层次多但管理幅度少，后者是管理层次少但管理幅度大[②]。显然西夏属于“扁形”的政区结构。这种结构的政区的优点是能够因地制宜地行使管理权利，这也与西夏境内经济、自然环境、人口等因素差别较大的“国情”相符合。

---

①李昌宪：《西夏的疆域和政区》。事实上，西夏对汉制进行了改造，如将汉制下的州降级为堡寨，也有一部分汉制的成分。而且西夏在对政区管理中也吸取了不少汉制，如西夏向地方派遣经略使，在边地城寨中设立通判一职等等（参见史金波，聂海音，白滨译注：《天盛改旧新定律令》，法律出版社，2000 年，第 375、371 页）。

②浦上行：《行政区划的基本结构》，《中国方域》1993 年第 3 期。

最后需要指出的是，以上几点主要根据《天盛律令》所透漏的信息而得出的，西夏政区的形成受到多种因素的制约，其中包括复杂的民族成分、不同的地理环境以及经济形态等等。因此，我们应该看到西夏政区在不同区域、不同时期间的差异。例如，宋夏沿边地区受汉制的浸染较深，农耕业的比重较高，而在鄂尔多斯和阿拉善地区基本为畜牧业，唐宋在此设立的州县也十分稀疏甚至没有。这种文化背景、经济状况上的差异必然要求建立一套与之相符的统治方式，反映在政区上应有所不同。又如，《天盛律令》中看出西夏尚未完全继承唐宋州县制中的层级关系，但在宋夏沿边地区汉制恐怕对西夏政区还是有一定程度的影响。在今统万城附近发现夏州拓跋部李氏的墓地，其中两方墓志上均记有墓主人葬于“夏州朔方县仪凤乡奉政里乌水之原”①。显然表明，五代时期夏州一带尚且为“汉式”的行政建置，夏州尚领一县，而在《天盛律令·司序行文门》中的夏州地位却降到一般城寨。可见，西夏没有完全继承的结论没错，但考虑到夏州一带有汉人分布，而且党项等民族渐习农事，因此不会彻底地抛弃汉制。这些事例旨在说明应该看到西夏政区的复杂性，但苦于资料极其匮乏，不能详尽许多细节性的问题，拙文只能根据《天盛律令·司序行文门》作如上讨论。

本文发表于《中国史研究》2007年第4期。

---

①邓辉，白庆元:《内蒙古乌审旗发现的五代至北宋夏州拓跋部李氏家族墓志铭考释》,载《唐研究》第8卷,北京大学出版社,2002年。

论西夏的基层组织与社会

◎杨　蕤

西夏王朝在许多方面都具有“双重性”的特点：在地理位置上，它处于北方草原区向中原农耕区的过渡地带；在经济形态上，西夏是一个农牧并重的格局，而且半农半牧成为其不可机械地分割开来的经济方式；在民族构成上，蕃汉杂居，相互影响、相互融合是西夏居民结构的基本特征；在政治层面上，西夏既吸收了许多汉式的管理和统治方式，又有一些自己创造的东西；在文化上亦是蕃汉兼具的特点。正是由于西夏社会具有如此多的“两面”性和复杂性，今天我们还不能完全看清它的面貌，尚有许多问题需要解决和解释。例如，西夏存在着农耕区、畜牧区以及半农半牧等经济区域，在这些不同的经济区域内，西夏民众是一种什么样的生活状态？西夏政权通过什么样的手段将这些最为基层的民众网络于国家政权之下？这就是拙文将要试图回答的问题。

关于西夏基层组织和社会的问题学术界已有一些讨论。如周伟洲先生认为党项在内迁之前，是以姓为部，一姓又可分为小部落，大者万骑，小者数千，处于不能相统的状况。内迁以后党项基本上是以姓为部，各部人数不等，部与部之间还是不相统一，没有形成一个统一的中心。[①]吴天墀认为，西夏社会聚族而居，宋人称之曰部落，这是地域关系已取代较早党项进入内地的以血缘关系为主的社会组织，尽管部落外壳形式未变，实质上构成社会基本单位的已是乡村公社了。西夏领域内商品经济不发达，一般乡村公社过的是自给自足的生活，公社之间平日联系较少，因此在他们的生活和思想上形成保守性，便不足为奇了。他还认为这种小集体的生活造成了西夏人重视乡里感情，崇尚团结互助的风气。[②]《西夏经济史》认为大小首领虽然是世袭的部族头领而非西夏职官，但在西夏社会政治经济生活中，起着非常重要的作用，对外代表本部族，对内统领所属族帐。西夏政权正是通过他们实现对部族的统治。蕃部族帐往往只认首领，而不认官府。[③]《西夏通史》认为西夏的地方行政体制基本上沿用了唐、宋中原王朝地方行政建置的府、州(郡)、军、县等制度，并认为在这些建制下面还有乡里组织。[④]史金波通过翻译西夏文草书户籍文书，证实了农迁溜是西夏社会的基层组织，它不属于政府机构，而是民间社区组织。这种基层组织形式是参照中原地区的乡里组织和北宋变法后的保甲法变通而来[⑤]。此外，汤开建[⑥]、黄正林[⑦]、刘建丽[⑧]在论述宋夏沿边的部族状况时也不同程度地涉及西夏的基层社会与组织问题。这些研究对部族在西夏社会中的作用与地位做了不同层次的阐述，具有一定的借鉴意义，但目前尚未见到有关西夏基层组织与社会的专门论述。本文就西夏的基层组织、乡里制与部落制

---

①周伟洲:《唐代党项》,三秦出版社,1988 年,第 59 页。

②吴天墀:《西夏史稿》,四川人民出版社,1982 年,第 259~260 页。

③杜建录:《西夏经济史》,中国社会科学出版社,2002 年,第 27 页。

④李范文:《西夏通史》,人民出版社,2005 年,第 403、407 页。

⑤史金波:《西夏户籍初探——4 件西夏文草书户籍文书译释研究》,《民族研究》2004 年第 5 期。

⑥汤开建:《五代辽宋时期党项部落的分布》,《西北民族研究》1993 年第 1 期;汤开建《契丹境内党项部落的分布》,《宁夏社会科学》1990 年第 2 期。

⑦黄正林:《北宋时期环庆路的蕃族》,《西北史地》1997 年第 3 期。

⑧刘建丽:《宋代西北吐蕃研究》,甘肃文化出版社,1998 年,第 61~103 页。

等问题进行探讨，不妥之处，就教于方家。

一、汉式“乡里”制度对西夏基层社会的渗透和影响

西夏基层社会的确存在着汉式的“乡里”制度。这个问题在汉文文献中鲜有直接记载，却在西夏文出土文献中有较多体现。在武威小西沟岘出土的西夏文书中就有“依中□各乡以属行遣”[①]的记载。证明西夏在河西地区也有乡一级的基层组织。又如在敦煌莫高窟第363西夏窟的供养人题记中也有“社户王定进□□一心供□”“社户安存遂永充一心供□”记载[②]，表明西夏时期在敦煌地区存在着“村社”这样的基层组织。“乡”也好，“村社”也罢，这都是典型的汉式基层组织形式。

在黑水城出土文献《天盛律令》中也有较多的有关西夏基层组织的信息。如《天盛律令·纳领谷派遣计量小监门》载：“名（应为各——笔者注）租户家主由管事者以就近结合，十户遣一小甲，五小甲遣一小监等胜任人，二小监遣一农迁溜，当于附近下臣、官吏、独诱、正军、辅主之胜任、空闲者中遣之。”[③]文中明确指出西夏民户是以十户为一甲，五甲为一小监，两小监为一迁溜。十户为一甲，五甲为一小监的制度显然是模仿北宋保甲制度的结果。在王安石变法中就有“保甲法”，即将农村的民户加以编制，十家为一保，五保为一大保，十大保为一都保。凡家有两丁以上的，出一人做保丁等等。“保甲法”是在宋神宗熙宁三年（1070年）宣布实施的，先于《天盛律令》的编撰时间，存在效仿的可能。从内容上看，二者也存在着极大的相似性：北宋是十家（户）为一保，五保为一大保；西夏则为十户为一甲，五甲为一小监。组织结构完全相同。当然，二者也存在着一些区别，西夏在两小监的基础上设立一迁溜进行管辖，而北宋则在十大保的基础上设立一都保。西夏的基层组织迁溜的规模显然小于北宋的都保。在理论上前者应有100

---

①甘肃省博物馆:《甘肃武威发现一批西夏文物》,《考古》1974年第3期。

②敦煌研究院:《敦煌莫高窟供养人题记》,文物出版社,1986年,第141页。

③史金波,聂海音,白滨译注:《天盛改旧新定律令》,法律出版社,2000年,第514页。

户民户，后者则为500户民户的规模。依史金波的看法，迁溜之制，为西夏的一种基层社会组织。[①]这一点也得到西夏出土文献的证实，毋庸置疑。迁溜之制与汉式的里甲制度有什么区别呢？西夏为什么要利用这样的名称和形式呢？笔者推测西夏的迁溜制度是针对农租户家。显然，这种制度应该在西夏农业区或者半农半牧的区域内才有可能推行开来。西夏迁溜管辖的对象是民户，在《天盛律令》中也时常译为租户，是以民户为单位的。不过不是西夏境内所有的农业区或者半农半牧区均实行着农迁溜或迁溜的制度。例如前文所引西夏时期河西走廊就存在着“乡”和“村社”，这完全是汉式的基层管理模式。从表面上看，西夏迁溜是模仿汉式基层管理方式的结果，谁也不能否认这一点，但人们往往会忽视它与西夏部落制度之间也存在着一定的联系。北宋边臣田况曾上奏曰：“西贼（指西夏——笔者注）首领，各将种落之兵，谓之一溜，少长服习，盖如臂之使指，既成行列，举手掩口，然后敢食，虑酋长遥见，疑其语言，其肃整如此。”[②]这是揭示西夏迁溜状况的一条重要汉文史料，至少表明两点：第一，西夏的迁溜或者农迁溜的名称可能来源西夏初期的军事组织；第二，西夏基层组织的迁溜和军事组织中的“溜”均与西夏的部落制度有一定关系。文献中讲得很清楚，溜实际上相当于西夏的部落兵组织（种落之兵），由酋长（首领）统帅。我们在出土文献中所看到的西夏迁溜或者农迁溜制度恐怕就是将部落兵组织移植而来，实际上是汉式保甲制度与西夏部落制度相互影响的产物。

这里还需交代的是，虽然西夏迁溜无论在形式上还是内容上与汉式的保甲制度十分相似，但它还是存在着一些部落制度的残余。从西夏文草书的户籍文书看，迁溜所管辖的民户大多为党项族，而且户籍所反映

---

①史金波:《西夏户籍初探——4件西夏文草书户籍文书译释研究》,《民族研究》2004年第5期。

②李焘:《续资治通鉴长编》卷一三二,庆历元年五月甲戌,中华书局,2004年,第3136页。

的婚姻关系也是以党项族之间的结合为多。[①]因此，我们就不得不怀疑在一些汉族人口比重较大的地区是否同样实行了迁溜制度，也就不难理解为什么在河西走廊地区却存在“乡”和“村社”等完全是汉式的基层管理方式。撮要而言，西夏大致存在两种类型的乡里制度：一种是直接继承中原政权的基层组织，这种类型的乡里制度与唐宋的乡里制度没有太大的区别；西夏另一种类型的基层组织虽然也是效仿中原基层制度的结果，但还保留着一些党项部落组织的因素。

二、西夏基层社会中的部落制

西夏除了存在着汉式“乡里”制的基层组织外，是否还存在着其他形式的基层组织？检阅文献不难发现，西夏的基层社会中还存在着部落制度。

首先，从文献的角度分析，西夏基层社会存在着部落组织，尤其是文献中关于首领的记载。如《续资治通鉴长编》卷三二〇元丰四年（1081年）十一月辛丑：“兰州节次招到西使监军司管辖顺夏国西蕃音摩、古勒额勒、锦星、罗舒克等四部族大首领、蕃钤辖约苏等二百三十余户二千余口。”又“西蕃邈川首领河西军节度使。”[②]“熙河经制李宪败夏人于西市新城，获酋首三人、首领二十余人。”[③]《宋史》卷一六《神宗本纪》亦载：“泾原兵至磨哆隘，遇夏人，与其统军梁大王战，败之，追奔二十里，斩大首领没啰沙，监军使梁格嵬等十五级，获首领统军侄讫多埋等二十二人。”从这些西夏首领的记载中我们不难看出：第一，首领在西夏社会中是普遍存在的，而不是个别现象。第二，首领领有数量不等的人口。据《续资治通鉴长编》卷三一六，元丰四年九月乙未记载：“八月庚辰，

①史金波：《西夏户籍初探——4件西夏文草书户籍文书译释研究》，《民族研究》2004年第5期。

②李焘：《续资治通鉴长编》卷三五四，元丰八年四月甲戌，中华书局，2004年，第8473页。

③脱脱：《宋史》卷一六《神宗本纪三》，中华书局，1977年，第305页。

驻兵女遮谷，遣汉蕃将士袭击余党于山谷间，斩百级，获马牛孳畜甚众，降龛波给家等二十二族首领，凡千九百户，已剪发刺手，给归顺旗及锦袍、银带赐物。”依此条资料估算，平均每个首领领90户，每户以五口之家计算则为450人。第三，首领成为北宋政权打击或者拉拢的对象，文献中不乏党项首领带领族人归附北宋的记载。①

其次，从出土文物的角度分析，西夏时期的“首领”制较为普遍。出土的西夏首领印章有助于我们分析西夏基层组织及社会状况。关于西夏印章，在新中国成立前学界就开始关注了，如罗振玉在1927年就辑印了《西夏官印集存》，后罗福颐也编撰《西夏官印汇考》一书。新中国成立后，发现的西夏官、私印章就更多，这无关本文宏旨，不做详解。不过需要特别指出的是，在发现的西夏印章当中，所谓的首领印占了相当的比例，而且西夏首领印的出土地点也几乎遍布西夏境内（参见表1）。

另外，表1所列的西夏首领印仅仅是现存西夏首领印中的一小部分，因为在发现的西夏官印中，绝大部分属于首领印。通过表1所透露的信息，再结合文献记载，我们不难发现西夏首领印具有以下特点：第一，从发现范围的角度观察，首领印的出土地点几乎遍布西夏全境；第二，持印者的姓名基本是蕃族名，是否在西夏首领印中能够发现汉人的名字，这需要今后考古发现的进一步的证实。现在的问题是，如此众多的西夏首领印出土说明什么？与西夏的基层组织与社会有什么关系？

需要确定的是，首领印中的首领与文献中的首领是一回事情，即为西夏部族或部落头目的称谓。部落之制，显然具有党项早期社会的遗风。作为一个处于青藏高原边缘地带的畜牧部落，党项族迁徙到陕甘宁一带的半农半牧地带后，虽然地理环境和文化传统与其原居地差别很大，但党项社会中的部落制度并未因为这些因素的改变而消失，恐怕一

①参见杨蕤：《北宋时期党项内附初探》，《民族研究》2005年第4期。

表1 出土的部分西夏首领印

时间	出土地点	印文	年款	持印者姓名	资料出处
1965年	陕西省横山县雷龙湾乡张油房村	首领	不详	不详	①
1968年	宁夏固原县黄铎堡乡羊圈堡村	首领	乾 六年	不详	②
1978年	内蒙古东胜县 (今鄂尔多斯市)	首领	贞观四年	讹粟宝雪	③
1979年	内蒙古准格尔旗黑岱沟乡	首领	正德三年	骨勒邪行	④
1984年	宁夏同心县新庄集乡	首领	不详	依加鲁底	⑤
1985年	宁夏盐池县萌城乡	首领	元德九年	耶西筹银	⑥
1986年	陕西省横山县雷龙湾乡	首领	正德四年	□□庞	⑦
1986年	青海省化隆县文管所征集	首领	天庆亥年六月	酩布屈玉立	⑧
1989年	甘肃省民乐县新天乡许树村	首领	正德四年	不详	⑨

直伴随于西夏王朝的始终。西夏境内到底存在多少个部族，由于史籍阙载，无从确考。不过笔者从西夏文献《文海》中辑出族姓名共116个，并将其分为四类（参见表2）。第一类：《文海》中明示为族姓，一部分为能够翻译并且从字面上推测应该是党项或吐蕃的族姓，另一部分虽然《文海》原文未做任何解释，但从字面上分析更像汉族姓氏。第二类：《文海》明示为族姓，同时也是地名。第三类：《文海》明示为汉

---

①国家文物局:《中国文物地图集·陕西分册》,西安地图出版社,1998年,第715页。

②韩孔乐:《固原发现二方铜印》,《宁夏文物》1986年第1期(创刊号)。

③④伊克昭盟文物工作站:《伊盟发现二方西夏铜印》,载《鄂尔多斯文物考古文集》,1981年(内部资料)。

⑤马振福:《宁夏同心县西夏官印介绍》,《宁夏文物》1992年(总第6期)。一般的西夏首领印左款刻姓氏,右刻年款,但此方印右刻西夏文“自掌施纪”,与众不同。

⑥吴峰云,任永训:《盐池发现西夏官印和钱币》,《宁夏文物》1986年第1期(创刊号)。

⑦张泊:《陕西横山发现西夏官印》,《宁夏文物》1986年第1期(创刊号)。

⑧范兴梅:《西夏官印小识》,《青海文物》1996年(总第10期)。

⑨师万林:《介绍甘肃民乐发现的一方西夏铜印》,《文物》1995年第10期。“正德四年”是笔者根据拓本所翻译,持印者姓名漫漶不清,难以汉译。

族族。第四类：《文海》明示为族名，但难以译为汉文。可见其中多为党项部族族姓，这就表明西夏境内的确存在大量的党项部落。①

因此，部落制度成为支撑西夏基层社会的重要组成部分，部落首领也因此成为连接西夏国家政权与基层民众之间的重要纽带。《宋史·夏国传》载：“(元昊）每举兵，必率部长与猎，有获，则下马环坐饮，割鲜而食，各问所见，择取其长。”可见首领在西夏社会中十分普遍，这显然与西夏基层社会中存在大量的部落有关。首领制度是在古代少数民族中常见的制度，西夏时期的吐蕃亦是如此。《宋史》卷六记载：“董毡遣使来贡，且言已遣首领洛施军笃乔阿公等将兵三万会击夏国。”有的部族首领在西夏的国家政权中担任职位，但有的首领不一定有官职。因此，笔者窃以为不一定把所有的西夏首领印统统定性为西夏官印。原因如下：第一，从出土文献和汉文史籍所载的情况看，西夏首领印出土数量之多为西夏其他印章所不逮。如《续资治通鉴长编》卷三五四元丰八年（1085 年）四月庚辰载：“知太原府吕惠卿遣人入西界，破六寨，斩首六百余级，凡首领十三人，获铜印十四颗，骆驼牛马以万计，追奔数十里，振旅而归。”《宋会要辑稿》兵一四之一九云：“斩获大首领没啰沙，监军使梁格嵬等十三级，小首领二百十九级，生擒首领统军侄讫多埋等二十二人，斩二千四百六十级，获伪铜印汉印一。”《续资治通鉴长编》卷三一九元丰四年（1081 年）十一月丁亥亦载：“至屈吴山遇贼，斩获四百级……本人以汪家等族大首领六人并蕃部及母妻男三十余人来降，各赍伪印并伪宣告数道。”由文献可知，宋朝军队在军事行动中总能获得数量不等的首领印，虽然不敢断言每一个西夏部落首领都配有首领印，但首领印较为普及是毫无疑问的。因此，拥有首领印的部落首领是一个庞大的群体，他们是否全是吃国家俸禄的政府

①《文海》所列的族姓恐怕仅仅反映了西夏境内党项族姓的一小部分。据《宋史·兵志》记载，北宋治平年间仅宋夏沿边地区就有一千二百多个部落。因此，西夏境内的部落数量绝对不会仅为一百多个，而应该远远高于这个数字。

表2　《文海》所载的族姓

类　别		族　姓　名　称
第一类	Ⅰ	5·134(普珠);5·211(未谋);7·171(末);8·172(？ 年);8·252(波六泥);8·262(泥六领);9·162(移且);9·212(藐药);10·261(你胡);12·263(骨正);13·231(嵬);14·171(率);16·123(西壁);16·177(嵬名);17·252(思鲁);19·261(讹名);20·131(玉);21·212(寅);21·253(每？);22·112(波大);22·121(跋州);22·232(下那);23·132(陀割);23·231(？ 庵);24·171(讹？);24·211(道讹)24·273(和);25·172(芭君);27·142(吃览);28·221(波移怛名);28·253(哑年);29·272(炭末);36·261(潘);31·132(契丹);32·111(蒜);32·253（原);34·163（耶四);35·112（回鹘);44·212（墨)47·217(契？);47·231(嵬迎);47·262(？ 力？ 青);48·161(璎玉);48·162(刑);48·131(盈那);48·262(啰);50·241(？令);50·271(韦);51·221(？ 尚);52·242(北斗);54·273（柔);56·132（当当)56·151（诺斜);56·172（果)56·233(讹);57·211(床);59·221(坡);59·232(多);61·232(汉龚);61·262(钟);60·141(签);62·141(？ 尚);62·252(叔);64·221(讹菊);65·171(？？);66·221(贞);67·231(腰？);75·111(骨勒);76·252(麻？);79·221(？水);80·242(依隆);89·151(乞);88·251(十)89·221(波泥六);91·211(筒);92·122(则哺);杂 2·111(？ 藐);杂 3·142(勒尼则);杂 4·151(骨鱼祖);杂 8·111(窄民);杂 9·141(安);10·162(则移);18·231(碾);19·113(顷尼啰);20·222(底鲁);21·161(量)
	Ⅱ	如 6·212(苏);11·172(吴);14·131(白);20·221(任);21·241(尹);53·113(高);53·132(曹);54·211(赵);54·232(刘);61·263(张);62·162(杨);62·172(梁)
第二类		6·231;20·213;22·252;23·271;31·141（陀割);31·253;51·152;51·261;52·132;59·252(金唐);62·271;93·132
第三类		20·242(向);21·272(晋);21·273(秦);60·271(王)
第四类		6·272;14·221;20·251;20·271;26·241;49·122;68·171;85·121; 杂 7·272;杂 9·262;杂 12·111;15·111;17·221

*参见史金波等:《文海研究》,中国社会科学出版社，1983 年。其中编号为《文海研究》的索引方式。5·134 意为第五页的第一面、第三行的第四个字。表中难以汉译或不清楚的族姓用“?”替代。

官员，西夏政府能否养活起庞大的基层官僚体系？这些问题值得我们怀疑。第二，《天盛律令》卷一〇《官军敕门》明载西夏“司印”分为九个等级，规定每个等级铜印的重量，其中“末等司铜重十两。僧监、副、判、权首领印等铜重九两”。从印章尺寸大小上看，“末等司为一寸八分，而僧监副、判、权首领印为一寸七分”[①]。无论印章的重量还是尺寸，西夏首领印的规格均未及末等司之列，而且位列僧监副、判之后。如果掌印的首领为西夏官员，为什么不能忝列末等司呢？史载“贷命编管五门蕃部巡检苏恩，仍分所管蕃部为八族每个推首领以主之”[②]。可知至少有一部分部落首领不是由政府任命，而是由部落民众推举产生。反映出国家政权对部落首领控制的局限性。此外，笔者怀疑不一定所有的首领印全为西夏政权所为，不排除首领自制印章的可能。如在宁夏同心县发现的一方西夏首领上刻有“自掌施纪”，极有可能就是部落首领“自产自销”的结果。

综合以上信息，笔者认为首领印主要是西夏政权通过发放铜印的方式来拉拢部落民众，以达到巩固统治的目的。至于首领是否为吃俸禄的官员，就需要认真推敲了。从中原王朝的历史看，往往县级以下就不属于吃俸禄的国家官员了，如乡里制度即是如此。这种制度一方面带有一定的自治性质，另一方面是连接国家政权与基层社会之间的重要纽带，如进行地方治安、协助征收租税等等。西夏的首领制度具有类似的状况，恐怕比汉式的乡里制度具有更大的自主权。[③]

党项族是一个已经消亡了的民族，西夏的基层社会状况也犹如逝去的云烟，今人无法领略其活生生的风貌，只能依据各种历史资料的零星记录来推测当时的状况。那么，现有的一些民族志资料是否能够对复原西夏基层社会具有一定的参照作用呢？尤其是对西夏部落制的

---

①史金波，聂海音，白滨译注：《天盛改旧新定律令》，法律出版社，2000 年，第 358、359 页。

②李焘：《续资治通鉴长编》卷一九五，嘉六年十一月戊午，中华书局，2004 年，第 4729 页。

③李焘：《续资治通鉴长编》卷三一九，元丰四年十一月甲午：“河东路措置司军马见在保安军诸城寨就食，迤逦东去，并边讨附不顺生羌。”可见在北宋元丰年间在宋夏沿边地带还存在着尚未归顺的“生羌”（生户），无论是西夏政权还是北宋政府恐怕很难对这些“生羌”实施有效的管辖。还有一些拥有武装，割据为政的部落（参见杨蕤：《宋夏疆界考论》，《中国边疆史地研究》2005 年第 4 期）。

理解。笔者认为，若是存在这样的民族志材料，那应该是吐蕃部落制的历史与现状。

从地缘关系、文化传统以及历史交往的角度看，党项族与吐蕃，尤其是西北吐蕃在许多方面极具相似性，尤其是在党项内迁以后，与吐蕃杂居，以致宋人都难以将二者区别开来。在党项人对自己的祖先的追述中，也明确提到了与吐蕃的亲缘关系。如在西夏文献《颂师典》中记载："羌汉弥人同母亲，地域相隔语始异。羌地高高遥西隅，边陲羌区有羌字。……为何不跟西羌走，西羌已向我俯首。"[①]文献中的"羌""西羌"应指吐蕃。不仅如此，当时还存在着吐蕃化的党项部落和党项化的吐蕃部落。[②]吐蕃和党项之所以能够相互融合，民族特性的相似性是重要的前提条件，这已经是一个不争的历史事实。党项与吐蕃民族所不同的是，吐蕃民族演变为今天的藏族，而党项族则退出了历史舞台。我们通过藏族部落制度的考察可以推测历史时期吐蕃民族的基层社会状况，尤其是牧区藏族部落较多地保留着某些古老传统，有助于我们对历史时期藏族部落的了解。如前所述，党项与西北吐蕃曾经存在过极大的相似性。因此，从逻辑关系上讲，今天的西北藏区的部落制度也能够成为考察西夏部落制度的一个重要参照。

藏族的部落制度有其历史的发展过程。由于统计困难，根据《明实录》及相关资料记载，明代西北藏族部落有五百四十五族。[③]藏族的部落制度一直延续到近现代，如根据1958年调查资料统计，青海省海南地区藏族部落有14个千户部落，下辖106个百户部落。[④]从现有的资料看，藏族的部落组织呈现最高层次、基本层次、中间层次以及最低层次间逐层领属的金字塔形状，但不同区域的情况有所不同，如藏北地区就

---

①陈炳应:《西夏文物研究》,宁夏人民出版社,1985年,第346~367页。

②张云:《论吐蕃与党项的民族融合》,载《西北民族研究》,1988年第2期。

③王继光:《明代藏族部落》,载青海社会科学院藏学研究所:《中国藏族部落》,中国藏学出版社,1991年。

④陈庆英:《藏族部落制度研究》,中国藏学出版社,2002年,第512页。

不存在最高层次的组织。藏族部落的最低层次被称为“小部落”“帐房圈”“小氏族”部落等，在汉文资料中称之为“小族”，是为藏族社会最基层的单位。对于不同的藏族部落，头人是非常关键的人物，藏族素有“部落不高头人高”的说法。头人具有派差、征税、罚款等特权。当然，头人的特权也不是绝对的，特权的大小因地、因人、因职务而异。相对而言，藏北多数部落的头人特权小一些，甘青部落头人的特权比较多而且大，接近汉族地区的因受到汉地影响其特权更加突出。近代藏族头人的任免过程既有原始的选举遗俗，又有直接任命的，更多的则是在家族或者家庭内世袭。[①]以上是近现代藏族部落的一般状况，与文献所透露出党项部落状况的信息有相吻合的地方。例如，藏族部落中的头人与党项部落中的首领就十分相似。党项首领也具有决定本部落重大事宜的权利，大批党项部落归附北宋或者西夏都是在首领的带领下进行的。[②]在藏族部落中存在着“族长”“小头人”“大头人”“联盟酋长”之区别[③]；而党项部落也有“大首领”“首领”“小首领”“酋长”“酋毫”等不同种类的部落首领。从组织结构上看，藏族组织呈现不同层次领属的金字塔状，这说明藏族部落不仅形成了较为严密的组织结构，而且形成了部落社会。西夏时期党项部落是否也存在着与藏族相类似的部落组织，单从文献记载还难以解决这个问题，不过笔者认为西夏时期的党项部落制度应该缺乏像藏族部落那样的组织结构和层级关系，主要以单个部落为活动中心，或者说处于分散状态。党项部落频繁内迁于北宋可为佐证。[④]这种状况的形成主要原因是由于西夏缺乏游牧的地理环

①陈庆英:《藏族部落制度研究》,中国藏学出版社,2002 年,第 188~193 页。
②杨蕤:《北宋初期党项内附初探》,《民族研究》2005 年第 4 期。
③陈庆英:《藏族部落制度研究》,中国藏学出版社,2002 年,第 193 页。
④《旧五代史·党项传》载:“(党项)其他诸族,散处沿边界上者甚众,然其无国邑、君长,故莫得而纪次云。”唐人沈亚之在《夏平》也讲道:“夏之属土,广长几千里,皆流沙。属民皆杂虏;虏之多曰党项。相聚为落于野曰部落。其所业无农桑事,畜马、牛、羊、橐驼。”反映了内迁党项分散的状态。

境，不具有像藏族那样完整的游牧区域。从藏族部落制度发展演变的历史看，在农业区的藏族部落变化最大，半农半牧区次之，纯粹的牧区变化最小。[①]西夏没有适宜游牧的区域，人口主要集中在自然条件较好的农耕区和半农半牧区。因此，农耕文化成为瓦解党项部落制度的重要因素之一。

三、西夏社会存在两种基层制度的原因探析

从以上的考论和分析中得知，西夏基层既有汉式的乡里组织，但也存在着部落组织，二者在许多方面存在着一定差别（详见表 3）。为什么在一个国家的基层社会组织呈现出两种不同的面貌，兹从唐宋旧制、经济状况、文化传统、民族构成、国家控制等方面略作分析。

表 3　西夏乡里制与部落制之对照

比较条目	乡里制	部落制
经济形态	农耕为主	畜牧为主
价值取向	以儒家为核心的传统价值观	以崇尚武力为核心的价值观
聚落形态	定居	毡帐等
分布区域	农耕区、半农半牧区	畜牧区、半农半牧区
社会组织	乡里、村社	部族、部落
社会特征	稳定性	分散性
国家关系	里长（正）等	部族首领
发展趋势	无大变化	趋于汉化和消亡

西夏所居地区，多为唐宋中原政权所辖领土，农耕文明的浸染较深。在党项迁入这一区域以前，乡里制度已较为普及。近年来陕北地区出土的墓志中就明确记载了历史时期这里的乡里状况。

需要指出的是，表 4 有一些党项贵族的墓志铭，不仅表明当时陕北

①陈庆英：《藏族部落制度研究》，中国藏学出版社，2002 年，第 100 页。

地区的乡里制度十分普及，同时也说明了党项部落逐渐适应着汉式的乡里制度。其实，西夏境内存在乡里制度的区域不仅仅局限于陕北地区，河西走廊、宁夏平原、六盘山以东的宋夏沿边地区莫不如此，都受到唐宋旧制的深刻影响。在乡里制度流行的区域村落也应成为基层体系中的重要组成部分。《榆林碑石》所载的《邓珣买地券》曰："大宋天禧四年二月十日，留青村税户邓，遂于义荣地东边买到黄四族乜地，东西一十五步，南北五十步。"[①]文献明指邓珣为留青村人，黄四族乜地极有可能是指党项居地。西夏境内一乡一里所属多少村落，由于史籍阙载，就不得而知了。

表 4　墓志铭所反映的乡里状况

墓志铭名称	时间	乡里状况	资料出处
郭稚文墓志铭	100 年	圆阳西乡榆里	《榆林碑石》第 204 页
拓拔守寂墓志铭	737 年	银川儒林县新兴乡招贤里	《榆林碑石》第 224 页
杨翼贯墓志铭	822 年	夏州朔方县崇道乡清化里	《榆林碑石》第 234 页
何公墓志铭	969 年	夏州朔方县崇信乡绥德理(里)	《榆林碑石》第 255 页
宗延英墓志铭	1082 年	(府州)北谷家里	《榆林碑石》第 257 页
折惟忠妾李夫人墓志铭	1111 年	府州府谷县将相乡崇勋里	《榆林碑石》第 258 页

注：《榆林碑石》，康兰英主编，三秦出版社，2003 年。

党项等民族的文化传统也是影响西夏基层组织状况的重要因素。《旧唐书·党项羌传》载："（党项）处山谷间，亘三千里。其种每姓别自为部落，一姓之中复分为小部落，大者万余骑，小者数千骑，不相统一。"讲的是党项原生的社会组织状况。党项从青藏高原的东南边缘迁移到河套、陕北高原后，虽然地理环境、经济状况发生了很大改变，但

①康兰英:《榆林碑石》,三秦出版社,2003 年,第 256 页。

党项部落制度并未彻底消失，而且又延续了较长时间。[①]这一方面是由于文化的发展具有滞后性。一个民族的内在和外在的文化特性并未随着地理的、经济条件改变而改变，而是具有一个缓慢的过程；另一方面，党项部落制度的消失过程也就是农耕文化对其进行的蚕食与浸染的过程，这也需要一定的时间。《宋史·夏国传》载："太宗尝宴群臣苑中，谓继捧曰：'汝在夏州用何道以制诸部?'对曰：'羌人鸷捍，但羁縻而已，非能制也。'"可见在北宋初期，党项的部落制度还具有较强的生命力，但到了西夏中后期这股势头就表现得不太明显了。

党项部落制度的存在，还与西夏境内的民族构成有一定的关系。蕃汉杂居是西夏居民结构的总体特点。宋人对这一点也有清晰的认识。如宋人张咏在《乖崖集》卷八中就讲道："麟州旧琅，实曰新秦，戎人绥荒，在河一曲，党项部落，汉民混居。"党项内迁以后，人口日炽，笔者粗略估计仅北宋初期就有十余万党项民众迁入宋夏沿边地带，而且这些内附的党项部落基本上是以部落为活动单位的，只不过从几十人到数万口数量不等。[③]但不同区域蕃汉人口的比例略有不同。[②]一定数量的党项部落人口成为抗衡农耕文明的重要力量，是部落制度得以长期延续的重要保证。

此外，国家政权的力量也是西夏部落制度得以维系的重要因素。西夏是一个党项族为主体的民族政权，因此要处处体现民族政权的特点。元昊曾经直言："衣皮毛，事畜牧，蕃性所便。"[④]很能反映张扬民族个性的心态。西夏政权在官职的设立、法律制度的制定、行政区域的规划

---

①党项的部落制度何时彻底消失，学术界尚无明确的说法。从史籍记载的角度看，明代的地方志和相关史籍中基本找不到党项部落的记载了。因此，保守估计明代时党项的部落制度就彻底退出历史舞台。

②杨蕤：《北宋初期党项内附初探》，《民族研究》2005年第4期。

③杨蕤：《宋夏沿边人口考论》，《延安大学学报》2007年第4期。

④吴广成撰，龚世俊等校证：《西夏书事校证》卷一一，甘肃文化出版社，1995年，第127页。

等许多方面都考虑到党项部落制度的传统。限于篇幅，恕不一一详尽。因此，随着西夏政权的覆亡，西夏基层社会的部落制度也渐趋衰落。

最后需要指出的是，不断受到农耕文化的浸染是西夏部落制度得以消亡的最重要的原因。从历史上看，当某种游牧或者畜牧文明深入农耕文化圈后，农耕文明对它的影响是全方位的。就西夏而言，党项民族由“不知稼穑，土无五谷”的经济状态转变成为半农半牧或者经营着纯粹的农业。通过与汉族之间的通婚等方式，党项民族的民族个性也渐渐弱化甚至消失，甚至模糊了对祖先原居地的历史记忆。有学者认为，族群认同的产生与维持都在某种资源竞争与分配情境中。资源环境变迁造成认同变迁，这也借着人们集体遗忘、修正或重建历史记忆来调整可视为“手足同胞”的人群范围。所谓由共同历史记忆产生的根基性，仍只是现实利益下凝聚人群的工具。[1]集体记忆的改变使得部落制度失去了得以维系的“精神核心”，其土崩瓦解只是时间的问题。

本文发表于《复旦学报》2008 年第 3 期。

①王明珂:《华夏边缘——历史记忆与族群认同》,社会科学文献出版社,2006 年,第 252 页。

西夏驿路与驿传制度

◎陈　旭

西夏交通问题，学者们结合汉、西夏文文献进行了有益的探讨[①]。但其中有些论点有待商榷，有些问题有待深入探讨，故此，作者不揣浅陋，对西夏驿传的有关问题略陈管见。

一、西夏驿路的主要干线

白居易新乐府诗《城盐州》云："鄜州（今陕西富县）驿路好马来，长安药肆黄耆贱。"[②]此诗作于唐德宗贞元八年（792年），反映的是通过唐代西北驿路，回鹘等西北民族的马匹等商品络绎不绝地进入长安市场的繁荣景象。《旧唐书·李吉甫传》记载唐宪宗元和八年（813年），回纥部落越过腾格里沙漠，取道西城、柳谷路讨吐蕃，唐廷大恐，

---

①主要论著详见吴天墀:《西夏史稿》,四川人民出版社,1983年,第252页;王静如:《西夏文木活字版佛经与铜牌》,载白滨主编:《西夏史论文集》,宁夏人民出版社,1984年,374~382页;王天顺:《西夏战史》,宁夏人民出版社,1993年,第64页;杜建录:《西夏的牌符》,载漆侠、王天顺主编:《宋史研究论文集》,宁夏人民出版社,1999年,第374页;鲁人勇:《论西夏交通》,《固原师专学报》2001年第1期;尚世东:《西夏公文驿传探微》,《宁夏社会科学》2001年第2期。

②白居易:《白氏长庆集》卷三《新乐府·城盐州》,文学古籍刊行社,1955年,第24页。

李吉甫奏请“自夏州（今陕西靖边）至天德（今内蒙古乌拉特前旗北乌加河北岸），复置废馆一十一所，以通缓急。又请发夏州骑士五百人，营于经略故城，应援驿使，并护党项”[①]。据韩荫晟考证：《新唐书》“置废馆”作“复驿候”[②]。又李德裕《李卫公会昌一品集》卷一：“臣德裕先臣奏请自夏州至天德复置废馆十一所，以通急驿，又请发夏州兵士五百人，于故经略军应接驿路，兼护党项。臣等未知此路旧馆已废毁，为复犹有存者？望赐忠顺诏，于此路量事再修旧馆，以通天德奏事驿路。”[③]唐代宗上元元年（760年）为了防止党项与吐蕃联合骚乱，采取隔离和拆散其联系的政策，把党项部落迁到银、夏、绥、延等地。以上材料清楚地说明唐末以来西北各民族之间的战乱严重破毁了这一地区的驿路设施，甚至导致这一地区的交通完全断绝。《旧五代史·宗室·嗣肱传》卷五十记载：“（唐昭宗）天祐七年（910年），周德威援灵、夏，党项阻路，音驿不通。”[④]以上材料简略表明唐末以来银、夏、绥、延地区驿路的兴废情况，从另一方面说明西夏政权建立之前，这一地区就有比较完整的驿路系统，西夏驿路，至少联系宋夏交通的国信驿路应该是在此基础上建立起来的。《西夏地形图》标明西夏驿路干线是以京师兴庆府（今宁夏银川市）为中心呈辐射状分布[⑤]。现分述如下。

（一）宋夏驿路

有些研究者认为国信驿路“是宋与夏国间信使、国书所经由的官道”[⑥]。这条驿路是宋夏国书经由之路，在北宋专有国信使负责北宋同外国、外族之间的外交联络事宜，国信驿路大约也因此而得名。如《稽古录》卷十八记载：“（宋真宗景德元年）十月，……国信使奏，潘罗

---

①刘昫:《旧唐书》,中华书局,1975年,第3996页。

②韩荫晟:《党项与西夏资料汇编》(上卷),宁夏人民出版社,2000年,第748页。

③李德裕:《李卫公会昌一品集》卷一,文渊阁四库全书本,第112页。

④薛居正:《旧五代史》,中华书局,1976年,第684页。

⑤黄盛璋,汪前进:《最早一幅西夏地图——〈西夏地形图〉初探》,《自然科学史研究》1992年第2期。

⑥尚世东:《西夏公文驿传探微》,《宁夏社会科学》2001年第2期。

支为迷般嘱所杀，西凉诸胡立其弟厮铎都。”[①]由此说来，国信驿路实应包括夏至辽、夏至回鹘、夏至鞑靼、夏至西蕃之间的驿路。再者，国信驿路除具有来往信使、传递国书的功能之外，似不应忽略其商业功能与军事功能，这一点下文还要论及，此不赘述。

《西夏地形图》所绘国信驿路路线为：由保安军（今陕西志丹县）北向，经万全砦抵界首工井，在此分作两路，一路经罗堆岭、乌池、白池，一路经北宋洪州（今陕西靖边县南）、破娘岭、广井、蓆经流，至人头同前一路汇合，经苦井、古雨分山口或宁令口，自吕渡过黄河，经永州（今宁夏永宁）、静州（今宁夏灵武）抵达兴庆府（今银川）。该图在古雨分山口处注“夏贼犯边之路”，表明这条国信驿路也是西夏南下侵宋的主要军事通道，其军事意义相当重要。

《武经总要》前集卷十八对这条驿路路线亦有记载，并称这条驿路为长城岭路。“长城岭路，自军北归娘族六十里过长城岭北至秦王井驿，入平夏，经柳泊岭并铁巾、白池、人头堡、苦井、三分山谷口、河北九驿，至故灵州怀远镇七百里（今为建兴州），此路至秦王井在山谷口行，险狭。自秦王井地势渐宽平，经沙渍（碛），少水泉，可掘沙为井。夏国宥州界并沙碛，地坤湿，掘丈余则有水，若因大风，寻复湮塞。保安军至贼界三十里，此路可行师。”[②]这段文字描述驿路所经地名同《西夏地形图》所标示者略有出入，但具体内容基本一致。可堪注意者，据韩荫晟考证，“军，指保安军，‘分山’二字盖‘岔’字之误。”这段材料反映的时间大概是宋太宗太平兴国二年（977年）[③]。韩先生的考证颇精当，据此可知这条驿路以北宋保安军为起点，途经灵州，最终达兴庆府。韩先生指出“分山”二字盖“岔”字之误，则《武经总要》中之“三分山谷口”，《西夏地形图》中之“古雨分山口”实为三岔口。《西

①司马光：《稽古录》卷十八，文渊阁四库全书本，第83页。
②曾公亮：《武经总要前集》卷十八，文渊阁四库全书本，第6页。
③韩荫晟：《党项与西夏资料汇编》（上卷），宁夏人民出版社，2000年，第974页。

夏地形图》中之“宁令口”疑是“三岔口”之西夏语音译。“河北九驿”，可能是驿路所过的九个驿站。

这条驿路途经沙漠，尤其是灵州，更是遍地沙碛，也许没有常设驿站。自北宋保安军至西夏都城兴庆府的这条驿路如前所述，是西夏南下侵宋的主要军事路线，也是北宋进攻西夏兴、灵地区的捷径，军事给养的运输也要经行此路。太平兴国七年（982 年），“盐铁使王明言：‘沿边岁运铜钱五千贯于灵州市马，七百里沙碛无邮传，冬夏少水，负担者甚以为劳。’从之。”[①]《武经总要》记载从通远军至灵州的另一条路即经通远军北向，至洪德，然后进入“蕃界（西夏）青冈峡、清远军、积石、浦洛河、耀德镇、清边砦、灵州共七程，沙渍（碛）无邮传，冬夏少水，按《皇华四达记》至灵州五百四十里”[②]。在长达二百余年的宋夏战争中，宋军要进攻灵州，军需给养运输要经过此路，由于驿路恶劣的地理、气候环境严重影响了运输，军需供给的滞后、匮乏又严重影响了战争的成败。对此，北宋熟悉边事的官僚有精辟论述，张洎云：“甲马行役，粮草飞挽，军需所急，莫若井泉。自环抵灵，瀚海七百里，斥卤枯泽，无溪涧川谷。虽勇如贲、育，亦将投身于死地，又安能与群贼争锋哉!”[③]因此，攻取灵、兴时，军需给养的运输只好取道他途，经“(镇戎军）萧关路自军北刘璠堡缘葫芦河川过古城，入苇子湾，出萧关，至鸣沙县界，入灵武。约至百余里，地势平敞。至道中李继隆护送刍粮入灵武，由此路”[④]。路途绕远，这是不得已的选择。

作为国信驿路，这条驿路是宋夏之间信使、国书往返的主要通道。大中祥符三年（1010 年）春，赵德明在绥、夏州各建馆舍，用来接待北宋使臣，并要求在浦洛峡设置驿馆。“上以其地荒夐，劳于役守，不许。”[⑤]元昊统治时期，西夏在宥州设置专门招待北宋使臣、商谈两国外交事宜的驿馆，北宋使臣不能深入西夏内里。韩荫晟考证大约作于嘉祐六七（约

①③⑤李焘:《续资治通鉴长编》,中华书局,1979 年,第 584、835、1651 页。
②④曾公亮:《武经总要前集》卷十八,文渊阁四库全书本,第 12、23 页。

1061～1062年）年间的《赐夏国主乞用汉仪诏》，反映了西夏在宥州建置接待北宋使臣驿馆的事实[①]。诏书云，诏夏国主，“省所奏：‘昨因宥州申覆，称迎接朝廷使命，馆宇隘陋，轩槛阽危，傥不重修，诚为慢易。于是鸠集材用，革故鼎新，来年七月臣生日，用蕃礼馆接使命。十月中冬用汉仪迎接。’事具悉”[②]。又宋哲宗元祐四年（1089年），进呈延州奏：“夏国宥州除道治馆，以待朝廷岁赐”[③]。双方外交事宜的处分以及外交文书的交割一般在宥州驿馆办理。如熙宁四年（1071年）诏：“放麟州蕃部结胜还夏国，量给口券、路费。仍令经略司指挥，牒宥州与界首交割。”[④]这是北宋就遣返投奔宋的西夏部落在宥州同西夏交割。哲宗元祐二年（1087年），“枢密院言：‘宥州报夏人遣使谢封册，继以疆场来议。’诏赵卨：‘谢封册使未过界，遣使议疆场事，即以礼却之；若过界后牒至，即开谕俟谢恩毕徐议’”[⑤]。这是西夏就谢册封以及双方疆界事宜通过宥州驿馆递交国书，宥州又将此事奏报宋廷的事例。西夏使节出使北宋，首先要移文宥州，得到同意后方可进入宋境，如元符二年（1099年），“鄜延奏缴宥州牒，已遣告哀谢罪使人十二人赴延州，七月十日过界”[⑥]。神宗元丰四年（1081年）八月乙亥，鄜延路经略司奏称：“‘保安军遣人赍牒宥州，据顺宁寨申：西界驿路自界首把口人及民户尽起发赴近里，公牒凭交割。’诏鄜延路径略司更不移牒”[⑦]。鄜延路经略司就西夏驿路驿舍把口人以及民户发赴近里一事是否向宥州递交外交文书而向朝廷请示。更重要的是这则材料说明了西夏驿路驿舍的设置，驿舍人员即把口人与民户是有区别的，可以推想西夏驿舍也同北宋一样是由驿兵组成的。

《宋会要》：“大中祥符九年（1016年）四月七日，以京城西旧染院为

---

①韩荫晟：《党项与西夏资料汇编》（下卷），宁夏人民出版社，2000年，第3282页。

②《宋大诏令集》卷二三四，中华书局，1962年，第911页。

③④⑤⑥⑦李焘：《续资治通鉴长编》，中华书局，1979年，第10419、552、10142、12199、7630页。

夏州蕃驿。”[①]这是北宋在开封设置的专门负责接待西夏使节、处理宋夏关系的外交机构，叫作都亭西驿。熙宁五年（1072年）四月，章惇重新修改《都亭西驿条制》。因宋夏战争的影响，西夏人不再向北宋派遣使节，后重新通使，但《都亭西驿条制》重复杂乱，使用者已经无所适从[②]。《都亭西驿条制》是管理都亭西驿的制度。都亭西驿作为接待西夏使者的专门机构一直延续到南宋时期，徐梦莘《三朝北盟会编》记载：“宋高宗建炎元年（1127年）正月一日，其大辽使人在都亭驿，夏国在都亭西驿。”[③]西夏遣使宋朝，先由宥州移牒北宋保安军顺宁寨，向宋方申明遣使目的与任务、使者姓名、随行人数、时间等，并等待宋朝回复。宋方收到宥州文牒之后，由保安军转报延州，延州官员拆阅西夏方文牒，决定是否允许西夏使者出使宋朝。据刘兴全研究，夏、宋通使，从北宋建隆三年（962年）至南宋嘉定十三年（1220年）历时258年，双方通使300余次。使节名称繁多，主要有和议使、贺正旦使、贺生辰使、告登位使、贺登位使、官告使、册礼使、告哀使、祭奠、吊慰使、遗留使、回谢使等11种[④]。

（二）西夏至契丹驿路

《辽史·地理志三》：“（中京大定府）皇城中有祖庙……大同驿以待宋使，朝天馆待新罗使、来宾馆待夏使。”[⑤]同北宋的都亭西驿一样，契丹的来宾馆为专门接待西夏使节的驿馆。《契丹国志》四至邻国地理远近条记载：“（契丹）正西与西夏以黄河为界。”[⑥]又在《辽史·地理志》西京道条中记载云：“河清军。西夏归辽，开直路以趋上京。重熙十二年

---

①徐松:《宋会要·方域十之十四》,中华书局,1957年,第7480页。

②李焘:《续资治通鉴长编》,中华书局,1979年,第5638页。

③徐梦莘:《三朝北盟会编》卷七,光绪三十四年许涵度校刊本,第1页。

④刘兴全:《宋、夏通使研究——西夏外交研究之三》,《西南民族学院学报》1996年第2期。

⑤脱脱:《辽史》,中华书局,1974年,第481页。

⑥叶隆礼:《契丹国志》,文渊阁四库全书本,第780页。

建城，号河清军。"[①]由此可以得知当时开辟了自兴庆府至天德军的直达道路。关于西夏与契丹的驿路，在史乘中未见明确记载，但曾巩《隆平集》记载："至德明攻陷甘州，拔西凉府，其地东西二十五驿，南北十驿。自河以东，北十有二驿，而达契丹之境。至曩宵破瓜、沙、肃州，遂尽得河西之地。"[②]从兴庆府出发，向东经今横城渡过黄河，途经马练驿、吃啰驿、启哆驿、卒李驿、瓦井驿、布袋驿、连袋驿、陌井驿、乳井驿、咩逋驿、梁凌驿、横水驿 12 个驿站，经鄂尔多斯沙漠而进入契丹境内，最终达临潢府。黑水镇燕军至黑山威福军有东西向的驿路相连，从黑山威福军经龟头山、新山谷进入兴庆府，由兴庆府出发，如前所述，渡过横城渡即进入通往契丹的驿路。自李继迁以来，历代西夏国王都娶辽朝公主，由辽册封为夏国王，经常保持着密切的关系。从大局来看，辽夏大致保持着长期的友好关系，双方使节在此驿路上的往来应该是频繁的。

（三）由兴庆府经河西走廊至回鹘界驿路

《西夏地形图》显示，这条驿路的方向是：由兴庆府西行至贺兰山麓，转折南行，缘黄河外侧至雄州（今宁夏中卫），折向西行至勒鸡会（未详，待考），抵达凉州，入河西走廊，历甘、肃、瓜、沙四州，进入回鹘统治区域。

西夏与契丹之间的驿路以及西夏经河西走廊联络回鹘的驿路，关涉到 10~13 世纪中西交通路线转变的重大问题，这两条驿路在 10 世纪以来的中西交通史上意义重大，故略作解说，重点阐明这两条驿路的商业贸易功能。宋真宗咸平五年（1002 年），李继迁攻陷灵州，意味着党项族已经登上了中西交通的舞台。西夏于景祐三年（1036 年）终于完成了自李继迁以来多年的心愿，即对整个河西的统治。宝元二年（1039

---

①脱脱：《辽史》，中华书局，1974 年，第 515 页。
②曾巩：《隆平集》卷二十，文渊阁四库全书本，第 198 页。

年）元昊向宋朝上表，宣布称帝，要求宋朝承认。其中“吐蕃、塔塔、张掖（指甘州回鹘）、交河（指西州回鹘）、莫不从伏”①一句，意味着西藏、蒙古、河西、吐鲁番各地与西夏的交往，显示出西夏的国际性，是极为重要的。景祐三年，当西夏统治了河西地方，掌握了东西交通的实权之后，历来自河西流入长安、洛阳方面的东西贸易的主流，以后依靠西夏为媒介，转变为经由河西→西夏→辽这条路线了。《契丹国志》记载了西夏向辽进贡的物件条，并云：“本国（西夏）不论年岁，惟以八节贡献。”同时在诸小国贡进物件条中记载：“高昌国、龟兹国、于阗国、大食国、小食国、甘州、沙州、凉州以上诸国，三年一次，遣使约四百人，至契丹贡献玉、珠、犀、乳香、琥珀、玛瑙器、宾铁兵器、硇砂、萨哈勒贝、克必斯、敏达苏、博林，克必斯已下，皆细毛织成，以二丈为匹。契丹回赐，至少亦不下四十万贯。”②以上材料记载了西夏中继贸易的贸易范围与商品，值得重视的是这个贸易范围包括河西地区的所有重要的政权，还包括葱岭以西的大食国与小食国。由于宋夏战争，西域诸国失去中原地区的传统市场，辽和金无疑是理想的贸易市场。《辽史·地理志》上京道条云：“上京……南门之东回鹘营，回鹘商贩留居上京，置营居之。西南同文驿，诸国信使居之。驿西南临潢驿，以待夏国使。”③《辽史·地理志》中所载留居上京的回鹘商贾，设有回鹘营就证明了辽朝为中西贸易的主要市场。而回鹘商贾到达辽朝上京，中途须经西夏。宋洪皓《松漠纪闻》记载回鹘商贩“过夏地，夏人率十而指一，必得其最上品者，贾人苦之”④。因此，西域商贾经过长途跋涉到达河西地区从黑城或凉州抵达兴庆府，再越过鄂尔多斯进入辽朝的天德军。这就是上文所述连接西夏与契丹之间的驿路以及西夏由河西走廊联

①脱脱:《宋史·夏国传上》,中华书局,1977 年,第 13996 页。
②叶隆礼:《契丹国志》,文渊阁四库全书本,第 755 页。
③脱脱:《辽史》,中华书局,1974 年,第 441 页。
④洪皓:《松漠纪闻》卷一,文渊阁四库全书本,第 697 页。

络回鹘的驿路。日本学者松田寿南把这一横断鄂尔多斯东北行的路线命名为“漠南路”，即11世纪的西域商贾沿着河西走廊→兴庆府→归化州→上京的路线行进。西夏作为10世纪迄13世纪中西交通中的中继国异常活跃，在中西交通史上发挥着重要作用。

另外，西夏境内还有许多联系州、郡、军的支线。《续资治通鉴长编》记载：1037年“赵元昊既悉有夏、银、绥、静、宥、灵、盐、会、胜、甘、瓜、沙、肃，而洪、定、威、怀、龙皆即旧堡镇伪号州。仍居兴州，阻河，依贺兰山为固。”[①]置12监军司，委酋豪分统其众，军队总计30余万[②]。并创16司于兴州，以总庶务。西夏的地方行政编制，分为州县两级。这里只列举了19个州名，实际辖州并不止此。在西夏的极盛时期，州的数量应比这个数字多出数倍。宋崇宁四年（1105年）西夏河南之地就有州45个之多，遑论其他[③]。西夏中央政府与地方州县之间公文往来必然要通过驿路来解决。作战时要点集十二监军司的军队，所谓“每有事于西，则自东点集而西；于东，则自西点集而东；中路则东西皆集”[④]。点集势必也要经过驿路，虽然《西夏地形图》没有详细标示西夏各州、各监军司之间的驿路，揆之常理，各州县、各监军司之间的驿路是存在的。

二、西夏驿传制度

前述赵德明大中祥符三年（1010年）春绥、夏州各建馆舍，用来接待北宋使臣，并要求在浦洛峡设置驿馆，但未获宋廷同意。约

①李焘:《续资治通鉴长编》,中华书局,1979年,第2845页。

②《范文正公年谱》第20页记载西夏置十八监军司,《宋史·夏国传上》卷四八五则记载西夏置十二监军司,吴天墀认为西夏有十二监军司,今采吴说,详见吴天墀《西夏史稿》,第208页;关于西夏军队数量,《宋史·夏国传上》记载有50余万,《范文正公年谱》则云15万,《续资治通鉴长编》卷一二〇第23页则记载有30余万,《宋史·夏国传上》50余万的数量实际上是将各监军司军队人数相加时计量失误所致，实则仍为30余万。

③吴天墀:《西夏史稿》,四川人民出版社,1983年,第204页。

④脱脱:《宋史·夏国传上》,中华书局,1977年,第13995页。

1061～1062年西夏在宥州建置接待北宋使臣的驿馆。北宋时期，宥州驿馆是西夏同宋进行外交活动的前沿与窗口。西夏在京师兴庆府设有驿馆负责接待外国使节。至于西夏驿路沿途驿站设置、修葺以及驿站人员的构成、置换等情况我们几乎是一无所知，是否像北宋驿路设有铺，现在还不太清楚。神宗元丰四年（1081年），鄜延路经略司奏称："保安军遣人斋牒宥州，据顺宁寨申：西界驿路自界首把口人及民户尽起发赴近里。公牒凭交割。"这则材料似乎说明了西夏驿路沿途设置了类似铺的驿站，驿舍人员即"把口人"与民户是有区别的，可以推想西夏驿站人员也同北宋一样是由驿兵组成的。"他国使来者，监军司、驿馆小监当指挥，人马口粮当于近便官谷物、钱物中分拨予之，好好侍奉。"[①]此文可以证明西夏驿路上确实设置了驿站，但具体情况不明。《天盛改旧新定律令》（以下简称《律令》）《桥道门》规定"诸租地中原有官大道，不许断破、耕种、沿道放水等。若违律时有官罚马二，庶人徒三个月，依道法当除之。"这里的"官大道"应指西夏的主要交通干线，《律令》条文在于保证主要交通干线的畅通，"依道法"意味着有专门的道路管理法规[②]。

西夏对本国与外国使节、驿递人员严格管理，对他们的职责与权利作了严格而清晰的法律规定。《律令·使来往门》："他国来使，住于京师驿馆，依官买卖，未住诸人不许随意买卖。"和北宋京师的都亭驿于都亭西驿一样，西夏京师驿馆负责接待外国使节，同时，驿馆也是外贸场所，在京师驿馆这一由政府专门机构的控制下，外国使节在完成交易时，要向西夏官方交税。如果违律买卖脱逃纳税，则处以逃税之罪[③]。《使来往门》第二条规定"我国人往使他国时，不许不过局分处招携、驮、人"。否则，引道、正副使、内侍、閤门等要受处罚。说明出使组成人员人数、

---

①②③史金波，聂海音，白滨译注:《天盛改旧新定律令》，法律出版社,2000年,第471、504、397页。

所携带物品的多少都要经过有关当局的同意[①]。西夏外交人员在外交活动中违反外交礼仪、举止失态要受法律惩处。《律令》规定“正副使、内侍、合门、文书、译语等不与自人相伴而行……与他国客副他人饮酒作歌，为歌失态，接待失礼时，正副使无官徒一个月，有官罚马二。”内侍、閤门、文书、译语等依官品高低接受程度不同的处罚[②]。这条律文也有助于我们大体了解西夏外交使团人员的组成，西夏外交使团的主要成员大体由正副使、内侍、閤门、文书、译语组成。正副使以下人利用出使机会叛逃敌国，“则依谋逆已行法判断”[③]。此外，《律令》还规定正副使以下人等要下级尊敬、服从上级，不许争斗相殴[④]。西夏外交人员除了规定的礼物外，不能私自向他国索要礼物，而他国使人索要财物时，“接近京城则当索谕文，不近京城及在他国，则当允许予物件若干”[⑤]。他国如果违反了西夏法律，正副使违法则要报告朝廷，其余人等犯小罪则交给正副使处理，大罪要向朝廷报告[⑥]。国内邮递人员的职责与权利与驿传凭信密不可分。在探讨西夏驿传凭信这个问题时一并讨论。

西夏驿传中通过国家供给制与无偿征用制解决邮驿所需畜力。通过国家供给制主要为出使外国的使团与国家商团提供畜力。而国内信使所需骑乘主要通过无偿征用制来解决，特殊情况下，则由政府相关部门提供骑乘。《律令·供给驮门》规定：“官家驿驾出，随时供给，诸人借领所需骑乘时，群牧司、行宫司二种司内之骆驼当分别驱派。”一般由群牧司向出国使节提供骑乘，“临时须骑乘时，一律由行宫司供给。”[⑦]三司、皇城司、行宫司也向出国使团提供骑乘，所需骆驼先由群牧司调出，需要时即供给使团，以上机构供给骑乘的对象是国家商业使团，“皇城、三司等往汉、契丹卖者，坐骑骆驼预先由群牧司分给，当养本处，用时驮之。”如骆丢失相关人员要赔偿，骆驼死亡要注销[⑧]。

---

①②③④⑤⑥⑦⑧史金波，聂海音，白滨译注:《天盛改旧新定律令》，法律出版社，2000年，第397、398、397、397、398、397、575、576页。

西夏政治使团和商业使团的骑乘使用骆驼，这是很好理解的，西夏驿路多穿越荒漠沙碛等地理环境恶劣地区，又驮运大宗货物，骆驼无疑是最好的骑乘工具。

无偿征用制是解决国内信使骑乘的主要途径，征用对象主要是私人马匹或国家牧场马匹。如确实无法征用，则由国家供给信使骑乘。《律令·执符铁箭显贵言等失门》："派执符时，当骑诸家民所属私畜及官之牧场畜等有方便可乘骑者，不许差用一种官马。若附近无私畜及牧场畜等，及不堪骑乘，实无有，则允许捕骑官马。倘若违律，附近有堪骑之他畜不用而无理用官马时，徒十二年"[①]。另外，有紧急军情要求迅速处理时，"当遣神策使军、强坐骑。"[②]信使执行公务，由官府签发名为"捕骑头字"的文件，规定无偿征用马匹的数量，禁止超额征用，"执符除头字上捕骑数以外，有超捕骑者时"，根据情节判处有期徒刑一年至绞刑不等的刑罚[③]。信使征用民间马匹时，被征用者要无条件提供，否则，"诸人与执符本人相遇，殴打、不予乘骑等时，当绞杀"，或者"不予骑乘而逃，及予之骑乘而打之，及未打而不予骑乘等，一律徒十二年"[④]。无驿传凭信而邮递官方文书的信使入路遇有凭信信使征用马匹时，也要无偿提供[⑤]。征用民间马匹或官牧场之马匹，公事毕则须归还原主，如马匹死亡要赔偿[⑥]。《律令》申明一站人员执行公务时，"不许于家主摊派食粮、马草等"[⑦]。说明驿路粮草的供应是有驿站或当地政府提供的。

传递军事信息、国家机密、紧急公文时，邮递者持有某种牌符，即传令的凭信。传递军事信息时需要当场和符，邮递者损坏牌符等凭信要受法律制裁。西夏公文中有一种为"火急要言"，就是急递文书，根据《律令》条文反映，就是有关紧急军事情况、边防事宜、发兵、叛乱、

---

①②③④⑤⑥⑦史金波，聂海音，白滨译注:《天盛改旧新定律令》，法律出版社，2000年，第476、472、469、476、474、468、471页。

边疆以及畿内有事告奏、征发力役、征收财物等的急递文书。以上文书需要邮递者持“火急符”急速传递，类似北宋的急脚递或马递，火急符就是信牌[①]。这些制度主要为军队的通信与传令系统而制定，属于军队的传令与通信制度。

西夏文辞书《文海》释“信牌”：“此者官语执者，诸人所信名显用，迅速紧急之燃马上用，故名信牌也。”中国历史博物馆藏编号为39779的西夏铜牌一枚，外面有西夏文一，译“敕”字，即帝王诏令之意。内面西夏字译“敕燃马焚”，意为“敕令驿马昼夜急驰”，此牌为西夏驿站传递诏令的“符牌”[②]，颇似宋朝用于传递紧急军令的“金字牌”。陕西博物馆亦存一枚。据杜建录考证，西夏信牌就材质而言，有银质、铜质、铁质、木质乃至纸质等[③]。

持牌符传递信息、公文者，要仔细保护牌符，勿使损坏、丢失。否则，邮递人员要受法律制裁，如“诸人执符、铁箭出使时，无心失误而骑跌自颠，符、铁箭折损，失留书子、锁舌、捕畜头字等时，因大意，有官罚马一，庶人十三杖。诸人执符出使处，不许藏符于怀中，致符面上纸揉皱折叠。”处罚是有官罚马一，庶人十三杖。“执输符而折之，曰‘我带银符’语及所领符不带腰上而置家中等，一律徒三年”[④]。“执符出使处大意失符者，当绞杀。”[⑤]《律令》作出“除统军外，诸执符不许饮酒”的规定，也是为了防范遗失牌符[⑥]。丢失发兵牌符，若军队按时发兵，失牌符者判处三年徒刑，“若应发之兵集日未到来，则失牌者绞杀”[⑦]。

持牌符驿递信息、公文，急如星火，昼夜不停驱驰，如在限定期限内不能送到，持符驿递者当受刑罚。《律令》规定：“执火急符，有期

---

①王曾瑜：《宋朝兵制初探》，中华书局，1983年，第279~283页。
②王静如：《西夏木活字版佛经与铜牌》，载《西夏史论文集》，宁夏人民出版社，1984年。
③杜建录：《试论西夏的牌符》，载《宋史研究论文集》，宁夏人民出版社，1999年。
④⑤⑥⑦史金波，聂海音，白滨译注：《天盛改旧新定律令》，法律出版社，2000年，第470、475、474、475页。

限时，昼夜全不过，其间误自一时至三时八杖，自四时至六时十杖，自七时至十时十三杖，自十一时以上以误全日论。”[①]持符驿递者延误了紧急军情的传递，则加重处罚。《律令》规定：“执符火急要言，予之期限中，误一日徒一年，误二日徒三年，误三日徒五年，误四日徒十年，误自五日以上者，一律当绞杀。”[②]

另外，传递发兵军令，持符者要和所在发兵监军司当众合符。《宋史·夏国传上》记载元昊“发兵以银牌召部长面受约束”，“每有事于西，则自东点集而西；于东，则自西点集而东；中路则东西皆集”[③]。直至1081年，西夏梁太后与弟梁乙埋发动宫廷政变，也是以出银牌的方式点集军队。元丰四年（1081年），鄜延路马步军副总管兼第一将种谔向朝廷汇报西夏发生宫廷政变，并奏称“梁相公者，已出银牌点集，未知从与不从”[④]。律文“执鍮符而折之，曰‘我带银符’语及所领符不带腰上而置家中等，一律徒三年”条中提到持符者所持符牌中有“银符”正好和传统文献记载相辅相成，证明西夏发兵确是发牌符谕文召集。“诸监军司所属印、符牌、兵符等当记之，当置监军司大人中之官大者处。送发兵谕文时当与本司局分大小刺史等众面前开而合符。”[⑤]传统文献有数处提到宋军获得西夏统军将领的敕令、起兵符契、牌印等的情景。如元丰四年（1081年）十一月乙酉，蒲桃山之战获“伪宣敕、铜印一……”[⑥]元符二年（1099年），秦凤经略司言：“有伪钤辖吴名革等将带部族三百九十七人、孳畜三千以来，并伪牌印归顺。”[⑦]元丰五年（1082年），环庆经略奏称“斩西贼统军嵬明妹精嵬、副统军讹勃遇，得铜印、起兵符契、兵马书。”朝廷“诏以印、符契、兵马军书来上”[⑧]。以上事例中出现的敕令、起兵符契、牌印等与《律令》条文所载发兵合

---

①②⑤史金波，聂海音，白滨译注:《天盛改旧新定律令》，法律出版社，2000年，第468、468、474页。

③脱脱:《宋史·夏国传上》，中华书局，1977年，第13995页。

④⑥⑦⑧李焘:《续资治通鉴长编》，中华书局，1979年，第7685、7704、12076、7865页。

符的情况足以互相说明，西夏军令与通信系统中确乎实行合符制度。

三、结 论

综上所述，夏州割据政权时期，银、夏、绥、宥4州8县之地有驿路通往长安，但内迁党项时常四出剽掠，战斗不息，致使音驿断绝，商旅裹足，影响了中西交通大动脉的畅通。西夏控制河西地区以后，成为中西交通的枢纽地区，从10世纪至13世纪的长时段观察，西夏一直处于国际政治格局的中心。西夏与四周各民族政权通过3条驿路干线建立了广泛联系。通过兴庆府至开封的驿路，停战时期，双方使节奔走驿路，为各自国家的利益折冲斡旋，一旦烽火再起，这条驿路又成为宋夏军队北上南进、军粮转输、军令传递的主要路径。借助兴庆府至辽国都城的驿路，除了极其短暂冲突时期，西夏同辽保持着长时间的和平稳定关系，在这条驿路上，两国使节络绎不绝。横断鄂尔多斯东北行的“漠南路”，即由河西走廊→兴庆府→归化州→上京的驿路，作为10世纪迄13世纪中西交通中的大动脉，替代了传统的丝路贸易的路线，其商业贸易功能非同寻常，西夏是主要的贸易中继国，异常活跃，在中西交通史上放射出灿烂的光辉。西夏国内的驿路支线构成了日常政治生活中的信息网络，具有十分重要的意义。西夏建立了比较完善的驿传制度，以国家供给制与无偿征用制相结合的原则解决驿传骑乘问题，建立了完善的驿传凭信制度，在军令的传递中建立了合符制度与紧急军令、政令速递制度，等等，都显示了西夏驿传制度的独特之处。

本文发表于《北方民族大学学报（哲学社会科学版）》2010年第1期。

宋夏沿边的侵耕问题

◎陈　旭

一、宋夏双方的侵耕活动

侵耕是指宋夏双方相互逾越界至，在对方沿边地区发生的耕稼放牧事件。北宋对西夏的侵耕事件文献记载殊少，但其存在则毋庸置疑。大中祥符四年（1101 年）元月甲申，“赵德明奉表诉明爱侵耕其绥州界，乞遣使按视”[①]。按明爱乃宋属户，后北宋派遣张齐贤奉命董理此事，调查属实后，张齐贤令明爱归还了所侵耕的夏地。实际上宋夏边界犬牙交错，长二千余里，但双方界至并不明确，宋代属户越界侵耕的事件当不只是上举一例。熙宁四年（1071 年）神宗令范育等四大臣划定宋夏界至时，范育奏云：“自兵兴以来，边人乘利侵垦，犬牙交错，或属羌占田于戎境之中。”[②]宋沿边属户对西夏沿边土地的侵耕是经常性的普遍现象，因此范育认为要明确地划定宋夏界至是一件十分棘手而不合算的事情。他认为：“今分画，则弃之（指属户所侵耕夏地），穷边生地非中国之土，今画界其内，则当

---

①②李焘:《续资治通鉴长编》,中华书局,1979 年,第 1707、5548 页。

取之。弃旧所有，则吾人必启离心；取旧所无，则戎人必起争端。”[①]北宋沿边属户的侵耕行为是一种民间的违法越界的侵占行为，但是没有宋朝边吏守将的默许甚至纵容，能否发生属户的侵耕行为则要大打折扣。当然，在宋夏战争的前期，由于宋对西夏的防守处于劣势，宋朝不喜边吏生事，一般来说对生事的边吏守将会给予处罚，这种情况史籍记载较多，吴天墀等治西夏史的专家在其著述中已有精彩论说，此不赘述。神宗以前，宋朝官方对西夏的侵耕行动未成规模。“侵耕”问题的发展同宋夏国力的消长及双方军事形势的变化有直接关系。11 世纪 60 年代末在宋夏战争中，战局开始发生微妙的变化，西夏军事逐渐由强盛而转衰微。特别是 11 世纪 80 年代，宋夏政治、军事局势发生了关键性的转变。西夏因梁氏家族专持国柄，致使“孤童幼弱，部族携贰离心”，这种分崩离析的状态影响了西夏对外扩张的力量。就宋而言，英宗崩殂，神宋践祚，踌躇满志，任用王安石实施了以“富国强兵”为目的的新法。政治和财政上的改革使军事力量有很大的增强，一改对夏“三十年来口不言兵”的保守妥协态度而趋于强硬，军事上由防守而转为进攻。具体表现为宋展开了对西夏横山地区的“进筑”和对熙河地区的开拓经营。尽管元祐时期对西夏政策软弱动摇，但西夏在军事上丧失优势已成定局，元祐八年（1093 年）宋太皇太后高氏病逝，其孙哲宗亲政，改元绍圣以示述父志，在恢复新法，排斥打击元祐党人的同时，在军事上再趋强硬，策动进攻西夏，史称“绍圣开边”，“进筑”规模较前更为扩大，北宋对西夏的“进筑”不只是一种单纯的军事推进，实乃进筑在前，耕稼踵后，章楶所谓：一则占据地利，倾覆贼巢；二则欲招置弓箭手，耕凿种孳使之自卫家室，渐减戍兵。从熙宁对夏用兵以来宋先后从西夏夺取了葭芦、吴堡、米脂、义合、浮图、塞门等地，无不暴露了其侵占行径，因此苏轼批评说，贪功生事之臣，唯务杀人争地，得尺寸之土，不问利宪。司马光也明确承认，灵夏之役，本由我起；新开数

①李焘:《续资治通鉴长编》，中华书局，1979 年，第 5548页。

寨，皆是彼田。苏轼、司马光是保守的元祐党人，言词之间不免有对“新党”的不满与攻击，要对自己的对夏政策辩护，但是“元祐党人”和“新党”的根本阶级利益是一致的。“进筑”就事实而言，确是一种侵略行为，“进筑”除却其军事目的，就其“耕凿种孳”的目的而言也是一种官方的有目的的侵耕行为。

面对西夏的侵耕以及边境上经常发生的同侵耕性质相一致的扰割、抢获之类事件，宋方进行武装防备，成立护耕军或筑护耕堡。同时，宋也运用破坏西夏耕种和收获的手段来打击西夏，这和宋对西夏的进筑是一脉相承的。元丰七年（1084 年），泾原经略安抚制置使李宪向朝廷奏上旨在用扰耕之策制服西夏的《扰耕策》。同年二月，神宗据此诏谕：“浅攻扰贼春耕，若如所画，理固甚善。”[①]宋神宗明诏以“扰耕策”制服西夏表明宋夏在侵耕或扰耕问题上矛盾激化、升级。在宋实施侵耕、扰耕之策以困西夏之时，西夏对宋的侵耕活动已呈加剧、扩大的势态。宋深知西夏经济的脆弱性和对宋经济上的依赖性，把对西夏的进筑侵耕、扰耕作为一种经济手段，打击西夏，迫其就范。就其实而言，这一策略确实起到了打击西夏的目的。无定河以东满堂、铁笳平一带土地肥沃，是西夏赖以为国的地方，宋筑绥德城后，屯驻耕耘。使夏“数年不敢耕凿，极为困挠”[②]。

西夏对宋进行侵耕、扰耕的地域相当广泛。东起麟、府，西至兰、会的宋夏沿边之地，程度不同地受到了西夏的侵耕、扰耕，以及抢收粮食刍草的活动。其中以麟府地区受西夏的侵耕最为严重，而西夏对麟州城外屈野河地带的侵耕则尤为典型。

西夏侵耕宋地始于真宗咸平四年（1001 年）。是年李继迁攻灵州不克，遂据灵州城周川原，为解决军粮计，“使部族万山等率蕃卒驻榆林、大定间为屯田计。垦辟耕耘，骚扰日甚”[③]。李继迁侵耕灵州时的生产组织特

①②李焘:《续资治通鉴长编》，中华书局，1979 年，第 5548、8248 页。
③吴广成:《西夏书事校证》，龚世俊等校证，甘肃文化出版社，1995 年，第 80 页。

点值得引起注意。李继迁以“部族”为单位，令其率“蕃卒”（部落兵）屯垦，这涉及西夏政权的基础及西夏兵制的特点，即部落兵在西夏国家和军队中占有举足轻重的地位。乔幼梅教授在《西夏兵制初探》中有精当论述。又原为继迁所掠而后遁归的环州虎翼军士魏琼言：“继迁在灵州东三十里东关镇树栅居之，所部人骑约三万。……引河水溉田……凡执役者，有小过则系头投于河，令人就下游流接视，蕃人则援以出，汉人则否。”[①]可知部落兵中亦有汉人，不是单纯的“蕃卒”，当然从继迁对汉人带有民族歧视和压迫性质的举措上反映出落部兵中“汉人”的地位较“蕃人”要低。军屯历史悠久，组织军队集体耕作，收获归国家所有，是一种国有土地的军事经营方式，西夏军队对灵州的侵耕经营方式上同中原王朝没有大的区别，所不同者就是以部族为单位，以部落兵为劳动者进行生产活动，这是西夏军屯的特点，而劳动成果则入为军粮。

西夏对宋的侵耕事件中，没臧讹庞对宋麟州屈野河流域的侵耕尤为典型，史籍记载也最丰赡翔实。屈野河源于鄂尔多斯草原南缘，东南向流经麟州，分麟州城外土地为东西二部。土地肥沃，宜于耕种。

西夏宋麟州屈野河流域的侵耕始于天圣初年，当时因“州官相与讼河西职田久不决，转运使乃奏屈野河西田并为禁地，官私不得耕种”。遂使屈野河西至夏界至六十里之内的大片土地成为“闲田”。1041年后宋夏议和时，“所侵才十余里”，造成元昊侵耕十余里的原因是这时宋朝欲早日同元昊达成和约，“不欲与敌分明界至”，只是在河滨修数堡敷衍塞责，忍辱含荣。横阳河地界划定后，宋令知麟州张继勋定麟州界至，张继勋就屈野河地界同西夏洽谈，但西夏声称“我马足所践，即为我土”[②]，态度强硬，后西夏因国内经济拮据提出通宁星和市，未经宋廷授意，继勋以此邀夏人，双方就屈野河地界达成暂时协定。但宋廷以擅自自理边务为由罢免了张继勋。这一做法产生了恶劣的影响，以致以后“知州事者惩其多事

①②李焘:《续资治通鉴长编》,中华书局,1979年,第5580、4470页。

取败，各务自守，以矫前失”。实际上为贪位保禄，以便“岁满得迁官”而坐视国土被侵耕，并严禁吏民逾屈野河西。直至这种情况被河东管勾军马司贾逵发现而诘责王亮，王亮才上奏朝廷。这种做法助长了西夏侵耕的气焰。“西人初犹观望未敢，数岁之后，习知边吏所为，乃放意侵耕”，“自银城以南至神木堡，或十里，或五七里以外，皆为敌田矣”①。当时讹庞欲尽垦屈野河西田，后因西夏统治阶级出现内讧将人马撤还，“然银城以南侵耕者犹自若”②。嘉祐二年（1057 年）五月宋将郭恩在“断道坞”战死，讹庞更是肆无忌惮，明指屈野河中央为界，屈野河以西至夏界之间六十里田土全被讹庞所侵耕。

庞籍云：“西人侵耕屈野河地，本没臧讹庞之谋。”③讹庞是侵耕屈野河西宋地的策划者、组织者和实施者，也是侵耕经济利益的最大获得者，讹庞对屈野河西地的侵耕是以强大的武力作为后盾的。讹庞“至耕获时，辄屯兵河西以诱官军”④，嘉祐二年正月没藏讹庞“团兵至境上，逮三月，增至数万人”⑤。以庞大的武力作后盾保护侵耕是西夏侵耕成功的重要保障。史载讹庞“尽发麟州以北发民耕牛农具，计欲尽耕河西地”⑥。当时西夏社会正从封建领主制向封建地主制过渡，这里的“民”当指农奴。而侵耕地上的劳动成果则非农奴所有，“所收皆入其酋没藏讹庞”。以武力作后盾，利用农奴作劳动力耕垦的大片土地，讹庞“宴然以为己田”⑦，据为私有，可以推想侵耕邻国领土据为己田是西夏贵族私有土地的一个来源，正是由于对土地和粮食等财富的贪婪的占有欲促使像讹庞这样的贵族地主侵耕宋土。西夏对侵耕土地经营的大体情况和讹庞对屈野河被侵耕土地的经营情况是一致的。

史籍记载，西夏对宋的侵耕事件还有：嘉祐五年（1060 年）宋鄜延路

---

①②③⑦李焘:《续资治通鉴长编》,中华书局,1979 年,第 4471、4471、4471、4471 页。
④⑤脱脱:《宋史》,中华书局 1977 年,第 10522、14001 页。
⑥吴广成:《西夏书事校证》,龚世俊等校证,甘肃文化出版社,1995 年,第 228 页。

沿边德靖军十堡塞，“频有贼马入界，开垦生地，并剽略畜产”①。《宋史·周永清传》云，德顺军“并砦禁地三百里，盗耕不可禁”②。熙宁九年（1076年）夏侵耕宋延州怀宁寨③，元丰元年（1078年）侵耕麟府二州生地④。史籍明文记载西夏对宋的最后一次侵耕是1097年乾顺“常于夜间直至大理河东葭芦境上侵耕旷地，昼则劫归本界”⑤。以上所举并不能涵盖西夏侵耕事件的全部，挂一漏万之嫌在所难免。

除侵耕而外，西夏还对宋沿边庄稼组织武装抢收，如《宋史·俞充传》载：“环州田与夏境犬牙交错，每获必遭掠。”⑥这种抢收、盗割、扰耕践稼的行为在宋夏沿边是经常发生、屡见不鲜的，其目的和侵耕一致，都是为了获取粮食、草和其他物质财富。这从侧面反映了西夏的农业生产欠发达而粮食不足的情况是严重的。

二、造成西夏侵耕宋土的原因

宋夏双方有很长的边界，大都无险可守，宋对绵亘两千里的边防线可谓无处不设防，无处不屯集，这势必造成备多力分的不利局面，结果是处处设防而处处无防。边界辽远而守兵分散是庆历御边之弊，虽然韩琦、范仲淹御边后，组织弓箭手、番兵等加强了边防力量，边防劣势有所改变，然而直至熙宁变法时，王安石仍认为边障极虚。⑦边障极虚为西夏“乘利侵耕”提供了便利。

宋夏边界没有明确的封堠壕堑加以区分，往往是非常含糊地“指地为障”，多以宋夏沿边之间的“两不耕地种之地”为界，所谓两不耕地阔狭不定，“其间阔者数十里，狭者亦不减三五里”⑧。以此为障以别华夷，无异以饵投虎，出现“出其不意尚或交侵”的越界侵耕行为便不足为奇，王安石亦云“侵争之端，常因地界不明”，“欲约束边吏侵彼，亦须先明

---

①③④⑦⑧李焘：《续资治通鉴长编》，中华书局，1979年，第4652、6730、7093、5550、5549页。

②⑥脱脱：《宋史》，中华书局，1977年，第11076、10702页。

⑤吴广成：《西夏书事校证》，龚世俊等校证，甘肃文化出版社，1995年，第342页。

地界”[①]。西夏亦然。

陕北自唐代以降，屡遭兵燹，地旷人稀。宋夏战起，以横山为中心的陕北地区更是点集不休、争战不息的主要战场，受战争影响，旷土荒地不少。延州塞门及河东丰州原为宋属户住坐生息之地，“经元昊驱掠遂为隙地”[②]。北宋常长期招诱西夏沿边熟悉户，投宋熟户宋都在沿边赐“闲田”安置，令其坐住生息。这是宋安置叛夏熟户的政策。北宋沿边地区荒地良多的情况也可以从边臣的括地开田活动中略见一斑，《宋史·蔡挺传》载，蔡挺知渭州时，“括并边生地冒耕田千八百顷，取边民阑市蕃部田八千顷……又筑城定戎军为熙宁砦，开地二千顷……”[③]这只是渭州的情况，推诸两千余里的宋夏沿边地区，荒地不知有多少。

宋夏沿边所在地为黄土高原之一部分，黄土高原属温带半干旱气候，若没有严重旱灾，正常年份雨水能满足耐旱农作物的需要。土壤以黄绵土为主，口松易植，缺点是易受雨水溪流冲刷而流失，因此横山、子午岭等为分水岭的大小河流把原面切割得支离破碎，河流沟谷的小冲积平原土地肥沃，是主要的产粮地。为便于较明晰地了解宋夏沿边地貌，以说明问题，今不妨将陕北的主要河流依其河道大致方位排列如下。

无定河及其支流是横山北坡的主要河流。无定河东北流至今内蒙古乌审旗折而东流，至榆林县之鱼河堡折向东南，至清涧县境入黄河，全长885公里。其主要支流是芦河、榆溪河、大理河、怀宁河等。横山南坡的主要河流西有洛河，源于定边东南至大荔入渭水，全长650余公里，主要支流有周水河、葫芦河、沮河、石堡河、白水河等。东部是延河及清涧河。延河源于今靖边县，东南流入黄河，全长278余公里。其主要支流是杏子河、西川河等，清涧河源于今安塞县，东南注入黄河，全长118公

①李焘:《续资治通鉴长编》,中华书局,1979年,第5578页。
②吴广成:《西夏书事校证》,龚世俊等校证,甘肃文化出版社,1995年,第190页。
③脱脱:《宋史》,中华书局,1977年,第10576页。

里，主要支流有永坪川、文安庄河等。

子午岭东坡河流主要有葫芦河和沮河，皆东流注入洛河，岭西为马莲河南注入泾河，马莲河以西，六盘山以东为清水河，北流入河。黄龙山东有县川河、白水河、猴儿河、居水等，皆东流注入黄河。西有介子河、仙姑河、沙家河，皆流入洛河。

无定河东端之神木、府谷及佳县等处的主要河流有黄甫川、清水川、孤山川、窟野河、秃尾河、佳芦河。除佳芦河外，余皆源于鄂尔多斯草原流经陕北黄土高原，东南流注入黄河。其中黄甫川流域、窟野河流域（窟野河，《宋史》《长编》作屈野河，《神木县志》作窟野河），以及秃尾河流域远在秦汉时期已经是农业发达的地区。

黄土高原地表被这些大小河流切割、冲刷，在河流经过之地形成条条平坦肥沃的河谷长条形小平原，实为宜于耕耘的小流域农业区。在现在的《陕西国土资源》上可以看到，这些河谷平原是陕北的灌溉农业区，并且是陕北的主要产粮区。

西夏的国土 2/3 为沙漠，宋人吕大中曾言：（夏）国人赖以为生者河南膏腴之地，东则横山，西则天都、马衔山一带，其余多不堪耕牧。东起横山，西至天都山、马衔山大体上和宋夏沿边的范围是相符的。宋著名边将种谔亦谓“横山延袤千里，多马宜稼，人物劲悍善战且有盐铁之利，夏人恃以为生”[①]。宋夏沿边地区的气候土壤、植被条件符合旱作农业和畜牧业的发展。特别是窟野河、秃尾河、黄甫川流域是农业历史生产悠久的农业区，西夏对窟野河西地的尽力侵耕行为可见有其深远的历史原因和优厚的地理条件。

党项羌内徙之前是一个“不知稼穑”的游牧民族。内徙到陕北之后在很长的历史时期仍以畜牧为主，苏轼《东坡志林》记载过如下一段话：“吾昔为秦州，闻德明岁使人以羊马货易于边，课所获多少为赏罚，时将

①脱脱：《宋史》，中华书局，1977 年，第 10747 页。

以此杀人。其子元昊年十三，谏曰：‘吾本以羊马为国，今反以资中原，所得皆茶彩轻浮之物，适足以骄惰吾民，今又欲以此戮人，茶彩日增，羊马日减，吾国其削乎？’乃止不戮。”[①]这段同元昊所谓“衣皮毛，事畜牧，蕃性所便，英雄之生，当霸王耳，何锦绮为？”所表达的内容是相同的，即德明时期夏州政权以畜牧为主导性的产业。但是逐渐定居于传统农耕区的党项游牧民族，在逐渐掌握了一定农业生产技能和知识之后，开始由游牧的生活、生产方式向农耕的生活、生产方式转化，至庆历时期出现了“西羌之俗，岁以耕稼为事，略与汉同”的情况。贵族地主对土地的贪欲随着封建化的进程而增强。加之庆历宋夏战争之后，宋夏军事局势中宋渐渐地由劣势转为优势，从地缘政治的角度看，西夏对宋的战争在地理上几无推进，像辽金那样通过战争获取大片土地的可能性几乎没有。因此，小规模的侵耕、扰耕、抢收行为就在宋夏沿边长期上演了。

任何战争均以经济作为其物质基础，“人马未动，粮草先行”可谓是对这一不刊之论的朴素而简捷的阐释。西夏政治的一个显著特点是对外战争不休，说西夏是以武立国，并不为过。其经济的显著特点是整个社会经济基础的脆弱性和对宋经济的依赖性，关于西夏经济的这一特点，元初史家马端临有独到的见解。其论曰：“元昊倔强构逆，兵势甚锐，竭天下之力不能挫其锋，然绝其岁赐、互市，则不免衣皮食酪，几不能以为国，盖河西之地自唐中时以后一沦异域，顿化为龙荒沙漠之区，无复昔之殷富繁荣矣。虽骁悍如元昊，所有土地过五凉然不过与诸蕃落杂处于旱海不毛之地。兵革之犀利，财货之殷富俱不能如曩时，是以北事辽南事宋仅足以自存。”[②]而一遇天灾则转迁流徙，艰难万状，粮食匮乏终夏一朝一直存在，特别是军粮时常缺乏。

西夏军队时常缺粮。夏贞观二年（1102 年）春正月西夏御史谋宁克任

①苏轼:《东坡志林》,中华书局,1981 年,第 70 页。
②马端临:《文献通考》,浙江古籍出版社,1988 年,第 2537 页。

曰："国家自青白盐不通互市，膏腴诸壤，寖就式微，兵行无百日之粮，仓储无三年之蓄。"[①]《宋会要辑稿》在谈到夏的军粮问题时，写道："西北少五谷，军兴，粮馈止于大麦、荜豆、青麻子之类。"西夏常备军和特种部队由国家供应粮食外，西夏大量的部落兵装备、粮食均需自给，范仲淹指出："（西夏）建宫置兵，不用食禄，每举众犯边，一毫之物皆出其下，风集云散，未尝聚养。"[②]夏军所至之处就要向当地居民征粮或抢掠。侵耕宋土实行军屯、民屯也是解决军粮的办法，如李继迁围灵州，在城周军屯以解决军粮，没藏讹庞对窟野河的侵耕主要是以民屯的形式以取粮，当然亦不排除满足梁氏个人贪欲之事实。

三、西夏侵耕产生的不良影响

西夏的侵耕是引起宋夏纠纷和战争的一个不可忽视的因素。以没藏讹庞对屈野河西的侵耕为例，由于讹庞的侵耕得寸进尺，欲以尽垦为快，宋欲在麟州西二十里筑新堡两座为防卫之据点，具体措施交由管勾麟州府军马公事郭恩，知麟州武勘及走马承受公事、内侍黄道元等负责。筑堡工作未兴而夏兵已至，郭恩在不明夏军军情的情况下，受内侍黄道元胁迫，于嘉祐二年（1057年）五月五日晚出麟州城趋屈野河。在"断道坞"中夏军埋伏，军败被俘，不降自裁。侵耕、抢收等事件也使宋采取同样手段对付西夏，并上升为一项基本国策和战略手段。熙宁以来的"进筑"是这种国策的具体体现。

侵耕行为影响了正常的宋夏贸易，对西夏人民的生活造成了痛苦和灾难，宋为迫使西夏停止侵耕，划定界至，抓住西夏经济对宋的依赖性这一特点，采取停止正常的政府双边贸易的政策。据《宋史·食货》载，讹庞侵屈野河地，知并州庞籍建议，绝宋夏互市，否则，西夏会内侵不已，从其议。后又禁止沿边民间贸易。此后二年又下诏诸路，禁绝私贩。在这种

①吴广成：《西夏书事校证》，龚世俊等校证，甘肃文化出版社，1995年，第371页。
②赵汝愚：《宋朝诸臣奏议》，上海古籍出版社，1999年，第1495页。

情况下西夏出现了严重的经济困难。关于西夏因宋夏的贸易中断而出现的经济困难情况，吴天墀先生《西夏史稿》、王天顺先生主编的《西夏战史》多有述及，此不赘述。

侵耕问题引起宋对宋夏沿边界至的重视。自讹庞侵耕屈野河西地始，宋夏双方关于界至的争论，一直是宋夏外交关系中的一个主要内容。但是双方划定界至的看法和条件过于轩轾，划界问题一直虚悬不绝，双方关系若即若离，边境战事实际并没有停止，直至北宋灭亡。此外，应该提及，西夏对宋的侵耕行为是一种暂时性的农业生产行为，带有侵略性和掠夺性，这种农业行为不利于陕北地区脆弱的生态环境，长期掠夺性的农业行为只能使陕北地区的生态环境不断恶化。

四、小　结

总之，侵耕行为是宋夏双方逾越界至在对方领土上进行的一种侵略性的农业营经行为。我们主要叙述讨论的是西夏的侵耕行为，西夏侵耕宋土有诸如界至不明、宋边备松懈、农耕的地理环境较好等外在原因，但更重要的则是西夏社会内部经济基础的脆弱和物质生产的欠发达及其社会内部政治经济结构的嬗变。侵耕行为影响了宋夏关系，引起战争，因之而引起宋夏贸易的中断，影响了西夏人民的生产和生活。侵耕引起了宋对宋夏界至的重视，界至问题是宋夏后期外交关系的主要话题。

本文发表于《宁夏大学学报（人文社会科学版）》2000 年第 4 期。

宋夏疆界考论

◎杨　蕤

宋夏疆界是宋夏关系史及西夏地理研究中的重要课题，疆域不明，往往会给其他问题的深入探讨带来诸多不便。目前这方面的研究成果主要有刘菊湘的《西夏疆域研究》[①]，鲁人勇的《西夏的疆域和边界》[②]等，但仅限于对宋夏疆界概括性的描述，而缺乏对宋夏疆界具体演变过程的论证。拙文详细考察了宋夏疆界的演变过程，并对宋夏疆界的走向做了具体的划定。文章一并讨论了宋夏疆界的演变特点、疆界划定中存在的诸多问题。

一、西夏初期的宋夏疆界（1038—1067 年）

宋夏疆界“东起麟府，西尽秦陇，地长二千余里，分为路者五，分为军者二十四，分为寨为堡为城者又二百余，皆须列兵守御”。[③]北宋为了防御西夏，将陕西分为鄜延、环庆、泾原、秦凤四路（后又增熙河

---

①漆侠，王天顺主编：《宋史研究论文集》，宁夏人民出版社，1999 年。
②鲁人勇：《西夏的疆域和边界》，《宁夏大学学报》2003 年第 1 期。
③《宋史》卷三二三《周美传》。

路)，战线极长。纵然北宋严加防范，但仍难以抵挡夏军的进逼。因此，这一时期是西夏疆域的全面扩张时期。

西夏东部与北宋麟府地区接壤，史载："时元昊已破丰州，引兵屯琉璃堡，纵骑钞麟、府间，二州闭壁不出。民乏水饮，黄金一两易水一杯。朝廷议弃河外，守保德军，以河为界，未果。"[①]文中丰州的地望不清，但根据《宋史·地理志》"庆历元年，元昊攻陷州也。嘉祐七年，以府州萝泊川掌地复建为（丰）州"的记载，可以判断其地离萝泊川不会太远。今陕西省府谷县的沙梁川，其地望与文献中的萝泊川基本相符，故旧丰州应在今沙梁川上游的范围内。元昊占领旧丰州后，这一区域无疑成为西夏的领土。北宋知并州杨偕言："麟、府二州及宁远寨并在河外，与贼接界，无尺帛斗粟之输以佐县官……今丰州、宁远寨已为贼所破。惟麟州孤垒，距府州百四十里，远在绝塞。"[②]庆历二年（1042年），宋朝在麟府之间进筑清塞、百胜、中侯、建宁、镇川等五堡，才保证了麟府之间的道路畅通。[③]这些史实表明西夏初期北宋在麟府地区只拥有麟州—府州一线土地，此外大部分的疆土恐为夏国所侵。有人指出，庆历年间（1041—1048年）西夏东北至窟野河与宋之麟州、府州为界的说法是值得商榷的。[④]事实上此时西夏的疆土已经跨过了窟野河，因为旧丰州就处在窟野河之东。

《宋史·地理志》载："晋宁军，本西界葭芦砦。"可见麟府之南的葭芦寨为夏国疆土，故这一时期从麟府南部始，宋、夏疆土因河为界。沿黄河南下，西夏应一直控制到无定河河口附近。因为：第一，由于此时绥州为西夏所有，从地貌特征分析，谁占据了绥州谁就拥有了对无定河下游以及相邻区域的控制权。因为在冷兵器时代，要翻越延州、绥州

①《续资治通鉴长编》卷一三三，庆历元年九月庚戌。
②《续资治通鉴长编》卷一二七，康定元年五月乙亥。
③参见《续资治通鉴长编》卷一二七，康定元年六月壬寅。
④参见鲁人勇：《西夏的疆域和边界》，《宁夏大学学报》2003年第1期。

之间纵横交错的沟壑而攻取绥州及无定河下游地区绝非易事。由于这些天然屏障的阻隔，以绥州和延州为中心便形成两个不同的军事单元。第二，康定元年（1040年），“世衡言于范仲淹，请筑故宥州，州西南直延安二百里，当贼冲，右捍延安，左可致河东粟，北可图银、夏……城成，乃赐名清涧”[①]。由此可知清涧城北缘即为宋夏疆界。而一些研究却把宋、夏首次议和时的边界定为东北至屈野河与宋之麟州、府州为界，沿黄河向南至葭芦寨、吴堡寨，折向西南至延州延川县，又西至栲栳寨。[②]事实上，这一时期的西夏疆土恐怕没有达到今陕西延川县境内（无定河口以南地区应为北宋所有）。

在鄜延路，元昊连连攻陷栲栳、承平、南安、金明等北宋缘边城寨，使西夏疆界大大南移。上述城寨也就成为庆历年间宋夏之间的缘边地带。据吕卓民先生的实地调查和考证，栲栳寨为今陕西省安塞县北龙安村延河与桥子川汇流处的古城；承平寨为今陕西省子洲县西南何家集乡政府所在地附近的一处古城；南安寨即顺安寨，在今清涧县东北约80里张家石硷村西北古城塬古城址；金明砦（曾改县为寨）在今延安市西北约百里的延河与杏子河交汇处东侧。[③]其中位于最南端的两个城寨为金明砦和南安寨，但这两个城寨不一定就是西夏疆界的最南缘，因为处于战争状态，城寨屡有得失，但史籍反映栲栳寨一直掌握在西夏手中。因此西夏初期鄜延路的宋夏疆界应稳定在今陕西省安塞县城一线。

保安军是延州西北的门户，宝元二年（1039年）西夏围攻未果，此后北宋一直控制着保安军和顺宁寨。这一方面是因为保安军和顺宁寨对于防卫延州具有举足轻重的地位，另一方面则是保安军北缘的横山（今白于山）起到了天然屏障的作用。保安军与顺宁寨一道控制了洛河支流周河谷地，谷地两侧为沟壑峻岭所阻隔，西夏无论从北部或两翼出击都不具有地形上的优势，所以西夏基本上没有占据过周河流域。故在

---

①《续资治通鉴长编》卷一二八，康定元年九月癸亥。

②③吕卓民：《宋代陕北城寨考》，载《西北历史研究》，三秦出版社，1990年。

这一区域，宋夏是以横山为天然界线，而且终宋一代，大抵如此。

北宋环庆路大致相当于今陇东地区。宋朝置环庆路的明显意图就是要控制马岭水（今马莲河）通道，以遏制西夏南侵。庆历年间，西夏占领了环庆路东北角的白豹、金汤等几座城池。史载："庆州东路华池、凤川，与贼界金汤、白豹相接，兼北麓东西谷，所距甚近。"①西夏得陇望蜀，利用金汤、白豹两个据点向西南咄咄进逼，北宋边臣范仲淹意识到问题的严重性，通过修筑大顺城的办法才化解了这场危机。大顺城在今甘肃省华池县城东北约30公里处紫坊畔乡脚扎川沟掌的城山村；白豹城和金汤城则分别在今陕西省吴旗县白豹乡政府的驻地附近和金鼎乡的金汤村附近，地名一直沿用至今。庆历年间宋夏疆界就是从今白于山南麓南下然后折向西北，犹如一条向南伸展的舌头。环州西北向的宋夏疆界则大致与今宁夏、甘肃的省界相当。知庆州范仲淹曾讲："环州定边寨，镇戎军乾兴寨相望八十余里，二寨之间有葫芦泉，今属贼界，为义渠、朝那二郡之交。"②在今宁夏麻黄山、甘肃甜水镇一带仍然有许多泉眼，且多为苦水，不能饮用，这里即为宋夏的边缘地带。

北宋泾原路以镇戎军为防御中心，企图切断西夏顺葫芦河（今清水河）南下的通道。葫芦河一线无自然屏障阻隔，水草丰足，地势平坦，是历史上北方游牧民族南下侵扰的最佳路线。因此，这里就成为宋夏激烈争夺的区域，边界屡有伸缩。庆历初年，元昊曾率大军循此路频频南下，势如破竹。由于镇戎军一带无山川险峻所阻，北宋通过修筑边壕以加强防守。史载："咸平初，诏曹玮修筑建军，自陇山而东，缘古长城开峻壕堑。"③文献中的陇山即为今六盘山地区。今人考证镇戎军北部有秦昭王时所筑长城，距镇戎军十余里，即为文献中的古长城。④战国

---

①《续资治通鉴长编》卷一三二，庆历元年六月己亥。

②《续资治通鉴长编》卷一三五，庆历二年正月壬戌。

③曾公亮：《五经总要前集》卷一八。

④参见许成：《宁夏境内的战国、秦汉长城》，载《宁夏史地研究论集》，宁夏人民出版社，1989年。

秦长城即由六盘山北—固原—环县一线向东北曲折沿行。元昊在镇戎军以北的天都山区修筑了颇具规模的离宫，宋人以“巢穴”呼之，表明其对这一地区具有很强的控制力。[①]结合上述宋军缘秦长城修筑壕沟的事实，镇戎军附近的战国秦长城很有可能就是西夏初期的宋夏疆界，而且镇戎军以西的宋夏疆界恐怕也是如此。原因如下：第一，西夏初期，宋朝在战国秦长城之北未设置堡寨；相反，在长城之南却不断地修筑堡寨。第二，处于秦长城北边的西使城为西夏所居。西使城在今甘肃省定西市附近，处于祖厉河支流关川河的上游。宋景祐二年（1035年），元昊为了阻断唃厮啰政权和北宋间的交通，占据了马衔山以北——定西的广大地区，这种局面一直维持到北宋元丰年间。第三，细究这一地区的自然地理状况，不难发现秦长城南北分属两个不同的地理单元，其北部为黄河支流祖厉河流域，主要呈现开阔的河流谷地地貌，是西夏的膏腴之地，而秦长城以南则为渭河上游各支流谷地，中间隆起的山地成为宋夏势力范围的天然界限。战国秦在修筑长城时也正好利用了这一段天险。

西夏建国前后，古渭州是北宋在西北最西端的行政建置，因此这里也就成了宋夏疆界的终点。北宋起初并不重视对西缘疆土的经营，驻扎的军队也很少，直到王韶提出开边制戎的策略后，这里才成为北宋朝野关注的焦点。永兴、秦凤等路察访李承之言：“通远军，渭水所出，即古渭州。”[②]由此可知，古渭寨即为后来的通远军，驻地在今甘肃省陇西县，也就是北宋势力所及的区域。此外，宋人所撰《历代地理指掌图》中《太宗皇帝统一之图》幅中也将通远军标示在西北疆土的最西端[③]，与上述记载一致。故古渭寨以西就成为吐蕃和西夏的地盘了。

---

①《续资治通鉴长编》卷一三二，庆历元年六月乙亥载：“泾原路接天都山，去贼巢穴为近，山川平易，可以出大兵。”

②《续资治通鉴长编》卷二四九，熙宁七年正月己未。

③参见《宋本历代地理指掌图》，上海古籍出版社，1989年，第89页。

二、宋神宗亲政与元祐分疆（1067—1093 年）

1067 年，年仅 20 岁的宋神宗即位，他一改前朝对西夏妥协让步的政策，施行重拳出击的策略，以振大宋国威。神宗即位当年，就派边臣种谔攻取无定河上的西夏重镇绥州，揭开了新一轮宋夏疆土之争的序幕。如前所述，绥州位于无定河下游，扼大理河出口，是西夏银夏地区的重要屏障，一旦据有绥州，就可以沿无定河谷长驱北上，西夏的米脂寨、银州、石州、夏州、宥州就犹如囊中探物，唾手可得。因此，对宋夏双方来说，绥州城具有不寻常的战略地位。北宋攻取绥州引起了一系列的反映：西夏在两千多里的宋夏疆界线上不断骚扰，作为对北宋攻占绥州的报复。重大的战役有熙宁三年（1070 年）庆州大顺城之战，结果以西夏的失败而告终。北宋乘胜出击，于熙宁五年（1072 年）攻下了控扼无定河和明堂川之咽喉、横山之要冲的啰兀城。啰兀城位于今陕西省榆林市镇川镇境内榆溪河西岸。啰兀为西夏人所称，意思为石头城，概缘于其修筑在无定河傍十余丈之高的石崖之上。[①]后经过西夏竭尽全力的努力，啰兀城失而复得。此后西夏提出议定疆界的建议，北宋宰相王安石积极支持："侵争之端，常因地界不明。欲约束边吏侵彼，亦须先明地界。"[②]双方拟订了初步划界的方案："诏赵详夏国主秉常所奏移绥州侧近本国自来寨栅置于近里，去绥州二十里为界。"[③]这样，西夏东南疆界就退缩到绥州以北 20 里一带，其他处的宋夏疆界无大变化。至此，宋神宗亲政以来的宋夏疆土之争获得了短暂平息："上以诸路边事经略使自当随便措置，又疆事渐宁。"[④]

元丰四年（1081 年），夏国主秉常遇刺身亡的错误信息（实际上是被其母梁氏所囚禁）激发了北宋君臣大举进攻西夏、恢复王土的强烈愿

---

①参见白滨：《啰兀筑城考》，《宁夏社会科学》1986 年第 3 期。
②《续资治通鉴长编》卷二二九，熙宁五年正月丁未。
③《续资治通鉴长编》卷二三〇，熙宁五年二月辛酉。
④《续资治通鉴长编》卷三二〇，熙宁五年四月丁卯。

望。北宋群臣都认为秉常被弑是消灭西夏的天赐良机，切不可失。宋神宗也早有光复汉唐故土的想法。于是元丰四年（1081年）六月，北宋终于做出五路军队一并进攻西夏的部署：宦官王中正出河东路，种谔出鄜延路，经略使高遵裕出环庆路，刘昌祚出泾原路，李宪出熙河路。五路伐夏成为宋夏疆界向北收缩的转折点。

开始阶段，五路大军锐不可当：元丰四年九月，种谔攻围米脂寨；十月，种谔又攻下西夏石州，同月进入西夏的夏州老巢；宦官王中正也赶到宥州。这样，西夏的大片疆土落入北宋手中。“鄜延路经略使乞以新收复米脂、吴堡、义合、细浮屠、塞门五寨地图，招置汉蕃弓箭手及春耕种。”[①]至此，宋夏疆界东南部概以银州为界，延州正北的宋夏疆界则退缩到塞门寨附近。北宋谋取横山地区积心已久，然而永乐一役，宋军惨败，虽然兴师动众但无望实现囊括横山的计划。因此，横山依然为宋夏疆界：西夏居其北，北宋据其南。在环庆路，北宋厉兵秣马、磨刀霍霍，但由于旱海所隔，北宋无力北推，故这里的宋夏疆界几乎没有变化。由于旱海是北宋军队难以克服的自然障碍，所以宋夏疆界一直维持在旱海的东南边缘。

熙河路大军战果最丰，李宪攻下兰州后，越过屈吴山，焚毁了天都山区的西夏离宫。至此，西夏东南疆土损失惨重。《续资治通鉴长编》卷三三一元丰五年（1082年）十一月乙巳条载：“兰州北有西贼五十人，隔河呼曰：‘我夏国已胜鄜延路兵，俟河冻即至兰州。’”可见在兰州一带宋、夏是以黄河为界。宋军占领天都山后，继续向西夏京畿地区进发，然而在围攻灵州的战斗中溃不成军，宋廷遂命令李宪“旋师本路，安养士气”[②]。北宋在熙河路的军事进攻就此停止。宋夏疆界以天都山为界，屈吴山的北缘还是控制在西夏手中。

元丰五路伐夏的艰苦程度远远超出了北宋将士的预料，虽然宋军也

①《续资治通鉴长编》卷三二二，元丰五年正月戊子。
②《续资治通鉴长编》卷三二〇，元丰四年十一月癸卯。

取得了一些战果，但夏军的激烈抵抗和恶劣的自然条件最终使宋军狼狈不堪。《宋史·夏国传》也对这次军事行动做如下评述："宋自熙宁用兵以来，凡葭芦、吴堡、义合、米脂、浮图、塞门六堡，而灵州、永乐之役，官军、熟羌、义堡死者六十万人，钱、粟、银、绢以万数者不可胜计。帝临朝痛悼，而夏人亦困弊。"战争的失利使北宋朝野大失所望，于是群臣们重新考虑对夏政策。如苏轼认为："虽得兰州及安疆、米脂等五寨地，而历阶一生，至今为梗。存之则耗蠹中国，为祸日深；弃之则戎人不请，无缘强与。"①司马光也上书宋神宗，意思是所收城寨地处偏远，徒耗国库，不如弃之。②这些言论反映了一部分北宋权臣对西北疆土持有不同看法，即维持现状，重防守而不必主动出击。正是在军事失利和群臣反战求和呼声的压力下，北宋政权放弃了消灭西夏、光复故土的计划，重开与西夏的疆土谈判，是为"元祐分疆"。

"元祐分疆"在本质上是一项"土地换和平"的外交事件，即北宋政府归还西夏疆土，西夏也不再侵扰北宋疆土，达到宋夏双方不再兵戈相见的目的。诚如苏辙上言："臣近于六月二十八日奏，以西使入界，恐有讲和请地之议，乞因此时举兰州及安疆、米脂等五寨地弃而与之。安边息民，为社稷计。"③北宋政府很快采纳了这一建议，不过向西夏提出归还陷没人口的附加条件："其元丰四年用兵所得城寨，除原系中国及西蕃旧地外，俟送到陷没人口（永乐之战中陷落的人口），当委边臣勘会分画给赐。"④不过在具体的划界问题上，宋夏双方还是争吵不休。直到元祐五年（1090年），边臣赵祐才提出一个可行的方案，即在宋夏疆界地带，宋、夏各留出二十里的"闲地"作为缓冲区。"元祐分疆"的顺利进行，令北宋十分头痛的西北边疆又获得了非常短暂的安宁。

---

①《续资治通鉴长编》卷三六八，元祐元年闰二月甲申。
②《续资治通鉴长编》卷三六四，元祐元年正月丁巳。
③《续资治通鉴长编》卷三八二，元祐元年七月壬戌。
④《续资治通鉴长编》卷三九〇，元祐元年十月癸丑。

兰会地区和鄜延路是“元祐分疆”中有出入的区域。考诸史乘，绥德城—塞门寨一线是宋、夏在鄜延路的新疆界。《续资治通鉴长编》载：“绥德城本无存留草地诏旨，今既欲于汉界留出草地，即于蕃界亦当依数对留，应见今合立界至处，并须明立封堠。”[①]可知北宋将无定河下游重镇绥德城割让给夏国，两国乃以绥德城北为界，而在鄜延路是以吴堡寨为界。此时的夏国疆土还可以勉强地称为“东尽黄河”，但西夏占据黄河河段的距离却大为缩短。概言之，此时鄜延路的疆界为东起吴堡寨—绥德城，沿大理河南缘至塞门寨，以西则以今白于山这一天然屏障为界。

在兰会地区，文献对宋夏疆界的记载也较为清楚。知熙州范育曾讲：“本路一新边疆界有难依绥州去处，乞兰州以黄河外二十里为界。”[②]虽然夏国乞求宋朝能将兰州归还，但宋朝深知一旦失去兰州，马衔山以北的大片疆土必为夏国所有，因此宋朝还是占据孤垒兰州，因河为界。在兰州东南则以定西城北缘为界，“盖定西西北与夏人接境，通西、榆木等处则贼境在东”[③]。李宪在元丰四年（1081 年）攻陷西使城后改名为定西城，即为今天甘肃定西一名的由来。虽然宋军焚烧了西夏天都山的西夏离宫，但夏国最终夺回了天都山地区。史载“夏国主乾顺尽召十二监军司兵屯会州、天都山西南，国母与梁乙埋等率之，对兰州、通远军而营”[④]。既然定西城北缘—会州—天都山均为夏国所有，我们不难发现夏国实际控制了今祖厉河河谷地带以及屈吴山的北缘。在葫芦河流域，虽然史籍没有此时宋夏疆界的明确记载，但从宋朝在镇戎军以北并没有修筑城寨这一状况分析，这一地区的疆界较前尚无变化。

三、“绍圣罢议”与北宋对西夏疆土的进一步蚕食（1094—1127 年）

元祐末年，宋朝政局发生了重大变化：宋太皇太后高氏死，年仅

---

①《续资治通鉴长编》卷四四五，元祐五年七月乙酉。
②《续资治通鉴长编》卷四五二，元祐五年十二月辛卯。
③《续资治通鉴长编》卷四四四，元祐五年六月辛酉。
④《续资治通鉴长编》卷四四〇，元祐二年八月戊戌。

16 岁的哲宗继位。哲宗大有其父神宗继位时的宏图大志，有意恢复新法，罢免范纯仁、吕大防、苏辙等一批积极主张与西夏妥协的所谓旧党；同时起用了曾布、蔡京、章惇等一批新人，旨在打击元祐党人，酝酿对西夏发动新一轮的攻势，这似乎是元丰五路伐夏的回光返照。这样，“元祐分疆”的协议便成了一文不值的废纸，宋夏疆界危机又爆发了。在这次攻势中，北宋采用了章惇所建议的进筑堡寨、步步为营的策略，使西夏又失去大片疆土。

在麟府地区，纵然西夏侵扰不断，但西夏的势力范围还是退缩到屈野河以西地区，故宋人讲“麟、府不为孤绝”。在鄜延地区，我们可以通过北宋在这一时期所筑的城寨分布状况来分析宋夏疆界的大致走向。根据《宋史·地理志》中有相关城寨的记载以及吕卓民先生的研究①，兹将“绍圣罢议”后北宋在鄜延地区及邻近区域修筑和收复的部分城寨做表如下。

绍圣罢议后北宋新修筑、收复的部分堡寨

堡　寨	修筑(收复、修复)时间	今地望
葭芦寨	绍圣四年(1097 年)收复	陕西省佳县县城西北神泉乡大西沟村西古城
殄羌寨	元符元年(1098 年)修筑	陕西省靖边县与安塞邻界处的店家城村古城
威羌寨	元符元年(1098 年)修筑	陕西省横山县西南白狼村大理河南岸
御谋城	崇宁三年(1104 年)修筑	陕西省靖边县东双城村古城
临夏寨	元符元年(1098 年)修筑	陕西省子洲县西大理河与小理河的交会处
米脂寨	元符元年(1098 年)收复	陕西省米脂县城
嗣武寨	崇宁三年(1104 年)修复	陕西省榆林市镇川镇北石崖地村古城
开光堡	绍圣四年(1097 年)修筑	陕西省绥德县北无定河西岸暖泉沟村北古城
克戎寨	绍圣四年(1097 年)收复	陕西省子洲县城西侧大理河南岸张家村古城

①吕卓民:《宋代陕北城寨考》,载《西北历史研究》,三秦出版社,1990 年。

续表

堡　寨	修筑（收复、修复）时间	今地望
石堡寨	崇宁三年（1104 年）收复	陕西省靖边县东南李家村古城
银州	崇宁四年（1105 年）收复	陕西省横山县党岔镇政府附近古城
平羌寨	元符元年（1098 年）修筑	陕西省安塞县北坪桥乡地桥子川东岸古城
平戎寨	绍圣四年（1097 年）修筑	陕西省志丹县东北杏子河东岸城台村古城
威戎寨	绍圣四年（1097 年）修筑	陕西省子洲县西大理河北岸古城
神泉寨	元符元年（1098 年）修筑	陕西省佳县城西神泉乡古城村古城
乌龙寨	元符二年（1099 年）修筑	陕西省佳县西南乌镇乌龙河北岸古城
通秦寨	元符二年（1099 年）修筑	陕西省佳县北刘国具乡阎寺村东南寨沟古城
弥川寨	元符二年（1099 年）修筑	陕西省神木县南花石崖村古城
太和寨	元符二年（1099 年）修筑	陕西省神木县太和寨乡政府附近古城
横山寨	元符元年（1098 年）修筑	陕西省吴旗县西南二道川南岸走马城古城
宁羌寨	元符元年（1098 年）修筑	陕西定边县和甘肃环县交界处的冯阳庄村古城
通塞堡	元符元年（1098 年）修筑	疑为陕西定边县南的铁角边古城
白豹城	元符二年（1099 年）收复	陕西吴旗县白豹镇政府附近
绥远寨	元符二年（1099 年）修筑	陕西吴旗县西铁边城镇田百户村古城

可以看出，表中的神泉寨、乌龙寨、通秦寨、弥川寨、太和寨等城寨基本沿黄河边修筑，很明显，北宋有意将鄜延路与河东路的麟、府二州连接在一起，使西夏疆土与东部黄河彻底隔离开来，西夏最终失去了“东尽黄河”的地理条件。此时扼明堂川与无定河交汇处的银州城也被北宋据为己有。威羌寨、御谋城、临夏寨、克戎寨、威戎寨等城寨均分布在横山山脉以南的地区；而在其北部的芦河流域基本没有发现北宋在这一时段所修的城寨。据此判断，宋夏是以大理河以及芦河流域之间的横山山脉为界的。不过御谋城、殄羌寨、石堡寨已经明显地越过了今白于山中段，这也是北宋第一次有效地实现了对横山膏腴之地的占有。在

泾原路宋夏疆界的变化主要是北宋收回了白豹城和金汤城，“环庆路言白豹进筑毕工，诏赐白豹城。赐胡宗回以下银合茶药有差。金汤、白豹皆用旧名”[①]。同时北宋还在铁角城和铁边城修筑城寨，使疆界进一步北移。这样，先前西夏向南伸出呈舌头状的疆土便不复存在了。

在熙河路，宋军节节胜利，扩展了大片疆土。据《长编纪事本末》载，崇宁三年（1104年），北宋在河湟地区的疆土“正北及东南至夏国界，西过青海至龟兹国界，西至卢甘国界，东南至熙、河、兰、岷州，连接阶、成州界。计招降首领二千七百余人，户口七十余万。前后六战，斩获一万人”。又载：“崇宁三年四月乙卯，王厚、童贯引大军至鄯州……西去青海、青盐地个约二百里，置兵将守之。”文献中的青海即为今天的青海湖，龟兹可能是处于祁连山南麓的黄头回鹘，青海湖以西200里大致就是黄头回鹘的东界，卢甘国无从可考，可见北宋基本控制了唃厮啰政权的疆土。诚如史籍所载：“自崇宁元年用王厚之议，再收复湟、鄯，至是，唃厮啰地悉为郡县矣。”[②]显然，宋夏在这一地区的疆界大为延长。熙河路宋夏疆界基本遵守了以山川形胜为界的特点：大致以祁连山、大通河为界，但由于史籍阙载，具体的疆界走向尚须深入探讨。由于有较为广阔的后方根据地，北宋对西夏疆土的侵吞也十分顺利。元符元年（1098年），“泾原路新筑南牟会，赐名西安州”[③]。同时，会州亦为宋朝所侵：“会州今亦方得之。”[④]这样，屈吴山、会州、兰州以南的广大地区悉为宋朝领土。北宋在葫芦河流域的重大举措就是修筑了平夏城。大观二年（1108年），北宋又在平夏城置怀德军，“增置兵将，与西安、镇戎为声援应接”[⑤]。关于平夏城地望，自清人顾祖禹以来有不同说法。今人鲁人勇先生的考证较为可信，他认为平夏城应

①《续资治通鉴长编》卷五一〇，元符二年五月庚午。
②《皇宋十朝纲要》卷一七。
③《宋史》卷一八七《兵志》。
④《续资治通鉴长编》卷五一一，元符二年七月戊申。
⑤《宋史》卷八七《地理志三》。

位于今固原以北75里，即三营附近[①]。可见北宋在葫芦河流域的边界大大北移，但其最北端在哪里？这一点可以从怀德军所属的城寨中找到答案。《宋史·地理志三》所载的城寨有荡羌、灵平、通峡、镇羌、九羊、通远、胜羌、萧关、石门堡等。其中石门堡的具体地望是确凿无疑的，即今宁夏固原市境内的须弥山石窟，因为在须弥山第二窟的石碑上还留着唐代该地叫作“石门镇”的文字[②]。这也符合《宋史·地理志》中记载。以石门堡为考察的基点，然后对照《宋史·地理志》中所讲的诸城寨之间的道里关系，不难发现在怀德军所属的诸城寨中，萧关为最北的一个。汉萧关、唐萧关、宋萧关处于三个不同的位置。经宁夏考古学者的实地考察，今宁夏海原县高崖乡草场村的“凤凰古城”符合文献中关于宋代萧关的记载（这概为吴广成所讲的西夏疆界“南接萧关”的根据）[③]。这里当属“绍圣罢议”之后的宋夏疆界了。

最后指出的是，学界多引清人吴广成关于西夏疆域“东尽黄河，西界玉门，南接萧关，北控大漠，地方万余里”的说法。事实上，在任何一个时间截面上，西夏疆域非吴氏所讲的情形；他不过把西夏不同时段的疆界整合在一起，而忽视了西夏疆域是随着宋夏疆界的演变而有一个发展过程。因此，以后学界同仁在引用此条文献时应该谨慎为上。

四、余论

（一）宋夏疆界演变的特点

宋夏疆界绵延两千多里，地形复杂，加之宋夏战事频仍，即使在短暂的平息期内，也有沿边蕃部的骚扰。因此，宋夏疆界一直处于变动之中，较为复杂。宋臣俞充曾讲：“环州田与西夏境犬牙交错，每获必遭掠，多弃弗理，充檄所部复以时耕植。”[④]这种犬牙交错的状况不止限

①鲁人勇:《北宋三军城故址考》,《宁夏大学学报》1982年第3期。
②钟侃:《宁夏文物述略》,宁夏人民出版社,1980年。
③许成、牛达生:《萧关考》,《固原师专学报》1983年第1期。
④《宋史》卷三三三《俞充传》。

于环州地区，恐怕是宋夏疆界的普遍现象。因此，将宋夏疆界变化的详尽情况复原出来绝非易事。

从时间上讲，以宋神宗执政为界，宋夏疆界的演变可以分为两个阶段：前期是西夏疆界迅速扩张时期，在宋夏战事中即为夏攻宋守。尤其是西夏初期，西夏四处出击，北宋疲于应付，使西夏的南缘疆界深入延安府北缘一镇戎军一线；宋神宗执政后，西夏开始失掉大片疆土，疆界北移，从战略上进入了宋攻夏守的阶段。北宋元符年间以后，西夏基本失去了作为其生命线的横山的大部分地区以及天都山、马衔山。对比前后两个时期，宋夏疆界南北推移大致有四五百里。笔者认为，西夏疆土大面积丧失不完全因为北宋战术、战略的正确和军事实力的强大，而应该是西夏国内政治形势发生深刻变化的结果。在西夏立国初期，范仲淹也采取了进筑堡寨、组织沿边番兵抵抗等策略，所以北宋后期在战术、战略上并不比前期高明多少。问题是北宋前期所对付的是一个“以武立国”的西夏，而北宋后期所面对的则是一个“以儒治国”的西夏，西夏前期的那股剽悍、尚武之风越来越淡，对北宋是一副唯命是从的面孔，北宋君臣也认识到这一点。元符二年（1099 年），宋哲宗谓曾布曰：“西人未尝如此逊顺。”布曰：“诚如圣谕。元祐中固不论，元丰中表彰极不逊，未尝如今日屈服也。”[①]西夏后期，乾顺、仁孝慕爱汉文化，崇儒之风愈演愈烈。西夏权臣任得敬上书曰：“经国在乎节颉俭，化俗贵有权衡。我国介在戎夷，地瘠民贫，耕获甚少。今设多士以仍其滥竽，縻廪禄以恣其冗食，所费何资乎？盖此中国之法难以行于我国者，望陛下一切罢之。”[②]其实，任得敬所言不无道理，儒学的盛行削弱了游牧民族固有的强悍精神，使其在军事上一蹶不振，为北宋的军事攻略提供了机会。

从空间上讲，虽然宋夏疆界在四五百里的范围内移动，但还是遵守

①《续资治通鉴长编》卷五一五，元符二年九月丁未。
②《西夏书事》卷三六。

了一些自然法则。笔者注意到，宋夏疆界的走向与战国秦长城的走向基本保持一致（绥德—吴旗—环县—固原—渭源一线）。这恐怕不是偶然的巧合，其中有两个因素起到了决定性的作用。一是地形方面的原因。宋夏疆界是以横山山脉、翰海、黄河等自然屏障为界。秦国在修筑长城时，也充分利用了这些自然屏障。天然的疆界不仅适用于古代社会，也是现代政治地理的一条重要原则。西夏以横山山脉、翰海为防御底线，这些自然屏障是宋朝难以克服的障碍，所以宋夏疆界在其南部摆动。二是经济方面的原因，缘边地带是一条经济区域的分水岭。战国秦长城的走向也大致反映着当时农牧分布的状况。事实上，很难用一条线将中原农业区与北方畜牧区区分开来，在这二者之间存在着相当面积的农牧交错地带，这一地区也就是宋夏疆界的摆动区域。就军事而言，宋朝也能越过这一界线，但每一次出击后却又很快地退缩回来（有趣的是，每当越过横山山脉和翰海后，北宋军队就成为强弩之末了。两次围攻灵州，元丰年间种谔、王中正进攻夏州、宥州，均是如此）。历史事实表明宋朝无法实现对横山之北广袤之地的有效占领。其中的重要原因就是在畜牧地区进筑城寨、步步为营的策略也不能奏效，面对这些游移不定的部族和番兵，北宋的确疲于对付，一些宋臣对于这一点也有较为清醒的认识（如苏轼、吕大防等），力主朝廷不要算计这些蛮荒之地，可羁縻治之，只要保留一个名分就可以了。同理，主要以畜牧为生的党项族也难以在单纯的农耕地区立足，诚如元昊所言“衣皮毛，事畜牧，蕃性所便”①。西夏也曾大举南下，攻取北宋渭州等地区，但胜利后便快速地退缩回北方。其实西夏发动战争的一个重要动机就是抢掠财物，对于领土的欲望则是第二位的。这样，我们就不难理解宋夏疆域为什么在横山山脉与延州和镇戎军之间摆动，诚如西方汉学家所言：“在宜于从事长久性的农业与只能支撑游牧经济的地区之间，当然还存在着一条恒久不

---

①《宋史》卷四八五《夏国传》。

变的‘生态边界’，它限制了汉族农业人口扩张的可能性。”①

（二）宋夏疆界划分中存在的问题

第一，蕃部问题。由于民族分布和构成、地理环境等多方面的原因，宋夏疆界的划分具有一定的复杂性。例如，沿边的蕃部和闲田的问题就较为突出。宋、夏沿边蕃部主要是吐蕃或党项部族，在汉文文献中称之为蕃部。从唐中后期以来，随着吐蕃内侵和党项内迁，蕃部遍及河套及河陇地区。根据汤开建先生的研究，仅见于宋夏沿边的党项部落就有 160 多个②。他们以部族为活动单位，大小不一，不相统一。沿边蕃部大致有三种类型。第一种是处于独立状态的蕃部，如宋臣仁等言："龙移、昧克，一云庄郎、昧克，其地在黄河北，广袤数千里。族帐东接契丹，北邻达靼，南至河西，连大梁、小梁族，素不与迁贼合。"③又如在"环、原之间，属羌有明珠、密藏、康奴三族最大，素号强梗。抚之则骄不可制，伐之则险不可入……范仲淹复檄蒋楷偕筑堡大虫岩，堡未完而为明珠、密藏伺间邀击，偕辄从间道遁归"。④显然，上述明珠、密藏、康奴三蕃部不属于宋、夏任何一方，俨然是宋夏疆界线上的独立王国。至于宋、夏沿边有多少这样相对独立的蕃部现在还很难有一个确数。第二种是隶属于西夏或北宋的蕃部。史籍中有蕃部归附西夏或北宋的大量记载。能否有效地招抚沿边蕃部成为影响宋夏战争的一个重要因素，因此宋夏双方都设法招诱沿边蕃部。第三种是处于羁縻状态下的蕃部。如《续资治通鉴长编》载："其定西及兰州，议者或谓本花麻所居，赵元昊以女妻之，羁縻役属，非其本土，欲且存留以为后图，犹自有名。"⑤讲的是西夏对一些沿边蕃部实行羁縻统治。不同类型的宋、

①〔德〕傅海波，〔英〕崔瑞德：《剑桥中国辽西夏金元史》，中国社会科学出版社，1998 年，第 10 页。

②汤开建：《五代辽宋时期党项部落的分布》，《西北民族研究》1993 年第 1 期。

③《续资治通鉴长编》卷五四，咸平六年正月丙午。

④《续资治通鉴长编》卷一五三，庆历四年十二月乙卯。

⑤《续资治通鉴长编》卷三六四，元元年正月丁巳。

夏沿边蕃部无疑使宋夏疆界的划分变得更为复杂。例如，一些处于独立状态的蕃部本应在地图中标出，但由于文献阙载，很难明确其具体的范围，只能附带说明。

第二，闲田问题。在宋夏缘边地带有大量的闲田分布，即文献中的“两不耕地”。一部分闲田是由于宋、夏在划界过程中产生的，作为军事上“缓冲地带”。如宋、夏在“元祐分疆”中就规定在边界各对留隙地10里，后经西夏要求将10里的宽度减少到5里。宋、夏战事频仍，也导致民众逃亡，土地荒芜，成为闲田。《宋文鉴》卷五五苏轼《因擒鬼章论西羌夏人事宜》载：“横山之地沿边七八百里中，不敢耕者至二百里。”还有一些闲田是本来就存在的：“环庆路自来难得闲田，今陆中乃言有久不耕地约千六百余顷，令经略司审实可与不可耕种。”[①]正是宋、夏缘边有大量闲田，宋、夏双方可以出没于这些地区。当然，宋夏疆界与现代国家意义上的疆界有着本质的不同，一些宋夏疆界恐怕是一个大致划定的势力范围而已。宋人张舜民在上宋徽宗的奏议中讲道：“今则轻师潜入三五十里，以至百里，乘敌人未觉之时，数日之间，苟修草创，亟闻朝廷，盗取功赏。然自城门之外，依然贼境。”[②]可以想象，在一些宋代城寨附近西夏兵卒尚且可以“轻师潜入”，而对于无人防守的闲田恐怕只能是一种“就近的原则”，即谁方便谁就可占据。

本文发表于《中国边疆史地研究》2005年第4期。

①《续资治通鉴长编》卷三一一，元丰四年三月癸卯。
②赵汝愚：《诸臣奏议》卷一四〇。

论地理环境与西夏的经济类型及其相关问题

◎杨　蕤

学界已有数篇探讨西夏地理环境或与之相关的文章，限于篇幅，恕不一一列举。这些研究在史料的收集、对某些具体问题的论述方面有值得我们思考的地方，但同时也存在着一些明显的不足：纠缠于一些琐碎的史料，缺乏对西夏自然环境特点的宏观把握和准确定位；对自然环境与西夏经济类型之间的必然关系还尚待说明；将地理环境单纯地理解为自然环境，忽视了人的因素；割裂了西夏农业与牧业之间的联系，对半农半牧的认识还有待于深入。带着这些疑问，本文拟谈三个问题。

一、西夏自然环境的特点

虽然西夏疆域的具体变化还有待于进一步的深入研究，但其基本国土无疑是由鄂尔多斯高原和阿拉善高原两大块组成，依据当代地理学界关于综合自然地理区域的划分，前者属于干草原、荒漠草原区，后者则属于温带荒漠区[①]。在鄂尔多斯高原干草原、荒漠草原区又可分为鄂尔多斯高原区、准格尔—和林格尔黄土丘陵区、河套平原区以及贺兰山山地等地理单元，每个地理单元内呈现出略有差别的生态景观。虽然干草原、荒漠草原景观是鄂尔多斯地区总体的生态特点，但在其境内还有一些条件较好的小环境，即围绕一个个湖泊所形成的大小不等的绿洲。从历史时期到现在，鄂尔多斯高原分布有大量的湖泊（当地人称之为海子）。《新唐书·地理志》载："夏州北渡乌水，经贺麟泽、拔利干泽、过沙、次内横划、沃野泊、长泽、白城。百二十里至可朱浑水源。又经故阳城泽、横划北门、突纥利泊、弥鹅泊、榆禄浑泊，百余里至地秃泽……"[②]其中出现的湖泊名称有贺麟泽、拔利干泽、沃野泊、长泽、阳城泽、突纥利泊、弥鹅泊、榆禄浑泊、地秃泽等等。对这些湖泊的考订并非是本文的要旨所在，但从文献的解读中可以判断出它们分布于鄂尔多斯高原。据1963年中国科学院考察队调查，鄂尔多斯境内有大小湖泊600个，湖水面积540平方公里。20世纪80年代调查，鄂尔多斯约有湖泊820个，集水面积在1平方公里以上的湖泊68个，总集水面积334平方公里[③]。西夏时期鄂尔多斯有多少湖泊存在，我们无从知晓，但根据常理推测至少不应少于现在的湖泊数量。在这些湖泊周围形成的滩地，约有一半为盐碱滩，鲜有水草生长；一半则为草滩，实为绿洲，是放牧的好地方。此外，由于鄂尔多斯沙地或沙漠地区的地下水埋藏浅（一般为1~3米），在一些边缘地带往往有泉水涌出，且植被茂密，形成大大小小的绿洲，是放牧的理想场所。

阿拉善高原温带荒漠区又可分为阿拉善高原，马鬃山地，河西走廊中、东段等地理单元。阿拉善高原北为国界，东为地区界，西面直抵黑河西岸的马鬃山地东端，南面则以龙首—合黎山邻接河西走廊，是石羊河和

①中国科学院《中国自然地理》编辑委员会：《中国自然地理·总论》，科学出版社，1985年，第357~261、372~377页。

②《新唐书》卷四十三《地理志七》，中华书局点校本，1975年，第1147页。

③《伊克昭盟志》第一册，现代出版社，1994年，第564~565页。

黑河的下游地带。石羊河下游过去注入白亭海，现在完全干涸，沦为一片盐渍地，四周被腾格里沙漠以及戈壁所包围，中间则为民勤绿洲；黑河下游介于巴丹吉林沙漠和马鬃山之间，为居延海地区，是典型的绿洲。在腾格里沙漠中也有少量的绿洲，西夏时期有党项部族分布于此。马鬃山地处于新疆和内蒙古的交界地带，属于西夏国土的西缘边界，基本上呈戈壁和山地荒漠景观，是西夏境内环境最为恶劣的区域。河西走廊依仗石羊河、黑河、疏勒河等河水灌溉而形成绿洲，环境状况自不待言，只是在其东部和山前地段，呈现出荒漠景观，低洼和水分条件较好的地方，有草甸、沼泽和盐生植物生长。此外在河西走廊西段的安西—敦煌盆地、疏勒河下游，分布着戈壁、荒漠山地包围着的绿洲[①]。

此外，宋夏缘边地带也是一块重要的地理区域。从宁夏南部山地东北经陇东丘陵与横山山脉相接，构成一道重要的军事防御线。事实上，在西夏王朝打破中原政权的长城防御体系后[②]，这一“山川形胜”便充当了长城的角色。本区从东向西犹如梳齿排列着大大小小的河流：宁夏南部的清水河，陇东地区的马莲河，陕西北部的洛河、无定河、延河、榆溪河、秃尾河、屈野河等。河流阶地和河滩地是本区极为重要的农业地貌类型，也是这一地区自然环境的主要特点。

概言之，我们可以依据自然景观将西夏国土划分为三大板块：鄂尔多斯和阿拉善高原干草、荒漠区，河西走廊和宋夏缘边的河流灌溉区，宁夏绿洲平原区。总体上看，西夏自然环境具有两个明显的特点。在空间上，大范围脆弱环境之下点缀一些较优越的小环境。干草原、荒漠草原或温带荒漠区的面积占到西夏国土总面积的 4/5 强，但一些大大小小的绿洲、河谷阶地则是发展畜牧或农业的理想场所，也成为西夏政权能在西北支撑近两个世纪的一个重要原因。在时间上，自然环境状况变化起伏较大。西夏

---

①陈仲全，詹启仁等：《甘肃绿洲》，中国林业出版社，1995 年，第 6 页。

②西夏打破了长城防御体系是宋乃平先生较先提出的观点。参见宋乃平：《谈一谈西夏分立的政治地理背景》，《人文地理》1999 年第 2 期。

国土处于农牧交错地带，不仅年降水量的分配极不均匀，而且年际降水的变化也很大。植被对气候异常敏感，在降水充沛的年份，植被状况良好；然而在干旱频发的年份，无论河套还是河西绝非是文献中所称的“水草肥美”的景象。

二、西夏的经济类型及其区划

（一）鄂尔多斯干草区和阿拉善荒漠区

文献中鲜有西夏对这一区域进行经营管理的记载，许多史实尚不清楚。自汉代在鄂尔多斯腹地设置了上郡的高望县，西河郡的增山、大成、虎猛、美稷等县以来，后代很少在这里进行行政建置。当然，这一方面与学界通说的环境状况有关，另一方面恐怕是这一区域主要为牧人所居的结果。西夏时期仍然有部族在此放牧。史载：“继迁攻宥州不胜，仍驻地斤泽，地斤善水草，便畜牧，生聚渐众。”[①]地斤泽处于夏州之北，无疑是毛乌素沙地中的一个绿洲，但具体位置尚待考证。鄂尔多斯属于西夏党项的势力范围，史载：“夏之属土，广长几千里，皆流沙。属民皆杂虏；虏之多曰党项。相聚为落于野，曰部落。其所业无农桑事，畜马、牛、羊、橐驼。”[②]这段学界甚为熟知的文字实际上是对鄂尔多斯地区部落生活状况的最好说明：以部落为单位从事单纯的畜牧业。我们对西夏时期阿拉善高原的状况知道的就更少了，不清楚到底有多少部族分布在这里，他们的生存状态怎样。《新五代史》中曾记述当时有党项部落散落在今腾格里沙漠中，并自封为“捻崖天子”[③]。蒙古灭夏前夕，西夏将领阿沙敢不曾讲：“现在蒙古人要来攻战，要打的话，我们全阿剌筛（阿拉善）地区有很多帐房；有很多骆驼驮子的人们。要进犯阿剌筛，请来！”[④]据此推测阿拉善还是有不少党项部族分布。阿拉善高原有许多绿洲，如位于腾格里沙漠西

---

①《西夏书事》卷四。

②沈亚之：《夏平》，文渊阁四库全书集部第18册，（台北）商务印书馆，1983年，第12页。

③《新五代史》卷七四《四夷附录·于阗传》，中华书局点校本，1974年，第917页。

④谢再善编译：《蒙古秘史》，中华书局，1957年，第261~262页。

缘的邓马营湖，历史时期水域面积较大，现在则退缩成为近200平方公里的沼泽地，但依然为甘肃省的畜牧基地。西夏时期在上述区域经营畜牧的规模有多大，就现有的资料还不能完全解决这个问题，但基本上依托绿洲进行畜牧是毋庸置疑的。实际上与鄂尔多斯的畜牧形式相一致。

西夏学界一般认定游牧经济是西夏经济的重要组成部分，很容易使人与欧亚草原的游牧经济联系在一起。严格意义上讲，游牧一词是具有特定含义的。《Nomads and the Outside World》（《游牧民与外部世界》）一书认为游牧经济应具备五个条件：畜牧业在整个经济活动中处于支配地位；一年四季放养牲畜而非圈养；季节性地根据草场状况迁徙；全部人口或绝大部分人口投入到畜牧中；贯彻生存第一的原则，即生产满足了最基本的生存需求①。因此，游牧经济是指以全部人口的投入，长距离的以一定的路线在不同草场间季节性来回移动的一种经济形式。最典型的游牧经济发生在欧亚草原，直到现在，在土耳其部分尤尔克人依然过着四季迁徙的游牧生活，日本学者松原正毅就曾详细地记录了这种生活②。笔者认为，西夏在鄂尔多斯干草原区和阿拉善高原荒漠区的畜牧方式基本是固定的或是在小范围内移动，与严格意义上的游牧完全不同，我们甚至不应将党项称为游牧民族，因为自然以及人文环境决定了这一点。

如前所述，呈零星分布的绿洲或水草较好的局部地区是西夏时期在上述地区畜牧的主要场所，鄂尔多斯干草原区和阿拉善高原荒漠区处于同纬度地区，不存在植被的季节差异性，因此没有较长距离迁徙的可能（如从夏州地区迁到黑水城地区），也就是说西夏不具备游牧经济的地理背景。文献中所讲的党项部落的“逐水草”只是一种短距离的移动，因此不可将文献中的“逐水草”一概而论地与游牧经济等同起来。从现有的文献中也可以看出党项部落有了相对固定的活动区域。《册府元龟》卷九七七外臣部降附条唐宪宗元和五年（810年），盐州奏：“渭北党项拓拔公政等一十

---

①Khazanov. *Nomads and the Outside World*, Cambridge UniversityPress,1983.p15.

②〔日〕松原正毅：《游牧世界》中译本，民族出版社，2002年。

三府连状称管渭北押下帐幕放牧，今十五年，在盐州界。今准敕割属夏州，情愿依前在盐州交百姓。”文献所讲有部落在盐州附近放牧已有15个年头，可见党项部族的畜牧是基本固定的。由于部落是西夏社会最基层的组织，零零散散的小草场可以和部落完美地结合在一起，这样每个部落就有了相对稳定的畜牧区域。

从党项的民族属性和人文背景来分析，其与北方系的游牧民族大相径庭。著名汉学家谢和耐先生从经济角度将中国民族分为四个系统：以游牧为特征的北方系统，经营山地牧业或农业的青藏高原系统，经营原始农业的华南系统，以农业或商业著称的西域系统（还应将东北划分为一个系统）。他将藏族人、羌族或唐古特人、嘉戎人、彝族人、纳西族人或摩梭族人划归为青藏系列，并称之为“山人”①。笔者认为这是一个十分到位的分析。党项族无疑属于青藏高原民族系统，谢和耐之所以称之为“山人”，就是因为在特定的地理环境下他们从事的并非是严格意义上的游牧经济，而是相对固定的畜牧或者农牧结合的经济形式，这种形式与党项内迁后的经济状况有着极大的相似性，二者必定有文化上的传承关系。

（二）河西走廊区和宋夏边缘区

西汉时期设立河西四郡，农业经济开始渗透，自此河西走廊成为一块重要的农牧交错的区域，并且根据畜牧民族与汉人的力量对比，农业和牧业两种经济方式彼此消长。西夏时期，河西走廊是党项、吐蕃、回鹘分布的重要区域，畜牧业较为发达。“瓜、沙诸州素鲜耕稼，专以畜牧为生。”②但文献的“素鲜耕稼”并非指没有农业。宋人刘邠就曾有“岂知洮河宜种稻，此去凉州皆白麦。女桑被野水泉甘，吴儿力耕秦妇织”的诗句③。河西走廊的年降水量不足200毫米，农业全仰仗几条河流的灌

①［法］谢和耐：《中国社会史》中译本，江苏人民出版社，1995年，第15~16页。

②《西夏书事》卷三十二。

③刘邠：《彭城集》卷八《熙州行》，文渊阁山库全书集部第35册，（台北）商务印书馆，1983年，第82页。

溉，这样便形成了呈块状分布的绿洲农业区。这与宋夏沿边地区有着极大的相似性：均是农牧混杂的区域。史载：“国人赖以生者，河南膏腴之地，东则横山，西则天都、马衔一带，其余多不堪耕牧。”[①]前述这一带的河谷地带是重要的农耕区，文献中不乏夏人与宋人抢夺大理河、无定河谷等地的记载，如乾顺时，“常于夜间直至大理河东佳芦境上侵耕旷地，昼则却归本界”[②]。需要注意的是西夏在这里不仅经营灌溉农业，而且有山地农业。哲宗曾言：“应见今合立界至处，并须明立封堠，内外汉、蕃各对留草地十里，不令耕种，自择安便处修建堡铺。”[③]西夏文小型辞书《蕃汉合时掌中珠》中有“荞麦”“粟（谷子）”等旱地作物[④]。一些研究将宋夏交界处的丘陵山地定性为农耕区[⑤]，从而抹杀了畜牧经济在这一地区的角色。从上面的论述中可以看出河西走廊和宋夏缘边地属于典型的半农半牧区。

半农半牧的内涵究竟是什么呢？就上述区域的半农半牧而言，它一方面指农业和牧业在空间上交错相间，农耕区呈块状分布，是显现的；另一方面是指社会的基层生产单位同时从事着农业和牧业，是内敛的，这一点往往不为人们所重视。黑水城出土的一件元代的文书讲：“兀汝一户有地土五顷四百七十垅，现种二百六十垅，麦子二十二石。另养马三匹，牛一只，羊七十只。”[⑥]可见此户人家既有一定数量的田土，又放养牲畜，实际上也是一种半农半牧的形式。西夏《天盛廿二年卖地文契》中言明以骆驼4匹换田产20亩也反映了这种状况[⑦]。部族是西夏最基层的生产单位之一，考诸史迹，可以发现一些部族兼营农牧的信息。《续资治通鉴长编》载：“环庆路部署张凝领兵自白豹镇入蕃界，焚族帐二百余，斩首五千级，降

①②③《西夏书事》卷二十八、卷三十、卷二十八。

④黄振华等整理:《蕃汉合时掌中珠》,宁夏人民出版社,1989年,第32页。

⑤韩茂莉:《西夏农业区域的形成及其发展》,载《历史地理》第十辑,上海人民出版社,1994年。

⑥李逸友:《黑城出土文书》(汉文文书卷),科学出版社,1991年,第20页。

⑦黄振华:《西夏天盛廿二年卖地文契考释》,载白滨编:《西夏史论文集》,宁夏人民出版社,1984年。

九百余人，毁刍粮八万，获牛羊、器甲二万。”[1]白豹镇位于今陕西省吴旗县境内，属于宋夏沿边的“膏腴”地带，所以文献中部族的大量储粮极有可能是自家生产而非交换所得，“刍粮八万”“牛羊、器甲二万”基本反映了分布在沿边的部族兼营农业和畜牧，即为半农半牧的状态。这种经济方式影响至深，今天陕北、陇东、宁夏部分地区的农民依然兼营着农业和牧业，只是近年封山育林的政策出台后，畜牧业由过去的放养转变为圈养。

囿于资料限制，现在难以得出西夏时期河西走廊和宋夏沿边地区的农牧比例，只能以半农半牧一呼概之。但农业的发展至少受到这一地区原有的农业基础及开发程度、汉人在总人口中所占的比重、蕃人的汉化程度等三方面的制约。限于篇幅，本文不对此问题展开论述，只就第三点作一点说明。《续资治通鉴长编》多有蕃部投靠宋朝，宋臣给田土的记载。如宋真宗咸平五年（1002 年），“诏河东转运司，河西戎人归附者徙内地，给以闲田”[2]，又“麟府路附契丹戎人言泥族、拨黄太尉率三百余帐内属，拨黄本大族，居黄河北古丰州……诏府州赐茶采，给公田，依险居之，计口赋粟，且戒唐龙镇无得侵扰”[3]，可见经过农耕业的浸染，一部分戎人可以习事农业，农业在整个经济结构中的比例不断提高。

（三）宁夏平原

若从农业区划的角度讲，宁夏平原是西夏唯一的一块农耕区。母亲般的黄河孕育了这块富饶美丽的绿洲，是为西夏最富庶的区域。颁行于仁宗天盛年间的西夏法典《天盛改旧新定律令》的《春开渠事门》《渠水门》《桥道门》《地水杂罪门》等律条实则是一部针对宁夏平原的《农田水利法》，条文甚为具细，可见西夏对宁夏平原实施着几近于精耕细作式的经营。历代中原王朝对宁夏平原的经营是存有“御边防寇”的私心，不过将之作为抵御异族入侵的一个砝码；西夏则不同，宁夏平原是其腹里之地，虽然史籍阙载，不能复原宁夏平原的景观，但完全可以想见当时渠道纵

---

①②③李焘:《续资治通鉴长编》,中华书局点校本,1980 年,第 1107、1165、1224 页。

横、稻谷飘香的图景。

三、人地关系的一些特征

德国地理学家李特尔曾讲，土地影响着人类，而人类亦影响着土地。事实上，任何一对人地关系不过是人与地理环境之间作用与反作用的矛盾运动，只是双方互为影响的程度有轻重之别。因此，我们应从两个方面来探讨地理环境与西夏经济类型以及相关问题之间的关系。从西夏地理环境对人的影响的角度分析，它至少规定了以下内容。

第一，它规定了西夏的经济类型以及经济运作方式。农牧业活动的显著特点是直接附着于土地之上，土地的状况直接规定了以它为载体的经济内容。从上述讨论中可以看出西夏的农耕区、半农半牧区、畜牧区基本对应着宁夏平原、河流灌溉区和干草原、荒漠区，西夏各族民众自觉不自觉地遵循着自然环境的内在规律。秦汉以降，历代王朝对西北进行的农业开发集中在几块相对固定的区域，也难以摆脱地理环境的限制，这正是地理环境的“伟力”所在。当然，社会文化环境也是地理环境中的重要方面，它的作用不可轻视。西夏农牧区域的形成过程也是党项等民族接受农耕文化浸染的过程。唐代前期党项尚为“不知稼穑，土无五谷”[①]的“山人”，但到北宋中期，一部分内迁党项人与汉民已经别无二致了，北宋边臣庞籍曾讲：“且西羌之俗，岁时以耕稼为事，略与汉同。”[②]这是宁夏平原、河西走廊以及宋夏沿边地区农耕文化影响的结果。西夏农牧业的生产方式也深受地理环境的影响。荒漠、半荒漠地带的小块草场与西夏基层生产单位——部族天然地结合在一起，牧业区自然环境的统一性又决定了无须长距离地迁徙，虽然文献载有“逐水草”之说，不过是一种相对固定的畜牧，决非严格的游牧生活。而宋夏缘边、河西走廊的可耕可牧的土地上呈现的则是半农半牧的景象。

第二，地理环境规定了西夏民族文化的特色。地理环境对民族性格以

①《旧唐书》卷一九八《党项羌传》，中华书局点校本，1975 年，第 5291 页。
②《续资治通鉴长编》卷一三五，中华书局点校本，1985 年，第 3222 页。

及历史文化的形成有着深远的影响。明代王士性在《广志绎》中讲：“杭、嘉、湖平原水乡，是为泽国之民；金、衢、严，处丘陵险阻，是为山谷之民；宁、绍、台、温连山大海，是为海滨之民。三民各自为俗。泽国之民，舟楫为居，百货所聚，闾阎易于富贵，俗尚奢侈，缙绅气势大而众庶小；山谷之民，石气所钟，猛烈鸷愎，轻犯刑法，喜习俭素，然豪民颇负气，聚党羽而傲缙绅；海滨之民，餐风宿水，百死一生，以有海利为生不甚穷，以不通商贩不甚富，闾阎与缙绅相安，官民得贵贱之中，俗尚居奢俭之半。”①可见先人早已认识到地理环境对地域文化的决定意义。人们常讲的“一方水土一方人”也是这个道理。人是文化的浓缩，是文化最为集中的体现，不同的人群可以创造出不同的文化，在一定意义上文化就是“人化”，中国的地域文化尤其如此。可见地理环境在群体人格的塑造和地域文化的培植上功不可没。党项民族是中国历史上一支由南及北并建立自己政权的民族，内迁的过程也是其“北方化”“农业化”的过程，长城地带铸就了党项族既具有北方骑马民族扩张性的因子，又有农耕民族安于现状的一面。因此，西夏文化在本质上是畜牧文化与农耕文化的混产儿。党项统治者一只手高举着儒家的大旗，声称“以儒治国”，另一只手却始终不肯放弃对畜牧社会的留恋，“衣皮毛，事畜牧，蕃性所使”②，反映的就是农牧交错地理背景之下的文化模式。

当然，地理环境在创造着人，人也在创造着地理环境。总体上讲，西夏时期，人适应着地理环境，遵循着地理环境的内在规律，人与自然之间能够和谐相处。但在宋夏沿边地区，一方面由于军事的原因，农垦区的面积较前剧增③，另一方面则由于内迁党项的逐渐“农业化”，导致了大规模的垦荒。谭其骧先生在《何以黄河在东汉后会出现一个长期安流的局

---

①王士性著，周振鹤编校：《广志绎》，上海古籍出版社，1993年，第324页。
②《宋史》卷四八五《夏国传》，中华书局点校本，1977年，第13993页。
③韩茂莉：《宋代陕西沿边地带兵屯与土地开垦》，《西北史地》1993年第3期。

面》一文中指出：五代以后黄河泛滥的趋势加重①。党项内迁后，上述两方面的因素促使宋夏沿边地区的农耕区面积不断地扩大，这些垦区正好处于水土流失的严重地区，对五代以后黄河的泛滥成灾负有不可推卸的历史责任。

特定的地理环境应是研究西夏历史的基本背景，固然这方面的研究还很薄弱。对地理环境的探讨可以加深我们对一些历史事实的认识和理解，如在西夏人口研究中，可以用土地的承载能力来检验所得的结果，不至于有 100 万到 900 万的悬殊。总之，在生产力较为低下的古代社会，人别无选择地适应、遵循着地理环境的内在要求。因此，地理环境对人的影响成为人地关系中的主要方面，具有决定性的意义。尤其像西夏这样地处自然环境相对脆弱的边疆民族政权，更是难以摆脱地理环境在诸多方面的影响和制约，地理环境基本决定了它的经济形式、文化模式以及社会面貌。当然，人地关系是一个常说常新、无法穷尽的话题，地理环境与西夏经济、社会之间的关系探讨是一个绝非一篇文章所就能说清楚的问题，许多问题还可以进一步地讨论，如地理环境与西夏的社会面貌、社会性质之间的关系等等。总之，拙文只提供了一个大致的思路，抛砖引玉，以期引起学界对此问题的关注。

本文发表于《宁夏社会科学》2003 年第 4 期。

---

①谭其骧:《何以黄河在东汉以后会出现一个长期安流的局面》,《学术月刊》1962 年第 2 期。

后　记

文史学院是北方民族大学成立最早的文科学院，经过30余年的建设和积累，文史学院的科学研究水平不断得到提升，并在语言、文学、历史及民族等传统领域形成了自己的研究特色与学科方向。在语言文字学方面，形成了以理论修辞学、语体修辞研究、语用修辞学、东干语研究、满语研究、宁夏方言、回族语言文化为主要特色的研究领域。文学方面，在宁夏乡土文学、古代文学中的“宁夏风情”、民族融合与古代文学、现当代回族文学研究、古代回族文学研究、女性文学、民俗研究、文学接受学等研究领域都形成了自己的科研特色。历史及民族学方面，西夏学、回族学、中国少数民族史、西北史地研究业已成为研究特色，并具有一定的学术影响力。

为了进一步适应高校新的发展要求，努力提升学科内涵和学科层次，进一步彰显学科特色与学科水平。我们依据语言、文学、历史、民族等学科凝练方向，将近年来文史学院的学科成果予以整理，并出版《北方民族大学文史学院文库》系列学术丛书。这套丛书的出版，既是北方民族大学文史学院整体科研水平的集中体现，也意味着学科方向的凝定与成熟，并为文史学院今后的学科发展指明了方向，打下坚实的学科基础。

这套丛书凝聚了文史学院全体教师的智慧与心血，文学学科部分由祁国宏老师负责整理编订，语言学科部分由李生信、刘晨红老师负责整理编订，历史及民族学科部分由丁万录老师负责整理编订。曾经在文史学院工作过的领导、教师积极配合，一些退休老师还亲自来学院进行文稿的选编、核对等工作，令我们十分感动。在此，我们向支持北方民族大学文史学院学科发展的领导和同仁，向为北方民族大学文史学院学科建设做出贡献的全体教师，为丛书出版付出心血的编辑老师一一表示诚挚的谢意。

编　者

2016 年 12 月